A CRISE DO NEOLIBERALISMO

A CRISE DO NEOLIBERALISMO

GÉRARD DUMÉNIL
DOMINIQUE LÉVY

Tradução
Paulo Castanheira

Copyright © Boitempo, 2014
Copyright © the President and Fellows of Harvard College, 2011
Traduzido do original em inglês: *The Crisis of Neoliberalism*
(Cambridge, Harvard University Press, 2011)

Direção-geral
Ivana Jinkings

Edição
Bibiana Leme e Isabella Marcatti

Coordenação de produção
Juliana Brandt

Assistência editorial
Thaisa Burani

Assistência de produção
Livia Viganó

Tradução
Paulo Castanheira

Preparação
Luís Brasilino

Revisão
Carla Mello Moreira, Luciana Lima e Ricardo Jensen

Diagramação
Antonio Kehl

Capa
David Amiel
sobre foto de Eugene Martin (Behind man under the El May, 2008)

CIP-BRASIL. CATALOGAÇÃO NA PUBLICAÇÃO
SINDICATO NACIONAL DOS EDITORES DE LIVROS, RJ

D922c
Duménil, Gérard
    A crise do neoliberalismo / Gérard Duménil ; Dominique Lévy ; tradução Paulo Cezar Castanheira. - 1. ed. - São Paulo : Boitempo, 2014.

    Tradução de: The crisis of neoliberalism
    Inclui apêndice
    ISBN 978-85-7559-368-4

    1. Brasil - Política e governo. 2. Neoliberalismo. 3. Socialismo. I. Título.

14-10605   CDD: 320.981
                                                                    CDU: 32(81)

É vedada a reprodução de qualquer
parte deste livro sem a expressa autorização da editora.

1ª edição: abril de 2014;
1ª reimpressão: agosto de 2025

BOITEMPO
Jinkings Editores Associados Ltda.
Rua Pereira Leite, 373
05442-000 São Paulo SP
Tel.: (11) 3875-7250 / 3875-7285
editor@boitempoeditorial.com.br | boitempoeditorial.com.br
blogdaboitempo.com.br | youtube.com/tvboitempo

SUMÁRIO

Prefácio à edição brasileira 7

Introdução 11

Parte I – A estratégia das classes altas norte-americanas no neoliberalismo:
sucesso e fracasso de uma empreitada audaciosa 15
    Capítulo 1 – A dinâmica histórica da hegemonia 17
    Capítulo 2 – Anatomia de uma crise 41

Parte II – O segundo reino das finanças: classes e instituições financeiras 51
    Capítulo 3 – O benefício das camadas superiores de renda 53
    Capítulo 4 – A apoteose do capital 63

Parte III – Uma configuração tripolar de classe: quebra da homogeneidade
de remunerações e rendas 81
    Capítulo 5 – As classes gerenciais e populares 83
    Capítulo 6 – Uma estrutura teórica 99

Parte IV – Financeirização e globalização: levantando barreiras, perdendo
o controle 109
    Capítulo 7 – Um novo setor financeiro 111
    Capítulo 8 – Livre comércio e o *boom* financeiro global após o ano 2000 .. 125
    Capítulo 9 – Uma estrutura frágil e pouco funcional 137

Parte V – Tendências neoliberais:
a macrotrajetória dos Estados Unidos 153
    Capítulo 10 – Acumulação declinante e desequilíbrios crescentes 155
    Capítulo 11 – A mecânica do desequilíbrio 169

Parte VI – Do *boom* imobiliário à crise financeira: a macroeconomia dos Estados Unidos após o ano 2000 183

   Capítulo 12 – A segunda moratória: o *boom* imobiliário e seu colapso 185

   Capítulo 13 – A alimentação da onda das hipotecas 197

   Capítulo 14 – A perda do controle do leme em tempos de tempestade 207

Parte VII – Crise financeira: tempestade no centro, capitalismo global abalado 217

   Capítulo 15 – Um processo gradual 219

   Capítulo 16 – A onda sísmica 225

   Capítulo 17 – O abalo da estrutura financeira 233

   Capítulo 18 – O Estado socorre o setor financeiro 241

   Capítulo 19 – A Grande Contração 257

   Capítulo 20 – O capitalismo mundial abalado 267

Parte VIII – A sombra da Grande Depressão: transições difíceis 279

   Capítulo 21 – Oitenta anos depois 281

   Capítulo 22 – As diretrizes e a política do New Deal 295

Parte IX – Uma nova ordem social e global: a economia e a política do pós-crise 309

   Capítulo 23 – Requisitos econômicos 311

   Capítulo 24 – O fator nacional 323

   Capítulo 25 – Além do neoliberalismo 341

Apêndices 349

   Apêndice A – A dinâmica do desequilíbrio: um modelo 353

   Apêndice B – Fontes 359

   Apêndice C – Siglas 363

PREFÁCIO À EDIÇÃO BRASILEIRA

A última parte deste livro é dedicada às perspectivas abertas pela crise atual: "A economia e a política do pós-crise". A referência a um pós-crise partiu da suposição otimista de que a crise chegaria ao fim. Quando escrevemos o livro, tínhamos consciência da possível duração dessa cadeia de eventos, pelo menos quando considerada do ponto de vista dos velhos centros capitalistas, os Estados Unidos e Europa. (A crise afetou todo o globo, mas é fundamentalmente a crise dos países capitalistas avançados.) A comparação com crises estruturais anteriores – nas décadas de 1890, 1930 e 1970 –, nos primeiros capítulos, tinha sugerido que essas perturbações geralmente duram uma década mais ou menos, embora não haja necessariamente razões para que o mesmo padrão seja reproduzido estritamente na crise atual. Na verdade, o diagnóstico nessa parte final do livro indicava um longo processo. A discussão principal pode ser resumida em poucas palavras: *Sair da crise vai ser muito difícil*. Com relação ao estabelecimento de uma nova trajetória estável na economia dos Estados Unidos, chegamos a escrever que era "quase impossível de ser realizada"[1]. Com o benefício da visão retrospectiva, essa afirmação não parece abertamente pessimista.

Em 2013, data da redação deste prefácio, ou seja, cinco anos depois de 2008, o final feliz ainda não chegou. O palco principal é agora ocupado pela "crise da dívida soberana", à medida que os passivos dos governos disparam. Esse novo desenvolvimento é o resultado da duração da crise. Ano após ano, déficits se acumulam para formar dívidas enormes. Ainda mais fundamentalmente, a crise atual das

---
[1] Ver p. 315 desta edição.

dívidas soberanas parece esconder outras tendências que manifestam a continuação das tendências neoliberais subjacentes, as fontes reais das dificuldades básicas. A tendência neoliberal de distribuir generosamente dividendos aos acionistas e de orientar a administração para o bom desempenho no mercado de ações não foi contida. Cada vez mais, os investimentos são dirigidos (em investimentos diretos no exterior) para países ainda considerados "periféricos", enquanto, nos velhos territórios, declinam os investimentos em estruturas e equipamentos (que sustentam o aumento da capacidade produtiva). A expansão do comércio internacional corre paralela a desequilíbrios crescentes, na medida em que muitos países em todo o mundo apresentam excedentes estruturais, e outros déficits insustentáveis. Em muitos países não se encontrou nenhum remédio para os altos níveis de endividamento dos agentes econômicos privados, famílias e empresas. A situação das instituições financeiras é sempre difícil por causa do alto grau de alavancagem e da ameaça (e realidade) de inadimplência por parte dos tomadores de empréstimo. Neste livro, um último aspecto foi acrescentado à lista, a saber, a eficiência reduzida da política monetária no contexto da globalização neoliberal. De qualquer maneira, na atual situação de crise, baixas taxas de juro não são capazes de estimular uma recuperação, só uma política fiscal, os déficits governamentais, por exemplo, um aspecto conhecido da macroeconomia keynesiana. Resumindo, do ponto de vista dos principais países capitalistas, nada foi resolvido e a estrada é longa.

No curto prazo, a Europa está entrando em nova contradição (em seguida ao mergulho de 2009) e, depois de quatro anos de recuperação constante sustentada por generosos gastos governamentais, a recessão nos Estados Unidos pode muito bem estar à espreita na próxima esquina. Evidentemente, como sempre, a situação é mais complexa. Particularmente na Europa prevalece forte heterogeneidade. Vários países do norte – dos quais a Alemanha é o caso mais emblemático – conseguiram até agora manter um crescimento firme (principalmente o progresso da indústria) na esteira de 2009, enquanto outros países, geralmente no sul, foram dramaticamente feridos pela crise e estão agora sujeitos a pressões insuportáveis. A principal "política" é hoje, na Europa, a tentativa de cortar o poder de compra dos trabalhadores assalariados, de diminuir os gastos com *welfare*, e outras medidas semelhantes, como foi feito na Alemanha. Somente a luta popular poderá interromper essas tendências ou limitar seus efeitos.

Outra noção central deste livro é o declínio da hegemonia internacional dos centros antigos, principalmente os Estados Unidos. Esse fenômeno é bem conhecido e tem sido descrito com frequência. Depois do ano 2000, os países emergentes e em desenvolvimento cresceram mais rapidamente que os Estados Unidos e Europa, principalmente os Bric (Brasil, Rússia, Índia e China). Com o uso de taxas de câmbio virtuais para expressar as paridades de compra entre países, o PIB das economias emergentes e em desenvolvimento chegou a 37% do PIB mundial em 2000 (participação que permaneceu quase constante durante as duas décadas anteriores). Em 2012, esse percentual era de 49%.

O desempenho econômico do Brasil depois do ano 2000 é geralmente comemorado, com taxas de crescimento satisfatórias (4,5% ao ano em média no período 2004-2008). (Desde então, observaram-se grandes flutuações, com pequena recessão em 2009, recuperação forte e queda da taxa de crescimento para pouco menos de 1% em 2012.) Durante esse período de crescimento comparativo das economias emergentes e em desenvolvimento, o Brasil manteve aproximadamente a sua posição (quase 3% da produção mundial).

Com relação à fase mais recente do neoliberalismo, a partir do ano 2000, a economia brasileira é típica dos países que encontraram *uma posição muito satisfatória na globalização neoliberal*. O país evitou uma dependência excessiva da economia mundial. Um aspecto importante foi o grande superávit no comércio externo no meio da década de 2000, o período de crescimento relativamente rápido mencionado anteriormente. A economia brasileira conseguiu redirecionar o seu comércio externo para a China. (Durante os últimos anos, as exportações brasileiras para esse país foram maiores que aquelas para os Estados Unidos.) Outra questão, mais controversa, é a natureza da ordem social prevalente no país. *O Brasil é um país neoliberal?* De um lado, desde o final da década de 1990, a renda per capita a preços constantes aumentou de R$ 15 mil para R$ 20 mil (preços de 2010), com algum impacto positivo nas "classes médias". O componente de *welfare* das novas políticas é aplaudido. Porém, por outro lado, o setor financeiro do Brasil é muito poderoso, como geralmente se dá em situações neoliberais típicas, e o aumento das grandes riquezas foi enorme. Durante os últimos anos, o número de bilionários aumentou muito mais no Brasil que em outros grandes países latino-americanos. Os protestos recentes, exigindo mais democracia e maior compromisso do Estado para resolver os problemas do povo, levarão o governo para a esquerda?

Junho de 2013
Gérard Duménil e *Dominique Lévy*

INTRODUÇÃO

Do colapso dos subprimes *até a Grande Contração*

A crise que começou com o colapso dos empréstimos *subprime* em agosto de 2007 nos Estados Unidos será sempre um marco importante na história do capitalismo. Desde o início, a tormenta financeira assumiu proporções inesperadas. O choque abalou gradualmente a frágil estrutura financeira criada durante as décadas anteriores e desestabilizou a economia real. Em setembro de 2008, tornou-se evidente que o capitalismo entrava em uma crise profunda e duradoura, a Grande Contração, reminiscente da Grande Depressão.

A crise do neoliberalismo

O neoliberalismo é um novo estágio do capitalismo que surgiu na esteira da crise estrutural da década de 1970. Ele expressa a estratégia das classes capitalistas aliadas aos administradores de alto escalão, especificamente no setor financeiro, de reforçar sua hegemonia e expandi-la globalmente. Em 2004 – quando nosso livro *Capital Resurgent: Roots of the Neoliberal Revolution* [O ressurgimento do capital: raízes da revolução neoliberal] foi publicado pela Harvard University Press –, essa estratégia parecia ser bem-sucedida, considerando seus objetivos, a renda e a riqueza de uma minoria privilegiada e o domínio de um país. A crise de hoje é resultado das contradições inerentes àquela estratégia e revela seu caráter insustentável, que levou ao que pode ser chamado de "crise do neoliberalismo". As tendências neoliberais abalaram as fundações da economia da "base segura" das classes altas – isto é, a capacidade dos Estados Unidos de crescer, manter a liderança de suas instituições financeiras em todo o mundo e assegurar a posição dominante de sua moeda –, uma estratégia imperial e de classe que resultou em um impasse.

Uma nova ordem social: um mundo multipolar

A crise do neoliberalismo é a quarta crise estrutural do capitalismo desde o fim do século XIX. Cada um desses terremotos forçou o estabelecimento de uma nova ordem social e alterou profundamente as relações internacionais. A crise atual marca o início de um processo de transição semelhante, que não só envolve a regulação financeira como também torna necessárias uma nova governança corporativa, a reconstrução do setor financeiro e a adoção de novas políticas. Os princípios e práticas básicos da globalização neoliberal serão questionados, e a produção terá de ser significativamente "reterritorializada" nos Estados Unidos. Dessa forma, países como China, Índia ou Brasil deverão se tornar cada vez menos dependentes de suas relações com os Estados Unidos. Particularmente, será muito difícil corrigir a macrotrajetória de declínio das tendências de acumulação e dos desequilíbrios da economia norte-americana quando se interromper a grande contração atual.

De qualquer forma, a nova ordem mundial será mais multipolar que a atual. Ademais, se essas mudanças não forem bem-sucedidas nos Estados Unidos, o declínio de sua hegemonia internacional deverá se acentuar. Nenhuma das tarefas que deverão ser assumidas com urgência ao longo das próximas décadas a fim de conter o declínio comparativo da economia dos Estados Unidos poderá ser cumprida sob a mesma liderança de classe e as tendências globalizantes irreprimidas de outrora. Será preciso conter a busca insaciável de aumento de renda por parte das classes altas. Muita coisa vai depender da pressão exercida pelas classes populares e de outras partes do mundo, mas o "fator nacional", ou seja, o compromisso nacional em favor da preservação da proeminência mundial dos Estados Unidos, deverá ter um papel crucial. Os ajustes necessários poderão se realizar no contexto de um novo acordo social à direita ou à esquerda, embora, pelo menos no fim de 2009, uma alternativa à esquerda pareça pouco provável.

É importante que se entenda que a crise atual é apenas o passo inicial de um longo processo de retificação. Quanto esse processo poderá durar vai depender da severidade da crise e das lutas políticas nacionais e internacionais. A capacidade das classes altas dos Estados Unidos de executar o ajuste necessário e de a China colaborar serão fatores cruciais. A crise do dólar poderia precipitar uma sequência de acontecimentos capazes de alterar as características básicas do processo.

Nas próximas décadas, as novas ordens sociais e globais terão de enfrentar a situação de emergência criada pelo aquecimento global. Essas questões estão além dos limites deste estudo, cujo foco é a crise. Intervenção governamental e cooperação internacional mais fortes serão também essenciais nos aspectos que aumentam a necessidade do estabelecimento de configurações renovadas para além da dinâmica selvagem do capitalismo neoliberal.

Excetuando-se a atualização das séries, as últimas mudanças neste texto foram feitas em outubro de 2009, e haverá evidentemente outras mais no futuro. Mas não seria realista esperar o resultado final em futuro próximo. Este livro cobre as causas da crise, sua eclosão e a primeira fase de contração da produção em todo o globo, bem como as perspectivas para as próximas décadas. O ponto de vista é analítico, não normativo.

Parte I
A ESTRATÉGIA DAS CLASSES ALTAS NORTE-AMERICANAS NO NEOLIBERALISMO: SUCESSO E FRACASSO DE UMA EMPREITADA AUDACIOSA

A análise da crise atual envolve duas categorias muito distintas de fenômenos: de um lado, a dinâmica histórica do capitalismo e, do outro, os mecanismos macros e financeiros. A interpretação da crise está na interseção desses dois conjuntos de processos, e a dificuldade está em fazer justiça a ambos e explicar suas relações recíprocas.

O neoliberalismo deve ser entendido como uma nova fase na evolução do capitalismo. Como tal, pode ser descrito intrinsecamente – seus mecanismos e contradições básicos. A referência a uma fase mais recente levanta a questão das *anteriores*, e a comparação com estas revela os traços característicos do novo período. A análise das tendências sociais, políticas e econômicas que levaram ao estabelecimento do neoliberalismo é também um indicativo tanto da natureza quanto do destino dessa ordem social. Simetricamente, a noção de uma crise do neoliberalismo implica uma possível transição para uma nova fase, e a natureza da sociedade que prevalecerá na esteira da crise contemporânea é um dos principais compenentes da investigação deste livro.

Assim, algumas perguntas preliminares devem ser respondidas. O que é uma fase do capitalismo? Como essas fases foram estabelecidas? Como vão desaparecer? Quais são as características específicas do neoliberalismo como tal? O objetivo do primeiro capítulo é a interpretação da ascensão e da queda do neoliberalismo sob a hegemonia mundial dos Estados Unidos no contexto mais abrangente da dinâmica histórica do capitalismo. A crise financeira em si e, mais tarde, a aguda contração da produção nos Estados Unidos e no mundo em geral definem um segundo conjunto de questões. Esses mecanismos têm duas facetas importantes.

A primeira está associada à dramática expansão da atividade e da desregulamentação financeira. Aqui existe certo grau de complexidade técnica, dada a assombrosa capacidade dos atores financeiros de inovar (como na securitização, nos mercados de derivativos etc.). Mecanismos macroeconômicos definem um segundo conjunto de fatores. As principais variáveis de interesse são o consumo e o investimento, o comércio externo e as dívidas doméstica e externa da economia dos Estados Unidos. E os dois conjuntos de mecanismos, as variáveis financeiras e gerais, só podem ser adequadamente entendidos se relacionados entre si. Por exemplo, o crescimento da dívida interna, um componente básico da macrotrajetória dos Estados Unidos, apoiou-se em instrumentos financeiros que o tornaram possível. Esse é o foco do capítulo 2, que delineia a estrutura geral de investigação e conclusões associadas à análise da crise financeira e à contração da produção.

O objetivo dos capítulos 1 e 2 é resumir o argumento geral e, mais importante, apresentar algumas noções e mecanismos básicos discutidos mais detalhadamente no restante do livro, para os quais se oferecem evidências empíricas.

Capítulo 1
A DINÂMICA HISTÓRICA DA HEGEMONIA

Este capítulo focaliza as hierarquias entre classes e países, mais especificamente, o neoliberalismo como hegemonia de classe e a dominação dos Estados Unidos na globalização neoliberal. A sequência de formação, clímax e crise do neoliberalismo é interpretada como um episódio na história de ascensão e queda dessas configurações sociais e internacionais. O neoliberalismo surge como a mais recente de três ordens sociais, que em conjunto constituem o capitalismo moderno, ou seja, o capitalismo desde o início do século XX. A ascensão e a queda de cada uma dessas ordens sociais podem ser datadas pela ocorrência de crises importantes, ou "crises estruturais", como a atual. As dinâmicas históricas das hegemonias internacionais são diferentes, em certo sentido, embora as duas categorias de fenômenos sejam obviamente interrelacionadas – por exemplo, a crise do neoliberalismo aumenta a ameaça pendente sobre a hegemonia norte-americana.

O neoliberalismo como hegemonia de classe: imperialismo na globalização neoliberal

O neoliberalismo é um fenômeno multifacetado, resultado de todo um conjunto de determinantes históricos convergentes, e é difícil precisar seu início. Na verdade, as primeiras expressões das novas tendências já eram evidentes no fim da Segunda Guerra Mundial, quando foram definidas as características básicas da sociedade e da economia do pós-guerra. Vários eventos associados à crise do dólar no início da década de 1970, como a flutuação das taxas de câmbio ou as políticas adotadas durante as ditaduras então vigentes na América Latina, podem ser considerados as primeiras manifestações. Simplificando até certo ponto, pode-se afirmar que o neoliberalismo foi instalado primeiro nos Estados Unidos e no Reino Unido no fim daquela década, poucos anos depois na Europa continental e depois em todo o mundo. O ano de 1979, quando o Federal Reserve, o Banco Central norte-americano, decidiu aumentar as taxas de juro até o nível que lhe parecesse necessário para conter a inflação, é emblemático da entrada no novo período.

Uma tese central de nosso já citado *Capital Resurgent* é que a dinâmica geral do capitalismo sob o neoliberalismo, tanto nacional quanto internacionalmente, foi determinada por novos objetivos de classe que operaram em benefício das camadas mais altas de renda, isto é, os proprietários capitalistas e as frações superiores da administração. A maior concentração de renda em favor de uma minoria privilegiada foi uma realização crucial da nova ordem social. Os dados de declaração de renda tornam evidente esse fato. Sob esse aspecto, uma *ordem social* é também uma *configuração de poder*, e implícita nesta última noção está o poder de "classe". A essa observação, as estruturas de contabilidade nacional acrescentam que uma fração grande e crescente da renda do capital norte-americano vem de fora dos Estados Unidos. Isso envolve não apenas relações de classe, mas também hierarquias imperiais, uma característica permanente do capitalismo[1].

A nova configuração da distribuição de renda foi o resultado de várias tendências convergentes. Forte pressão foi aplicada sobre a massa de trabalhadores assalariados, o que ajudou a reerguer as taxas de lucro dos baixos níveis atingidos nos anos 1970 – ou, no mínimo, a interromper a tendência de queda. A abertura das fronteiras do comércio e do capital inaugurou o caminho para grandes investimentos nas regiões do globo onde as condições sociais prevalentes permitiam altas taxas de retorno, gerando fluxos de capital na direção das classes altas dos Estados Unidos (e de grupos maiores que, até certo ponto, conseguem se beneficiar das rendas de capital). O livre comércio aumentou a pressão sobre os trabalhadores, efeito da competição dos países onde os custos da mão de obra são mais baixos. O endividamento crescente das famílias e do governo também gerou grandes fluxos de renda de capital. Graus extremos de sofisticação e expansão dos mecanismos de financiamento surgiram depois de 2000, possibilitando enormes fontes de renda para o setor financeiro e para as famílias mais ricas. Finalmente, a crise revelou que uma parcela significativa desses fluxos de renda se baseava em lucros duvidosos, devidos a uma crescente supervalorização dos ativos de securitização (*securities*).

---

[1] Gérard Duménil e Dominique Lévy, *Capital Resurgent: Roots of the Neoliberal Revolution* (Cambridge, Harvard University Press, 2004). Essa interpretação que faz do neoliberalismo um fenômeno de classe foi publicada pela primeira vez em inglês em: idem, "Costs and Benefits of Neoliberalism: A Class Analysis", *Review of International Political Economy*, v. VIII, n. 4, 2001, p. 578-607.

Além dos interesses comparativos das classes sociais, é preciso levar em conta a posição de liderança econômica, política e militar dos Estados Unidos. São bem conhecidas as condições políticas subjacentes à dominância do país nas décadas anteriores à crise. Dois fatores principais para isso foram a queda da União Soviética e a fraqueza da Europa como entidade política. O neoliberalismo corrigiu o declínio anterior da liderança norte-americana durante a década de 1970, pelo menos em relação à Europa e ao Japão. A economia norte-americana ainda é a maior do mundo em termos de produto interno bruto (PIB), liderando, tanto na produção como nos mecanismos financeiros, em campos importantes, como pesquisa e inovação. Em consequência, o dólar é reconhecido como a moeda internacional.

A ordem neoliberal internacional – conhecida como globalização neoliberal – foi imposta a todo o mundo, desde os principais países capitalistas do centro até os países menos desenvolvidos da periferia, geralmente ao custo de severas crises, como na Ásia e na América Latina durante as décadas de 1990 e 2000. Como em todos os estágios do imperialismo, os principais instrumentos dessas relações internacionais de poder, além da violência econômica direta, são a corrupção, a subversão e a guerra. E o principal instrumento político é sempre a instalação de um governo local pró-imperialista. A colaboração das elites do país dominado é fundamental, bem como, no capitalismo contemporâneo, a ação de instituições internacionais, como a Organização do Tratado do Atlântico Norte (Otan), o Fundo Monetário Internacional (FMI), o Banco Mundial e a Organização Mundial do Comércio (OMC). Economicamente, o objetivo dessa dominação é a extração de "excedentes" pela imposição de preços baixos aos recursos naturais e investimentos no exterior, seja ele em bolsa ou o investimento externo direto. O fato de os países da periferia desejarem vender seus recursos naturais e receber investimentos externos não altera a natureza das relações de dominação, assim como, no interior de um país, os trabalhadores se dispõem a vender sua força de trabalho, a fonte última de lucro.

A mesma noção – hegemonia – é usada aqui para se referir tanto às relações hierárquicas de classes, como no neoliberalismo, quanto, internacionalmente, ao imperialismo. Não se fez aqui nenhuma distinção entre *hegemonia* e *dominação*, como nas abordagens de inspiração gramsciana. Essa noção enfatiza um aspecto comum dos mecanismos internos de classe e internacionais. Em cada caso, uma classe ou país executa um processo de dominação em que se envolvem vários agentes. No neoliberalismo, as camadas superiores da classe capitalista, com o apoio das instituições financeiras, agem como líderes dentro do grupo mais abrangente das classes altas no exercício da dominação comum. Da mesma forma, os Estados Unidos agem como líder no âmbito do grupo mais abrangente dos países imperialistas.

A noção de dominação conjunta, ainda que desigual, por um grupo de classes altas ou países avançados tem importantes implicações. A dominação comum se baseia na cooperação, mas também na rivalidade. No alto de uma hierarquia social, vários grupos estão envolvidos e apoiam o projeto de uma liderança mais excludente. Essas alianças hierárquicas podem ser vistas como "compromissos", quando o líder ajusta algumas de suas exigências àquelas feitas por seus seguidores – mas ao final faz as suas prevalecerem. O mesmo vale para as posições comparativas dos vários países dentro do grupo de potências imperialistas. Um compromisso no alto também prepondera no exercício de uma dominação internacional conjunta, mas, aqui, a disciplina é imposta pela potência hegemônica (como no caso de Atenas na Liga de Delos).

Na determinação das tendências reais e financeiras no capitalismo contemporâneo, esses dois componentes – hegemonias de classe e internacionais – mantêm efeitos interativos. A crise atual manifesta as contradições de uma trajetória histórica criadas em conjunto por essas duas linhas de fatores típicos daquilo que pode ser chamado de "neoliberalismo sob hegemonia dos Estados Unidos".

Uma perspectiva histórica: o capitalismo moderno

A definição de neoliberalismo como a fase mais recente do capitalismo levanta a questão dos períodos anteriores e da periodização geral do capitalismo (quadro 1.1). Quais foram as fases anteriores do capitalismo? Sob que aspectos o neoliberalismo se distingue? Aqui, a investigação usa a noção de capitalismo moderno, no sentido de capitalismo após as revoluções corporativa, financeira e administrativa, ou seja, a partir do início do seculo XX até o presente, e o neoliberalismo é descrito como a terceira e mais recente fase desse capitalismo moderno.

A alvorada do século XX foi marcada pela emergência de uma nova estrutura institucional das relações capitalistas, o conjunto de instituições típicas do capitalismo moderno. (Nesta análise, dá-se ênfase especial aos Estados Unidos, onde são mais nítidas as transformações sociais e econômicas.)

1. *Capitalismo no fim do século XIX.* Durante as últimas décadas do século XIX, o tamanho das empresas aumentou paralelamente à sofisticação de seus processos técnicos e organizacionais internos. O desenvolvimento dos transportes e das comunicações permitiu às empresas expandir-se nacional e internacionalmente. Ao mesmo tempo, os mecanismos monetários e financeiros sofreram um processo de completa transformação e expansão, com o desenvolvimento dramático de bancos, empréstimos e dinheiro fiduciário.

A grave depressão que atingiu a economia norte-americana durante a década de 1890, conhecida originalmente como a "Grande Depressão" antes da ainda maior da década de 1930, teve papel central no estabelecimento dessa nova estrutura. As décadas anteriores viram a ascensão dos trustes, associações e cartéis,

Quadro 1.1 – Periodização do capitalismo

Não existe uma única periodização do capitalismo. A história se refere a um conjunto de fenômenos distintos, que, embora ligados por uma rede de relações recíprocas, também manifestam importantes graus de autonomia. Analistas basearam a periodização em transformações institucionais, longas ondas, mudança tecnológica e tendências de lucratividade, padrões competitivos, estruturas políticas, ou relações sociais e políticas, entre outros termos. Rudolf Hilferding, por exemplo, propôs o conceito de "capital financeiro" para explicar uma característica da nova fase do capitalismo no início do século XX (que este estudo denomina de "capitalismo moderno"), com base na transformação da relação entre os setores financeiro e industrial. Uma parte importante da literatura focalizou a noção de "ondas longas", originalmente articulada por Nikolai Kondratieff, composta de várias fases, com décadas de duração, expansão e estagnação do crescimento, separadas por grandes crises. Na década de 1960, Paul Baran e Paul Sweezy cunharam o conceito de "capitalismo monopolista", baseado num novo padrão de mecanismos de competição. Nos Estados Unidos, importantes pesquisas foram dedicadas ao "capitalismo gerencial", outro aspecto crucial da metamorfose do capitalismo. Em obra anterior, os mesmos autores descrevem a história do capitalismo, a partir do final do século XIX até os dias atuais, tomando como referência três categorias de fenômenos: (1) relações de produção e padrões de classe; (2) configurações de poder entre classes ou ordens sociais; e (3) as tendências das taxas de lucratividade[I].

Há importantes relações recíprocas entre essas periodizações, embora não haja superposição clara na definição dos períodos.

[I] Ver Rudolf Hilferding, *Finance Capital: A Study of the Latest Phases of Capitalist Development* (1910) (Londres, Routledge and Kegan Paul, 1981) [ed. bras.: *Capital financeiro*, São Paulo, Nova Cultural, 1985]; Nikolai Kondratieff, "The Static and Dynamic View of Economics", *Quarterly Journal of Economics*, v. XXXIV, n. 4, 1925, p. 575-83; Immanuel Wallerstein, "Globalization or the Age of Transition? A Long-Term View of the Trajectory of the World-System", *International Sociology*, v. XV, n. 2, 2000, p. 250-68; Giovanni Arrighi, *The Long Twentieth Century Money, Power and the Origins or Our Times* (Londres, Verso, 1994) [ed. bras.: *O longo século XX*, Rio de Janeiro, Contraponto/Editora UFRJ, 2012]; Paul Baran e Paul Sweezy, *The Monopoly Capital* (Nova York, Monthly Review Press, 1966) [ed. bras.: *O capitalismo monopolista*, Rio de Janeiro, Jorge Zahar, 1978]; Alfred D. Chandler, *The Visible Hand: The Managerial Revolution in American Business* (Cambridge, Harvard University Press, 1977).

numa tentativa de enfrentar as pressões competitivas crescentes. A culpa pela crise da década de 1890 foi atribuída ao excesso de concorrência e ao aumento dos incentivos na busca de proteção contra a competição suicida. Os acordos frouxos entre empresas, que seguiam como entidades independentes, para dividir mercados ou lucros foram proibidos pela Lei Sherman – que, aprovada em 1890, foi a primeira legislação federal a tratar da concorrência.

2. *Três revoluções*. A estrutura histórica usada aqui distingue entre o capitalismo do século XIX e o capitalismo depois da grande revolução na propriedade e na administração (isto é, nas relações de produção) realizada no início do século XX. Podem-se distinguir três componentes dessa revolução: as revoluções corporativa, financeira e gerencial. A *revolução corporativa* se refere à incorporação de empresas. Na esteira da crise de 1890, as novas leis corporativas aprovadas em Nova Jersey (simultaneamente à aprovação da Lei Sherman) e rapidamente estendidas a outros estados norte-americanos[2], deram um impulso geral a uma onda dramática de incorporações por volta de 1900. O sistema bancário em rápida expansão foi o motor da *revolução financeira*, pois grandes bancos financiaram essas novas corporações numa relação complexa – na verdade, uma mistura de apoio e dominância. Dentro dessa nova estrutura surgiu uma terceira transformação, a *revolução gerencial*, em que a delegação da administração a um pessoal administrativo assalariado – apoiado por empregados de escritório – atingiu novos patamares (principalmente, ainda que não de forma exclusiva, em relação à disposição organizacional fabril conhecida como taylorismo). Foi um grande passo para a separação entre propriedade e administração. Apesar de a revolução gerencial ter acontecido no início do século, tal separação e sua correspondente administração mais sofisticada são características fundamentais do capitalismo moderno em todas as suas fases. ("Capitalismo gerencial" é usado neste livro apenas em referência às primeiras décadas depois do pós-guerra.)

3. *Classes capitalistas e instituições financeiras: finanças*. As três revoluções permitiram o estabelecimento de uma classe burguesa menos ligada a empresas individuais. A propriedade dos meios de produção foi apoiada pela posse de títulos. Esse foi o resultado da expansão do que Marx chamou de "capitalistas monetários", emprestadores e acionistas[3]. A combinação das revoluções corporativa e financeira, com o surgimento das grandes corporações apoiadas por instituições financeiras, introduziu novos tipos de relações em que o poder das camadas superiores das

---

[2] Ver Gérard Duménil, Mark Glick e Dominique Lévy, "The History of Competition Policy as Economic History", *The Antitrust Bulletin*, v. XLII, n. 2, 1997, p. 373-416.

[3] Karl Marx, *Capital* (1894) (Nova York, Vintage Books, 1981), v. III. [ed. bras.: Karl Marx, *O capital*, Rio de Janeiro, Civilizacao Brasileira, 2008, Livro III]

classes capitalistas dependia pesadamente das instituições financeiras (quadro 4.1). Essa concentração de poder capitalista nas instituições financeiras e a importância desses títulos na propriedade dos meios de produção deram à dominação das classes capitalistas na sociedade moderna um caráter fortemente *financeiro*. Por isso, este livro usa o termo "finanças" para se referir a tais camadas e instituições em qualquer organização social na qual as primeiras controlem as segundas – como geralmente se dá no capitalismo. Finanças, como usado aqui, não são uma indústria à parte. Ao contrário, combinam aspectos de classe e institucionais.

Essa noção do termo só existe no capitalismo moderno. Antes das três revoluções, houve obviamente capitalistas monetários além dos "capitalistas ativos" (empreendedores), bem como o setor financeiro na economia. Porém no início do século XX construiu-se uma nova configuração institucional, em que grandes famílias capitalistas controlavam grandes lotes de ações e apólices, potencialmente diversificadas em muitas indústrias e na qual um setor financeiro desempenhava papel importante no financiamento da acumulação e no exercício das prerrogativas ligadas à propriedade. A noção de finanças é fundamental para a análise do neoliberalismo. Mas o poder das classes capitalistas mais altas e das instituições financeiras nesssa ordem social não pode ser separado do progresso da administração – principalmente, mesmo que de forma não exclusiva, a administração financeira –, que, por sua vez, ganhou considerável importância. Assim, o início do século XX marcou a culminância de tendências sociais já em desenvolvimento durante o século XIX, cujas figuras emblemáticas foram o burguês rentista – uma "classe ociosa", no dizer de Thorstein Veblen – e as novas classes gerenciais.

Uma configuração tripolar de classe. Fundamental para esta análise é a observação de que o capitalismo moderno coincidiu com o estabelecimento de novos padrões de classe mais complexos que uma simples distinção entre capitalistas e operários na produção. Além das tradicionais classes médias dos pequenos agricultores, comerciantes e artesãos, o capitalismo moderno viu a expansão dos gerentes e do pessoal administrativo.

1. Classes capitalistas

2. Classes gerenciais

3. Classes populares

Diagrama 1.1

O resultado dessas tendências sociais não foi a formação de uma única classe intermediária homogênea – a nova classe média – entre os proprietários e os empregados na produção, embaçando as fronteiras de classe. Pelo contrário, ocorreu uma nítida polarização dentro desses grupos, estabelecendo uma nova hierarquia entre os assalariados, uma divisão entre categorias de comando e subordinação. A frase "pessoal gerencial e administrativo" destina-se a capturar esse padrão duplo. ("Pessoal administrativo" deve ser entendido aqui em sentido bem amplo e inclui principalmente o trabalho no comércio ou manutenção.) Pessoal gerencial define a categoria principal e administrativo, a subordinada.

Em virtude da transformação gradual da produção e do trabalho não especializado durante as últimas décadas do capitalismo moderno, tornou-se gradualmente mais relevante considerar em conjunto o pessoal administrativo e os operários da produção. Trata-se de uma simplificação útil que reduz as classes intermediárias às classes gerenciais. Este livro usa esse padrão triplo, como no diagrama 1.1.

Nenhuma dessas classes é homogênea. Geralmente é útil distinguir entre as camadas superiores e o restante dos grupos, como tradicionalmente se faz no caso das classes capitalistas. Pode-se separá-los entre os possuidores de grandes lotes de ações, os proprietários de empresas pequenas e médias e uma verdadeira pequena burguesia. Mas hierarquias semelhantes também são típicas das classes gerenciais. Finalmente, a fusão dos trabalhadores na produção com o pessoal administrativo define mais uma tendência do que um resultado maduro, e no capitalismo contemporâneo a coexistência de categorias homogêneas ainda é uma característica básica desses grupos.

Configurações de poder e suas fundações de classe

O neoliberalismo é a mais recente das três ordens sociais que, em conjunto, constituem o capitalismo moderno. Essas organizações sociais fundamentam-se no sistema de classe. Por isso, podem ser chamadas de "configurações do poder de classe". A primeira e a terceira, respectivamente do início do século XX até o New Deal e a partir do início da década de 1980, podem ser chamadas de "primeira" e "segunda hegemonia financeira". Hegemonia financeira, tal como usamos aqui, refere-se ao fato de as classes capitalistas – ou seja, as finanças e a camada superior das classes capitalistas e das instituições financeiras – se beneficiarem de uma capacidade ilimitada de comandar a economia e a sociedade em geral, de acordo com interesses próprios ou o que percebam como tal. De alguma forma, essa é uma situação "normal" no capitalismo moderno – das primeiras décadas do pós-guerra, desde o New Deal até o fim dos anos 1970, quando esse poder foi reduzido, destaca-se como uma exceção. A ordem social que prevaleceu durante aqueles anos é geralmente chamada de "compromisso keynesiano" ou "social-democrata", mas essa terminologia tem seus problemas.

1. *A primeira hegemonia financeira.* Um aspecto notável das primeiras décadas do século XX foi a combinação de uma economia de livre mercado, doméstica e internacionalmente (com o padrão ouro), e o progresso assombroso da organização dentro das corporações.

Como exposto na seção anterior, os aspectos centrais na criação do capitalismo moderno durante as primeiras décadas do século XX foram a emergência de uma classe burguesa mais ou menos separada da empresa e de novas instituições financeiras intimamente ligadas a corporações não financeiras. O acesso da burguesia a essa nova configuração institucional não destruiu todos os segmentos anteriores. Pelo contrário, ele envolveu a eliminação de algumas parcelas das classes altas, a sobrevivência de outras ou sua transformação. Nessa nova configuração de poder, as camadas superiores das classes capitalistas conseguiram dominar, nacional e internacionalmente, a economia e a sociedade. O poder da gerência nas grandes corporações já era significativo durante as primeiras décadas do século XX, e uma emoção crescente tomou conta das classes capitalistas em relação à sua capacidade de controlar as corporações. Certamente é possível fazer referência à prevalência de um compromisso entre as finanças e as camadas superiores das classes gerenciais. Foram a Grande Depressão, o New Deal e a Segunda Guerra Mundial que sinalizaram o fim dessa época.

2. *O compromisso do pós-guerra.* O segundo período se estende do New Deal e a Segunda Guerra Mundial até o final da década de 1970. Houve três facetas principais da transformação geral das hierarquias sociais durante esses anos, e elas explicam a diversidade dos termos usados para designar o período.

Um primeiro conjunto de características típicas das primeiras décadas após a Segunda Guerra Mundial foi uma autonomia gerencial acentuada em relação às classes capitalistas, com uma administração de grandes corporações favorável ao investimento e à mudança técnica e uma maior intervenção do Estado na economia (regulação, em particular a financeira, desenvolvimento e macropolíticas, em particular a de baixas taxas de juro, além de políticas fiscais e monetárias de incentivo). Essa autonomia gerencial, construída sobre a base das tendências gerenciais típicas do capitalismo moderno em geral, mas sob as novas circunstâncias políticas, está na origem da referência ao capitalismo gerencial que culminou nas décadas de 1960 e 1970 (quadro 5.1). A revolução keynesiana na administração da macroeconomia pode ser entendida como um componente desse conjunto mais amplo de aspectos gerenciais. Outra característica foi a existência de limitações significativas impostas ao comércio externo para proteger o desenvolvimento econômico nacional, além de restrições à mobilidade do capital (movimentos livres de capital entre países), como nos acordos de Bretton Woods, de 1944. Essa estrutura de relações internacionais define outro aspecto das características keynesianas das décadas do pós-guerra, apesar de nem todas as medidas propostas por Keynes terem sido implementadas. Na verdade, a revolução keynesiana foi tão importante que deve ser colocada no mesmo patamar das três revoluções do início do século XX. Essa quarta revolução veio com grande atraso, como evidenciou a Grande Depressão.

A segunda faceta do compromisso do pós-guerra envolveu o aumento do poder de compra, as políticas de estímulo ao pleno emprego e o estabelecimento do chamado *Welfare State*, ou seja, o compromisso gradual do Estado em providenciar saúde, aposentadoria e educação às classes populares.

Esses dois primeiros conjuntos de aspectos são distintos. A combinação deles explica a variedade de termos – "gerencial", "keynesiano" ou "compromisso social-democrata" –, que podem parecer mais ou menos relevantes dependendo dos países considerados.

O terceiro aspecto desse período foi a contenção dos interesses financeiros (ou capitalistas), o que já está implícito nos dois primeiros descritos anteriormente. Podem-se distinguir três componentes principais: (1) um setor financeiro orientado para o crescimento da economia real, e não para a "administração" dos interesses capitalistas coletivos, como no neoliberalismo; (2) um interesse menor nas relações com acionistas (ou seja, uma gerência que vise à acumulação e não à renda do capital), em baixas taxas de juro reais e num "mercado de ações de baixo desempenho"; e (3) lucros possivelmente reduzidos devido ao aumento dos custos de mão de obra.

Em termos de relações de classes, as configurações de poder no compromisso do pós-guerra devem ser interpretadas como uma aliança entre as classes gerenciais e as populares, sob a liderança das primeiras. Longe de serem eliminadas, as classes capitalistas não foram completamente excluídas do compromisso, mas a gerência privada, as políticas e a forte intervenção do Estado manifestaram interesses sociais significativamente diferentes dos das classes capitalistas, que mais tarde foram estritamente expressos no neoliberalismo. Uma interpretação alternativa, também em termos de compromisso social, é a existência de um compromisso entre capital e trabalho, como no fordismo. Essa perspectiva é formalmente fiel à estrutura marxista, pois só implica duas classes. O ponto de vista deste estudo é diferente. Faz referência a uma aliança entre gerentes e classes populares, autonomia gerencial ampliada e contenção dos interesses capitalistas.

As características da ordem social do pós-guerra foram significativamente diferentes no contexto internacional. Foram menos acentuadas nos Estados Unidos do que na Europa e no Japão. Ainda assim, a limitação dos interesses capitalistas foi um aspecto importante das primeiras décadas do pós-guerra em muitos países do centro. Paradoxalmente, a teoria do capitalismo gerencial, que acentua de forma mais explícita o papel crucial das classes gerenciais, desenvolveu-se nos Estados Unidos, enquanto outros países na Europa, a Coreia e o Japão impuseram a contenção dos interesses capitalistas e a proeminência das classes gerenciais no mais alto grau (como na nacionalização, planejamento sob a égide do governo, políticas que visam ao pleno emprego, ou um setor financeiro a serviço da economia produtiva). Na Europa, devido à coexistência do Estado e dos setores privados, a noção de economias mistas passou a ser preferível à de um capitalismo gerencial.

Mais uma vez, uma grave crise desestabilizou esses padrões sociais: a crise estrutural da década de 1970, que foi consequência da tendência decrescente da taxa de lucros somada às taxas crescentes de inflação em que se expressavam as tensões econômicas. Elas criaram as condições para a imposição do neoliberalismo, cujas figuras emblemáticas foram Margaret Thatcher e Ronald Reagan.

3. *Neoliberalismo como uma segunda hegemonia financeira.* O neoliberalismo não interrompeu as tendências típicas das três revoluções do final do século XIX, nem reverteu a quarta (a revolução do controle da macroeconomia), embora os alvos da macropolítica tivessem sido redefinidos. Contudo a transformação foi ampla e radical. Um primeiro aspecto foi uma nova administração de alto escalão ou, em outras palavras, uma governança corporativa. O neoliberalismo desprendeu a liberdade de ação das empresas, presumivelmente para uma volta à "economia de mercado" (um eufemismo para a dinâmica capitalista sem limites, doméstica ou internacionalmente). Paralelamente a essa ideologia de mercado, o neoliberalismo promoveu a desregulamentação em todos os campos, particularmente o dos mecanismos financeiros. Impôs fortes macropolíticas, destinadas a proteger os emprestadores por meio da estabilidade forçada de preços e da abertura das fronteiras de comércio e de capital.

A ideologia não foi o instrumento da revolução neoliberal. A relação com as hierarquias de classe era óbvia demais. Cada uma das realizações anteriormente citadas era coerente com os interesses das classes altas, ou seja, a maximização das rendas mais altas. O poder de compra dos trabalhadores foi restringido, o mundo se abriu para as corporações multinacionais, as dívidas crescentes de governos e famílias eram uma fonte de grandes fluxos de juros, e a financeirização tornou possíveis rendas gigantescas (salários, bônus, opções de ações e dividendos) no setor financeiro. A hegemonia das classes altas foi deliberadamente restaurada, uma volta à hegemonia financeira. Surgiu uma ideologia neoliberal, a expressão dos objetivos de classe do neoliberalismo. Essa ideologia foi o instrumento político crucial no estabelecimento do neoliberalismo.

A crise do neoliberalismo

A dramática transformação social realizada durante o neoliberalismo teria sido impossível se não tivesse havido uma aliança entre as classes capitalista e gerencial, particularmente entre suas camadas superiores. A essa alteração de alianças se pode dar o nome de "compromisso neoliberal". Dependendo do país, a adesão das classes gerenciais às configurações neoliberais foi mais ou menos fácil ou difícil, conforme o poder específico das configurações e as características do compromisso do pós-guerra em cada país – nos Estados Unidos, foi mais fácil do que na Europa. Houve também diferenças significativas baseadas nos campos de atividade, finanças, engenharia e assim por diante, mas o alinhamento completo da administração e de políticas aos objetivos neoliberais teria sido impossível na ausência desse compromisso.

Essa interpretação da história atribui um papel proeminente à posição das classes gerenciais nas transformações sociais, mas a aliança posterior à Segunda Guerra Mundial entre as classes gerenciais e as populares só foi possível graças às condições políticas do período e à pressão popular resultante do forte movimento operário nacional e internacional. As classes gerenciais não são apenas atores passivos na história, elas tiveram papel central tanto no estabelecimento do New Deal e de compromisso do pós-guerra, quanto na volta da hegemonia financeira no neoliberalismo.

A adoção do compromisso entre as classes capitalista e gerencial no neoliberalismo, em substituição ao compromisso anterior entre as classes gerencial e popular durante as décadas do pós-guerra, oferece bases de classe à distinção tradicional entre as orientações políticas de direita e de esquerda, como mostra o diagrama 1.2.

Em geral, a sequência histórica de ordens sociais é expressão dos resultados temporários das sucessivas batalhas da luta de classes – o motor da história – em que interagem os três agentes. Mas os resultados de tais confrontos foram muito dependentes de circunstâncias econômicas específicas, como a mudança técnico-organizacional, as tendências da taxa de lucro e a maturidade da estrutura institucional responsável pela estabilidade da macroeconomia (principalmente a política monetária).

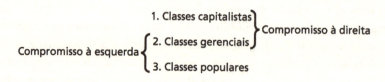

Diagrama 1.2

Crises estruturais: lucratividade e hegemonia financeira

As três fases da história do capitalismo moderno foram pontuadas pela ocorrência de crises duradouras e profundas, denominadas aqui "crises estruturais". Trata-se das crises da década de 1890, a Grande Depressão, a crise da década de 1970 e a crise do neoliberalismo, que culminou na Grande Contração[4]. Crises estruturais são os resultados combinados das contradições internas de cada ordem social e da luta de classes. Marcam rompimentos violentos na história do capitalismo, mas não mudam as evoluções subjacentes (quadro 1.2). Todo o padrão histórico pode ser resumido como no diagrama 1.3.

Uma questão fundamental é se a história vai se repetir, se a crise atual vai disparar a entrada numa nova fase. Com as cautelas usuais relativas ao caráter imprevisível dos desenvolvimentos futuros, a resposta dada aqui é positiva.

A taxa de lucro é uma importante variável na análise das crises estruturais. (Essas tendências históricas da taxa de lucro são apresentadas no gráfico 21.1; ver também o quadro 21.2.) As crises das décadas de 1890 e de 1970 foram o resultado da tendência de queda de lucros. Reciprocamente, a Grande Depressão e a crise do neoliberalismo não estão ligadas à tendência de queda da taxa de lucros. Nos dois casos a queda da taxa de lucro estava passando por um lento processo de recuperação. Nem uma tendência de alta, nem a de queda da taxa de lucro podem ser consideradas um determinante da crise atual. Isso, é claro, não significa que, sob certos aspectos, a taxa de lucro não seja relevante nesta análise[5]. A Grande Depressão e a crise atual têm em comum o fato de cada uma delas ter marcado o fim de um período de hegemonia financeira. A Grande Depressão pode ser denominada de "a crise da primeira hegemonia financeira". Essa denominação expressa diretamente seus aspectos em comum com a crise do neoliberalismo, ele próprio "a crise da segunda hegemonia financeira". Ambas foram consequência do exercício da hegemonia, a expressão irrestrita das exigências das classes altas que forçaram os mecanismos econômicos até os limites da sustentabilidade, extrapolando-os por fim.

Uma característica comum das crises estruturais é terem facetas múltiplas e de grande duração. Por exemplo, é difícil saber exatamente a duração da Grande

---

[4] Com relação à Grande Depressão, a expressão "Grande Contração", como no estudo de Friedman e Schwartz, poderia ser considerada eufemística; ver Milton Friedman e Anna Schwartz, *Monetary History of the United States* (Princeton, Princeton University Press, 1963). O termo é usado aqui na presunção de que a queda de produção na crise atual será menos severa do que na da década de 1930.
[5] Se a tendência decrescente da taxa de lucro tivesse sido contida a tempo, a crise estrutural dos anos 1970 nunca teria aberto o caminho para o estabelecimento do neoliberalismo. E se essa tendência não tivesse sido em parte revertida durante as décadas neoliberais, o curso da história também teria sido profundamente alterado.

Quadro 1.2 – Uma direção na história

A sucessão de fases distintas na história do capitalismo, separadas por crises estruturais, não interrompe o curso da história. Essas quebras importantes não determinam, em geral, as tendências de mudança social, mas, pelo contrário, estimulam transformações ocultas. Criam condições favoráveis a mudanças cuja lógica seja a expressão de dinâmicas históricas mais profundas e menos óbvias. As três revoluções – financeira, corporativa e gerencial – do início do século XX, mais tarde suplementadas pela revolução keynesiana (a administração centralizada da macroeconomia) e a estabilidade financeira, podem ser consideradas passos sucessivos no estabelecimento da estrutura institucional típica do capitalismo contemporâneo. Marx decreveu essas dinâmicas históricas do capitalismo com referência "à dialética das forças produtivas e relações de produção"[1]. Há um processo em operação manifestando a gradual "socialização da produção", o que significa o desenvolvimento de organizações tais como grandes empresas e instituições centrais, além de redes que permitam a sofisticação da divisão social do trabalho em cada país e internacionalmente.

Assim como os movimentos das placas tectônicas se manifestam nos terremotos, a ausência de evolução conjunta e harmoniosa entre os vários componentes de mudança social resulta em grandes perturbações quando o sistema inteiro repentinamente se ajusta às novas configurações, quando as condições sociais e políticas são atendidas. Ao lado das tendências da lucratividade e das ambições incontidas das classes altas, as tensões que resultam dessa ausência de sincronismo são as expressões básicas do que pode ser denominado de "contradições internas". A transição da estrutura anterior do final do século XIX para o capitalismo moderno se realizou ao custo de um processo de muitas décadas, passo a passo, doloroso, do qual a Grande Depressão foi um "efeito colateral infeliz". O progresso tecnológico e organizacional, em sentido mais amplo, é a força que move as placas tectônicas sociais. Rupturas, expressas em crises estruturais, exigem o estabelecimento de novas ordens sociais. O instrumento é sempre a luta de classes. Assim, com notável regularidade, a história se repete ao longo de uma sucessão de intervalos de três ou quatro décadas que marcam a progressão de tendências ocultas.

---

[1] Karl Marx, "Foreword", *A Contribution to the Critique of Political Economy* (Moscou, Progress, 1970) [ed. bras.: *Contribuição à crítica da economia política*, São Paulo, Expressão Popular, 2008].

A dinâmica histórica da hegemonia

Diagrama 1.3

Depressão ou quanto ela teria durado se os preparativos para a guerra não tivessem estimulado a atividade econômica. A macroeconomia desabou na depressão a partir do final de 1929 até 1933. Uma recuperação gradual teve início em 1937, quando a produção voltou a cair. Então a economia de guerra alterou completamente o andar da carruagem. O mesmo valeu para a crise dos anos 1970. O novo curso dos acontecimentos na transição para o neoliberalismo prolongou a crise sob novas formas ao longo dos anos 1980, com a crise financeira que se seguiu a uma profunda recessão no início da década. Provavelmente, o mesmo vai acontecer na crise atual. Taxas positivas de crescimento após a contração da produção deverão marcar a entrada de uma nova fase, mas certamente não o alívio das tensões que levaram à crise. Muita coisa deixará de ser feita. As taxas positivas de crescimento serão decentes? Quando os desequilíbrios da economia norte-americana serão resolvidos? Como será paga a dívida do governo? O dólar poderá suportar as pressões internacionais? Estabelecer um novo curso sustentável de acontecimentos deverá ser um processo longo e doloroso.

Ambições e contradições da estratégia neoliberal interna e externa dos Estados Unidos

Dentro da dinâmica geral do capitalismo, o neoliberalismo não é uma exceção. Desde o início, a ambiciosa estratégia neoliberal, em seus componentes de classe e internacionais, foi solapada por importantes contradições internas. Não deve surpreender o fato de uma crise importante ter ocorrido. Esta seção considera separadamente os três principais componentes dessas contradições.

1. *A perversa dinâmica da busca por altos rendimentos.* O neoliberalismo é uma ordem social destinada a gerar rendimentos para as faixas superiores de renda, não para investimentos na produção, muito menos para o progresso social. Nos países centrais, a acumulação do capital privado foi sacrificada em favor da distribuição de rendas em benefício das camadas mais altas. Principalmente nos Estados Unidos, o neoliberalismo significou uma desterritorialização (transferência para fora do território) da produção em benefício de várias economias da periferia. A aposta original era que os países do centro se transformariam gradualmente em economias de serviço, concentrando ainda várias atividades em que são fundamentais conhecimento, educação e pesquisa, e passariam a fornecer ao mundo serviços financeiros. A chamada propriedade intelectual seria evidentemente protegida. Acima de tudo, essas economias deveriam se transformar em centros financeiros – o sonho de Margaret Thatcher, que acabou se revelando um pesadelo. Sob esse aspecto, havia o risco de novos concorrentes buscarem não somente eficiência na fabricação de produtos básicos, mas também acesso às altas tecnologias, pesquisa e inovação, além de, possivelmente, serviços financeiros, a tal ponto que as economias do centro gradualmente perderam terreno para esses concorrentes ambiciosos.

A mesma busca por rendimento foi o instrumento da financeirização, tanto nacional quanto internacionalmente, no contexto geral da desregulação adequada ao esforço neoliberal. Um componente específico do aumento dos mecanismos financeiros, da securitização e do que hoje é conhecido como "estruturação financeira" em geral, desenvolveu-se no solo fértil do grande endividamento das famílias nos Estados Unidos. (Grande parte desses instrumentos foi vendida a investidores estrangeiros.) A tudo isso é preciso acrescentar a enorme expansão dos procedimentos mais ousados nos mercados derivativos e uma grande variedade de operações financeiras a fim de possibilitar o comércio em todo o globo.

O neoliberalismo assistiu à construção de uma estrutura financeira frágil e pouco funcional nos Estados Unidos e no resto do mundo, com base em práticas muito questionáveis. Esse processo sofreu uma forte aceleração depois do ano 2000 e chegou a tal ponto que as rendas e os níveis extraordinários de lucratividade declarados pelo setor financeiro durante aquele período tornaram-se cada ano mais dependentes da acumulação de ativos duvidosos e ganhos precários de capital. Essa tendência pode ser descrita como uma "propensão à produção de excedentes fictícios". A crise ajustou a miragem à realidade.

2. *A capacidade reduzida de governar a macroeconomia.* A livre mobilidade internacional do capital debilita ou impede macropolíticas em cada país. Na ausência de regulação e de política globais – ou dada a sua baixa eficiência –, o progresso irrestrito da financeirização e da globalização impôs uma ameaça à

capacidade dos principais países capitalistas de controlar os mecanismos financeiros e sua macroeconomia.

Antes da crise atual, essa ameaça só tinha prejudicado os países da periferia que se juntaram à "comunidade" neoliberal internacional (por vezes em configurações extremas, como a Argentina na década de 1990). As condições mudaram gradualmente. A globalização financeira avançou e explodiram as massas globais de capital disponível para investimento em todas as partes do mundo. A economia norte-americana demonstrou os riscos inerentes à globalização neoliberal que avançava na Europa.

Apesar de os dois tipos de desenvolvimento descritos anteriormente – a busca de altos rendimentos e macrogovernança prejudicada – terem sido em geral típicos dos países capitalistas mais importantes, a hegemonia financeira global dos Estados Unidos – o neoliberalismo sob a hegemonia norte-americana – lhes permitiu impor a estratégia neoliberal em graus além dos que estavam ao alcance de outros grandes países do centro. Os Estados Unidos revelaram ao mundo as contradições internas do esforço neoliberal.

3. *Avanço* às *custas de uma trajetória de acumulação decrescente e perigosos desequilíbrios acumulativos*. Outra fonte de contradições é a macrotrajetória única da economia dos Estados Unidos, que permitiu ao país avançar à frente de outras nações capitalistas mais importantes. Livres da exigência de equilibrar o comércio externo por causa de sua hegemonia, incluindo aí o papel do dólar como moeda internacional, os Estados Unidos levaram o processo de internacionalização da produção de *commodities* a níveis sem precedentes. Esses mecanismos foram de duas ordens. Por um lado, as taxas de acumulação na economia interna dos Estados Unidos seguiram uma tendência de queda. Por outro, o aumento da demanda de consumo resultou em uma tendência de crescimento das importações e aumento dos déficits comerciais. Uma consequência dessas tendências foi que o uso normal da capacidade produtiva e os níveis correspondentes das taxas de crescimento nos Estados Unidos tiveram de ser mantidos ao custo de um forte estímulo da demanda interna. Esse estímulo foi baseado no aumento do endividamento das famílias, que alimentaram o correspondente *boom* nos investimentos residenciais. Só se chegou a esse resultado com a participação de custosas e arriscadas inovações financeiras. O desvio geral na direção da financeirização e da globalização (dada a sua interconexão) ofereceu os pré-requisitos necessários para o aumento dramático do endividamento das famílias, com a colaboração de instituições financeiras e governos no resto do mundo.

O efeito dessa macrotrajetória poderia ter sido apenas a erosão gradual da hegemonia dos Estados Unidos no mundo, mas já era provável a ocorrência de uma grande crise, ainda que fosse difícil de prever de que forma ela iria se manifestar.

Um primeiro cenário possível seria o descarrilamento da estratégia neoliberal de classe por uma crise financeira nos principais países capitalistas, principalmente os Estados Unidos, levando a uma contração da produção. Uma segunda opção seria uma recessão capaz de desestabilizar a frágil estrutura financeira que fosse então transformada em uma crise importante. Um terceiro cenário seria uma grave crise na periferia capaz de desestabilizar os países do centro. Finalmente, uma quarta opção seria uma crise do dólar. Prevaleceu o primeiro cenário, difícil de prever, e há ainda grande incerteza com relação aos possíveis desenvolvimentos futuros.

O fato de a crise ter se espalhado pelo mundo a partir dos Estados Unidos como resultado da combinação entre extrema financeirização, capacidade reduzida de controlar a macroeconomia e desequilíbrios cumulativos não afasta os riscos especificamente inerentes à dependência da economia norte-americana do financiamento externo. A partir do fim de 2009, a ameaça de uma crise do dólar repentina ou gradual representa um desdobramento grave e real, capaz de transformar completamente as caracterísiticas da crise atual. A ocorrência dessa crise monetária precipitaria o curso da história, tanto no que se refere à nova ordem social a ser implementada como à hegemonia norte-americana. Assim, não só a crise seria mais longa do que o esperado como também mais espetacular.

Sucesso ou fracasso?

Apesar de ter havido diferenças, a estratégia de classe neoliberal prevaleceu em todos os países e beneficiou uma minoria privilegiada. Foi assim nos países capitalistas avançados, nos países da periferia cujas classes altas colocaram sua nação na divisão internacional neoliberal do trabalho e até mesmo na China, onde o problema não foi a restauração do poder de uma classe capitalista, mas a formação dessa classe. O desenvolvimento de um poderoso setor capitalista foi incentivado sob forte liderança do Estado, como parte de uma ousada estratégia de desenvolvimento, paralelamente a um setor público ainda muito poderoso. Apesar de o aspecto global propriamente dito dessa estratégia de classe – como na "globalização neoliberal" ou "imperialismo na era do neoliberalismo" – ser comum a todos os países capitalistas avançados, os Estados Unidos são um caso único por serem o poder hegemônico.

Julgado por seus objetivos de classe, o neoliberalismo foi um sucesso indiscutível antes da crise atual. Houve importantes resistências sociais nos países do centro, por exemplo, para manter certo grau de proteção de bem-estar social, e também manifestações de resistência pelo mundo, como na América Latina, como reação à devastação causada, mas isso não mudou o fato de que em toda parte a renda e a riqueza dos segmentos mais ricos da população aumentaram enormemente.

Em nítido contraste com essa história de sucesso, o caráter profundo da crise atual, sua extensão global, sua provável duração e as medidas tomadas durante seu tratamento sugerem um fracasso final da estratégia de classe neoliberal. Os últimos capítulos deste livro convergem para essa conclusão. A construção de uma nova ordem social exigida pela solução dos conjuntos de contradições expostos anteriormente (tanto a frágil estrutura financeira quanto a trajetória da economia americana) não é compatível com as ambições de classe típicas do neoliberalismo sob a hegemonia dos Estados Unidos. Mais provavelmente, o capitalismo norte-americano está entrando numa quarta ordem social cuja natureza ainda terá de ser discutida.

A economia norte-americana e suas classes altas: divórcio e reconciliação

A crise não há de afastar, em futuro próximo, o potencial dos Estados Unidos de dominação internacional, dado seu gigantesco aparelho militar, principalmente, mas novas dinâmicas já tiveram início. Indicadores mostram o rápido declínio da economia norte-americana em comparação com o resto do mundo. As economias chinesa e indiana são simultaneamente grandes e em crescimento, mas tendências semelhantes, ainda que menos dramáticas, também se manifestam em outras regiões do mundo. Não somente está envolvida a produção na economia interna dos Estados Unidos como também a aplicação de capital norte-americano em todo o globo e a dominância das corporações multinacionais do país. Se um ajuste dramático não for executado de maneira rápida e eficaz, a posição de liderança dos Estados Unidos entre as principais potências internacionais vai diminuir ainda mais rapidamente do que sugerem as atuais tendências.

Existe um contraste nítido entre o declínio comparativo da economia interna dos Estados Unidos e o sucesso inegável da estratégia das classes altas. Essas classes aumentaram e restauraram seu próprio poder e renda, pelo menos até a crise. Na busca dos objetivos de classe neoliberais, é irrelevante os lucros serem realizados no país ou em qualquer outra região do globo, desde que os países onde forem feitos os investimentos continuem sendo politicamente confiáveis. Também não terá importância o fato de a trajetória da economia norte-americana ser cada vez mais dependente do financiamento externo. O mesmo vale para o crescimento da dívida do governo e das famílias, vistas como fontes crescentes de renda financeira em vez de um perigoso processo interno. Nos Estados Unidos, essa divergência atingiu proporções tão dramáticas que é possível falar em "divórcio" entre as classes altas e a economia interna do país.

O que é realmente novo nesse padrão de acontecimentos não é a desconexão em si. Muitos países da periferia são ou foram governados por suas classes altas ou por parcelas de classses sem compromisso com o progresso da própria nação. Pelo contrário, o comportamento dessas elites é geralmente determinado pelo desejo de colaborar com os países imperialistas do centro e aumentar a riqueza pessoal (principalmente no estrangeiro). As consequências para as economias e sociedades locais são devastadoras. Nacionalismo ou patriotismo por parte das classes altas é fundamental para o avanço das economias nacionais. O que é novo a partir da década de 1980 é o fato de as estratégias neoliberais terem significado um divórcio no centro do mundo neoliberal, semelhante ao que se observou em muitos países menos desenvolvidos.

Estabeleceram-se tendências nacionalistas simétricas em vários países da periferia, como a China, aproveitando a oportunidade e outras vantagens dadas – como uma força de trabalho disciplinada e barata, recursos naturais e assim por diante –, que passaram a ameaçar, por fim, a dominação do centro. A comparação com a poderosa acumulação capitalista na China é, na verdade, muito esclarecedora. Demonstra que o que se descreve aqui como um *divórcio* não é uma propriedade geral da dinâmica capitalista, nem mesmo do neoliberalismo. Considerando a relação entre as classes capitalistas e a economia doméstica da China no capitalismo atual, a relação ainda é de *lua de mel*.

Oculto sob esses mecanismos há um processo de maturação, o fato de se ter atingido um estágio num contexto dado. No caso da China, do ponto de vista dos capitalistas locais ou capitalistas da diáspora chinesa, território e população operam como pontos de atração. Claramente, essa estratégia de classe não pode ser separada de uma distribuição por todo o globo, como investimentos externos, mas os objetivos ainda são em grande parte dirigidos para o desenvolvimento nacional. Essa distribuição internacional é, em boa medida, motivada por metas específicas, como o controle de recursos naturais ou a inserção das instituições financeiras domésticas nas redes financeiras globais, e não pela busca de níveis extraordinários de lucratividade, em comparação com os que podem ser obtidos no território nacional. O fato de no longo prazo as classes capitalistas – ou, de modo mais geral, as classes altas – chinesas poderem prosseguir por trilhas semelhantes às percorridas pelas classes altas dos Estados Unidos não altera as características do período atual.

No caso dos Estados Unidos, a divergência entre a estratégia de classe neoliberal e a trajetória econômica interna foi temporariamente oculta pelo "longo *boom*" da segunda metade da década de 1990. (Com o benefício da visão em retrospectiva, a primeira crise depois de 2000, a recessão e a queda do mercado de ações, que marcou o fim desse *boom*, podem ser interpretadas como um ensaio, fazendo prever o colapso atingido no fim da década.) A década de 1990 será lembrada como o apogeu do esforço neoliberal e os anos seguintes, como o momento em que o neoliberalismo se perdeu. Assim, o episódio favorável da década de 1990 criou apenas a impressão de uma coincidência entre os interesses das classes altas e a economia interna.

Do ponto de vista da sociedade e da economia norte-americanas, uma reconciliação é urgentemente necessária. Isso deverá exigir um ajuste rigoroso e provavelmente demorado, a saber, a transição de uma nova ordem social. Se os objetivos de classe e os métodos do neoliberalismo forem mantidos, mesmo que se imponha certo grau de regulação, a fim de se garantir alguma estabilidade financeira, o declínio da hegemonia norte-americana será rápido, provavelmente pronunciado demais para ser tolerado pelas classes altas daquele país.

Novas ordens sociais e globais: o fator nacional e a opção por um capitalismo neogerencial

Uma hipótese fundamental relativa às próximas décadas é que a correção das tendências subjacentes ao declínio comparativo da economia norte-americana não é compatível com as estratégias neoliberais. Uma governança corporativa dirigida para a renda do capital e desempenho no mercado de ações está em desacordo com fortes taxas domésticas de acumulação. O mesmo vale internacionalmente para o livre comércio e a livre movimentação de capitais. Tanto o aumento das importações de países com baixos custos de mão de obra quanto o do investimento no exterior impõem uma pressão insuportável sobre a economia interna. Um setor financeiro dedicado à busca de rendas extremamente altas para seus proprietários e administradores não pode estar a serviço da acumulação não financeira. Ademais, esse setor financeiro tende a expandir excessivamente os mecanismos financeiros que ameaçam a estabilidade da economia. A alternativa é clara: (1) a prioridade à busca dos objetivos neoliberais e à continuação do declínio dos Estados Unidos como país líder mundial, ou (2) a transição para uma nova ordem social, para além do neoliberalismo, o que a seção anterior descreveu como a reconciliação urgentemente necessária entre as classes altas e a economia interna:

1. *Capitalismo neogerencial.* Todos os requisitos anteriores apontam para o estabelecimento de um novo período de liderança gerencial, sem compromisso com os objetivos neoliberais. Os principais aspectos dessa liderança poderiam ser (a) administração que vise não ao mercado de ações e à renda do capital, mas ao investimento interno; (b) imposição de limitações ao livre comércio e à livre movimentação do capital; e (c) um setor financeiro adequadamente regulado e a serviço da economia não financeira. São essas as condições básicas necessárias para o fortalecimento da economia dos Estados Unidos no território norte-americano, a correção dos desequilíbrios e a estabilização dos mecanismos financeiros.

A crise do neoliberalismo

Uma consequência da contradição entre os objetivos neoliberais e a preservação da economia interna é que a determinação de manter uma posição comparativa internacional do país poderia se tornar um fator crucial para a mudança em direção a um novo compromisso social nos Estados Unidos, como sugerido na primeira bifurcação do diagrama 1.4. O papel dos gerentes em setores outros que as finanças e no governo aumentaria.

Não é evidente que tal ajuste será de fato executado. Mesmo que venha a prevalecer sobre os interesses estreitos e de curto prazo das classes altas, não é certo que ele será executado com sucesso. A correção da trajetória da economia dos Estados Unidos será muito mais difícil do que geralmente se acredita. Será intenso o conflito entre a manutenção do poder de compra de uma grande massa de assalariados (uma condição da paz social), a preservação das taxas de lucro, a expansão das corporações multinacionais e a reterritorialização da produção.

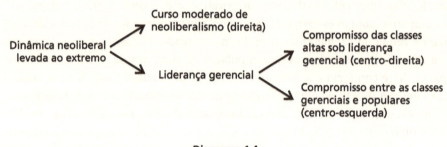

Diagrama 1.4

2. *À esquerda ou à direita?* As classes altas impuseram os novos papéis do neoliberalismo às classes populares que trabalharam completamente a favor de uma minoria. A crise demonstra a real natureza desse esforço e seu caráter insustentável, em particular sob as formas que prevaleceram depois do ano 2000. A pergunta a ser feita aqui é, portanto: as classes populares permitiriam às altas definir uma nova trajetória neoliberal, com ajustamento limitado, ou propor, ainda no topo, um novo compromisso de classe (duas organizações sociais alternativas das quais as classes populares seriam excluídas)? Uma comparação com a Grande Depressão mostra como as crises anteriores de hegemonia financeira levaram ao estabelecimento de um compromisso social à esquerda.

No capitalismo contemporâneo, no entanto, não existe equivalente ao forte movimento operário das primeiras décadas do século XX. A partir de 2009, nos Estados Unidos, a eleição de Barack Obama criou a oportunidade para esse ajustamento, levemente evocativo do New Deal, mas a iniciativa não parece estar com as classes populares. Nem a volta a um compromisso social democrático nem uma transformação mais radical parecem estar na agenda.

Se o fator nacional prevalecer sobre a continuidade de um trajeto moderado de neoliberalismo, parece muito pouco provável que leve a um novo compromisso social alinhado à esquerda, como se deu durante o pós-guerra. A partir do fim de 2009 – deixando de lado os efeitos potenciais da continuação da expansão da crise, em seus componentes financeiros e monetários reais –, a crise atual parece abrir caminho para um compromisso social entre as classes altas ainda à direita, mas numa configuração diferente de neoliberalismo. É o que sugere a segunda bifurcação no diagrama 1.4.

As fundações de classe dessa nova ordem social seriam, como no neoliberalismo, um compromisso entre as classes altas, capitalistas e gerentes, mas sob liderança gerencial, com certo grau de compromisso de interesses capitalistas e sem as características de bem-estar social das décadas do pós-guerra. Essa configuração de poder poderia ser chamada de "capitalismo neogerencial".

O conteúdo exato da nova configuração de poder dependeria do grau de luta interna entre os segmentos das classes altas e a pressão exercida pelas classes populares. Esse cenário abre um grande espectro das seguintes orientações políticas possíveis (abstraindo a alternativa de extrema direita):

a. No que se refere aos fluxos de renda em favor das classes altas, é importante enfatizar que uma forte determinação de intensificar a preeminência norte-americana no mundo exigiria limitações significativas das rendas gerenciais e capitalistas. O novo compromisso ainda seria, porém, entre as classes altas – e à direita. Poderia haver um desvio, mas ainda dentro dos interesses comparativos dessas classes.

b. É difícil imaginar que essa transformação de longo alcance se realize sem apoio significativo das classes populares, e talvez seja necessário certo grau de concessão a elas. Consequentemente, poderia se esperar uma orientação política para a centro-direita.

3. *Diversificação no resto do mundo*. Essa nova estratégia de fortalecimento da economia interna dos Estados Unidos teria consequências importantes para os países da periferia mais profundamente engajados na divisão neoliberal internacional do trabalho, mas, no longo prazo, essas tendências abrem oportunidades para o estabelecimento de modelos nacionais de desenvolvimento, como aconteceu depois da Grande Depressão (como na substituição de importações na América Latina), essa tão necessária alternativa à globalização neoliberal.

Independentemente do caminho tomado pelos Estados Unidos, a situação será diferente no restante do mundo. Poderá ser observado um aumento da diversidade no estabelecimento de novas ordens sociais mais ou menos à direita ou à esquerda. A Europa não está comprometida com a hegemonia internacional como os Estados Unidos, e a União Europeia é politicamente incapaz de seguir estratégia tão ambiciosa. Nas próximas décadas, o velho continente poderia – paradoxalmente, dada sua história – tornar-se o baluarte tradicional do neoliberalismo.

Ainda não está claro se as tendências social-democratas em alguns países da América Latina vão abrir novas avenidas para o progresso social. O fator crucial será o impacto da crise atual na China. Ou o país asiático vai testar tendências neoliberais reforçadas como se nada tivesse acontecido, depois de superar com sucesso as consequências da crise, ou tal experiência vai operar em favor de uma "terceira via", segundo o padrão de economia mista prevalente na China.

Mesmo que novos arranjos sociais sejam estabelecidos nos Estados Unidos, é difícil imaginar que a hegemonia norte-americana possa ser preservada. Não haverá um substituto evidente para uma dominância norte-americana prejudicada, e uma configuração multipolar em torno de líderes regionais deverá prevalecer nas próximas décadas. Um mundo bipolar, atlântico e asiático, também é um resultado possível. Abstraindo o levante de um confronto internacional, caso não se consigam superar os interesses conflitantes, o cenário otimista é que novas hierarquias mundiais sejam expressas no interior das instituições internacionais para as quais a tarefa da governança global será lentamente transferida. Esse novo ambiente seria favorável à diversificação internacional de ordens sociais em todo o mundo, o que deverá significar um rompimento com a lógica da globalização neoliberal, com potencial para os países em desenvolvimento, dependendo, como no caso das classes populares em relação às ordens sociais internas, do que esses mesmos países forem capazes de impor.

As apostas são altas.

Capítulo 2
ANATOMIA DE UMA CRISE

A mecânica de expansão financeira e inovação depois de 2000 e os aspectos técnicos da macrotrajetória da economia dos Estados Unidos estão muito longe da discussão sobre a periodização e sobre hierarquias sociais e internacionais travada no capítulo anterior. A explicação da crise do neoliberalismo está na interseção dessas duas categorias de questões. Um dos objetivos deste estudo é fechar a lacuna entre mecanismos técnicos e interpretações históricas.

Nas investigações dos mecanismos que levaram à crise, a contagem do tempo geralmente começa após a recessão de 2001, quando foram implementados os componentes mais extremos de inovação financeira, mas a inovação financeira só pode ser entendida numa perspectiva histórica, já que ela foi uma característica geral do neoliberalismo desde suas origens. A mesma diversidade de evolução histórica também está implícita na análise dos macromecanismos. Tendências neoliberais ao longo de quase três décadas foram fatores importantes da crise, mas, nesta investigação, é também necessário atentar para as flutuações mais curtas dos ciclos de negócios no sentido de sucessão de fases de recessão e recuperação.

As seções a seguir têm dois objetivos principais. Elas reafirmam a estrutura geral de análise da crise atual em termos mais técnicos do que no capítulo anterior e resumem as fases principais da crise, desde o colapso dos *subprimes* até a Grande Contração.

Uma estrutura frágil e uma macrotrajetória insustentável

Não existe uma explicação técnica sintética da crise. Ela não foi o efeito de taxas deficientes de lucro. Também não foi consequência de falta de demanda, como expressão de insuficiência do poder de compra dos salários. Se for necessário encontrar uma explicação geral, ela está nos objetivos do neoliberalismo, nos instrumentos usados para buscá-los e nas contradições inerentes a esses objetivos e métodos. Como a crise atual é a crise do neoliberalismo, não chega a ser surpresa que a investigação deva se concentrar nessa ordem social. O neoliberalismo não pode ser separado da hegemonia dos Estados Unidos no mundo, principalmente com relação a instituições e mecanismos financeiros.

Desse primeiro conjunto de determinantes até a ocorrência da crise, duas cadeias de mecanismos estavam em operação, como ilustra o diagrama 2.1. Elas podem ser consideradas expressão direta das contradições do neoliberalismo sob a hegemonia dos Estados Unidos (ver capítulo 1). São, por um lado, a busca irrestrita por altas rendas, combinada com as realizações associadas à financeirização e à globalização; por outro, a insustentável macrotrajetória da economia norte-americana, livre das restrições impostas em outros países capitalistas do centro.

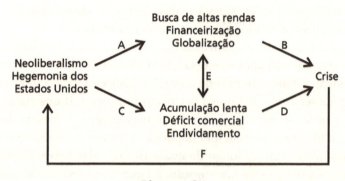

Diagrama 2.1

Essa separação entre neoliberalismo, globalização e financeirização no diagrama poderia parecer surpreendente. Esses aspectos do capitalismo contemporâneo são considerados aqui conjuntos de fenômenos inter-relacionados, mas distintos (quadro 2.1).

1. *A busca por altas rendas, financeirização e globalização.* O primeiro fator na parte superior do diagrama 2.1 (setas A e B) é a "busca por altas rendas". Altas rendas significam aqui lucros, ganhos de capital e as altas remunerações das faixas

Quadro 2.1 – Neoliberalismo, globalização e financeirização

Considerando seus aspectos internos e externos – economia de livre mercado, livre comércio e livre mobilidade do capital –, o neoliberalismo é de fato o que o próprio nome diz, ou seja, um novo liberalismo. Neste estudo, a noção é entendida como uma ordem social em que uma nova disciplina foi imposta ao trabalho e novos critérios e políticas gerenciais (com diferenças significativas entre países e os vários componentes da administração) são estabelecidos. O assim chamado "livre mercado" é um instrumento a serviço desse objetivo.

Os analistas do capitalismo contemporâneo estão mais inclinados a usar a noção de globalização do que a de neoliberalismo. Apesar de o processo de globalização dar mais atenção aos primeiros estágios (ou mesmo aos preliminares) do capitalismo, as barreiras comerciais e financeiras internacionais foram ainda mais afrouxadas durante as últimas décadas do século XX. A economia do século XXI é, mais que nunca, uma economia global. O neoliberalismo deu características específicas à globalização (como na frase "globalização neoliberal"), mas o neoliberalismo é mais que uma fase da globalização.

A noção de financeirização está carregada das mesmas ambiguidades. Tal como a globalização, trata de mecanismos tão velhos como o capitalismo, ou mesmo as primeiras economias pré-capitalistas de mercado. Contudo, um aspecto crucial das décadas neoliberais é a culminância dos mecanismos financeiros, que chegaram a níveis sem precedentes de sofisticação e expansão. Neste estudo, "financeirização" significa sempre, de um lado, a expansão das instituições e mecanismos financeiros (e as massas correspondentes de ativos e passivos), levando em conta os procedimentos inovadores, e, de outro, a imposição de critérios gerenciais, como a criação de valor para o acionista. Nela estão envolvidos o tamanho comparativo e a taxa de lucratividade do setor financeiro. O mesmo se pode dizer da expansão do componente financeiro da administração no interior das instituições financeiras e no interior das corporações não financeiras, bem como o aumento espetacular da renda paga aos administradores financeiros.

Dado o papel atribuído aos interesses financeiros no capitalismo atual, o termo "financeirização" também é usado na literatura num sentido mais amplo, que abrange a maior parte das características do neoliberalismo. É muito significativa a afirmativa de que o neolibaralismo é um "capitalismo

>
> financeiro". Mas essa característica não é realmente nova. A frase "capital financeiro" foi criada por Hilferding no início do século XX[1]. "Capitalismo liderado por finanças" seria mais próximo da perspectiva aqui, desde que se apresente uma definição adequada de "finanças".
>
> [1] Rudolf Hilferding, *Finance Capital*, cit.

superiores de renda. (Tal como se usa neste estudo, "remunerações" inclui vencimentos, salários, opções de ações, bônus e planos de aposentadoria.) Essa busca levou a produção de excedentes fictícios – um pretexto para o pagamento de rendas reais – além dos limites sustentáveis.

Financeirização e globalização foram instrumentos para obtenção de altas rendas. Em nítido contraste com as limitações impostas aos mecanismos financeiros após a Segunda Guerra Mundial, o neoliberalismo teve forte impacto de estímulo sobre a expansão dos mecanismos financeiros. Fundamental para a análise da crise é o fato de esses mecanismos terem entrado numa fase de expansão ainda mais extraordinária após o ano 2000. Essa explosão foi o efeito combinado do crescimento dos mecanismos já existentes e da introdução de procedimentos inovadores. O livre comércio, a livre movimentação de capitais em todo o mundo (investimentos externos) e a globalização dos mecanismos monetários e financeiros são os pilares da globalização neoliberal. Essas tendências para a globalização foram tão ameaçadoras quanto a financeirização. No geral, financeirização e globalização significaram a construção de uma estrutura financeira frágil e pouco funcional. Um efeito combinado adicional desses mecanismos foi o potencial estabilizador prejudicado das macropolíticas. Num mundo do livre comércio e livre movimentação do capital, é difícil controlar taxas de juro, empréstimos e taxas de câmbio.

2. *A macrotrajetória da economia dos Estados Unidos*. A parte inferior do diagrama enfatiza o papel desempenhado pela macrotrajetória de quase três décadas da economia dos Estados Unidos sob o neoliberalismo (setas C e D). Podem-se distinguir três aspectos básicos: (a) as taxas de acumulação baixas e decrescentes, (b) o déficit comercial e (c) a dependência crescente de financiamento do resto do mundo e o endividamento interno. Os dois últimos conjuntos de determinantes costumam ser mencionados com o "desequilíbrio global", um eufemismo para "desequilíbrios da economia dos Estados Unidos". Claramente, o déficit comercial dos Estados Unidos é a outra faceta dos excedentes comerciais observados em

outros países. Mas este estudo atribui aos Estados Unidos a responsabilidade por essas tendências no contexto da globalização neoliberal.

Taxas de acumulação insuficientes são um componente básico da trajetória da economia norte-americana, mas essas tendências não são, por si sós, a causa da crise. Pelo contrário, o aumento do consumo, principalmente o das faixas superiores de renda, está no centro dos mecanismos que levaram à crise. Assim, a crise não deve ser interpretada como o resultado de acumulação excessiva nem de consumo insuficiente. Nos Estados Unidos, a abertura das fronteiras do comércio estimulou as importações muito mais que as exportações, com uma tendência a déficits comerciais crescentes.

Os dois conjuntos de tendências, na parte superior e inferior do diagrama 2.1, respectivamente, já indicam desenvolvimentos intrinsecamente insustentáveis. As causas da crise podem, assim, ser descritas em termos de "excesso": excesso de financeirização significou uma estrutura financeira frágil; e excesso de globalização, uma economia mundial incontrolável. A acumulação gradual de endividamento por parte das famílias norte-americanas não poderia continuar sem limite. Em algum ponto seria necessário interromper a dependência do financiamento externo. Mas é importante que se entenda a relação entre as várias categorias de determinantes como estão simbolicamente expressas na seta E. Uma tendência ao aumento da dívida das famílias (na parte inferior do diagrama 2.1) foi certamente resultado da gananciosa busca de lucro pelas instituições financeiras e da regulação deficiente (parte superior). Os aumentos simultâneos do déficit comercial e do financiamento externo (parte inferior do diagrama 2.1), foram consequência da abertura da economia mundial (parte superior), dada a hegemonia internacional dos Estados Unidos, o que permitiu o crescimento dos déficits sem impactar gravemente a estabilidade do dólar.

Mas no centro da crise havia uma relação ainda mais específica em que se relacionava tudo o que foi dito até aqui. O crescimento da dívida interna (tanto a do governo, até meados da década de 1990, quanto, e cada vez mais, a das famílias) foi resultado de uma macropolítica que deveria manter taxas decentes de crescimento e capacidade normal de utilização numa economia aberta. Três categorias de mecanismos combinaram seus efeitos:

1. A expansão da demanda das famílias ricas, um efeito das tendências neoliberais, estava na origem de um acentuado *crescimento do consumo*. Dada a abertura das fronteiras do comércio, foi importada uma fração crescente da demanda de bens de consumo. Assim, em grande parte, essas tendências não beneficiaram os produtores internos dos Estados Unidos, mas alimentaram o aumento das importações – e bem acima da capacidade de exportação do país, uma propriedade que explica o déficit comercial crescente.

2. A demanda atendida pelos produtores internos demonstrou-se cronicamente deficiente, o que exigiu o estímulo do consumo por uma *audaciosa política de crédito*. Como explicado anteriormente, uma parcela crescente desse estímulo beneficiou produtores estrangeiros. (Nesse sentido, a imagem da economia dos Estados Unidos como o motor do crescimento da economia mundial parece relevante.)

3. Por diversas razões – a ausência de restrições que equilibrassem o comércio exterior, o afrouxamento das exigências para concessão de crédito, a explosão dos mercados derivativos (*credit default swaps* [CDS] e contratos de taxas de juro), e assim por diante –, *a expansão da dívida das famílias não sofreu restrições*, assumindo assim proporções acumulativas.

A explosão dos mercados hipotecários nos Estados Unidos e seu subsequente colapso devem ser entendidos nesse contexto, pois não foram um efeito colateral infeliz e autônomo da financeirização, mas um componente da enorme expansão dos mecanismos financeiros (principalmente depois do ano 2000) e um ingrediente necessário da continuação da macrotrajetória da economia dos Estados Unidos (os efeitos combinados das faixas superiores e inferiores dos determinantes no diagrama 2.1). A crise do mercado imobiliário e o correspondente colapso da pirâmide de instituições financeiras foram como uma onda sísmica que desestabilizou uma frágil estrutura financeira global. Foram o gatilho, e não a causa da crise.

Existe, evidentemente, um efeito de retroalimentação da crise sobre as condições que a tornaram possível (seta F). O neoliberalismo e a hegemonia dos Estados Unidos estão implicados, como afirma a última seção do capítulo 1.

A sequência de eventos

A cadeia de eventos desde o início da crise em agosto de 2007 deve ser entendida como a culminância da última fase do neoliberalismo, com uma história de quase trinta anos quando ocorreu a crise. Antes da crise, o neoliberalismo passou por três fases sucessivas que, com maior ou menor rigor, coincidiram com as três décadas, de 1980, 1990 e 2000.

A primeira fase, de estabelecimento do neoliberalismo – os dez anos de 1980 até 1991 –, foi difícil. O período foi marcado por três recessões, com taxas negativas de crescimento, em 1980, 1982 e 1991. Simultaneamente, esses foram anos de agitação financeira, com a crise de bancos e associações de poupança e empréstimo.

A recuperação da recessão de 1991, que introduziu a segunda fase, foi lenta, mas as taxas de crescimento se estabilizaram em níveis altos durante a segunda metade da década. Por trás dessa restauração houve a onda de investimento em tecnologias da informação. Esse foi também um período de grandes investimentos diretos no exterior por parte de investidores norte-americanos e, reciprocamente, investimentos estrangeiros diretos nos Estados Unidos. Durante essa década favorável, as opções neoliberais foram consideradas uma nova panaceia, em particular quando comparadas à Europa (ignorando crises recorrentes na Ásia e América Latina). Na esteira do *boom* das tecnologias de informação e da bolha paralela do mercado de ações durante a segunda metade da década, a economia norte-americana entrou na recessão do ano 2001.

A cadeia seguinte de eventos, após 2000, pode ser interpretada como uma introdução à crise. A recuperação da recessão de 2001 só foi alcançada ao custo do aumento do investimento residencial, ou seja, um *boom* do setor imobiliário, enquanto o investimento na produção continuava baixo. A macroeconomia em geral se estabilizou em taxas moderadas de crescimento. Simultaneamente, depois de um período de crescimento constante a partir do início do neoliberalismo, a dívida das famílias, o déficit comercial e o financiamento da economia norte-americana pelo resto do mundo se elevaram enormemente. O período também foi marcado pela explosão dos mecanismos financeiros – por exemplo, o valor bruto de mercado dos contratos derivativos foi multitplicado por 2,6 entre os anos 2001 e 2005. O período também assistiu a um rápido aumento dos instrumentos ligados a hipotecas, como a securitização e os seguros contra inadimplência. O Federal Reserve tinha consciência dessas tendências, mas o aumento da taxa dos Fundos Federais* após a recuperação da recessão de 2001 não conseguiu frear a expansão do crédito, ao passo que a regulação não foi incluída na agenda.

Podem-se então distinguir cinco estágios:

1. Os primeiros sintomas de uma ruptura grave foram revelados durante a passagem de 2005 para 2006, com os primeiros passos da queda das autorizações de construção, das vendas e dos preços de casas. Foi também quando começou a onda de inadimplências (afetando inicialmente os empréstimos *subprime* com taxas ajustáveis). Os bancos começaram a depreciar os empréstimos em suas contabilidades, e os títulos lastreados em hipotecas (TLH) de maior risco se desvalorizaram. Durante os seis primeiros meses de 2007, várias instituições financeiras diretamente relacionadas ao mercado de hipotecas foram abaladas.

2. O mês de agosto de 2007 marcou o início da crise financeira propriamente dita. A princípio, tratou-se de uma crise de liquidez. O declínio do mercado imobiliário se aprofundou (com a queda adicional do número de autorizações, preços etc.), e a crise dos TLH levou a uma situação de grande incerteza em que ativos de securitização já não podiam mais ser avaliados. Com o rompimento do mercado

---

* A taxa de Fundos Federais é a taxa de juro que uma instituição de crédito cobra de outra para transferir a esta o saldo de seus recursos mantidos em custódia no Federal Reserve. São geralmente operações de *overnight* e sem exigência de garantias. (N. T.)

interbancário, o Federal Reserve tomou providências para aliviar a situação, adotando de pronto o mecanismo tradicional de compras no mercado aberto a taxas de juro reduzidas. No final de 2007, tornou-se claro que as operações de mercado aberto não estavam à altura da gravidade da crise. O Federal Reserve criou então instrumentos que, por sua vez, permitiam a aceitação de títulos cada vez mais questionáveis como garantia. Isso proporcionou certo alívio, que teve, entretanto, vida curta. Estava claro que empréstimos hipotecários *subprime* eram apenas um componente de um conjunto muito mais amplo de determinantes pelos quais a natureza real do neoliberalismo se tornou repentinamente evidente.

3. O colapso de muitos instrumentos financeiros desestabilizou a estrutura financeira geral. No início de 2008, evidenciou-se o aumento dos prejuízos das instituições financeiras, com o início de uma epidemia de falências de bancos. Em março, o Bear Stearns faliu e se revelaram as primeiras manifestações de fraqueza dos gigantes Fannie Mae e Freddie Mac. A partir de então, a situação de deterioração do setor financeiro se degenerou numa crise de oferta de crédito para famílias e corporações não financeiras, conhecida como o "arrocho de crédito".

4. O quarto trimestre de 2008 marcou um rompimento importante, com um novo e grave aprofundamento da crise, causando uma atmosfera de pânico. Faliram o Lehman Brothers, o Washington Mutual Bank e outros gigantes financeiros. Outros, como AIG, Merrill Lynch e o Citigroup foram salvos no último instante, mas suas ações despencaram mais de 90%. A política monetária não era eficaz. O arrocho de crédito assumiu proporções ainda maiores. A contração da produção se espalhou por todo o mundo. Observou-se instabilidade nos mercados de câmbio e as ações despencaram violentamente.

Nesse contexto o Federal Reserve e o Tesouro intensificaram suas atividades, trabalhando em substituição às instituições financeiras privadas. Iniciou-se uma intervenção ativa a fim de estimular novos empréstimos para financiar a compra de bens e serviços. O financiamento de capital (compra de ações de corporações em dificuldades) suplementou o financiamento de crédito (empréstimos). O Federal Reserve e o Tesouro garantiram, como seguradores, ativos duvidosos. *Swaps* de moedas estrangeiras foram organizados para ajudar bancos centrais de outros países sem reservas – logo, o Federal Reserve passou a agir como um Banco Central da economia global.

5. No fim de 2008, a Grande Contração teve início. O componente principal no tratamento geral da crise começou com o déficit do governo, com o aumento correspondente de sua dívida e o financiamento crescente pelo resto do mundo e pelo Federal Reserve.

A Grande Contração: uma crise do dólar

Em 2009, a contração da produção tinha se tornado o principal desenvolvimento, reminiscente da Grande Depressão. Entre julho de 2007 e junho de 2009, a taxa de utilização da capacidade na indústria norte-americana caiu de 79,4% para 65,1%. Mas essa queda foi ainda maior em outros países. Nos Estados Unidos, a produção de aço se reduziu em 56% entre agosto de 2008 e maio de 2009. Tal queda de produção causou grande impacto sobre as situações respectivas do setor financeiro, de empresas não financeiras e de famílias. O percentual dos títulos do Tesouro sobre o PIB subiu de 35% no início de agosto de 2007 até mais de 54% no fim de 2009. A dívida de governos e países em todo o mundo explodiu. No fim de 2009, era impossível saber qual seria a profundidade da contração. Todas as previsões eram sempre reajustadas para baixo, e é possível que se tenha chegado a um piso. A taxa de utilização de capacidade nos Estados Unidos em dezembro de 2009 ainda estava em 68,4%, ou seja, pouco acima do mínimo atingido em junho. (Na parte mais profunda da Grande Depressão, a produção caiu cerca 25%.)

Qual será a profundidade da Grande Contração? Quanto deverá durar? Muita coisa vai depender dos estímulos urgentemente necessários à atividade econômica. Os principais fatores são o volume real desse apoio, seu conteúdo, a rapidez de sua implementação e a capacidade de tratar esses problemas globalmente, e não de país a país. Nos Estados Unidos, o próprio governo – ou as instituições centrais intimamente ligadas a ele – passou a agir como substituto do setor privado. Pelo menos três aspectos têm de ser enfatizados: (1) grandes déficits governamentais tendem a compensar a demanda insuficiente que vem de setores privados no contexto de um arrocho de crédito; (2) a securitização passa a ser executada por agências federais e empresas patrocinadas pelo governo (EPG), que hoje são propriedade do governo, enquanto se interrompe a ação dos emitentes *independent-label*; e (3) TLH são comprados pelo Federal Reserve e não por investidores privados.

Dada a dependência da economia norte-americana de financiamento externo e, em particular, o aumento notável do déficit do governo, uma queda súbita do dólar é uma evolução possível. A natureza e a extensão da crise serão alteradas. Até mesmo um declínio moderado do dólar tenderia a exportar a crise para o resto do mundo, em particular para a Europa. Os países árabes já teriam iniciado negociações com a China, a Rússia e a França, em busca de novos acordos para evitar a dependência do dólar na fixação do preço do petróleo, usando para substituí-lo uma cesta de moedas (e o ouro). Essa crise seria, basicamente, uma ameaça à continuação da hegemonia dos Estados Unidos.

Parte II
O SEGUNDO REINO DAS FINANÇAS: CLASSES E INSTITUIÇÕES FINANCEIRAS

Grande parte do conteúdo do capítulo anterior antecipa as principais descobertas deste livro. Entretanto, o processo de análise propriamente dito tem início com o que vai ser exposto nesta parte.

Este trabalho investiga a crise atual até os mecanismos intrínsecos ao neoliberalismo e suas características específicas nos Estados Unidos. Apesar de o termo neoliberalismo ser amplamente empregado, não há consenso quanto ao conteúdo dessa noção, e às vezes o termo é usado de forma incorreta. Torna-se necessária, portanto, uma definição preliminar.

O objetivo da parte II e das que se seguem é apresentar gradualmente o neoliberalismo como fenômeno de classe e oferecer alguns dos detalhes empíricos que apoiam essa interpretação. O capítulo 3 discute a recuperação da renda das camadas superiores, independentemente da origem dessa renda (juros, dividendos e ganhos de capital), durante as décadas neoliberais. O capítulo 4 se dedica mais especificamente ao aumento da renda de capital (juros, dividendos e ganhos de capital) durante as décadas do neoliberalismo. Somente a parte III (capítulos 5 e 6) trata o neoliberalismo como um fenômeno de classe na configuração tripolar das classes capitalista, gerencial e popular apresentadas no capítulo 1[1].

---

[1] Nesta parte se dá ênfase à economia e à sociedade norte-americanas. Informações relativas às classes capitalistas de outros países podem ser encontradas em artigos disponíveis na página de Gérard Duménil e Dominique Lévy: <www.jourdan.ens.fr/levy/>.

Capítulo 3
O BENEFÍCIO DAS CAMADAS SUPERIORES DE RENDA

As estatísticas relativas à renda por si sós não oferecem informação direta sobre padrões de classe, tampouco sobre suas alterações de configuração ou poder. É preciso se contentar com categorias como faixas de renda e uma noção imprecisa de "classes altas", mas a transformação histórica da distribuição de renda é capaz de revelar mudanças sociais ocultas. Esse é o ponto de vista deste capítulo.

A concentração de renda no topo

Interessante notar a sequência de três ordens sociais que, em conjunto, constituem o capitalismo moderno no perfil histórico da distribuição de renda nos Estados Unidos. Tem-se discutido com frequência o crescimento da renda e, de modo mais geral, da desigualdade durante as décadas neoliberais, seja em países isolados ou globalmente. Por meio da reunião de dados relativos a declarações de renda, Thomas Piketty e Emmanuel Saez ilustram de maneira notável essas tendências históricas de distribuição[1] – tais informações costumam ser tendenciosas, mas o que é declarado ao Serviço da Renda Interna (SRI)* certamente não superestima as rendas mais altas, e isso é o que importa na presente investigação, dados os perfis observados.

O gráfico 3.1 oferece uma primeira visão do perfil histórico das hierarquias de renda. Ele mostra a parcela da renda total recebida pelas famílias incluídas na camada de 1% das rendas mais altas (em 2007, isso significou quase 1,5 milhão de

---

[1] Thomas Piketty e Emmanuel Saez, "Income Inequality in the United States, 1913-1998", *Quarterly Journal of Economics*, n. 118, 2003, p. 1-39.

* Equivalente à Receita Federal, no Brasil. (N. T.)

famílias cuja renda anual declarada era superior a US$ 398.909). Antes da Segunda Guerra Mundial, esse grupo privilegiado recebia 18% da renda total das famílias norte-americanas (média anual entre 1913 e 1939). Desde o início da Primeira Guerra Mundial, passando pela Grande Depressão e a Segunda Guerra Mundial, essa parcela caiu gradualmente. Deve-se notar que não houve recuperação até o fim da década de 1970. (Outros indicadores[2] mostram que a riqueza comparativa dos estratos superiores tinha diminuído consideravelmente durante os anos 1970, uma década de depressão no mercado de ações, taxas de juro muito baixas ou negativas e distribuição limitada de dividendos.) O tamanho da recuperação após esse período foi espetacular, pois o percentual aumentou de um mínimo de 9% em meados do decênio até níveis similares aos de antes da guerra. Pode-se supor que esse perfil na verdade subestima a amplitude da recuperação resultante da evasão fiscal por parte das camadas superiores de renda (como nos paraísos fiscais), mas a extensão dessa subestimativa ainda é desconhecida.

Gráfico 3.1 – Fração da renda total recebida pelo 1% de renda mais alta: famílias norte-americanas (em porcentagem, por ano). Ganhos de capital estão incluídos na medida da renda.

O perfil do poder de compra (renda deflacionada pelo Índice de Preços ao Consumidor) conta uma história semelhante. O gráfico 3.2 mostra a média anual do poder de compra das famílias inclusas no percentil superior de renda e do

---

[2] Edward N. Wolff, *Top Heavy: The Increasing Inequality of Wealth in America and What Can Be Done About It* (Nova York, New Press, 1996).

O benefício das camadas superiores de renda

restante das famílias – os 99% restantes. A renda real do percentil superior está medida no eixo direito e a dos 99% inferiores, no esquerdo, ambas em milhares de dólares (cotação de 2007). A unidade do eixo direito é vinte vezes maior que a do eixo esquerdo.

Antes da Segunda Guerra Mundial, a razão de vinte se manteve, como mostra a superposição das duas linhas. Durante a guerra, o poder de compra dos 99% (———) começou a subir dramaticamente, chegando na década de 1970 a quase 3,3 vezes o nível médio de antes da guerra. Surge então uma tendência quase horizontal que se mantém até 2007. Esse perfil oferece uma ilustração notável das características específicas do período intermediário, isto é, as primeiras décadas que se seguiram à Segunda Guerra Mundial. Pode-se atribuir os primeiros anos de estagnação na década de 1970 a um possível efeito depressivo da crise estrutural sobre as rendas durante aqueles anos, mas não se estabeleceu nenhuma tendência de crescimento durante o neoliberalismo. A segunda variável (-----) mostra o poder de compra do 1% da camada mais alta da renda. Até o início da década de 1980, prevalece um padrão simétrico, quase estagnado, mas que, em seguida, se eleva, multiplicando-se também por um fator de 3,6 após o ano 2000 com relação aos níveis anteriores à guerra – e ainda mais em 2007. Seria difícil ser mais claro. A variação das hierarquias de renda se ajusta à sequência de três fases mostrada no capítulo 1, com efeitos radicalmente diferentes para as distintas camadas de renda.

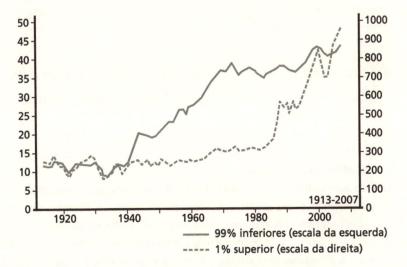

Gráfico 3.2 – Renda real de dois percentis de renda: famílias norte-americanas (em milhares de dólares anuais de 2007). Eixo esquerdo: renda real dos 99% inferiores das famílias. Eixo direito: renda real do 1% superior. A escala do eixo direito é vinte vezes maior que a do eixo esquerdo.

A concentração de renda e riqueza no topo não é específica dos Estados Unidos. Durante o neoliberalismo, a riqueza financeira aumentou tremendamente em todo o mundo. A tabela 3.1 usa a noção de indivíduo de alto valor líquido (IAVL) dos relatórios mundiais de riqueza da Capgemini-Merrill Lynch*, ou seja, pessoas cuja riqueza (excluída a residência primária e deduzida a dívida) seja superior a US$ 1 milhão – uma população de mais de 10 milhões de famílias em todo o mundo. Entre 1996 e 2007, o número desses indivíduos aumentou a uma taxa média anual de 7,6%, e sua riqueza total cresceu a uma taxa anual de 8,5% – enquanto o produto mundial bruto (PMB) aumentava a uma taxa média de 5,5% –, indicando retornos e ganhos de capital muito substanciais. Em 2007, a riqueza total dos IAVLs atingiu US$ 41 trilhões (para uma comparação com outros números de 2006, ver a tabela 7.1).

Tabela 3.1 – Indivíduos de alto valor líquido no mundo (milhões de indivíduos e trilhões de dólares)

Ano	Número de pessoas	Riqueza financeira	Ano	Número de pessoas	Riqueza financeira
1996	4,5	16,6	2002	7,3	26,7
1997	5,2	19,1	2003	7,7	28,5
1998	5,9	21,6	2004	8,2	30,7
1999	7,0	25,5	2005	8,7	33,4
2000	7,0	27,0	2006	9,5	37,2
2001	7,1	26,2	2007	10,1	40,7

As altas remunerações das faixas superiores de renda e lucros

O neoliberalismo transformou consideravelmente os padrões gerais de distribuição de renda, embora não no sentido tradicional das participações respectivas de remunerações e lucros na renda total, no caso dos Estados Unidos. (O termo "remunerações", aqui, se refere ao total das compensações pelo trabalho, ou seja, o custo do trabalho para empregadores.)

O gráfico 3.3 mostra (———) a distribuição das remunerações na renda interna do setor corporativo norte-americano, ou seja, as empresas financeiras e as não financeiras consideradas em conjunto. (Na análise da distribuição de renda, é conveniente isolar os setores não corporativos e governamentais, nos quais, por diferentes razões, a divisão entre salários e lucros é problemática, e cujas dinâmicas

---

* Referência aos World Wealth Reports das gigantes em consultoria de gestão financeira Merrill Lynch e Capgemini. (N. T.)

O benefício das camadas superiores de renda

são expressões de mecanismos específicos.) Com relação a níveis, uma primeira observação é que a participação dos rendimentos flutuou em torno de 72% da renda total, e os 28% restantes corresponderam à soma de impostos e lucros. A tendência observada é que, depois de um período de crescimento limitado até 1970, essa participação dos rendimentos chegou a um platô – a mesma variável e as duas outras sofrem flutuações que tendem a seguir os altos e baixos do ciclo de negócios. Esse percentual constante é muito específico da economia norte-americana, pois em vários países ele decaiu sob o neoliberalismo, um fator na restauração das taxas de lucro no início da década de 1980[3].

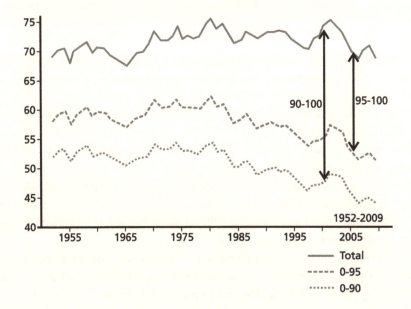

Gráfico 3.3 – Participação dos salários na renda total do setor corporativo norte-americano (porcentagem, anual). Como os dados relativos aos percentis de salários não estão disponíveis na estrutura contábil nacional, as séries (-----) e (·······) foram baseadas nas estatísticas usadas no gráfico 5.1, obviamente uma aproximação.

Esse resultado aparentemente contradiz a visão de que o neoliberalismo foi um período de crescente exploração do trabalho. São bem conhecidos a deterioração das condições trabalhistas, a estagnação do poder de compra da grande massa de

---

[3] Na França, por exemplo, a parcela dos rendimentos não salariais flutuou em torno de 20% da renda total entre 1959 e 1973. Perdeu sete pontos percentuais durante a crise estrutural dos anos 1970, recuperou onze e se estabilizou em torno de 24%.

assalariados e o barateamento dos bens de consumo resultante das importações de países com custos mais baixos de mão de obra, que é o que sustenta todas as avaliações intuitivas acerca de uma participação crescente de lucros.

Porém a contradição é apenas aparente. Não é possível considerar a participação dos salários como uma representação precisa da divisão entre as rendas das classes altas e das populares, dada a importância dos altos salários das camadas superiores de renda. A segunda variável (-----) no gráfico 3.3 mostra a participação dos salários na renda total de 95% dos assalariados com salários mais baixos (o percentil 0-95 da renda), ou seja, excluída a camada superior de 5% dos assalariados classificados pelo nível de remuneração[4]. Assim, a distância entre as duas linhas representa a parcela da renda total destinada à faixa entre os percentis 95 e 100 (18% em 2009). O gráfico 3.3 mostra que, excluindo as remunerações do percentil superior das famílias, prevalece uma tendência de declínio durante as décadas neoliberais (entre 1980 e 2009), uma perda de 10,8% da renda total, de 62,2% para 51,5% no caso do percentil 0-95.

Não existem fundamentos teóricos simples sobre os quais se possa estabelecer um limite inferior para os "salários altos" no topo das hierarquias de renda. Usa-se aqui uma categoria puramente empírica. Mas a observação da tendência decrescente da parcela de salários fora do segmento superior da pirâmide de remunerações não está sujeita à escolha de um percentual precisamente definido. Observam-se tendências semelhantes quando se coloca a linha divisória em 10% (·······). Isso demonstra que o percentil 90-95 não se beneficia da concentração de renda no topo típica do neoliberalismo[5].

Assim, um elemento central na análise da distribuição de renda nos Estados Unidos é a grande parcela da remuneração total do trabalho que se destina às camadas superiores e seu considerável impacto sobre o perfil da distribuição de renda quando se tem em conta o total das remunerações. O aumento desse rendimento esconde o reduzido percentual destinado à grande massa de assalariados e explica a parcela constante de remunerações sobre a renda total.

Os impostos respondem por uma importante fração da renda não salarial. O restante pode ser denominado de "lucros"[6]. O gráfico 3.4 mostra essa medida da parcela de lucros (——), definida como 100% menos o percentual correspondente à parcela de salários e impostos tomados em conjunto. (Como a parcela de salários no gráfico 3.3 é mais ou menos constante, a ligeira tendência de aumento dessa va-

---

[4] O salário anual das famílias na fronteira entre os dois percentis era de US$ 143 mil em 2007.
[5] Inversamente, antes do neoliberalismo, a participação do percentil 90-95 aumentara.
[6] A parcela de lucros, nessa definição, é obviamente menor que nas medidas em que toda renda não salarial é definida como lucro.

riável é o efeito do decréscimo da parcela de impostos na renda total.) Para as duas últimas décadas no gráfico, 12% da renda total se referem a lucros e 16%, a impostos.

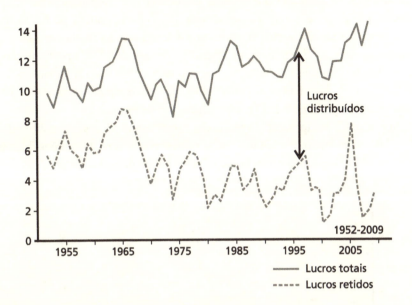

Gráfico 3.4 – Participações do total de lucros descontados os impostos e lucros retidos na renda total: setor corporativo dos Estados Unidos (porcentagem, anual). Lucros totais são os lucros obtidos após o pagamentos de todos os impostos e antes do pagamento de juros e dividendos.

A segunda variável (-----) no gráfico 3.4 mede os lucros retidos pelas corporações. É impressionante a tendência decrescente, de um nível médio de cerca de 6,3% durante as duas primeiras décadas do pós-guerra para 3,5% nos anos neoliberais. A distância entre as duas linhas representa o fluxo de lucros pagos como renda de capital, dividendos e a soma dos juros. Tal renda de capital aumentou durante as décadas neoliberais. Assim, o gráfico ilustra a distribuição crescente de lucros como renda de capital/juros e dividendos, o segundo canal – além das altas remunerações do topo – pelo qual a renda das camadas superiores aumentou. Essa inflexão da distribuição de renda é uma das características mais importantes do neoliberalismo.

O gráfico 3.5 resume todas essas colocações. A principal variável (———) é o demonstrativo da renda total, representada pela soma das duas outras variáveis, as remunerações do percentil 95-100 (-----) e os lucros distribuídos como dividendos ou juros (·······). Segue-se um conjunto de interessantes observações. Primeira, tomando como referência as duas primeiras décadas entre 1952 e 1971 e as duas últimas, de 1990 a 2009, a participação das duas componentes na renda total aumentou de 15,5% para 25,8%. Segunda, os altos salários respondem por mais da metade do total desse aumento. Terceira, ao longo do tempo, os perfis de ambas as componentes são, até certo ponto, distintos. Enquanto a parcela das altas remunerações aumentou continuamente a partir da década de 1970, a participação dos lucros distribuídos deu um salto no início dos anos 1980, com a elaboração do neoliberalismo – é evidente que juros e dividendos são rendas de capital, mas não se destinam integralmente às camadas superiores de renda.

Em resumo, a recuperação da renda das camadas superiores no neoliberalismo foi o efeito combinado de uma tendência decrescente das participações da grande massa de salários e dos lucros retidos pelas empresas na renda total.

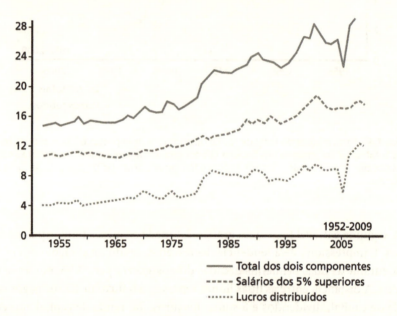

Gráfico 3.5 – Parcelas de altas remunerações e renda de capital na renda total (porcentagem, anual).

Os instrumentos de uma disciplina

Em relação aos instrumentos que permitiram a recuperação das rendas mais altas, é importante distinguir entre os componentes domésticos – ou seja, práticas inerentes a cada economia em particular – e o aspecto global do neoliberalismo. Esse caráter duplo é o que torna realmente necessária a referência conjunta aos dois elementos da frase "globalização neoliberal", mas existem superposições importantes entre as duas categorias de mecanismos.

Um primeiro aspecto básico foi a imposição de critérios mais exigentes de lucratividade. Os instrumentos são o aumento da pressão sobre os trabalhadores, o aperfeiçoamento da organização em geral, as exportações de capital e os fluxos correspondentes de lucros das filiais de empresas multinacionais no exterior. Em cada país, o neoliberalismo se baseia numa nova disciplina imposta aos trabalhadores, da qual os principais aspectos são a estagnação dos poderes de compra (como no gráfico 3.2, para os Estados Unidos), o desmantelamento gradual da proteção social, condições de trabalho mais difíceis e a chamada flexibilização do mercado de trabalho – ou seja, maior liberdade para contratar e demitir. A gerência também teve de se adaptar aos novos objetivos. A diferença entre trabalhadores e gerentes, entretanto, é que, na metáfora da cenoura e do chicote*, os primeiros ficam no lado do chicote e os segundos, no da cenoura. Na verdade, a gerência, em particular os cargos mais altos, aumentou gradualmente sua capacidade de separar em seu benefício uma fração crescente do excedente empresarial sob a forma de aumento da remuneração (no sentido mais amplo usado neste estudo).

Ainda no tocante à gerência, além de a busca por altos níveis de lucratividade ser estimulada, existe a sujeição dos gerentes privados ao controle corporativo, destinado à maximização do valor das ações e da distribuição de dividendos. Acontece que, nessas novas regras, há um componente político que envolve funcionários e demais representantes do governo. Seus aspectos principais incluem políticas monetárias destinadas a controlar as pressões inflacionárias (em vez de voltadas a estimular o crescimento e o emprego), a privatização da proteção social e a substituição parcial dos fundos de pensão por sistemas públicos em que o trabalhador recolhe contribuições durante o seu período de atividade, além da desregulação.

Os dois pilares do aspecto internacional do neoliberalismo são o livre comércio e a livre mobilidade internacional do capital. A imposição do livre comércio foi o resultado de um processo longo e gradual desde a Segunda Guerra Mundial. O neoliberalismo impôs um "modelo aberto" a todo o mundo, com a colaboração das elites locais. Os controles de capital foram gradualmente desmantelados, a começar pelos Estados Unidos durante os anos 1970. A partir da década de 1990, os fluxos de investimento direto estrangeiro (IDE) aumentaram dramaticamente, uma expressão do crescimento das empresas multinacionais. Existem,

---

* Do inglês "*sitck-and-carrot metaphor*", expressão que se refere ao sistema que combina recompensas e punições para manter a produtividade dos trabalhadores elevada. A metáfora alude à mula que caminha estimulada pela cenoura dependurada à sua frente pelo montador – que, por sua vez, leva consigo um chicote, para puni-la quando achar necessário. (N. T.)

evidentemente, várias ligações entre esses diversos componentes, tanto internos quanto internacionais. O investimento no exterior permitiu às empresas buscar altas taxas de retorno em países periféricos. A globalização, portanto, colocou os trabalhadores dos países capitalistas avançados em uma situação de competição com esses trabalhadores da periferia. As importações de bens de consumo baratos de lugares onde os custos de mão de obra são particularmente baixos reduziram os salários nominais necessários para comprar uma determinada quantidade de bens nos países avançados. Assim, elas contibuíram para a recuperação das taxas de lucro, dada a constância (ou declínio) do poder de compra da maioria dos assalariados.

De particular relevância para a análise da crise atual são os mecanismos monetários e financeiros. Primeiro, a dívida crescente do governo e das famílias foi uma fonte de grandes fluxos de juros. Segundo, a desregulação e a inovação financeiras tornaram possível a explosão da atividade e da renda do setor financeiro. Os procedimentos para obtenção de altas taxas de retorno, além do pagamento de dividendos e altos salários, foram levados ao extremo. Essas práticas chegaram ao ponto do que neste livro será chamado de "ficticidade" (capítulo 9). A colaboração de servidores e representantes governamentais foi fundamental em todos esses campos.

Capítulo 4
A APOTEOSE DO CAPITAL

A análise do capítulo anterior se baseia numa noção estatística de "camadas superiores de renda". Dois componentes dessas rendas estão envolvidos nesse conceito: as altas remunerações no topo das hierarquias de renda e as rendas de capital. Este capítulo focaliza a renda de capital, ou seja, o aspecto especificamente capitalista das relações sociais. Abordada desse ponto de vista, a estrutura social é bem conhecida: opõe as classes capitalistas e uma classe de trabalhadores amplamente definidos como aqueles cujo trabalho é remunerado. Parte da investigação no restante deste livro pode ser conduzida sobre esse terreno. Assim, o neoliberalismo é entendido como a expressão da recuperação do poder e da renda das classes capitalistas.

Este capítulo leva em consideração a lucratividade de todo o setor corporativo, além das fontes de renda de capital (juros e dividendos, somados a ganhos no mercado de ações). A discussão mais técnica das taxas comparativas de lucro das corporações financeiras ou não pode ser encontrada no final do capítulo[1].

Finanças: classes capitalistas no neoliberalismo

Tanto a noção de finanças quanto a de hegemonia financeira, tal como são usadas neste estudo, referem-se aos segmentos superiores das classes capitalistas e das instituições financeiras. Como é sabido, existe uma forte hierarquia entre

---

[1] Neste capítulo, a noção de "corporações financeiras" exclui fundos mútuos e de pensão, além das empresas patrocinadas pelo governo ou os títulos lastreados em hipotecas e emissores independentes de cartões de crédito.

as classes capitalistas, desde os proprietários de pequenas ou médias empresas até os donos de grandes carteiras de ações das corporações multinacionais. Historicamente, existe um processo de concentração de capital, mas ainda se abrem empresas, e a hierarquia entre grandes e pequenas empresas continua presente no capitalismo atual. Geralmente, a pequena empresa encontra-se sujeita à dominação pelas grandes, financeiras ou não, e muitos aspectos dessa proeminência se relacionam com mecanismos financeiros – embora nem todos o sejam, por exemplo a dependência e o controle resultantes da terceirização. Já durante a primeira hegemonia financeira, a dinâmica social geral, a economia e a política foram dominadas pela camada superior das classes capitalistas[2]. Esses grandes proprietários foram os principais atores no estabelecimento do neoliberalismo.

As instituições financeiras foram construídas gradualmente. Em torno de bancos e seguradoras do século XIX, desenvolveu-se toda uma nova estrutura: bolsas de valores; fundos mútuos, de pensão e de *hedge*; empresas de *private equity** e familiares; agências e empresas patrocinadas pelo governo (GSE, na sigla em inglês)**; bancos centrais e instituições internacionais, como o FMI e o Banco Mundial, além de outros instrumentos novos. As funções dessas instituições foram se diversificando e sendo multiplicadas durante o século XX. Hoje, desempenham papel central no neoliberalismo, sejam elas empresas privadas, instituições governamentais (como os bancos centrais) ou instituições internacionais. O poder dos capitalistas individuais continuaria muito limitado na ausência de tais instituições financeiras. Os Estados foram os agentes de desregulação e imposição do livre comércio e da livre movimentação internacional de capitais. Mas, além deles, as instituições financeiras são agentes do neoliberalismo. Bancos centrais impõem políticas que favoreçam a estabilidade de preços e não o pleno emprego, com o objetivo de aumentar a renda do capital. Administradores de ativos manipulam enormes massas de capital (inclusive de fundos de pensão), impondo normas neoliberais às corporações não financeiras. Instituições financeiras mais

---

[2] Um primeiro compromisso (tal como já havia sido simbolicamente expresso na Lei Sherman) foi acertado com os proprietários capitalistas de empresas menores e mais tradicionais (depois eliminadas durante a Grande Depressão).

* As empresas de *private equity* dedicam-se à aquisição e ao financiamento de empresas que estão de fora das bolsas de valores. (N. E.)

** As empresas patrocinadas pelo governo, criadas nos Estados Unidos por lei do Congresso, foram encarregadas da emissão de títulos para oferecer apoio ao desenvolvimento de setores da economia. Exemplos são a Fannie Mae e a Freddie Mac, emissoras de títulos lastreados em hipotecas sobre residências e que tiveram participação significativa na debacle da economia norte-americana. As hipotecas são emitidas pelos financiadores privados das residências, que recebem esses títulos e os vendem no mercado, podendo assim emitir novas hipotecas. (N. E.)

restritas concentram as mais inovadoras operações financeiras, acessíveis às camadas superiores das classes capitalistas.

A noção de hegemonia financeira se aplica a todas essas práticas. As camadas superiores das classes capitalistas e suas instituições financeiras, ou seja, as finanças, impuseram no neoliberalismo novos níveis de desempenho com relação a seu poder e renda.

Pode-se notar que a consideração das classes capitalistas e instituições financeiras em conjunto traz à mente a análise de Marx. Esse já havia escrito no Livro III de *O capital*[3] que os bancos – as instituições financeiras do século XIX – não somente definiam uma indústria financeira específica (entre outras) como também agiam como "administradores" do capital remunerado por juros (quadro 4.1). É isso o que define a noção de finanças, a consideração conjunta das classes capitalistas e os administradores (institucionais) do capital.

> *Quadro 4.1 – As finanças em Marx e Hilferding*
>
> As novas tendências do capitalismo desde a década de 1980 são às vezes descritas como a dominação do "capital financeiro" ou "das finanças" – como se fosse um setor da economia, com seus próprios capitalistas – sobre o "capital industrial" (ao qual se poderia agregar o capital comercial). Essa abordagem não corresponde nem àquela desenvolvida por Hilferding há um século, nem à estrutura que embasa a análise deste estudo.
>
> Instituições financeiras são instrumentos nas mãos das classes capitalistas como um todo, a serviço da dominação que exercem sobre toda a economia. Mais especificamente, as corporações financeiras são, ao mesmo tempo, *um setor engajado numa categoria específica de operações* – aquilo a que Marx deu o nome de "capital negociante de dinheiro"[I] – e *os administradores* de "capital gerador de juros", ainda segundo a formulação de Marx – uma terminologia enganadora que se refere a empréstimos, dívidas securitizadas e ações; antes, é preferível "capital financeiro"[II]. Ambos os mecanismos, setor industrial
>
> ---
> [I] Por oposição a "negociante de mercadorias". Ver Karl Marx, *Capital* (Nova York, Vintage Books, 1981), v. 3, p. 431.
> [II] Gérard Duménil e Dominique Lévy, "Les trois champs de la théorie des relations financières de Marx. Le capital financier d'Hilferding et Lénine", em Suzanne de Brunhoff et al., *La finance capitaliste: séminaire d'études marxistes* (Paris, Presses Universitaires de France, 2006).
>
>

---
[3] Karl Marx, *Capital* (Nova York, Vintage Books, 1981), v. 3.

> e administração, atingiram níveis sem precedentes de desenvolvimento sob o neoliberalismo. Pode-se pensar, por exemplo, no câmbio de moedas, no caso do primeiro, e na administração de ativos, no caso do segundo. Por causa da administração de ativos não se deve encarar a relação entre as corporações não financeiras e as financeiras como uma simples competição. Existe aí um aspecto hierárquico.

Taxas de lucro durante as décadas neoliberais

Embora a renda financeira também se baseie no fluxo de juros oriundo das famílias e dos governos, a lucratividade do capital é central para a análise de sua capacidade de gerar renda financeira.

A investigação do declínio das taxas de lucro até a crise estrutural dos anos 1970 (e a tendência ao crescimento que daí se seguiu) ocupa posição central na investigação anterior feita pelos autores[4]. Os cálculos do gráfico 4.1 atualizam essa pesquisa anterior. O gráfico mostra a taxa de lucro (———) indicada *à la Marx*, ou seja, os lucros são a renda total menos a remuneração do trabalho, e o estoque de capital, no denominador, é limitado ao capital fixo[5]. A unidade é o setor corporativo.

As linhas pontilhadas no gráfico sugerem níveis sucessivos para os três períodos, 1952-1971, 1974-1983 e 1998-2007, referidos, para simplificar, como "décadas de 1950 e 1960", "década de 1970" e "década pré-crise". Os três valores são, respectivamente, 20,2%, 15% e 17%. Assim, nessa medida, a taxa de lucro se recuperou desde a década de 1970 até a década pré-crise (uma *razão de recuperação* de 17/15, ou seja, 1,13), mas o valor prevalente durante as duas primeiras décadas não foi restaurado (uma *taxa de restauração* de 17/20,2, ou seja, 0,84).

Tanto o custo do trabalho quanto a tecnologia estão envolvidos na análise das tendências de lucratividade nessa primeira definição. Usando a bem conhecida *taxa de lucro = fração do lucro x produtividade do capital*, pode-se avaliar as contribuições respectivas dos lucros e da produtividade do capital (a relação entre preço do produto e preço do capital fixo). Descobre-se então que ambas as variáveis dão praticamente a mesma contribuição para a restauração parcial entre as duas

---

[4] Ver Gérard Duménil e Dominique Lévy, "The Profit Rate: Where and How Much Did it Fall? Did It Recover? (USA 1948-2000)", *Review of Radical Political Economy*, v. 34, 2002, p. 437-61; Idem, *Capital Resurgent: Roots of the Neoliberal Revolution* (Cambridge, Harvard University Press, 2004).
[5] Seria possível considerar os ativos tangíveis totais, inclusive estoques, em vez do capital fixo.

A apoteose do capital

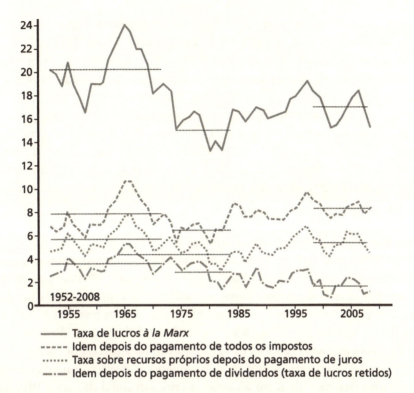

Gráfico 4.1 – Quatro medidas da taxa de lucro: o setor corporativo dos Estados Unidos (porcentagem, anual). Seria possível também calcular uma taxa de lucro sobre fundos próprios após o pagamento de todos os impostos, mas antes do pagamento de juros. Essa taxa para corporações não financeiras está mostrada no gráfico 10.4, no qual ela é usada para ilustrar o impacto da renda de capital na determinação da taxa de lucros retidos. Contudo, não se trata de uma variável adequada para avaliar tendências de lucratividade. Se a taxa de lucro for medida sobre fundos próprios, os juros devem logicamente ser subtraídos dos lucros.

primeiras décadas do pós-guerra e a década anterior à crise (0,84 = 0,93 x 0,91)[6]. Tanto a importação de produtos baratos quanto as novas tecnologias de informação tiveram papel na restauração da taxa de lucro a partir da década de 1970.

Não é possível deduzir diretamente as consequências dessas tendências sobre a taxa de lucro capaz de impactar o comportamento das empresas e sua capacidade de investir e gerar fluxos de renda de capital. É grande a diferença entre uma taxa de lucro *à la Marx* e a que é sentida pelas empresas. A consideração

---

[6] O capítulo 3 já indica uma tendência ascendente na participação da remuneração do trabalho antes de 1970, seguida por um platô horizontal a partir de 1970 até a década anterior à crise.

das taxas altera dramaticamente os níveis e as tendências das taxas de lucro. Na segunda variável (-----) do gráfico 4.1, foi subtraído o total de impostos (impostos sobre a produção e sobre o lucro). Nessa segunda medida, a restauração da taxa de lucro na década anterior à crise, quando comparada às primeiras décadas após a Segunda Guerra Mundial, foi mais substancial que na medida anterior, embora esses movimentos apareçam encolhidos no gráfico por causa da grande escala vertical imposta pela taxa antes dos impostos. A taxa média de lucro (-----) para o período 1952-1971 foi de 7,8%; caiu para 6,4% durante a década de 1970; e chegou a 8,3% durante a década anterior à crise, uma taxa de recuperação de 1,29 e uma de restauração de 1,06. É importante entender que esse efeito se deve não só à redução de impostos sobre as pessoas jurídicas no neoliberalismo, mas também aos altos níveis de tributação imediatamente após a Segunda Guerra Mundial e à sua subsequente redução[7].

Na terceira medida (........), os recursos próprios das empresas (ou seja, ativos menos passivos) substituem o estoque líquido de capital fixo[8], além de outras alterações menores, e, simultaneamente, os lucros são determinados pela subtração dos pagamentos de impostos e juros. Nessa medida, a taxa de restauração é quase 1.

A quarta medida (—·—) explica a taxa de lucro deduzindo os dividendos pagos. É a "taxa de lucros retidos", isto é, o equivalente à parcela de lucros retidos no gráfico 3.4. Enquanto as três medidas anteriores revelam uma recuperação significativa das taxas de lucro a partir da crise estrutural dos anos 1970 até a década anterior à crise, esta última mostra uma tendência continuamente decrescente ao longo dos três períodos. Em outras palavras, a taxa de lucros retidos foi ainda menor durante a década anterior à crise do que durante a década de 1970. Finalmente, a taxa de restauração é 0,46!

---

[7] Em razão do aumento dos impostos durante a guerra, os níveis de lucro depois de impostos durante as primeiras décadas do pós-guerra continuaram em torno dos níveis de 1929, apesar da dramática restauração das taxas de lucro *à la Marx*. Cf. Gérard Duménil e Dominique Lévy, *La dynamique du capital: Un siècle d'économie américaine* (Paris, Presses Universitaires de France, 1996), cap. 19, fig. 19.1.

[8] É difícil medir o patrimônio líquido nos dados de fluxo de caixa e existe um grau significativo de incerteza com relação a essa variável. A introdução dessa nova variável é importante na conisderação da lucratividade dos setores financeiros e não financeiros no final deste capítulo. Além dos problemas postos pela informação deficiente, um aspecto das dificuldades geradas pela medida do patrimônio líquido da corporação é a consideração da "boa vontade", ou seja, a diferença entre o valor contábil de uma empresa que foi comprada e o preço pelo qual ela foi comprada. Essa diferença é tratada no lado do ativo do balanço como um ativo intangível (e classificado como "outros ativos vários" no fluxo de caixa). Os relatórios da Corporação Federal de Seguro de Depósitos [FDIC, na sigla em inglês] mostram que esse componente é relativamente importante em comparação com o patrimônio líquido para bancos com depósitos segurados e tem aumentado de forma consistente. Ver Federal Deposit Insurance Corporation, *Quarterly Banking Profile* (Washington, DC, FDIC, 2008).

Resumindo, uma leve tendência ascendente da taxa de lucro corporativo *à la Marx* estabeleceu-se no neoliberalismo a partir dos baixos níveis da crise estrutural dos anos 1970, mas as taxas continuaram mais baixas que as que prevaleceram antes da década da crise. Nota-se uma volta às taxas em vigor durante as décadas de 1950 e 1960 (ou mesmo um aumento) quando os lucros são medidos depois dos impostos, mas, dado o aumento da distribuição de dividendos pelas corporações, a taxa de lucros retidos caiu ao longo de todo o período.

Taxas de juro: o golpe de 1979

Na história do capitalismo, episódios de inflação estiveram na origem de grandes transferências de riqueza de credores para tomadores de empréstimos, como durante a Primeira Guerra Mundial, por exemplo. Tais momentos tiveram um impacto dramático sobre as instituições financeiras e a riqueza dos possuidores de títulos de securitização. Dessa experiência histórica resulta a aversão que as classes altas nutrem pela inflação.

Quando os países capitalistas mais importantes entraram na crise estrutural dos anos 1970, uma década de baixa lucratividade em todas as medidas citadas, a taxa de crescimento do PIB manteve-se mais ou menos estável nos países centrais. Foi esse o efeito das macropolíticas de estímulo e da tolerância à inflação. A inflação acumulada estava na origem dessa grande transferência de renda à custa dos credores e em benefício do setor não financeiro – e de outros tomadores, como parte das famílias e do governo. Esss tendências políticas foram repentinamente interrompidas, com consequências espetaculares sobre os fluxos de renda do capital. No fim de 1979, o Federal Reserve aumentou de súbito as taxas de juro no "golpe de 1979".

Como mostra o gráfico 4.2, esses desdobramentos se refletiram no perfil dos juros reais (taxa de juro menos a taxa de inflação) de longo e de curto prazo para o setor empresarial. Nas décadas de 1960 e 1970, ambas as taxas flutuaram em torno de um platô de cerca de 2,1% (média anual de longo prazo, AAA) antes de cair a valores negativos durante a crise. Então, num ato dramático, emerge o golpe. Um novo platô neoliberal de 5,9%, ainda para o longo prazo, foi mantido durante a segunda metade da década de 1980 e na de 1990.

Tal reviravolta na direção de uma nova estratégia – de acordo com a tentativa monetarista anterior de abandono das políticas de *feedback* – foi dramática. Na esteira das recessões de 1974 e 1975, a administração Carter ainda buscava a colaboração dos principais países capitalistas para estimular a economia mundial. No fim daquele ano, Paul Volcker, nomeado presidente do Federal Reserve em agosto de 1979, precipitou a subida dos juros a níveis sem precedentes, causando

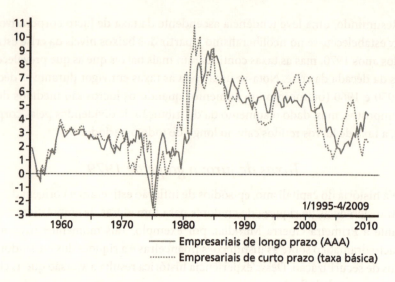

Gráfico 4.2 – Taxas de juro reais: empresas norte-americanas (porcentagem, por trimestre).
Taxas reais são taxas nominais menos a inflação.
As taxas das *securities* de longo prazo do governo norte-americano e as de hipoteca são muito similares à taxa de longo prazo paga pelas companhias mostradas no gráfico.
Do início dos anos 1990 em diante, a taxa básica nominal de curto prazo foi igual à taxa dos Fundos Federais mais três pontos percentuais.

uma grande crise financeira nos Estados Unidos e em países europeus, em seguida à crise da dívida do terceiro mundo em 1982 e então a mais severa recessão nos Estados Unidos desde a Segunda Guerra Mundial. Em 1980, a Lei de Desregulação das Instituições Depositárias e de Controle Monetário tornou possível a eliminação das estruturas regulatórias anteriores (ver capítulo 9) e, simultaneamente, aumentou o poder do Federal Reserve.

Após 1983, com exceção de uma única recessão em 1991, o golpe limitou a inflação e abriu um período de relativa macroestabilidade, como é típico do neoliberalismo, até a recessão de 2001.

O gráfico 4.2 também ilustra a queda das taxas de juro reais após o ano 2000, em que estão envolvidos mecanismos complexos (quadro 14.2).

Distribuição de dividendos e recompra de ações

Uma segunda fonte de renda de capital é o pagamento de dividendos pelas corporações. O gráfico 4.3 mostra as parcelas dos lucros após impostos pagas como dividendos por corporações financeiras e não financeiras, respectivamente. Nos dois casos, antes de 1980, essas parcelas flutuaram em torno de 51% (média anual durante as décadas de 1960 e 1970, para corporações não financeiras) e então em torno de 74% durante as duas primeiras décadas neoliberais (para o mesmo setor)[9]. Esse aumento repentino ecoa a nova governança corporativa em benefício dos acionistas. Durante as primeiras décadas do pós-guerra uma parcela muito maior dos lucros foi reservada pelas corporações não financeiras para investimento produtivo. Distribuir dividendos e investir são decisões combinadas, e a nova governança corporativa era favorável aos fluxos de dividendos. Assim, no neoliberalismo, os lucros são generosamente distribuídos, aumentando o peso das taxas de juro – duas tendências combinadas que limitam a capacidade de investimento das corporações não financeiras.

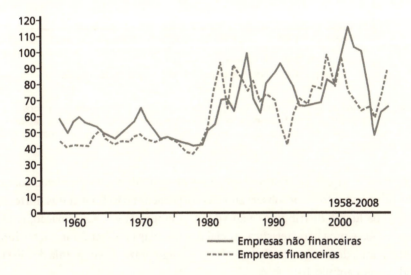

Gráfico 4.3 – Parcela de dividendos nos lucros descontados os impostos: corporações financeiras e não financeiras dos Estados Unidos (porcentagem, anual). Dividendos referem-se a dividendos distribuídos. Dividendos recebidos são somados aos lucros descontados os impostos.

Essas distribuições de lucros se conformam à ideologia neoliberal. Uma vez distribuídos os lucros a indivíduos e instituições, os novos recursos ficam supostamente disponíveis para uma alocação ótima de capital entre aquelas indústrias

---

[9] Esse percentual subiu ligeiramente acima de 100% depois de 2000, uma prática que tem precedentes (por exemplo, durante a Grande Depressão), indicando que as empresas estão alternando entre usar a conta de depreciação, a liquidez ou a venda de ativos financeiros.

A crise do neoliberalismo

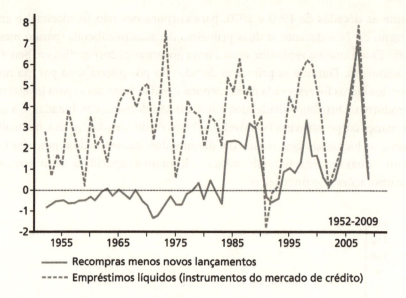

Gráfico 4.4 – Recompras descontadas novas emissões de ações e empréstimos líquidos: empresas não financeiras norte-americanas (porcentagem do estoque líquido de capital fixo, anual). Um valor positivo da variável (———) indica que as recompras são maiores que as novas emissões.

e empresas nas quais se abram as melhores oportunidades. O problema com essa linha de argumento é que, observando as corporações não financeiras norte-americanas, os lucros distribuídos não voltam à empresa, e a acumulação, então, é baixa[10]. Essa é uma característica crucial das décadas neoliberais, um fator fundamental para a determinação da trajetória de longo prazo da economia dos Estados Unidos (ver capítulo 10).

A essas observações é possível acrescentar as recompras de lotes de ações por corporações não financeiras com o propósito de estimular as cotações no mercado de ações – fenômeno típico das corporações não financeiras, e não das financeiras. O gráfico 4.4 mostra a compra de ações abatida a emissão de novas ações (———). A compra de ações é basicamente a recompra de suas próprias ações pelas corporações[11]. A variável é o percentual do estoque líquido do capital fixo. Pode-se observar o aumento durante as décadas do neoliberalismo, com três surtos entre 1984 e 1990, por volta de 1998, e a partir de 2004, um desenvolvimento intrigante. Essas práticas indicam uma estratégia explícita de "desacumulação" com consequências

---

[10] Gérard Duménil e Dominique Lévy, *Capital Resurgent*, cit., cap. 14, principalmente p. 120.
[11] Howard Silverblatt e David Guarino, "S&P 500 Buybacks: Three Years and US$ 1.3 Trillion Later", *The McGraw-Hill New Releases*, 13 dez. 2007.

dramáticas para o crescimento da economia norte-americana, como mais adiante se tornará claro.

A segunda variável (-- -- --) do gráfico 4.4 mostra as tomadas líquidas de empréstimos (tomadas menos cessão de empréstimos) das corporações não financeiras. Pode-se observar como as duas variáveis se movem em conjunto durante as décadas neoliberais, particularmente depois de 2004. Com o neoliberalismo, esses empréstimos financiaram crescentemente as recompras.

A subida vertiginosa do preço das ações

A imposição de novos critérios transformou o mercado de ações em um eixo central em torno do qual revolvem-se a produção e a atividade financeira. O gráfico 4.5 mostra a evolução do índice de ações deflacionado pelo PIB. Os preços das ações foram fortemente deprimidos durante a crise estrutural da década de 1970. Mas, tomando como 1 o primeiro trimestre de 1980, o índice da bolsa de Nova York chegou a um máximo de 5,45 no terceiro trimestre de 2000, antes da queda de 2000-2001 (quando chegou a 3,58 no primeiro trimestre de 2003). Vale a pena destacar que esses desempenhos extraordinários não se limitaram à economia dos Estados Unidos, e tendências semelhantes se verificaram nos principais países capitalistas, como na Europa – com exceção do Japão, cuja entrada tardia no neoliberalismo e a crise subsequente conferiram características específicas a seus índices.

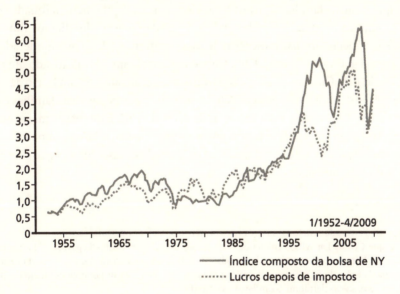

Gráfico 4.5 – Índice composto da bolsa de Nova York e os lucros das corporações norte-americanas (1º trimestre de 1980 = 1, por trimestre). As duas variáveis foram deflacionadas pelo deflator do PIB.

Os principais episódios da macroeconomia norte-americana estão evidentes nessas curvas[12]: (1) o *boom* da economia na década de 1960; (2) a eclosão da crise do início da década de 1970 (a divisão por um fator 2, caindo de 1,68 no quarto trimestre de 1972 até 0,84 no quarto trimestre de 1974); (3) o fim dessa crise no início da década de 1980 (apesar da crise dos bancos e associações de poupança e empréstimo); (4) a bolha gerada durante o *boom* das tecnologias de informação; (5) a debacle de 2000-2001 e sua recuperação; e (6) a crise a partir do início de 2007.

Essas tendências não devem ser interpretadas como meras expressões de comportamentos especulativos. Isso fica claro na segunda variável (········) no gráfico 4.5, os lucros do setor descontados os impostos. As duas variáveis evoluem em conjunto. Quando divergem significativamente, como no fim da década de 1990 ou depois de 2005, pode-se falar em "bolhas".

Extração de excedentes

Para os economistas familiarizados com uma perspectiva marxiana, a noção de renda de capital faz lembrar o mais-valor de Marx, ou seja, a esfera da produção. O aumento das taxas de juro durante as duas primeiras décadas do neoliberalismo e a dívida crescente das famílias e do governo deram uma importância particular à apropriação de renda de agentes que não os trabalhadores das empresas por meio de pagamentos de juros, como um canal alternativo[13]. Na terminologia de Marx, os empréstimos a famílias e governo se referem a um capital fictício (quadro 4.2).

Durante as primeiras décadas após a Segunda Guerra Mundial, os fluxos de juros pagos pelas famílias cresceram de forma contínua, ainda que moderada, até chegarem a 4,4% do PIB em 1979[14]. Com o neoliberalismo, foi alcançado um platô de 5,7% do PIB. Os juros pagos pelo governo cresceram até 3,6% no início da década de 1990 e caíram para 1,9% em 2007. Assim, os juros pagos pelas famílias e pelo governo em 2007 chegaram a um total de 8,1% do PIB. Esse total é maior que os lucros das empresas não financeiras antes do pagamento de juros e impostos sobre os lucros corporativos (e assim ainda estão incluídos nesses lucros) que chegaram a 7,6% do PIB em 2007.

---

[12] O perfil observado reflete as variações dos índices e do deflator do PIB.
[13] É o que Costas Lapavitsas chama de "exploração direta". Ver Costas Lapavitsas, "Financialised Capitalism: Direct Exploitation and Periodic Bubbles", artigo escrito para o Departamento de Economia da School of Oriental and African Studies, da University of London, em maio de 2008 e disponível em: <www.leftlibrary.com/lapavitsas1.pdf>.
[14] É importante lembrar que as famílias também recebem juros. Esses juros continuaram maiores que os juros pagos. Obviamente, uma categoria de famílias recebe juros, enquanto outra os paga, embora nenhuma delas seja exclusiva.

> ## Quadro 4.2 – *Capital fictício*
>
> Marx define "capital" como valor num processo de autoampliação[I]. Essa definição faz referência tanto à teoria do mais-valor (que explica a "ampliação") quanto à teoria do circuito do capital, passando pelas suas três formas: capital moeda, capital produto e capital produtivo (que explica o "processo" do capital).
>
> O capital que não se ajusta à definição de Marx é chamado de "fictício"[II]. Exemplo típico de capital fictício são os empréstimos ao governo. Um juro é pago pelo governo, o que significa uma renda para o credor, mas não uma forma direta de mais-valor (como juros, dividendos ou aluguéis pagos pelas empresas). O dinheiro emprestado não financia o circuito do capital, apenas as despesas – e por isso não é capital, de acordo com a definição de Marx. O mesmo pode ser dito dos empréstimos a famílias para a compra de casas ou bens de consumo. A posse de ações emitidas por empresas não financeiras caracteriza a propriedade de uma fração do capital como "valor em um processo de autoampliação" (nos ativos das empresas). Mas Marx também indica um capital "fictício", já que as ações têm preço próprio no mercado de ações.
>
> ---
>
> [I] Karl Marx, *Capital* (Nova York, Vintage Books, 1977), Livro I, cap. 4 [ed. bras.: *O capital*, São Paulo, Boitempo, 2013]; Gérard Duménil e Duncan Foley, "Marx's Analysis of Capitalist Production", em Steven N. Durlauf e Lawrence E. Blume (orgs.), *The New Palgrave: A Dictionary of Economics* (Londres/Basingstoke, Macmillan, 2008).
> [II] Karl Marx, *Capital*, cit., Livro III, cap. 25; Gérard Duménil e Dominique Lévy, "Les trois champs de la théorie des relations financières de Marx. Le capital financier d'Hilferding et Lénine", em *La finance capitaliste*, cit.

Taxas comparativas de lucros

Investigar as taxas comparativas de lucro das corporações não financeiras e das financeiras é difícil e menos confiável em razão da dificuldade de medição. Com relação às corporações financeiras, a medida adequada do capital é o patrimônio líquido das empresas (já que o estoque de capital fixo é obviamente inadequado). Os lucros devem ser determinados levando-se em conta os fluxos líquidos de juros (recebidos descontados os pagos) antes do pagamento de dividendos aos acionistas, ao passo que os dividendos recebidos fazem parte do lucro. É importante que os ganhos de capital no mercado de ações sejam considerados, além da desvalorização dos empréstimos e as dívidas pela inflação – as dívidas das corporações financeiras são suscetíveis a ser desvalorizadas pelo aumento dos preços, caso os juros sejam constantes. Essas taxas de lucro sobre o patrimônio líquido da empresa são conhecidas como taxa de retorno sobre o patrimônio líquido (RPL). Obviamente, na medida do possível, as mesmas definições devem ser usadas para as corporações não financeiras, a fim de se tornar possível a comparação.

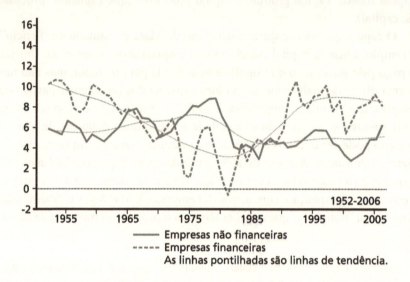

Gráfico 4.6 – Taxas de lucro: corporações financeiras e não financeiras dos Estados Unidos (porcentagem, anual). Nessa medição das taxas de lucro, os lucros são determinados após o pagamento de juros e impostos. É feita a correção da desvalorização dos ativos e passivos financeiros pela inflação (ou desvalorização da dívida líquida). São considerados então os ganhos de capital – em virtude das grandes flutuações observadas, este último componente foi arredondado.

O gráfico 4.6 mostra as medições das taxas de lucro para corporações não financeiras e financeiras (——— e -----, respectivamente) nessa definição. As linhas pontilhadas (·········) enfatizam tendências ocultas abstraindo os desvios de curto prazo.

Durante os anos de inflação (principalmente a década de 1970), uma grande transferência de renda ocorreu das corporações financeiras para as não financeiras, bem como de credores não corporativos. Por conseguinte, a taxa de lucro do setor financeiro afundou, enquanto a das corporações não financeiras não somente se manteve como também aumentou, apesar do declínio do lucro *à la Marx* para todo o setor (gráfico 4.1). Mais tarde, nos anos 1980, a situação das corporações financeiras não se restaurou de imediato, e as baixas taxas de lucro prevaleceram nesse segmento corporativo durante a severa crise financeira no fim daquela década, atingindo um nível semelhante ao das corporações não financeiras, apesar de um grande pagamento de juros em favor das corporações do setor financeiro[15]. Durante as décadas neoliberais, a hierarquia anterior favorável ao setor não financeiro se inverteu. A taxa de lucro das corporações não financeiras flutuou em torno de uma tendência quase horizontal, ao passo que a taxa de lucro das corporações financeiras aumentou. Além dos juros, as corporações financeiras se beneficiaram de novos fluxos de lucros ligados às inovações financeiras e ganhos de capital no mercado de ações.

Quadro 4.3 – Uma conciliação das medições das taxas de lucro dos gráficos 4.6 e 4.1

As definições de taxas de lucro no gráfico 4.6 e na terceira medição do gráfico 4.1 (·······) são semelhantes, pois em ambos os casos os pagamentos de juros são subtraídos, ao passo que os ganhos de capital são medidos como patrimônio líquido. Os níveis são mais ou menos os mesmos, mas os perfis observados são evidentemente diferentes. Uma primeira razão é o fato de se considerarem os ganhos de capital no gráfico 4.6. Uma segunda razão é a correção do impacto da inflação. Esse efeito aumenta de forma significativa a taxa de lucro do setor não financeiro e reduz a taxa de lucro do setor financeiro durante os anos 1970. Nos dois casos, o pagamento de juros prejudicou a recuperação da taxa de lucro, mas no gráfico 4.1 (·······) essa dificuldade não foi suficiente para compensar a recuperação da taxa de lucro das corporações não financeiras. Pelo contrário, o gráfico 4.6 manifesta o fato de o fim da inflação ter interrompido a desvalorização das dívidas. A taxa de lucro do setor não financeiro, levando em conta essa desvalorização, continuou relativamente baixa. Pode-se afirmar que o aumento da "taxa real de juro" compensa a restauração da taxa de lucro manifesta em outras medições semelhantes, nas quais a desvalorização da dívida pela inflação não é considerada.

Também é possível determinar a taxa de lucro dos dois setores considerados em conjunto. O resultado não é muito diferente da variável do resultado do setor não financeiro porque o setor financeiro é muito menor que o não financeiro. Durante os anos 1950 e 1960, os patrimônios líquidos das corporações financeiras chegavam

---

[15] Gérard Duménil e Dominique Lévy, *Capital Resurgent*, cit., cap. 11, fig. 11.3.

a 12,6% dos patrimônios líquidos das não financeiras e, depois do ano 2000, a 24,3% (ver quadro 4.3, para uma comparação entre as medidas nos gráficos 4.6 e 4.1).

Em síntese, de acordo com esses dados, uma nova hierarquia das taxas de lucro foi estabelecida entre corporações financeiras e não financeiras ao longo dos anos 1990 em benefício das financeiras, enquanto as taxas de lucro do setor não financeiro permaneceram estagnadas. Nessa medida (a mais sofisticada desse capítulo), levando em conta os efeitos da inflação, a taxa de recuperação para todas as corporações, financeiras e não financeiras, foi de 0,76 e de restauração, 0,82.

Níveis recordes de lucratividade do setor financeiro

Os níveis de lucratividade atingidos pelas corporações financeiras, como no gráfico 4.6, podem ser considerados altos. Deve-se lembrar que os padrões neoliberais colocaram as taxas de retorno sobre o patrimônio líquido de corporações acima de 15% (nos balanços das corporações). Mesmo o retorno sobre o patrimônio líquido de bancos segurados, que certamente não são os maiores especuladores do setor e que são sujeitos à supervisão da Corporação Federal de Seguro de Depósitos (FDIC, na sigla em inglês), esteve próximo desse nível durante cerca de dez anos, pelo menos até 2003, e ainda era de 12% nas vésperas da crise[16].

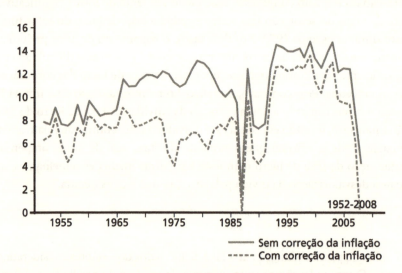

Gráfico 4.7 – Taxa trimestral anualizada de retorno sobre o patrimônio líquido: Estados Unidos, bancos segurados. "Bancos segurados" se refere ao principal segmento das instituições depositárias cujos depósitos são segurados pela FDIC.

---

[16] FDIC, *Quarterly Banking Profile*.

O retorno sobre o patrimônio líquido do setor está mostrado no gráfico 4.7 (———). Pode-se observar que esses retornos elevados se concentram entre a recuperação da crise financeira do final dos anos 1980 e o início da crise atual. A queda das taxas de juro depois do ano 2000 e também a contração das rendas outras que não juros prejudicaram a rentabilidade do setor, mas o retorno sobre o patrimônio líquido foi preservado graças a uma drástica contração das outras despesas que não juros. (Pode-se também notar um decréscimo e uma forte perturbação durante a crise financeira e recessão por volta de 1990.)

Na segunda variável (-----) no gráfico 4.7, fez-se uma correção da inflação. Como se poderia esperar, o retorno sobre o patrimônio líquido é significativamente reduzido entre 1964 e 1985. Os dois níveis assim determinados e o perfil cronológico são muito próximos dos que se observaram para o setor financeiro no gráfico 4.6, dadas as unidades de análise (um setor financeiro e o componente bancário das instituições depositárias) e as fontes (contabilidade nacional e empresarial).

Apesar da dificuldade de medição, pode-se concluir que houve uma explosão das taxas de lucro das corporações financeiras após a recuperação da crise financeira na passagem entre as décadas de 1980 e 1990.

Parte III
UMA CONFIGURAÇÃO TRIPOLAR DE CLASSE: QUEBRA DA HOMOGENEIDADE DE REMUNERAÇÕES E RENDAS

A abordagem da parte anterior se baseia ou na ampla noção de "classes altas" ou na tradicional divisão de classe entre proprietários capitalistas e trabalhadores remunerados. O capítulo 4 examina o viés conferido pelo neoliberalismo à distribuição de renda em favor da renda do capital. Mas a importância crescente dos altos salários em benefício de uma minoria privilegiada no capitalismo contemporâneo revela os limites dessa ênfase na renda do capital. A análise das faixas superiores de renda nos Estados Unidos e o perfil histórico da renda que recebem mostram que os salários altos e muito altos – inclusive todas as formas de remuneração adicional, como bônus, e opções de ações – são um canal importante de apropriação de excedente social, a ser considerado em conjunto com a renda de capital (juros, dividendos, aluguéis e ganhos de capital). Da mesma forma, a mudança da situação das famílias pertencentes à faixa dos altos salários é um importante componente na sucessão das várias fases do capitalismo moderno. A análise das tendências históricas de distribuição de renda confirma a importância desse componente da dinâmica social. (Passando à parte IX, onde se discutem os cenários para as próximas décadas, os limites do tradicional padrão duplo que separa capitalistas e assalariados se tornam ainda mais óbvios.)

A perspectiva do capítulo 5 é histórico-empírica, ao passo que o capítulo 6 lança as bases de uma estrutura teórica.

Parte III

UMA CONFIGURAÇÃO TRIPOLAR DE CLASSE: QUEBRA DA HOMOGENEIDADE DE REMUNERAÇÕES E RENDAS

Capítulo 5
AS CLASSES GERENCIAIS E POPULARES

A começar da observação de que a distinção entre renda de capital e salários não explica a complexidade das relações sociais no capitalismo contemporâneo, este capítulo estabelece a estrutura de uma configuração tripolar de classe em que se distinguem as classes capitalista, gerencial e popular. Dar-se-á ênfase especial à gerencial, suas funções e as mudanças no seu papel ao longo das fases do capitalismo moderno.

Remunerações nas faixas superiores de renda

O importante papel da remuneração do trabalho na formação das altas rendas está cada vez mais nitidamente evidente nos dados. Essa observação basicamente questiona o tratamento da remuneração do trabalho como um todo homogêneo por no mínimo dois motivos. Primeiro, grande parte da renda dos segmentos mais ricos da população é formada pela remuneração do trabalho. Segundo, o perfil histórico da variação dessas remunerações é diferente das tendências prevalentes para os salários do restante da população. Essas diferenças se ajustam às características sociais próprias de cada período do capitalismo moderno. Notadamente, o papel específico desempenhado pelos gerentes em cada ordem social e as mudanças na sua relação com as classes capitalista ou popular é um fator crucial que afeta esse padrão de distribuição de renda.

A primeira observação – a importância da remuneração nas camadas altas ou muito altas de renda – é a mais simples de documentar. A tabela 5.1 mostra a parcela dos salários na renda total em vários percentis de renda para as faixas mais altas. Distinguem-se dois períodos: (1) duas décadas do pós-guerra (1950-1969) anteriores à crise dos anos 1970 e (2) neoliberalismo (1980-2007). Uma observação preliminar é que esses números confirmam as ideias padrão. Como se poderia esperar, a parcela dos salários é menor para as faixas mais altas de renda durante os dois períodos. (A comparação entre as duas linhas é discutida em seguida.) A remuneração do trabalho ainda representa quase 90% da renda do percentil 90-95, e o percentual cai para as remunerações superiores. Um resultado ainda mais surpreendente é o alto percentual de remuneração do trabalho nas faixas mais altas de renda. Depois de 1980 elas representam cerca de 50% da renda do percentil 99,9-100, ou seja, uma família em mil quando classificadas em ordem crescente de renda. (Em 2007, a renda familiar anual desse pequeno grupo superava US$ 2,053 milhões.)

Tabela 5.1 – Fração da remuneração do trabalho de vários percentis de renda: famílias norte-americanas (porcentagem)

	90-95	95-99	99-99,5	99,5-99,9	99,9-100
1950-1969	87,4	71,8	48,3	41,5	29,3
1980-2007	89,8	82,0	70,7	64,3	48,8

O complemento até 100% corresponde à renda empresarial e renda de capital, ou seja, juros, dividendos e aluguéis. Para o 1% superior, como nos gráficos 3.1 e 5.1 os percentuais são 40,7% e 60,5%, respectivamente.

Tendências históricas são também informativas. Vale a pena voltar neste ponto ao perfil histórico da distribuição de renda, mas apenas do ponto de vista da remuneração do trabalho. No gráfico 5.1, a primeira variável (———) se refere ao mesmo grupo de famílias do gráfico 3.1, a faixa de 1% superior da distribuição da renda total (o percentil 99-100). Mas, enquanto a variável no gráfico 3.1 é a fração da renda total recebida pelo 1% superior, a variável no gráfico 5.1 é a fração do total das remunerações recebidas pelo grupo. Pode-se observar (1) uma tendência decrescente (o que significa uma redução da desigualdade) durante a Segunda Guerra Mundial, de 8,4% (média de 1927-1939) para 6,2% (média de 1946-1949); (2) um leve decréscimo até o final da década de 1960; e (3) um aumento até 11,4% (média de 2000-2007). (Os primeiros passos desta última tendência crescente ocorreram durante os anos 1970.) Assim, enquanto o percentual da *renda total* pago ao grupo de 1% saltou de 10% para 23,5% entre 1980 e 2007 (gráfico 3.1), a participação desse grupo no total da remuneração do trabalho passou de 6,4% para 12,4%. Nos dois casos, os números foram multiplicados por dois. Essa nova observação confirma o diagnóstico anterior. Além da renda do capital, os altos salários das faixas mais altas de renda, e não apenas a renda de capital, foram um importante instrumento de concentração de renda no topo da pirâmide durante as décadas neoliberais.

As classes gerenciais e populares

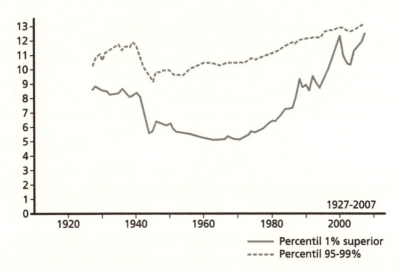

Gráfico 5.1 – Frações do total de remunerações do trabalho recebidas por dois percentis das famílias nos Estados Unidos (porcentagem, anual).

Uma vantagem da variável mostrada no gráfico 5.1, onde só são consideradas as remunerações do trabalho, sobre a mostrada na tabela 5.1, é que a primeira não está sujeita à incerteza em relação à informação sobre renda de capital prestada pelas faixas muito altas de renda. Embora as remunerações recebidas em países estrangeiros possam ter sido sub-relatadas em alguma medida, a mesma observação da tabela 5.1 se destaca claramente no gráfico 5.1. No neoliberalismo, as remunerações do trabalho se tornaram um importante canal na formação das rendas altas ou muito altas. Na verdade, as remunerações do trabalho foram o principal canal pelo qual se chegou à restauração da fração da faixa de 1% das rendas mais altas na renda total, como mostrado no gráfico 3.1.

A segunda variável (-----) no gráfico 5.1 oferece a mesma informação para o percentil 95-99. (Em conjunto, os dois percentis correspondem à faixa dos 5% superiores, chamada nos capítulos anteriores de "camadas de alta renda".) Observa-se um declínio semelhante durante a Segunda Guerra Mundial, mas uma tendência crescente moderada torna-se aparente após a guerra e se mantém durante as décadas neoliberais. Esse crescimento ligeiramente mais rápido contrasta com a grande massa de salários e a estagnação da renda de capital durante as primeiras décadas após a Segunda Guerra Mundial. As remunerações do percentil 95-99 foram as primeiras beneficiárias das novas tendências durante as primeiras décadas do pós-guerra, depois da redução das desigualdades durante o conflito, e essa observação se ajusta às características gerenciais do período. Mas também é interessante notar que o neoliberalismo não afetou (não acelerou nem freou) a rígida concentração das remunerações em favor desse grupo, e essa observação atesta simultaneamente a relação entre a classe capitalista e o grupo mais amplo de gerentes (quando se considera o percentil 95-99), e as características específicas das remunerações no topo das hierarquias de remuneração (no percentil 99-100).

Voltando à tabela 5.1, uma comparação entre as suas duas linhas revela que o percentual das remunerações na renda total aumentou durante as décadas neoliberais para todos os percentis superiores, em vez de diminuir, como se poderia esperar do aumento da renda de capital típica do neoliberalismo. O aumento foi mais dramático para o pequeno percentil superior 99,9-100.

Essas tendências demonstram que, como se afirmou anteriormente, as altas remunerações recebidas pelas faixas mais altas de renda aumentaram ainda mais rapidamente que a renda de capital[1]. Suas dinâmicas históricas são muito diferentes das do restante dos assalariados, como se tornou evidente durante as primeiras décadas do pós-guerra e no neoliberalismo. Em geral, as rendas de capital e os altos salários na camada mais alta se beneficiaram em grande proporção das tendências neoliberais. A interpretação neste caso é que o perfil das altas remunerações espelha a mudança da posição social da classe gerencial e, simetricamente, a relação dela com as classes popular ou capitalista.

O objetivo das seções a seguir é interpretar a mudança desses padrões. Isso demanda um exame mais cuidadoso das funções dos gerentes, e a mudança de sua localização e papéis nas relações sociais.

As figuras funcionais dos gerentes

A partir da revolução gerencial, o principal campo de atividade dos gerentes é a organização das empresas. Assim, gerentes podem ser classificados em várias categorias. Pode-se tipicamente distinguir entre, de um lado, os segmentos técnicos, os mais estritamente organizacionais e os comerciais de gerência e, de outro, as esferas financeiras. Mas o gerenciamento não está limitado às corporações privadas. Desde o início do século XX, os métodos de gerência privada foram rapidamente

---

[1] O aumento das remunerações no topo das hierarquias de renda é hoje amplamente reconhecido. O resumo do relatório técnico de Anthony Atkinson, Thomas Piketty e Emmanuel Saez afirma claramente: "Ao longo dos últimos trinta anos, as parcelas superiores de renda aumentaram substancialmente nos países de língua inglesa e na Índia e China, mas não nos países da Europa continental nem no Japão. Esse aumento se deve em parte a um surto sem precedentes nas remunerações mais altas". Anthony Atkinson, Thomas Piketty e Emmanuel Saez, "Top Incomes in the Long Run of History" (Working Paper Series, National Bureau of Economic Research [NBER], 15408, out. 2009), disponível em: <www.nber.org/papers/w15408>.

exportados para as cidades[2] e, gradualmente, para os serviços governamentais em geral. O New Deal e as décadas do pós-guerra viram um desenvolvimento considerável do papel dos funcionários nas instituições de governo (como durante a década de 1930, a economia de guerra, e nas políticas, principalmente macropolíticas e programas sociais dos anos 1960). Assim, aos gerentes de empresas, deve-se acrescentar os funcionários do governo na classe gerencial.

Os objetivos dos gerentes dependem da ordem social em que opera a gerência. Depois da Segunda Guerra Mundial, a gerência visava basicamente ao crescimento (nas corporações e nas definições de políticas) e à mudança técnica. No neoliberalismo, o objetivo principal tornou-se o mercado de ações e a renda do capital. Consequentemente, existe uma relação recíproca entre a prevalência de uma configuração específica de poder e a preeminênca de um ou outro componente de gerência. A conjuntura histórica do New Deal conferiu certo grau de preeminência aos funcionários do governo. Orientou o desenvolvimento da gerência para essa direção particular. O compromisso do pós-guerra estimulou as capacidades gerenciais sob todos os aspectos, mas com ênfase particular na tecnologia e na organização. O neoliberalismo influenciou as tendências gerenciais em favor do componente financeiro da gerência.

Gerentes não devem ser vistos como meros agentes passivos na determinação do curso da história. Funcionários do governo tiveram um papel ativo na condução do New Deal e na consolidação do novo compromisso após a Segunda Guerra Mundial. No neoliberalismo, a classe gerencial, em particular nas faixas mais altas, participou ativamente da formação das novas tendências sociais, com a esperança de altas remunerações e com o objetivo de entrar no reino da propriedade ativa. De fato, a imposição do neoliberalismo teria sido impossível não fora a nova aliança entre propriedade e gerência nas camadas superiores da pirâmide social.

A gerência no timão: as três facetas do compromisso do pós-guerra

Há um problema evidente de vocabulário com relação à sociedade das primeiras décadas após a Segunda Guerra Mundial. Não se encontrou nenhum termo de aceitação geral. Este livro usa as frases "pós-guerra", "social-democrata" ou "compromisso keynesiano", mas "capitalismo gerencial" ou, em alguns países, "economias mistas" também seriam apropriadas. Apesar de essa organização social ser prevalente na maioria dos países capitalistas mais importantes, as configurações e graus exatos foram variados, geográfica e cronologicamente. Os métodos diferiram entre países e mudaram significativamente ao longo do tempo.

---

[2] James Weinstein, *The Corporate Ideal in the Liberal State, 1900-1918* (Boston, Beacon, 1968).

A perspectiva tripolar de classe permite uma interpretação de classe das características próprias do capitalismo do pós-guerra. A base dessa ordem social foi um compromisso entre as classes populares (dos empregados na produção e funcionários de escritório) e a de gerentes, inclusive funcionários do governo, sob a pressão estimulante do movimento popular. Enquanto a classe popular foi o motor da transformação, gerentes e servidores públicos foram a chave da nova ordem social.

É importante que se entenda que três atores sociais diferentes estão envolvidos no compromisso do pós-guerra e comandam três pontos de vista diferentes. Primeiro, existe um componente *social* (ou de *welfare*), e neste caso a classe popular ocupa o centro do palco. Segundo, há o aspecto *gerencial* dessas dinâmicas. Essas foram sem dúvida as décadas do capitalismo gerencial no setor privado, com forte envolvimento de funcionários das instituições governamentais. Um terceiro aspecto é a *contenção dos interesses capitalistas*, e é aqui que a situação da classe capitalista deve ser considerada.

1. *O componente social (classes populares)*. A noção de compromisso social do pós-guerra implica a alteração da situação da classe popular. Esse capitalismo surge retrospectivamente como uma economia e, de modo mais geral, como uma sociedade cuja violência tivesse sido moderada, em nítido contraste com a primeira hegemonia financeira e com o neoliberalismo. Então, a denominação alternativa "capitalismo temperado" também pode ser usada. O compromisso com a classe popular se manifestou no progresso dos poderes de compra, nas políticas visando ao pleno emprego, na proteção do *welfare*, educação, saúde, aposentadoria, e assim por diante. O capitalismo das primeiras décadas do pós-guerra é geralmente apresentado dessa forma, com um forte sabor rooseveltiano nos Estados Unidos, uma referência implícita à Frente Popular, na França, ou à Inglaterra de William Beveridge.

2. *Autonomia gerencial (gerentes)*. Com relação à situação da administração, não existem realmente muitas alternativas. As duas observações, a de que os trabalhadores não estavam no poder e a de que o poder dos proprietários capitalistas era controlado, implicam a ampliação do papel e autonomia conferidos à classe gerencial. Em geral, os trabalhadores não estavam no poder, a classe capitalista era controlada, e a organização estava nas mãos dos gerentes. Essa autonomia cresceu sobre o alicerce lançado pelas tendências da revolução gerencial e encontrou uma oportunidade de expressar seu potencial intrínseco nas circunstâncias políticas e econômicas do New Deal, da economia de guerra, e do compromisso do pós-guerra. O período intermediário que se estende entre as duas hegemonias financeiras oferece uma história única dessa ordem social nos Estados Unidos.

As corporações eram administradas com preocupações, tais como investimento e mudança técnica, significativamente diferentes da criação de "valor para os acionistas". Os gerentes desfrutavam de relativa liberdade para agir com relação aos proprietários e conseguiam reter na corporação uma parcela considerável dos lucros para investimento. Em alguns países, grandes setores da economia estavam sob o controle dos governos graças à nacionalização. A isso se pode acrescentar um setor financeiro a serviço da economia não financeira, e colocado sob o controle de gerentes. Essa autonomia gerencial se manifestou também no aparelho do Estado das décadas do pós-guerra. Um papel organizacional específico foi conferido a funcionários do governo. Políticas propostas por esses funcionários objetivavam o crescimento e o emprego.

Macropolíticas keynesianas definem um aspecto importante desse componente político. A noção de que a macroeconomia tem de ser controlada por instituições centrais – por meio de políticas fiscais e monetárias e com metas específicas em termos de emprego e preços – indica diretamente práticas gerenciais. É necessário recolher informações e tomar decisões. Avaliar resultados. O fato de essas tarefas serem executadas por funcionários de instituições centrais, e não por gerentes das empresas privadas, acentua, em vez de anular, as características gerenciais desses mecanismos.

Esse aspecto gerencial é geralmente mal articulado pelos atores ou analistas dessa via do meio real (por oposição à via do meio alegada pelo neoliberalismo), que tendem a perceber esse curso de eventos em termos de moderação da violência inerente ao capitalismo. Uma exceção importante é a referência, nos Estados Unidos, a capitalismo gerencial no seu clímax durante as décadas de 1960 e 1970 (quadro 5.1)

3. *A contenção dos interesses capitalistas (capitalistas).* Cada uma das características anteriores atesta a situação da classe capitalista. A pouca preocupação com o desempenho do mercado de ações na administração das corporações é um exemplo claro. A existência de um setor financeiro a serviço da acumulação no setor não financeiro oferece mais uma expressão da morte da classe capitalista. Essa classe perdeu parcialmente o controle do setor financeiro, um instrumento crucial da sua hegemonia (ou seja, do seu poder e renda) sobre as finanças.

Com relação à contenção dos interesses capitalistas, a situação foi bastante diferente entre os países. Na França, por exemplo, onde um forte setor público (no sentido de "propriedade do Estado") tinha sido estabelecido após a Segunda Guerra Mundial, inclusive em importantes segmentos do setor financeiro, essa contenção foi mais forte do que nos Estados Unidos. No Japão o desenvolvimento nacional foi diretamente para as mãos de gerentes públicos e privados, com alto grau de cooperação. A situação foi diferente também na América Latina, no contexto da industrialização por substituição de importações (quadro 23.1), que conferiu um papel específico às classes capitalistas "nacionais".

Quadro 5.1 – *Capitalismo gerencial*

Muita confusão cerca a noção de "capitalismo gerencial". As dificuldades vêm da combinação de dois tipos de determinante.

De um lado, no capitalismo moderno, a delegação de tarefas organizacionais a gerentes e pessoal de escritório e o subsequente avanço da eficiência organizacional ofereceram a base das tendências históricas que levaram à definição do capitalismo gerencial após a Segunda Guerra Mundial. Não há dúvida de que essas características e tendências gerenciais ainda estão presentes no capitalismo atual. As corporações são administradas, mais que nunca com a nova estrutura própria da globalização neoliberal, como corporações transnacionais. Isso exige mais pessoal, competências e tecnologia do que nunca.

De outro lado, o capitalismo gerencial propriamente dito indica um período específico na história, as primeiras décadas do pós-guerra, em que o avanço histórico da administração combinou seus efeitos com o compromisso social entre gerentes e a classe popular do pessoal gerencial de escritório e dos trabalhadores na produção. Desde a Grande Depressão até a crise estrutural dos anos 1970, em graus variados dependendo do país, essa ordem social significou uma autonomia maior do pessoal gerencial e de funcionários do governo em relação aos donos do capital (com as correspondentes governança corporativa e política). O neoliberalismo deu um fim a essa autonomia porque ela implicava a contenção dos interesses capitalistas e estabeleceu um novo compromisso no topo das hierarquias sociais, em favor dos gerentes financeiros em comparação com outros segmentos. Mas o neoliberalismo não interrompeu o avanço da gerência.

Como resultado dessa coincidência entre os determinantes econômicos ocultos (capacidades gerenciais crescentes) e as configurações de poder (o compromisso social sob a liderança gerencial), as características gerenciais das décadas do pós-guerra tornaram-se muito conspícuas. Finalmente se materializou a ameaça potencial para os capitalistas inerente à revolução gerencial – objeto de preocupação nos seus passos iniciais durante as primeiras décadas do século. Durante as décadas do pós-guerra, aconteceu precisamente o que alguns segmentos da classe capitalista temiam que acontecesse, ou seja, um capitalismo libertado da hegemonia financeira e colocado sob liderança gerencial. Essa legibilidade das relações gerenciais (a ascensão e autonomia da gerência) após a Segunda Guerra Mundial explica por que a

→

> teoria do capitalismo gerencial culminou durante as décadas de 1960 e 1970, como nas obras de Alfred Chandler e Kenneth Galbraith[1]. A instauração do neoliberalismo e o fracasso da configuração do gerencialismo burocrático (a dominância da classe gerencial na ausência da classe capitalista), como no sovietismo, descreditaram as experiências gerenciais mais radicais em benefício da dinâmica dos "mercados", um eufemismo para a violência do capitalismo sem restrição.

---

[1] Alfred D. Chandler, *The Visible Hand: The Managerial Revolution in American Business* (Cambridge, Harvard University, 1977); John Kenneth Galbraith, *The New Industrial State* (Nova York, New American Library, 1967) [ed. bras.: *O novo Estado industrial*, São Paulo, Thompson Pioneira, 1983].

Sob os três aspectos anteriores, o capitalismo durante essas décadas foi menos capitalismo do que durante a primeira hegemonia financeira ou o neoliberalismo. Em certo sentido a força de trabalho foi menos uma mercadoria do que qualquer outro produto na economia. Nos Estados Unidos, a Lei do Emprego de 1946, que tornou o pleno emprego um dever do governo, foi emblemática do início desse novo período. As dinâmicas de acumulação estavam nas mãos dos gerentes. Muitas exceções dos assim chamados mecanismos de mercado foram colocadas em prática (o que o neoliberalismo tentou eliminar). Mas a sociedade do pós-guerra, apesar de ser menos capitalista que durante a primeira hegemonia financeira, foi uma sociedade de classes, em que a exploração se baseava na extração de um excedente em benefício das classes altas. Os dois canais foram a renda de capital e os salários mais altos, dadas as hierarquias e tendências descritas.

É importante entender as relações entre os três componentes anteriores. Os dois primeiros aspectos – as características de *welfare* e a autonomia gerencial – são estruturalmente *independentes*, ou seja, um pode existir independentemente do outro. É verdade que, sob circunstâncias específicas, o estabelecimento da autonomia pode ser condicionado pelo apoio da classe popular, e que essa condição talvez exija várias melhorias em benefício desta. Mas a autonomia gerencial poderia prevalecer em circunstâncias nas quais nenhuma situação favorável particular é atribuída à classe popular. No nazismo, um papel crucial foi atribuído aos funcionários públicos em um arranjo social de extrema direita. Reciprocamente, o terceiro componente – a contenção dos interesses capitalistas – é tipicamente uma *consequência* dos dois componentes anteriores. O progresso do poder de compra da classe popular e a proteção social custam a redução das rendas de capital e a autonomia gerencial limita o poder da classe capitalista. No compromisso do pós-guerra combinaram-se os dois aspectos.

A luta de classes no inauguração da autonomia gerencial

O motor dessa transformação histórica é a luta de classes. A Grande Depressão abalou profundamente as bases do capitalismo, colocando em discussão a sua sobrevivência. O pessimismo estava por toda parte entre os inquilinos do capitalismo[3]. Nesse contexto, o que determinou o conteúdo exato do New Deal e do compromisso do pós-guerra nos Estados Unidos foi a intensa luta social, com a ascensão do tradicional movimento operário e o surgimento de países alegadamente socialistas ou comunistas, como se denominavam. Essas tendências eram evidentes na multiplicação das guerras civis (como na Espanha, na Grécia, na China etc.). Essas lutas por parte da classe popular combinaram seus efeitos com as tensões entre as classes capitalista e gerencial, enfraquecendo o compromisso no topo. Isso se deu no âmbito de um amplo espectro de configurações distintas, por exemplo, no New Deal. Mas a intensa luta de classes também significou possíveis reações extremas por parte da classe capitalista, como no fascismo. Nos Estados Unidos, há um debate para determinar se o presidente Roosevelt salvou o país do comunismo ou do fascismo! A resposta é, obviamente: dos dois. Ambos os objetivos, a moderação do capitalismo para torná-lo viável e o compromisso com a classe popular para torná-lo tolerável, convergiram.

Nos Estados Unidos, a construção da configuração de poder no pós-guerra resultou de uma mistura de compromisso e repressão em relação a todos os liberais (como no macartismo) e, obviamente, em relação aos componentes mais radicais dos partidos comunistas (nacional e internacionalmente). Na França de Charles de Gaulle, depois da Segunda Guerra Mundial, um resultado semelhante foi obtido por uma aliança efêmera com o Partido Comunista, renegada pouco depois. Por toda parte, o keynesianismo oferecia uma estrutura para o compromisso, combinando a iniciativa privada ("mercados") com macropolíticas. Social-democracia, no sentido estrito, era típica da Europa setentrional. O Reino Unido ou a França podem ser vistos como casos intermediários, com importantes setores públicos, proteção social e políticas de desenvolvimento e

---

[3] Um exemplo famoso é Joseph Schumpeter, que propôs a questão da possível sobrevivência do capitalismo e respondeu negativamente. Joseph Schumpeter, *Socialism, Capitalism and Democracy* (Nova York, Harper and Brothers, 1942).

emprego. Nos Estados Unidos não houve nacionalização como na Europa, mas entidades estatais foram criadas ou tiveram sua função ampliada (agências, empresas patrocinadas pelo Estado) e tanto a administração corporativa quanto as políticas (baixas taxas de juro, políticas visando ao desenvolvimento industrial etc.) expressaram as características do compromisso do pós-guerra, em combinação com a regulação financeira e forte intervenção do Estado ligada a proteção social, pesquisa e educação. Mas a repressão financeira foi menos aguda que em outros países[4]. Como afirmado anteriormente, o caso do Japão estava no extremo, com íntima colaboração entre gerentes privados e funcionários, um setor financeiro radicalmente a serviço da economia produtiva e um papel menor desempenhado pela classe capitalista.

Como se revelou após a Segunda Guerra Mundial, as novas tendências de mudança técnica e novos níveis da taxa de lucro contribuíram muito para o estabelecimento do compromisso e sua continuação durante várias décadas. Provavelmente nenhuma tendência favorável levantou as restrições que pesavam sobre a distribuição durante os primeiros períodos da história do capitalismo, pelo menos não durante a história do capitalismo moderno. (Isso fica evidente nos gráficos 4.1 e 21.1.) Os altos níveis de lucro tornaram compatíveis (1) a preservação das taxas de lucro retido na corporação, (2) o aumento dos impostos corporativos e das receitas do governo e (3) o progresso do poder de compra dos assalariados. Isso significou condições favoráveis de acumulação, um governo grande e ativo (inclusive na condução de guerras) e a melhoria da situação da grande massa de assalariados.

Assim, condições econômicas altamente favoráveis convergiram com circunstâncias políticas para determinação das características das décadas do pós-guerra. O compromisso do pós-guerra teria vingado na ausência dessas circunstâncias favoráveis? Essas condições foram tão cruciais para a ordem social que o compromisso não sobreviveu à reversão dessas tendências técnico-organizacionais e à queda subsequente das taxas de lucro durante a década de 1970. Essa reversão criou circunstâncias favoráveis para a luta vitoriosa das classe capitalista e, de modo mais geral, das classes altas sob a liderança capitalista. Nessa confrontação, um fator crucial foi a falta de consistência das forças socias subjacentes ao compromisso do pós-guerra, uma fraqueza que abriu caminho para a imposição do neoliberalismo.

---

[4] A expressão foi criada, entretanto, em referência a este país. Ronald I. McKinnon, *Money and Capital in Economic Development* (Washington, DC, Brookings Institution, 1973); Edward Shaw, *Financial Deepening in Economic Development* (Nova York, Oxford University, 1973).

A classe gerencial no neoliberalismo: o viés para a gerência financeira

O neoliberalismo não interrompeu o avanço da gerência. Seu primeiro efeito foi submeter a gerência aos objetivos dos capitalistas, mas não houve descanso no avanço das funções gerenciais. Grandes empresas transnacionais são enormes estruturas gerenciais e o número de funcionários públicos continuou a aumentar durante o neoliberalismo.

Essa sujeição foi gradualmente estendida às fases sucessivas do neoliberalismo. Seria necessária mais pesquisa, mas pode-se imaginar que, durante os anos 1980, o aspecto disciplinar da nova relação entre a classe capitalista e a gerencial foi dominante. Gerentes receberam ordens de "governar", como na governança corporativa, para benefício dos proprietários. À medida que a natureza dessa relação foi gradualmente alterada para uma colaboração mais benevolente ou entusiástica (provavelmente com graus significativamente distintos dependendo das posições na hierarquia e níveis de renda), a diferença entre os gerentes financeiros e o resto do grupo foi gradualmente sendo estabelecida, tal como refletida nas hierarquias de distribuição de renda. A década de 1990 marcou uma transição e, depois do ano 2000, os gerentes financeiros tinham se transformado no pilar das finanças.

Assim, o neoliberalismo orientou as tendências gerenciais em favor da gerência financeira. Gerentes são muito ativos nos mecanismos financeiros (maximização do valor dos acionistas, operações em mercados de derivativos, condução de fusões e aquisições, e assim por diante). Administradores ativos e *traders* são gerentes "científicos" que fazem amplo uso de matemática. A hierarquia entre os segmentos técnico e financeiro da gerência foi profundamente alterada. Isso fica evidente na fascinação exercida pelas operações financeiras na escolha de carreiras e as grandes compensações que elas oferecem.

No topo das hierarquias gerenciais, os gerentes se envolvem na dinâmica da governança corporativa neoliberal a tal ponto que a faceta financeira da administração tende a dominar amplamente. Operações financeiras, principalmente fusões e aquisições, desempenham um papel proeminente em detrimento das conquistas técnico-organizacionais. Essas últimas funções são delegadas a níveis inferiores da hierarquia e submetidas à pressão dos critérios financeiros. A alta gerência se transformou em administração financeira.

Administração financeira no neoliberalismo ganhou tanta importância que uma relação muito específica se estabeleceu entre os administradores financeiros das empresas financeiras e não financeiras e a classe capitalista. A ascensão da administração financeira significou a penetração da alta gerência nos mecanismos mais íntimos em que se expressa a propriedade. Uma colaboração íntima está implícita, mas pode-se também afirmar que, no neoliberalismo, os proprietários capitalistas estão em posição de dependência crescente com relação à competência dos gerentes, em particular, dos gerentes financeiros.

O compromisso neoliberal: hibridização no topo

Com relação a rendas e riqueza, a classe gerencial se beneficiou das tendências neoliberais sob dois aspectos principais, altas remunerações e a acumulação de carteiras de ativos financeiros. Enquanto o poder de compra dos assalariados estagnava, as remunerações mais altas aumentavam acentuadamente durante as décadas neoliberais, resultando em um *boom* de consumo e na acumulação de riqueza financeira nas faixas mais altas de remuneração do trabalho. Essa convergência ofereceu as bases econômicas do *compromisso neoliberal* por oposição ao *compromisso social-democrata* dos anos do pós-guerra. (Esse processo está mais adiantado nos Estados Unidos do que em vários países europeus[5], embora esteja em andamento também ali.) Essa parceria na nova configuração de poder de classe e relações de renda explica o uso da noção imprecisa de classes altas nos capítulos precedentes.

Ocorreu mais que uma aliança no topo das hierarquias gerenciais. Pesquisa adicional seria necessária para fazer uma análise mais concreta dessas novas tendências sociais, mas os padrões de renda sugerem que um processo de "hibridização", ou fusão, esteja em andamento. É importante que se entendam as características bilaterais desse acordo social. Nessas altas esferas, o capitalismo contemporâneo combina capitalistas que recebem remuneração do trabalho e assalariados que participam da renda do capital e da propriedade (quadro 5.2). Não se trata apenas do fato de as faixas mais altas de salário terem grandes carteiras de ativos financeiros, mas também que famílias basicamente capitalistas recebem fluxos importantes de renda de corporações pela participação de alguns de seus membros nessas hierarquias. Fica indistinta a fronteira entre os altos gerentes e a classe capitalista.

Pode-se supor que esse processo de fusão tenha sido particularmente forte nas instituições financeiras. Os administradores dessas instituições se beneficiam de salários muito altos, e as instituições financeiras são um local privilegiado onde proprietários de carteiras de riqueza financeira encontram espaço nos altos círculos da administração. É assim nos conselhos consultivos das corporações ou na administração de empresas de *private equity*. Assim, gerentes financeiros são diretamente incluídos nas referências conjuntas às frações mais altas da classe

---

[5] Gérard Duménil e Dominique Lévy, "Finance and Management in the Dynamics of Social Change: Contrasting Two Trajectories – United States and France", em Libby Assassi, Anastasia Nesvetailova e Duncan Wigan (orgs.), *Global Finance in the New Century: Beyond Deregulation* (Nova York, Palgrave Macmillan, 2007), p. 127-47.

capitalista e instituições financeiras, como em um conceito ampliado de finanças que inclui essa categoria social.

Quadro 5.2 – Capitalismo de primeiro e segundo níveis

Além dos objetivos conjuntos das classes gerencial e capitalista no neoliberalismo, há uma segunda faceta das relações íntimas entre administradores e gerentes. Os administradores também participam da propriedade do capital.

Sempre foi possível distinguir segmentos mais altos e mais baixos na classe capitalista, mas, especificamente no neoliberalismo, pelo menos nos Estados Unidos, estabeleceu-se um padrão de "dois níveis" de propriedade do capital[I]. Dentro das instituições do "capitalismo de segundo nível" (a categoria mais baixa), uma fração significativa da população, como proprietários de títulos de securitização (diretamente ou por meio de vários tipos de fundos), participa na condição de proprietários capitalistas, mas esse envolvimento não determina basicamente a sua posição social. Pelo contrário, o capitalismo de primeiro nível se refere à classe capitalista propriamente dita, cuja riqueza financeira excede significativamente os requisitos do consumo ou aposentadoria. Nem todo capital está em fundos mútuos ou de pensão.

Sob esse aspecto, a classe gerencial não é homogênea. A fração inferior de gerentes, querendo ou não, acumula em vários fundos o capital para sua aposentadoria ou para despesas maiores. O principal propósito dessa acumulação é deslocar no tempo os benefícios de uma renda cuja forma original era um salário, ou seja, guardam renda para o futuro em vez de acumular riquezas. A situação é significativamente diferente nos segmentos superiores da administração. É ali que se concentra o poder, e onde as relações com as frações superiores da classe capitalista é mais próxima. Essa situação se reflete, é claro, nos níveis de renda e se relaciona com a noção de hibridização. As frações superiores de gerência têm importante acesso à propriedade.

[I] Uma estrutura apresentada em Gérard Duménil e Dominique Lévy, "Neoliberal Income Trends: Wealth, Class and Ownership in USA", *New Left Review*, n. 30, 2004, p. 105-33.

Voltando aos dados do início deste capítulo, não é de forma alguma coincidência que o padrão de evolução histórica das remunerações mais altas, como no gráfico 5.1, é idêntico ao observado no gráfico 3.1 para a renda total do mesmo grupo (enquanto o perfil da fração da renda total que cabe ao percentil 95-99 é muito diferente). Uma relação semelhante é aparente no gráfico 3.5. Seria necessário pesquisar com mais detalhes para determinar quais frações estão envolvidas e por meio de quais mecanismos.

As consequências sociopolíticas desses acordos sociais são óbvias. Hibridização no topo significa convergência de objetivos além da distinção entre os canais tradicionais de renda capitalista ou remunerações na definição ampla adotada aqui. A relação entre as frações mais baixas da administração e os proprietários capitalistas continua sendo de natureza distinta, mas, em geral, a aliança entre as classes gerencial e capitalista substituiu a aliança anterior entre as classes gerencial e popular. Trata-se de mais do que uma aliança temporária.

O Estado e seus funcionários versus *mercados e os capitalistas*

Além dos gerentes corporativos, funcionários públicos também são um componente importante da classe gerencial. Em circunstâncias históricas dadas, essa posição específica de classe se tornou um fator chave na dinâmica social. Como já afirmado, foi assim, por exemplo, durante o período do New Deal, um período de rompimento da configuração anterior de poder desestabilizada pela crise, e intensa confrontação de classe.

Sob circunstâncias específicas, a relação de servidores com outros grupos sociais, como a classe capitalista, pode manifestar certo grau de autonomia. Mas esse desvio de poder em seu favor é uma expressão particular da autonomia mais ampla e intensificada da classe gerencial em geral, e da contenção dos poderes e interesses capitalistas. Essas circunstâncias de crise, contudo, são transitórias. No caso do New Deal, o compromisso se ajustou depois da guerra, restaurando relações mais normais entre estruturas sociais e instituições governamentais. Entretanto, no compromisso do pós-guerra, funcionários públicos continuaram a desempenhar um papel central. Essa autonomia foi uma expressão da liderança gerencial mais geral do pós-guerra.

Simetricamente, em geral se afirma que o neoliberalismo significou um recuo dos *Estados* em favor dos *mercados*, e o poder da classe capitalista é interpretado em relação a mecanismos de mercado. Haveria muito a dizer com relação ao fato de uma sociedade e economia em que os gerentes desfrutem de grande autonomia também poder ser uma economia de mercado. Deixando de lado esses refinamentos teóricos, a questão principal aqui é que a caracterização das décadas do pós-guerra e das neoliberais com referência, respectivamente, a Estados e mercados não está de acordo com a perspectiva deste estudo em que o primeiro é sempre entendido no contexto das relações de classe.

A crise do neoliberalismo

Não se pode negar o fato de que, no neoliberalismo, grande ênfase é dada aos mecanismos do "mercado livre", mas em todos os países, os Estados agiam em favor do estabelecimento da nova ordem social[6], uma condição necessária para a imposição do neoliberalismo. Os defensores do neoliberalismo se opõem a excessiva intervenção do Estado sempre que os governos coloquem limites à liberdade dos negócios, protejam os direitos dos trabalhadores, imponham impostos sobre as altas rendas, e assim por diante. O neoliberalismo rejeitou o Estado do compromisso social-democrático, não o Estado em geral. Estados neoliberais – como emanações e instrumentos das hegemonias e compromissos prevalentes no topo das hierarquias sociais – negociaram deliberadamente acordos visando à liberdade de comércio e à livre movimentação de capital que limitavam sua capacidade política. Foi esse, em particular, o caso na Europa, com a formação da União Europeia, mas também nos Estados Unidos (ver capítulo 14). A criação do novo contexto de globalização neoliberal foi parte dos objetivos deliberados dos Estados, que espelham os das classes que representam.

Quando a entrada na globalização neoliberal tomou a forma de uma transição entre o sovietismo (um modelo basciamente reproduzido na grande maioria dos chamados países socialistas) e o capitalismo, como na Rússia, China e Vietnã, o papel dos governos foi e continuou sendo central num processo que pode ser chamado de "acumulação primitiva do capital". Assim, essas sociedades, em graus distintos, compartilham alguns dos objetivos do neoliberalismo, mas não todos os seus métodos. O envolvimento de Estados nesses esforços é mais forte que nos países neoliberais normais e se expressa em uma configuração especificamente autoritária. A mistura é complexa, uma combinação de liberalização econômica e intervenção do Estado, um curso que as crises contemporâneas deverão provavelmente alterar.

Em geral, o papel dos Estados é fundamental para o estabelecimento e preservação de sociedades de classe, fazendo uso de seu potencial legal e recorrendo à violência direta, antes ou durante o neoliberalismo, mas não menos sob o neoliberalismo. Estados são as instituições centrais em que se definem as hierarquias de classe e os compromissos de cada ordem social. Dependendo das características políticas das configurações de poder, mais ou menos espaço é liberado para a expressão das tensões entre os componentes do compromisso, mas os Estados são sempre as instituições em que esses compromissos são definidos e o instrumento que assegura a sua prevalência.

---

[6] Eric Helleiner, *States and Reemergence of Global Finance: From Bretton Woods to the 1990s* (Ithaca, Cornell University, 1994).

Capítulo 6
UMA ESTRUTURA TEÓRICA

A análise do capítulo anterior toma como dado o padrão tripolar de classes. Não se fez nenhuma tentativa de lançar as bases teóricas dessa abordagem. O objetivo da seção a seguir é estabelecer essas bases numa estrutura de inspiração marxista, ajustada às características do capitalismo moderno. Ela desenvolve a distinção entre propriedade e gerência, separa as classes capitalista e gerencial, e apresenta a categoria de classe popular em que se consideram em conjunto os trabalhadores administrativos não qualificados e os operários na produção. A segunda seção resume a tipologia geral das ordens sociais, inclusive a combinação alternativa potencial sem precedente histórico introduzida no capítulo 1. Nessa estrutura, pode-se dar um significado renovado à noção tradicional de orientação política para a esquerda ou direita.

A socialização da produção: propriedade e gerência

A quebra da alegada posição social homogênea dos assalariados nas relações sociais propõe questões teóricas difíceis às quais muita pesquisa foi dedicada. Nos Estados Unidos, o desenvolvimento de uma administração assalariada e o novo padrão no topo das hierarquias sociais foram fonte de grande volume de literatura dedicada ao capitalismo gerencial[1] (quadro 5.1) e, a começar da revolução

---

[1] James Burnham, *The Managerial Revolution* (Harmondsworth, Penguin Books, 1945); Robin L. Marris, *The Economic Theory of Managerial Capitalism* (Londres, Macmillan, 1964); John Kenneth Galbraith, *The New Industrial State* (Nova York, New American Library, 1967); Alfred D. Chandler, *The Visible Hand: The Managerial Revolution in American Business* (Cambridge, Harvard University,

gerencial, de algum interesse por parte dos proprietários capitalistas[2]. O foco da teoria do capitalismo gerencial está especificamente nos gerentes. O pessoal gerencial e o de escritório, tomados em conjunto, são geralmente descritos como as novas classes médias. Apesar da referência explícita a classes, essa nova caracterização é geralmente usada para ofuscar a existência das divisões de classe. Alternativamente, estudiosos marxistas viram no pessoal gerencial e de escritório uma nova pequena burguesia ou componentes de uma classe proletária ampliada[3]. O ponto de vista deste livro não está de acordo com essa última interpretação. A hierarquia das remunerações não é simplesmente a expressão da recompensa de graus distintos de competência na execução de tarefas específicas no âmbito de um processo homogêneo de produção. Essas altas remunerações são a remuneração da gerência (num sentido amplo inclusive as tarefas organizacionais centrais ou locais de funcionários de governo) numa configuração de classe que manifesta posições distintas com referência às relações de produção. Tal como se reflete nessas primeiras controvérsias, o problema é na verdade duplo. Uma primeira questão é como interpretar o surgimento de grupos sociais intermediários entre as tradicionais classes capitalista e proletária. Uma segunda questão é a separação entre os componentes gerenciais e os não especializados.

A análise a seguir é conduzida em cinco passos:

1977); Donald Stabile, "The New Class and Capitalism: A Three-and-Three-Thirds-Class Model", *Review of Radical Political Economics*, 15, n. 4 (1983); Maurice Zeitlin, *The Large Corporation and Contemporary Classes* (New Brunswick, Rutgers University, 1989); John McDermott, *Corporate Society: Class, Property, and Contemporary Capitalism* (Boulder, Westview, 1981); Erik Olin Wright, *Class Counts: Comparative Studies in Class Analysis* (Cambridge University, 1997); Jean Lojkine, *L'adieu à la classe moyenne* (Paris, La Dispute, 2005).

[2] Como expresso mais adiante neste estudo: Adolf Berle, *Power without Property* (Nova York, Harcourt, Brace, 1960).

[3] Dentro de uma estrutura marxiana de análise estritamente definida (os conceitos de *O capital*, de Marx), não existe opção melhor que posicionar pessoal de gerência e de escritório como uma nova pequena burguesia. Mas essa interpretação está na base dos limites da perspectiva de Marx e sugere a definição de uma nova estrutura compatível com as características do capitalismo moderno. É esse o ponto de vista adotado em Gérard Duménil, *La position de classe des cadres et employés* (Grenoble, Presses Universitaires de Grenoble, 1975). Nicos Poulantzas continuou fiel à abordagem marxiana estritamente definida, *Pouvoir politique et classes sociales* (Paris, Maspero, 1972). A interpretação dos padrões de classe em termos de uma ampla classe proletária é comum nos círculos trotskistas, com referência à obra de Ernest Mandel, *Les étudiants, les intellectuels et la lutte de classes* (Paris, La Brèche, 1979) [ed. port.: *Os estudantes, os intelectuais e a luta de classes*, Lisboa, Antídoto, 1979], disponível em: <www.ernestmandel.org/fr/ecrits/txt/1979/etudiants/index.htm>, defendeu esses pontos de vista e, indiretamente, à obra do próprio Trotski. (A sociedade da União Soviética não era uma sociedade de classes, mas um Estado de operários burocraticamente degenerado.) Ver também Michael Löwy, *Pour une sociologie des intellectuels revolutionnaires* (Paris, Presses Universitaires de France, 1976).

Uma estrutura teórica

1. *Classes e rendas*. Um elemento central na interpretação de padrões de classe é a relação íntima entre canais de renda e classes. Marx, no último capítulo de *O capital*, como publicado por Friedrich Engels, define classes em relação a várias categorias de renda[4]. Esses canais de renda são remunerações, lucros e aluguéis. Contrariamente à "economia vulgar", Marx considera os dois últimos componentes formas de mais-valor, e vê nas remunerações os preços do trabalho dos trabalhadores de quem esse valor excedente é extraído. A mesma abordagem tem de ser aplicada ao capitalismo moderno, mas a questão é que as altas remunerações da gerência devem também ser incluídas entre as formas de apropriação de excedente social. Isso ainda é mais verdade porque o capitalismo evolui por causa do progresso social da gerência. A dificuldade resulta do fato de essas altas remunerações serem chamadas de "salários" como qualquer outra forma de pagamento do trabalho. Não existe categoria distinta de renda, como numa terminologia igual a *salários* e *remunerações*.

Infelizmente, não é possível, nem teórica nem empiricamente, separar essas altas remunerações e o grosso dos salários, ou oferecer estimativas confiáveis do tamanho possível do excedente apropriado pelas faixas mais altas de renda. Dados disponíveis sugerem a importância desse mecanismo. (Uma estimativa grosseira está sugerida no quadro 6.1.)

2. *Relações de produção e classes*. Outra referência básica na análise do padrão de classes é sua relação muito próxima com as relações de produção. Os canais pelos quais um excedente social é apropriado e distribuído como renda condizem com as relações de produção prevalentes. Assim, novas configurações de relações de produção implicam novos padrões de classe, reciprocamente. A correspondencia é tão estrita que às vezes é chamada de "homologia".

Quadro 6.1 – Remuneração excedente do trabalho e lucros

A análise das tendências de renda nos Estados Unidos questiona fundamentalmente a noção de "remuneração do trabalho" ou, na terminologia de Marx, o preço da "força de trabalho", quando aplicada às faixas superiores de remuneração. Podem-se adotar duas perspectivas. Primeira, "remuneração do trabalho" no topo da pirâmide de rendas pode ser interpretada como o preço da força de trabalho de uma categoria de trabalhadores cujo trabalho é reconhecido como "trabalho complexo". Essa visão é coerente com a tradicional

---

[4] Karl Marx, *Capital*, v. 3 (Nova York, Vintage Books, 1981), cap. 52. Ver também cap. 48, "The Trinity Formula".

→ perspectiva dupla, que opõe os capitalistas, de um lado, e trabalhadores, do outro. Segunda, uma abordagem alternativa, coerente com a configuração tripolar, é considerar o alto preço dessas categorias de trabalho como a "forma" de excedente social, ao lado da apropriação direta do mais-valor, uma forma de remuneração do "trabalho excedente" acumulada pelas faixas mais altas de assalariados, acima dos salários da grande massa dos assalariados.

As implicações teóricas dessa análise estão além dos limites deste estudo. A ambição do que se segue é apenas atrair atenção para a importância das quantias envolvidas. Empiricamente, a dificuldade é oferecer uma aproximação do que seja uma "remuneração padrão do trabalho". Aqui se usa a mesma fonte de dados dos gráficos 3.1 e 5.1. A remuneração padrão do trabalho é estimada como a remuneração média do percentil de renda 0-95. Para a média de dez anos entre 1997 e 2006, essa remuneração padrão totalizou 80% da remuneração média do trabalho de todos os assalariados[I]. Aplicando esse percentual ao setor privado como nas Contas Nacionais de Renda e Produto (Nipa, na sigla em inglês) em 2007, esse cálculo estima as remunerações totais padrão e excedente em US$ 5,037 trilhões e US$ 1,060 trilhão, respectivamente.

O objetivo desse exercício é comparar os US$ 1,060 trilhão de remuneração excedente do trabalho com os lucros de 2007. Os lucros distribuídos como dividendos somaram US$ 642 bilhões e os lucros retidos, US$ 333 bilhões. Assim, a remuneração excedente do trabalho parece ser 1,6 vez maior que os lucros distribuídos como dividendos e mesmo levemente superior ao total de lucros.

Parenteticamente, pode-se enfatizar que, independentemente de qualquer das estimativas anteriores, os dividendos totalizaram 10% da remuneração do trabalho, padrão e excedente considerados em conjunto, para toda a economia privada.

[I] Uma pesquisa do Escritório de Estatística do Trabalho (BLS, na sigla em inglês) oferece informações muito detalhadas relativas aos salários na economia dos Estados Unidos (<www.bls.gov/ncs/ect/home.htm>). De toda a lista de ocupações, podem-se selecionar quatro categorias "básicas" que explicam mais de 40% do emprego total que pode ser considerado típico da categoria trabalho atrás de uma "remuneração padrão de trabalho": (1) vendas e varejo, (2) escritórios e apoio administrativo, (3) ocupação na produção e (4) transporte e movimentação de materiais. Em 2007, a remuneração média anual para as quatro categorias totalizaram 82% da remuneração média do trabalho para toda a economia, uma estimativa próxima da adotada neste cálculo.

Essa estrutura analítica é tradicionalmente aplicada à distinção entre vários modos de produção, por exemplo, o feudalismo e o capitalismo. Relações de produção se referem à posição de vários grupos relativamente aos meios de produção (acesso a mercadorias, construções, recursos naturais etc.), inclusive a capacidade de dominar a força de trabalho. No feudalismo, os senhores se beneficiavam do produto do trabalho dos servos por meio de vários mecanismos, como, da parte dos servos, trabalhar na terra do senhor e dar uma parte da colheita, ou pagar aluguel em dinheiro. No capitalismo, a classe capitalista possui os meios de produção e extrai mais-valor dos trabalhadores forçados a vender sua força de trabalho por não ter acesso aos meios de produção à altura das exigências da concorrência no período considerado.

Um exame mais cuidadoso da dinâmica histórica sugere o uso desses mesmos princípios básicos na investigação das transformações históricas dentro de um dado modo de produção. Assim, isso envolve uma periodização – a distinção entre as várias fases dentro de um modo de produção – mais detalhada que na análise de uma ampla sucessão de modos de produção. O feudalismo, bem como o capitalismo, passou por essas fases. Crucial para esta análise é a interpretação das três revoluções do início do século XX que trouxeram o capitalismo moderno. Transformações das relações de produção, padrões de classe e canais de renda foram todos aspectos básicos do estabelecimento do capitalismo moderno.

3. *Propriedade e controle*. A questão principal com relação às relações de produção é que, antes do capitalismo moderno, era possível tratar em conjunto as duas facetas básicas da propriedade dos meios de produção conhecidas como "propriedade no sentido estrito" – ou apenas "propriedade" – e "controle", ou seja, gerência. As instituições em que propriedade e controle são expressas, bem como os padrões de classe, sofreram transformações importantes no início do século XX.

A evolução conjunta desses dois grupos de desenvolvimentos é reveladora da natureza dessas transformações. Elas não podem ser interpretadas como uma mudança institucional casual. Pelo contrário, devem ser entendidas como elos menores numa longa cadeia da dinâmica histórica da qual os modos de produção são os elos maiores. Isso implica uma direção na história (quadro 1.2), já que a transformação das instituições em que está incluída a propriedade dos meios de produção é produto da sofisticação gradual da coordenação social da produção. Essas tendências se manifestam no crescimento de organizações autônomas (tipicamente empresas), nacional e internacionalmente, no desenvolvimento de transportes e comunicações, e onde a supervisão emana de instituições centrais (organizações privadas, governo e instituições internacionais). Isso é o que Marx chamava de "socialização da produção".

Como resultado da separação entre esses dois componentes da propriedade dos meios de produção – propriedade lastreada em títulos (ações e debêntures) e a delegação da administração a empregados assalariados sob a supervisão dos acionistas[5] – nas empresas privadas, a classe de gerentes assalariados cresceu em número e importância, longe dos proprietários. Paralelamente, aumentou o número de funcionários nos governos central e locais. Os dois componentes de gerência nesse sentido amplo foram cercados pelo que foi chamado de "colarinhos brancos", na verdade pessoal de escritório, no sentido estrito, além de outros componentes como pessoal de manutenção ou vendas.

4. *A polarização entre gerentes e pessoal de escritório.* À medida que avançava a delegação da administração a pessoal assalariado, ocorreu uma forte polarização entre os estratos mais altos e mais baixos, como na frase "pessoal de gerência e de escritório". Entre os empregados assalariados encarregados da concepção, organização, vendas, contabilidade, financiamento, e assim por diante, a divisão de tarefas não era apenas funcional, mas hierárquica, e essa hierarquia ainda define uma característica básica das relações sociais no capitalismo contemporâneo. Típica dessa polarização é a concentração da iniciativa e direção no topo, e a execução nos níveis inferiores da hierarquia, como entre os gerentes e pessoal de escritório. As condições em que o trabalho de escritório é realizado são estritamente definidas pelo alto. Em várias atividades, o trabalho de escritório assume cada vez mais características típicas do trabalho na produção. E essas hierarquias se espelham nas dos salários.

5. *A transformação do trabalho na produção e a formação das classes populares.* Simetricamente, o trabalho na produção foi também objeto de grandes transformações. Sociólogos indicam o fato de o trabalho na produção ter cada vez mais assumido as formas do trabalho não especializado, em particular com relação ao desenvolvimento das tecnologias da informação[6]. Apesar de as diferenças continuarem significativas em muitos campos do capitalismo contemporâneo, parece gradualmente mais adequado fazer referência a classes populares[7], considerando em conjunto os trabalhadores na produção e os de escritório e vendas. Pelo menos essa é uma simplificação útil.

Em geral, parece muito mais relevante substituir o padrão tradicional das novas classes médias (pessoal da gerência e de escritório) entre capitalistas e traba-

---

[5] O "agente" e o "principal" na terminologia contemporânea.
[6] Jean Lojkine, *La classe ouvrière en mutations* (Paris, Éditions Sociales/Messidor, 1986).
[7] Com relação às classes populares, a natureza ambígua de suas posições sociais de alguma forma convergentes já foi discutida no livro de Hilferding em 1910 e ainda é objeto de investigação sociológica no capitalismo contemporâneo, dada a transformação do trabalho na produção.

lhadores na produção pela configuração tripolar que combina capitalistas, classes gerenciais e classe popular, como no diagrama 1.1. Essa estrutura tem vantagens importantes sobre o padrão duplo capitalistas-trabalhadores. Primeira, ela reconhece a gerência como uma nova relação de classe, uma chave para a compreensão do capitalismo contemporâneo. Segunda, ela oferece bases teóricas para as categorias imprecisas das classes altas ou faixas superiores de renda, sugeridas diretamente pela observação empírica, como nos capítulos anteriores. "Classes altas" se refere à propriedade e à gerência, capitalistas e gerentes, com significativa superposição. Terceira, ela lança as bases de uma análise da classe popular e dá solução aos problemas postos pela observação do declínio numérico dos trabalhadores na produção em sentido estrito.

Uma tipologia de ordens sociais alternativas

O padrão tripolar de relações de classe – capitalistas/gerenciais/populares – oferece uma estrutura simples em que se podem classificar formalmente ordens sociais alternativas. Cada uma dessas três ordens sociais características do capitalismo moderno pode ser caracterizada por uma forma de aliança social desigual (uma configuração de poder), sob a liderança de uma classe. (O termo "compromisso" enfatiza as tensões ainda intrínsecas nessas organizações sociais.) Um critério fundamental nessa tipologia de ordem social é se a aliança prevalente de classe for estabelecida para cima, na direção das classes altas, ou para baixo, na direção das classes populares. A primeira opção é típica do compromisso entre os capitalistas e as classes gerenciais, como no neoliberalismo, e a segunda, do compromisso do pós-guerra entre as classes gerenciais e as populares. Em termos da distinção tradicional entre direita e esquerda, a primeira configuração pode ser considerada "para a direita" e a segunda "para a esquerda" (ou à direita ou à esquerda). Essa é uma distinção crucial que oferece fundamentos de classe às orientações políticas.

Nessa classificação, é possível distinguir melhor entre casos alternativos dependendo da liderança exercida por um ou outro dos grupos participantes da aliança. No compromisso à direita, as classes capitalistas podem liderar, como no neoliberalismo, mas uma liderança das classes gerenciais também seria possível. No compromisso à esquerda, as classes gerenciais podem assumir a liderança, mas o caso simétrico de uma liderança popular também poderia ser contemplado. Assim, quatro configurações estão definidas na tabela 6.1.

Uma diferença importante entre a terceira e a quarta configurações e as duas primeiras configurações é a ausência de precedentes históricos nos Estados Unidos, o que torna mais problemática essa definição.

A crise do neoliberalismo

Tabela 6.1 – Ordens sociais alternativas

	Aliança entre	Sob a liderança de:	
À direita	Capitalistas/ Gerentes	[1] Capitalistas (neoliberalismo)	[3] Gerentes (capitalismo neogerencial)
À esquerda	Gerentes/Classes populares	[2] Gerentes (compromisso do pós-guerra)	[4] Classes populares ("socialismo")

[1] Compromisso entre as classes capitalistas e gerenciais, à direita, sob a liderança das capitalistas, como na primeira hegemonia financeira e no neoliberalismo
[2] Compromisso entre as classes gerenciais e populares, à esquerda, sob a liderança das gerenciais, como no New Deal e no compromisso do pós-guerra.
[3] Compromisso entre as classes capitalistas e gerenciais, à direita, sob a liderança das gerenciais.
[4] Compromisso entre as classes gerenciais e populares, à esquerda, sob a liderança das populares.

Nas duas primeiras configurações, supõe-se uma direção, como nas expressões "à direita" ou "à esquerda". É possível ser mais específico, e o neoliberalismo pode ser indicado como "direita" e o compromisso do pós-guerra como "centro-esquerda".

Na análise da terceira configuração [3] – um compromisso à direita sob liderança gerencial –, uma comparação com configurações alternativas pode ajudar[8]:

1. No New Deal e no compromisso do pós-guerra [2], havia três aspectos principais. As classes gerenciais desempenharam um papel fundamental na governança corporativa e política; prevaleceu uma nova atitude, mais favorável ao trabalho; limites significativos foram impostos à hegemonia das classes capitalistas. A ideia básica na terceira configuração é tratar de forma distinta esses diversos aspectos. Essa nova configuração manifestaria as características próprias da liderança das classes gerenciais sem a aliança com o trabalho, e um grau de contenção, ainda que até certo ponto moderada, dos interesses capitalistas, dado que o compromisso é entre as classes altas. Essa organização social pode ser caracterizada de maneira geral como (1) capitalismo gerencial, mas (2) sem as características sociais do compromisso do pós-guerra. Sob o primeiro aspecto, essa configuração de poder pode ser denominada "capitalismo neogerencial".

2. Essa ordem social pode ser definida por comparação com o neoliberalismo. No neoliberalismo, o compromisso é celebrado no alto das hierarquias sociais sob a liderança das classes capitalistas. Na terceira configuração, o compromisso também é estabelecido no topo, mas a liderança passa das classes capitalistas para o segmento gerencial das classes altas. O novo aspecto é a alteração do equilíbrio de poder e renda entre os componentes das classes altas ao longo da linha divisória propriedade/gerência, com objetivos e métodos claros. Na referência anterior a

---

[8] A China atual pode ser interpretada como exemplo da terceira configuração num contexto muito específico.

um capitalismo neogerencial, há obviamente um jogo de palavras com o nome "neoliberalismo". Neoliberalismo era, em grande parte, um novo liberalismo, apesar do papel crucial desempenhado pelo Estado no estabelecimento e funcionamento dessa ordem social. O mesmo vale para o capitalismo neogerencial, um novo capitalismo gerencial, apesar de a ausência do componente de *welfare* das décadas do pós-guerra e de a aliança entre as classes altas alterarem significativamente suas características sociais.

Com relação ao padrão de renda que poderia prevalecer nessa configuração de poder, dois fatores adicionais devem ser levados em conta:

1. É importante considerar as consequências do que foi denominado anteriormente de "um processo de hibridização no topo". As novas tendências gerenciais nessa organização social tipicamente favoreceriam os canais de renda gerencial (altas remunerações, sempre no sentido mais amplo) em comparação com os canais capitalistas tradicionais (dividendos e juros), mas os mesmos indivíduos, em algum nível, se beneficiam dos dois tipos de fluxos de renda.

2. Uma forte determinação de corrigir a macrotrajetória norte-americana demandaria uma forma de contenção de todas as altas rendas. Essa necessidade refletiria a amplitude do ajuste a ser realizado por parte de todas as classes altas para corrigir a trajetória da economia dos Estados Unidos.

A quarta opção [4] na tabela 6.1 também não tem precedente histórico, já que a vitória das alegadas revoluções socialistas no passado sempre levou a novas hierarquias de classe. Mas é possível também contemplar alternativas radicais, em que predomina uma liderança popular. Esse projeto é típico de orientações políticas em partidos à esquerda do que é chamado de "a esquerda", ou no movimento altermundialista. É onde se encontram as críticas das características especificamente neoliberais do capitalismo e do capitalismo em si. Nessas orientações políticas radicais encontra-se um amplo espectro de projetos sociais alternativos – uma mistura cujos conteúdos exatos são difíceis de definir. Subjacente ao discurso radical que enfatiza o poder das classes populares, é possível detetar perspectivas políticas localizadas num ponto intermediário entre a segunda e a quarta configuração. O socialismo está obviamente na mente de quem se comprometeu com a mudança social radical. A discussão dessas transformações sociais de tão longo alcance está, entretanto, além dos limites deste estudo[9].

---

[9] Gérard Duménil e Dominique Lévy, *Au delà du capitalsime?* (Paris, Presses Universitaires de France, 1998); Jacques Bidet e Gérard Duménil, *Altermarxisme: Un autre marxisme pour un autre monde* (Paris, Presses Universitaires de France/Quadrige/Essais-Débats, 2007); Gérard Duménil e Dominique Lévy, "Cadres e classes populaires: Entre gauche traditionelle, altermondialisme et anticapitaisme", *Actuel Marx*, n. 44, 2008, p. 104-16.

Parte IV
FINANCEIRIZAÇÃO E GLOBALIZAÇÃO: LEVANTANDO BARREIRAS, PERDENDO O CONTROLE

Financeirização e globalização se referem conjuntamente a tendências históricas profundamente enraizadas no capitalismo, e essa propriedade proibe a fusão direta das duas noções na de neoliberalismo. Ainda assim, o neoliberalismo atribuiu características específicas aos dois conjuntos de desenvolvimentos, e neoliberalismo sem financeirização e globalização neoliberais seria coisa diferente. Assim, os dois conjuntos de mecanismos se localizam diretamente a jusante do neoliberalismo no diagrama 2.1.

Os capítulos 7 e 8 tratam sucessivamente das transformações do setor financeiro e dos componentes reais e financeiros da globalização. Dá-se ênfase à década anterior à crise, um período de tremendos desenvolvimentos sob esses dois aspectos. O objetivo é oferecer a informação básica relativa a um amplo espectro de fenômenos relevantes para a análise da crise contemporânea. O capítulo 9 é dedicado à frágil estrutura que resultou dessas tendências.

A conclusão é direta. O palco estava preparado para um grande colapso, embora ainda estivesse indeterminado o canal exato pelo qual o desastre chegaria ao mundo.

Parte IV

FINANCEIRIZAÇÃO E GLOBALIZAÇÃO: LEVANTANDO BARREIRAS, PERDENDO O CONTROLE

Capítulo 7
UM NOVO SETOR FINANCEIRO

Como se poderia esperar, o neoliberalismo e a globalização neoliberal alteraram profundamente a estrutura e o funcionamento do setor financeiro. Em muitos casos, isso foi especificamente verdadeiro após o ano 2000. Este capítulo não se propõe explicar sistematicamente essas tendências, mas, como uma preliminar da análise da crise, chamar atenção para a enorme expansão dos mecanismos financeiros e localizar em que instituições e por quais instrumentos ela foi executada.

A simples consideração das massas de ativos e dívidas oferece uma ilustração direta do que seja o tamanho da expansão financeira no neoliberalismo. A tabela 7.1 compara alguns números do final de 2006, anteriores à crise.

A seção a seguir oferece um quadro geral das massas de ativos controladas por todas as instituições financeiras dos Estados Unidos[1]. A segunda seção é dedicada à expansão da dívida na economia norte-americana, em particular a dívida do setor financeiro. As demais seções introduzem três categorias gerais de mecanismos a que se faz referência na análise técnica do componente financeiro da crise: (1) conduits, veículos estruturados de investimento e papéis comerciais lastreados em ativos; (2) aquisições alavancadas; e (3) derivativos.

---

[1] A financeirização é tratada neste capítulo do ponto de vista da economia dos Estados Unidos. Informações mais globais encontram-se em artigos disponíveis na página de Gérard Duménil e Dominique Lévy: <www.jourdan.ens.fr/levy>.

Tabela 7.1 – Quão grande é "grande"? (valores de 2006, em trilhões de dólares)

Total de derivativos (nacionais) no mundo (11)	415
Ativos financeiros globais (7)	167
Produto mundial bruto (PPC dólares)[c] (6)	77
Ativos dos 1000 maiores bancos do mundo (10)	74
Ativos administrados no mundo (500 maiores administradores) (8)	64
Capitalização do mercado interno (todas as bolsas) (3)	52
Riqueza financeira dos indivíduos de maior valor líquido (4)	37
Ativos estrangeiros totais em bancos no mundo (11)	26,2
Ativos financeiros controlados diretamente pelas famílias norte-americanas[a] (1)	21,8
Ativos de fundos de pensão e mútuos (1)	18,5
Ativos norte-americanos controlados no resto do mundo (1)	14,4
Dívidas das famílias norte-americanas (1)	13,4
Ativos tangíveis das corporações não financeiras norte-americanas (1)	13,4
PIB dos Estados Unidos (2)	13,2
Ativos financeiros dos bancos comerciais norte-americanos (1)	10,2
Valor bruto de mercado dos derivativos (11)	9,7
Passivo total do governo federal dos Estados Unidos (1)	6,2
Riqueza financeira de bilionários (4)	3,5
Mercados de câmbio, movimento diário[b] (11)	4,0
Total de ativos de fundos soberanos (5)	3,0
PIB da África (PPC dólares)[c] (6)	1,8
Ativos administrados por *hedge funds* (9)	1,7

Números entre parênteses se referem a fontes no Apêndice B.
[a] Excluídas as reservas de seguro de vida e de fundos de pensão e o patrimônio líquido em empresas não incorporadas.
[b] Média de abril 2007.
[c] Paridade de poder de compra (PPC), taxas de câmbio são taxas virtuais que equalizam os níveis de preço nos países considerados.

Instituições financeiras

Uma abordagem direta da financeirização é a consideração das massas comparativas dos ativos financeiros controlados por diversas categorias de instituições e sua transformação ao longo do tempo. O gráfico 7.1 mostra esses totais para a economia norte-americana como porcentagem do PIB. As instituições são classificadas em quatro componentes[2]. Com a exceção do Federal Reserve, as variáveis cobrem todas as instituições financeiras dos Estados Unidos.

---

[2] Os setores foram determinados de acordo com a classificação nas contas de fluxo de fundos. Essa classificação é por vezes enganadora. Por exemplo, "*pools* de hipotecas" e "emissores de títulos lastrea-

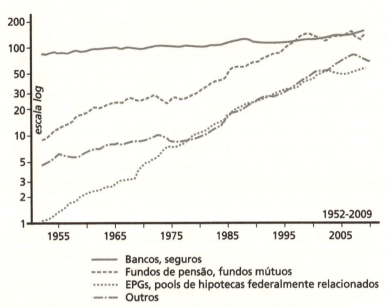

Gráfico 7.1 – Ativos financeiros totais: instituições financeiras norte-americanas (porcentagem do PIB, anual). Os dados cobrem todas as instituições financeiras americanas, com exceção do Federal Reserve.

O primeiro grupo (———) é a composição de bancos comerciais (bancos de investimento e de depósitos) e seguradoras, além de instituições de poupança e uniões de crédito. O gráfico revela um crescimento contínuo e moderado da variável partindo de 107% do PIB em 1980 até 157% em 2009. A segunda variável (-----) descreve a enorme expansão dos ativos dos fundos de pensão, mútuos, e *closed-end*[3] durante as duas primeiras décadas neoliberais. Em 1980, o seu valor total chegava a 33% do PIB, a 149% em 1999, e em 2007 atingiram seu valor máximo, 156%. As massas de capital envolvidas são controladas por administradores de ativos, importante indústria e ator do neoliberalismo. A concentração de enormes massas de capital nos fundos controlados por administradores de ativos torna possível o exercício da disciplina do capital. Os músculos dessas instituições se multiplicaram durante as décadas neoliberais. O terceiro setor (........) é formado pelas EPGs (principalmente Fannie Mae e Freddie Mac, originalmente agências federais) e Ginnie Mae, uma agência também intimamente associada à crise. Além da

---

dos em ativos" não são instituições novas, mas novos instrumentos nas mãos de EPGs e bancos comerciais, respectivamente (ver tabela 13.2).

[3] *Closed-end* se refere ao número limitado de cotas.

íngreme tendência ascendente, pode-se notar sua quase estagnação com relação ao PIB após o ano 2000. A última categoria de instituições financeiras (—·—) é o grupo das recém-chegadas, as novas gerações realmente interessantes com relação à crise. Quem são elas? Sem grande surpresa, o principal componente é o setor de emissores de *private-label* de títulos lastreados em ativos (TLAs) (ou melhor, emissores outros que não Ginnie Mae, Fannie Mae e Freddie Mac), e corretores e operadores[4]. Entre 1980 e 1997, o grupo cresceu a mais ou menos à mesma velocidade dos fundos e EPGs, mas continuou crescendo durante os anos posteriores, até 2007.

A ascensão dos dois últimos setores estava na origem do dívida crescente do setor financeiro, um desenvolvimento importante a que é dedicada a próxima seção. Entre 1980 e 1997 o grupo cresceu a mais ou menos à mesma velocidade dos fundos e EPGs, mas continuou a crescer durante os anos seguintes até 2007.

O crescimento dos dois últimos setores estava na origem da dívida crescente do setor financeiro, um desenvolvimento importante a que é dedicada a próxima seção.

Endividamento crescente

O endividamento crescente é um fator bem conhecido na análise da crise. Acertadamente, muita atenção foi dedicada ao nível estratosférico da dívida das famílias, mas o endividamento crescente do setor financeiro também é uma característica importante das décadas neoliberais.

A tabela 7.2 documenta o crescimento das dívidas de todos os setores dos Estados Unidos como porcentagem do PIB. Esse crescimento permaneceu moderado depois da Segunda Guerra Mundial, de 126% em 1952 a 156% em 1980, e explodiu durante as décadas neoliberais até 353% em 2008.

Tabela 7.2 – Dívida bruta dos setores dos Estados Unidos (fim de ano, porcentagem do PIB)

	1952	1980	2008
Setores não financeiros	123	136	234
Famílias	25	48	96
Empresas	30	51	78
Governo	68	37	60
Setor financeiro	3	20	119
Total	126	156	353

Dívida: Instrumentos do mercado de crédito.

---

[4] Então, na lista: companhias financiadoras, corporações financiadoras, companhias de investimento *open-ended* e trustes de investimento imobiliário.

Em 1952, a dívida do setor financeiro somava 3% do PIB e, em 1980, ainda chegava a 20% apenas, em comparação com os 119% de 2008. A tabela 7.2 também mostra que, em 2008, a dívida do setor financeiro era maior que a dívida das famílias, seguida pela dívida do setor não financeiro. Assim, o endividamento do setor financeiro é um fenômeno novo e espetacular, típico das décadas neoliberais. Esse aumento relevante foi efeito principalmente da emissão de títulos de securitização pelos dois últimos setores do gráfico 7.1, principalmente as EPGs e os emissores de *private-label* de TLAs, para financiar empréstimos para as famílias como nos procedimentos de securitização, em que empréstimos e *securities* são financiados pela emissão de novas *securities*. Contrariamente aos componentes anteriores, o grosso da dívida das famílias e a dívida do governo têm em comum a propriedade de financiar diretamente um fluxo de demada de bens e serviços para fins de consumo e investimento (o investimento residencial por parte das famílias, e em equipamentos e infraestrutura pelo governo).

Qualquer agente pode emprestar ou tomar empréstimos (nos instrumentos do mercado de crédito). Assim, estão envolvidas as dívidas bruta e líquida (dívida menos os ativos, os dois em instrumentos do mercado de crédito). A tabela 7.3 mostra que, como se poderia esperar, o setor financeiro é um emprestador líquido[5]. Em 2008, seus empréstimos totalizaram 271% do PIB, e os empréstimos que tomou, 119% (tabela 7.2). Desse modo, o setor financeiro se apresenta como um emprestador líquido de 152%, como se vê na última coluna da tabela 7.3. Inversamente, os setores não financeiros são predominantemente tomadores de empréstimos, com um total bruto de 234% do PIB em 2008, contra 42% de empréstimos feitos e, assim, empréstimos líquidos de 192% do PIB.

O crescimento dos empréstimos do setor financeiro é tipicamente o fato de instituições outras que não bancos, sejam elas entidades verdadeiramente autônomas como os veículos especiais de securitização dos emissores de *private-label*, onde os ativos foram reunidos quando da fundação da entidade, sejam elas EPGs e agências. (Noções como securitização e veículo são definidas no quadro 7.1.) Enormes massas de ativos, empréstimos e títulos de securitização são transferidas para essas entidades e financiadas pela emissão de novas *securities*. Como já é fato bem conhecido, a securitização por meio de emissores de *private-label* foi um fator crucial na ocorrência da crise. (Serão analisados na parte VI.)

Independentemente dos procedimentos exatos, o resultado importante nesse caso é o surgimento do setor financeiro como grande tomador de empréstimos durante o neoliberalismo. É notável a diferença entre os números de 2008 e dos

---

[5] A maior parte do financiamento dos bancos não vem de empréstimos, mas de depósitos, e é isso que lhes permite emprestar extensivamente.

Tabela 7.3 – Dívida líquida dos setores norte-americanos (final de ano, porcentagem do PIB)

	1952	1980	2008
Setores não financeiros	79	102	192
Famílias	-3	30	68
Negócios	19	40	67
Governo	60	25	48
Setor financeiro	-82	-103	-152
Total	0	0	0

Dívida líquida: instrumentos do mercado de crédito

anos 1950. Em 2008, os empréstimos brutos do setor financeiro representaram 76% dos tomados pelas famílias e governo considerados em conjunto, e mais que cada um deles separadamente!

Quadro 7.1 – Securitização e emissão de securities *lastreadas em ativos*

Originalmente o termo securitização foi criado para se referir à transformação de empréstimos (nos ativos das corporações financeiras) em títulos de securitização, um procedimento que tornava possível a venda dos empréstimos a investidores pelos originadores dos empréstimos. As *securities* assim emitidas são conhecidas como títulos lastreados em ativos (TLAs).

Muitos empréstimos são reunidos numa entidade especial, um "veículo" (uma nova entidade, em geral uma nova corporação), e títulos de securitização (*bonds*) são emitidos e vendidos a investidores. Os empréstimos são a "caução" dos títulos. O dinheiro resultante da venda desses títulos vai para os credores originais dos empréstimos.

Uma vez fundada a entidade, a amortização dos empréstimos e os respectivos pagamentos de juros são transferidos a crédito dos possuidores dos títulos emitidos. A isso se dá o nome de "passagem direta". Uma característica específica da securitização, que justifica o nome "lastreado em ativos", é que a responsabilidade pelo serviço dos novos títulos não é do originador nem do veículo que os emitiu. Os possuidores de TLAs são considerados "donos" dos empréstimos. No caso de prejuízo devido a inadimplência na dívida, ele é suportado pelos donos dos novos títulos, não pelos originadores, nem pelos emissores das *securities*, que agiram como intermediários efêmeros.

→

> Esse mecanismo tem duas facetas: financiamento e transferência de risco. De um lado, a securitização é um mecanismo poderoso que torna possível o refinanciamento de instituições como bancos. A estrutura do balanço do originador é transformada, com melhoria das razões financeiras básicas. De outro, esse procedimento é uma poderosa alavanca para transferir os riscos associados à posse de certa categoria de ativos.
>
> Esse instrumento pareceu tão eficiente que, da mesma forma, foram emitidos TLAs com base em títulos já existentes (tornando enganoso o nome "securitização"). TLAs são reunidos da mesma maneira em novas entidades, e novos títulos são emitidos seguindo o mesmo procedimento. Assim, TLAs podem ser lastreados em *securities*, não apenas em empréstimos, inclusive em TLAs já existentes!
>
> A securitização pode ser executada por EPGs e pela agência Ginnie Mae ou por emissores de *private-label* de TLAs.

Conduits, veículos de investimento estruturado e commercial papers *lastreados em ativos*

Conduits de *commercial papers* e veículos de investimentos estruturados (VIEs) são (ou melhor "foram", já que foram muito afetados pela crise) dois exemplos importantes de entidades fora de balanço (EFBs) (quadro 9.3). O aspecto comum aos dois é o financiamento de ativos de longo prazo por títulos de curto prazo. Obtêm lucros da diferença de rentabilidade entre os títulos típicos de curto prazo que emitem, como *commercial papers* e notas promissórias de médio prazo (NPMPs), e os ativos de longo prazo que compram, geralmente produtos de securitização. É uma atividade potencialmente muito lucrativa, mas também muito alavancada e arriscada, e isso explica por que os bancos a desenvolveram fora do balanço patrimonial. Isso estava na origem dos grandes empréstimos tomados pelo setor financeiro.

Conduits de *commercial papers* são grandes veículos cuja característica básica, como o próprio nome indica, é a emissão de notas promissórias que fornecem 100% do financiamento de que necessitam, enquanto o grosso do financiamento dos VIEs vem de notas promissórias de médio prazo, complementadas por *commercial papers*. VIEs investem em títulos corporativos de longa maturação e produtos de crédito estruturados de baixa avaliação, tais como ativos tradicionais de longo prazo, TLAs, obrigações caucionadas de dívida (OCDs).[6] Em 2007, o saldo total dos conduits dos Estados Unidos chegou a US$ 1,4 trilhão, e o dos VIEs no mundo inteiro a US$ 400 bilhões[7].

A emissão de *commercial papers* lastreados em ativos (CPLA), a principal fonte de financiamento de conduits, oferece uma ilustração espetacular da explosão financeira, especificamente depois de 2000, em particular a partir de 2005. Isso está mostrado no gráfico 7.2, onde a primeira variável (———) é o estoque de CPLAs pendentes. No final de 2004, os CPLAs pendentes chegavam a US$ 689 bilhões. Na segunda semana de agosto de 2007, essa quantia culminou em US$ 1,226 trilhão e caiu para US$ 734 bilhões no final de 2008 e para US$ 416 bilhões em agosto de 2009. A segunda variável (·······) é o estoque de *commercial papers* outros que não os CPLAs usados por grandes corporações

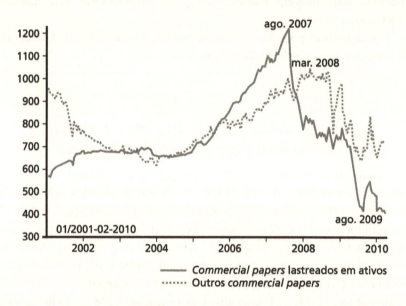

Gráfico 7.2 – *Commercial papers* pendentes norte-americanos (bilhões de dólares, semanal).

---

[6] Um estudo feito pela agência de classificação de riscos Fitch com os VIEs oferece informações sobre suas características básicas (S. Bund, G. Moore e K. Vladimirova, "Rating Performances of Structured Investment Vehicles (SIVs) in Times of Diminishing Liquidity for Assets and Liabilities", *Structured Credit Special Report* (Nova York/Londres, Derivative Fitch, 20 set. 2007). Os VIEs avaliados pela Fitch são financiados em 29% por *commercial paper* e 62% por notas promissórias de médio prazo com uma vida média ponderada de 0,71 ano. Os títulos de securitização que elas possuem têm uma vida média ponderada de 3,62 anos.

[7] Fundo Monetário Internacional, *Global Financial Stability Report, Market Development and Issues* (Washington, DC, IMF, abr. 2008), p. 69.

para garantir sua liquidez. Eles também foram parte do *boom* financeiro, ainda que em menor grau. Culminaram em março de 2008 (e caíram numa fase posterior da crise, mais um efeito que uma causa).

Alavancagem e aquisições alavancadas

Como poderiam as corporações financeiras, antes da crise, apresentar retornos de 15% ou maiores? Na obtenção desse nível de desempenho, teve papel fundamental o uso de fundos outros que não os recursos próprios da corporação financiados por depósitos e empréstimos. Com exceções, como as operações nos mercados derivativos, ou enormes aumentos no preço das ações, não existe operação financeira cujo retorno original chegue a tais níveis. Mas quando essa atividade é financiada por outros investimentos (geralmente notas promissórias) que se satisfazem com retornos mais baixos, a taxa de lucro sobre o patrimônio líquido pode atingir valores muito mais altos. A alavancagem deve ser entendida como um "multiplicador de lucratividade", um instrumento tradicional no funcionamento do capitalismo. (Empresas sempre tomaram empréstimos a juros inferiores à sua taxa de lucro.) Mas a alavancagem às vezes atinge níveis notáveis no setor financeiro ou nas operações financeiras do setor não financeiro.

Aquisições alavancadas (AAs) são uma das atividades a que mais se deu atenção. Uma empresa é comprada, reorganizada, possivelmente dividida em vários segmentos e vendida. Geralmente, uma empresa *private equity* (a patrocinadora) compra uma companhia, financiando a transação com empréstimos consideráveis, dando como garantia os ativos da empresa comprada. O percentual da dívida fica geralmente entre 50% e 80% do financiamento total, mas, em alguns casos, chegou-se a quase 100%. (Um caso especial é a aquisição pela administração, em que a administração é a patrocinadora.) O objetivo dessas atividades é óbvio. Taxas muito altas de retorno são obtidas se a aquisição for bem-sucedida, ou seja, se a empresa comprada for vendida por um alto preço após a reorganização. Mas grandes fracassos também acontecem na história das aquisições alavancadas.

Aquisições alavancadas são outro componente típico da feroz financeirização depois do ano 2000. Isso está claramente ilustrado no gráfico 7.3, que mostra o aumento das AAs nos Estados Unidos e na Europa. Antes de 2003, o fluxo (———) de AAs nos Estados Unidos flutuava em torno de US$ 12 bilhões (média entre 1993--2003). Em 2007, chegou-se ao máximo de quase US$ 380 bilhões, uma multiplicação por um fator acima de trinta. O gráfico 7.3 também mostra (-----) que uma onda semelhante de AAs também foi observada na Europa, chegando a um máximo de US$ 290 bilhões em 2007.

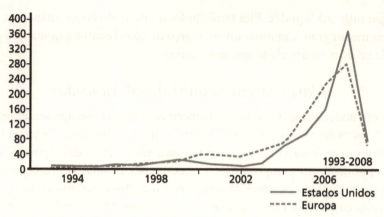

Gráfico 7.3 – Fluxos de AAs nos Estados Unidos e Europa (bilhões de dólares, por ano).

Derivativos

Por fim, mas certamente não menos importante, outro desenvolvimento importante foi a subida dos mercados derivativos, uma fonte suculenta de lucros, mas também um dos campos mais cheios de risco na atividade financeira. Mercados derivativos são considerados os componenetes mais explosivos das operações financeiras (quadro 7.2), como se confirmou no colapso final de alguns deles durante a crise.

Derivativos são contratos financeiros em que um pagamento deverá ser feito em benefício de um contratante em alguma data futura dependendo de um evento predeterminado. O preço de uma ação na bolsa de valores, o preço de uma *commodity*, a taxa de câmbio de alguma moeda, a taxa de juro num empréstimo ou a inadimplência são exemplos desses acontecimentos. Contratos derivativos podem ser usados como seguro, ou melhor, uma proteção (*hedging*) contra um acontecimento desfavorável, por exemplo, a inadimplência num empréstimo ou o aumento do preço de uma *commodity* que um dos participantes deseja comprar em alguma data futura. Eles podem fornecer serviços financeiros, mas são também instrumentos de especulação. São altamente alavancados e envolvem um alto grau de incerteza e sob todos esses aspectos são considerados extremamente arriscados (por exemplo, segurar-se contra inadimplência em títulos cuja posse não seja controlada).

A vasta maioria se constitui de transações de balcão, ou seja, são contratos diretos entre dois participantes sem intermediário. São transações não reguladas. O restante das transações é realizado em bolsas (nos Estados Unidos, geralmente a bolsa de Chicago, e também na Europa, Coreia etc.) e sujeita a exigências de margem, o que significa um depósito feito para, de um lado, atestar o compromisso de uma das partes, e, de outro, para limitar os riscos.

Quantias nocionais (ou de face) a receber são os valores nominais usados para calcular os pagamentos (por exemplo, o valor de um empréstimo)[8]. Na maioria dos casos, envolvem riscos consideravelmente menores para os contratantes, apesar de ainda extremamente altos. Os valores brutos de mercado oferecem uma estimativa melhor (e quantitativamente muito menor) dos riscos envolvidos. O cálculo dos valores de mercado simula que em certa data todos os contratos são liquidados conforme os preços e riscos em vigor no mercado. A quantia assim determinada é o valor médio do pagamento esperado, dada a atual avaliação dos riscos.

Quadro 7.2 – Bombas-relógio

Em 2002, o famoso bilionário Warren Buffett deu a seguinte declaração com relação a derivativos.

[Charlie e eu] vemos os derivativos como bombas-relógio, tanto para as partes que os negociam quanto para o sistema econômico... Antes de se liquidar um contrato, as partes registram os lucros e perdas – geralmente em quantias enormes – nas suas declarações de rendimentos sem que nem um centavo tenha trocado de mãos. Quem negocia com derivativos é pago, no todo ou em parte, em "ganhos" calculados em valores marcados a mercado[I].

Outro problema com relação aos derivativos é a sua capacidade de exacerbar os problemas enfrentados por uma empresa por razões que não guardam nenhuma relação com os problemas. Esse efeito acumulativo ocorre porque muitos contratos derivativos exigem que uma empresa cuja classificação de crédito seja rebaixada deva oferecer imediatamente caução para as contrapartes. Imagine então que uma companhia tenha sua classificação rebaixada por causa de uma adversidade geral e que seus derivativos lhe imponham uma exigência inesperada e enorme de dinheiro para caução. A necessidade de atender a essa exigência pode então lançar a companhia numa crise de liquidez que em alguns casos pode desencadear novos rebaixamentos. Tudo se transforma numa espiral que leva ao *meltdown* corporativo.[II]

[I] "Marcar a mercado" significa que os valores dos ativos são estimados pelo seu valor presente no mercado.
[II] Berkshire Hathaway Report (Omaha-NE, Berkshire Hathaway, Inc., 2002), p. 13-4, disponível em: <www.berkshirehathaway.com/2002ar/2002ar.pdf>.

---

[8] Mais precisamente, a quantia usada para calcular os pagamentos feitos em *swaps* e outros produtos de gerência de riscos. Em geral, essa quantia não muda de mãos e assim é citada como nocional.

A crise do neoliberalismo

Derivativos em geral não são novidade[9], mas os valores totais envolvidos são enormes e seu valor de face aumentou dramaticamente durante as décadas neoliberais. Os valores de face globais dos derivativos de balcão atingiram valores assustadores depois de 2005. O total mundial saiu de cerca de US$ 72 trilhões em junho de 1998 para US$ 684 trilhões em junho de 2008. Os principais componentes são os contratos de taxa de juro, num total de US$ 458 trilhões em junho de 2008. Especificamente relevantes para a análise da crise contemporânea são os *swaps* de inadimplência (SI), que foram criados em meados dos anos 1990 e aumentaram até US$ 58 trilhões, oito vezes menores que os contratos de taxa de juro.

Depois de 2000, aumentaram não somente os derivativos de balcão, mas também os derivativos negociados em bolsas organizadas. O valor de face desses derivativos era de cerca de US$ 2 trilhões em 1990, US$ 14 trilhões em 2000, e culminou ligeiramente abaixo de US$ 100 trilhões em 2007.

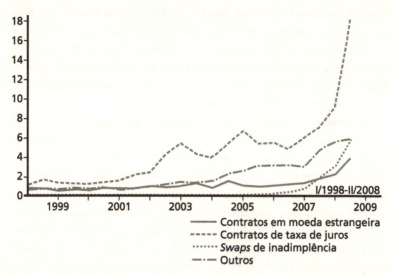

Gráfico 7.4 – Valor bruto de mercado dos derivativos em todo o mundo (trilhões de dólares, semianual).

Com relação aos valores brutos de mercado, o total mundial de contratos atingiu US$ 20 trilhões em junho de 2008 (US$ 32 trilhões em dezembro de 2008), cerca de 35 vezes menos que o seu valor de face, mas "US$ 20 trilhões" significa mais que o PIB dos Estados Unidos. O principal componente ainda são os con-

---

[9] Foram inventados em Chicago em meados do século XIX com relação aos preços das colheitas.

tratos de taxa de juro que representavam pouco menos que a metade do total em junho de 2008. O gráfico 7.4 ilustra claramente o aumento dos derivativos após 2002, quando se observa uma primeira aceleração. Um novo aumento ocorreu no final do período. A explosão de SIs é espantosa. Dentro da categoria "outros", o crescimento se concentra nos contratos de *commodities*, não em contratos *equity*.

O diagnóstico é o mesmo que para os instrumentos anteriores: (1) crescimento durante as décadas neoliberais, (2) explosão depois de 2000 e (3) um último salto no final da década.

Capítulo 8
LIVRE COMÉRCIO E O *BOOM* FINANCEIRO GLOBAL APÓS O ANO 2000

Este capítulo relembra e documenta os principais aspectos da globalização neoliberal, a combinação de tendências intimamente interligadas. Livre comércio, a livre mobilidade internacional de capital, a globalização de instituições e mecanismos financeiros, e transações de câmbio de moeda estrangeira são os quatro componentes principais. Dá-se ênfase à aceleração da globalização, real e financeira, desde meados dos anos 1990, em particular após o ano 2000, um entre os determinantes básicos da crise contemporânea. É a mesma aceleração observada no capítulo anterior.

Na medida do possível, a perspectiva aqui é a mesma da economia global. Em razão da ênfase nos Estados Unidos, da situação específica do país na globalização e da ausência de dados globais coerentes, a economia norte-americana é usada como exemplo privilegiado.

Comércio externo e investimento estrangeiro direto

Uma primeira característica da globalização neoliberal é a expansão do comércio externo. Chegou-se gradualmente a essa expansão por meio de acordos bilaterais, negociações no âmbito do Acordo Geral sobre Tarifas e Comércio (Gatt, na sigla em inglês) após a Segunda Guerra Mundial[1], no âmbito da Organização Mundial do Comércio (OMC) a partir de 1995, e pelo estabelecimento de zonas de livre comércio, como na Europa.

---

[1] Em particular, na rodada Uruguai, entre 1986 e 1994.

A diferença entre as primeiras décadas após a Segunda Guerra Mundial e o neoliberalismo é notável. A variável no gráfico 8.1 é a participação das exportações de *commodities* (e também das importações, pois o comércio é equilibrado globalmente) no Produto Mundial Bruto (PMB). Antes do primeiro choque do petróleo, o comércio internacional chegava a pouco mais que 10% do PMB. Nesse ponto o perfil da variável foi afetado pela flutuação repentina dos preços relativos (principalmente o aumento do preço do petróleo). Depois desse choque, a tendência gradualmente ascendente do comércio internacional prevaleceu e permaneceu moderada até meados dos anos 1990. Pode-se então observar uma aceleração significativa em dois passos: o primeiro até o início dos anos 2000; depois, em 2008, chegou-se a um percentual de 26,5%.

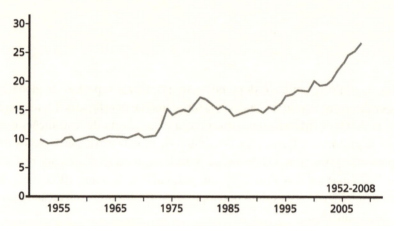

Gráfico 8.1 – Comércio internacional (exportações) no mundo (porcentagem do PMB, anual).

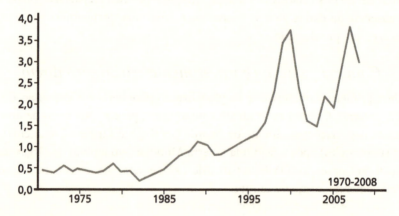

Gráfico 8.2 – Fluxos de investimento estrangeiro direto no mundo (porcentagem do PMB, anual).

Apesar de o montante do investimento estrangeiro direto (IED) representar uma porcentagem muito menor do PMB do que o volume do comércio internacional, obtém-se um perfil semelhante no gráfico 8.2, principalmente pela acentuada aceleração nos anos mais recentes. Até 1980, a porcentagem de fluxos de IDE no mundo flutuou em torno de 0,5% do PMB. A tendência acentuadamente crescente durante o neoliberalismo foi então estabelecida, até chegar a 3,9% em 2007. A perspectiva nesse caso está nas tendências históricas, mas é impossível deixar de notar o tremendo valor dos IEDs durante a segunda metade da década de 1990, um movimento que deve estar relacionado ao *boom* das tecnologias de informação.

Uma diferença importante com relação às importações e exportações é que os IEDs se acumulam. O efeito cumulativo é espetacular. Em 2007, o estoque de IEDs em todo o mundo chegou a 29% do PMB e a 25% do estoque global de capitalização em ações.

A economia dos Estados Unidos na globalização

Os Estados Unidos são um dos participantes mais importantes do capitalismo global. Esta seção enfatiza dois aspectos cruciais da globalização do ponto de vista desse país: (1) o fluxo internacional de renda de capital; e (2) a globalização dos canais de financiamento – por exemplo, na compra de títulos norte-americanos recém-emitidos.

Gráfico 8.3 – Lucros e rendimentos de capital originados no resto do mundo: Estados Unidos (porcentagem do PIB norte-americano, por ano).

O aumento do investimento direto e indireto em países estrangeiros em todo o mundo se manifesta no aumento simultâneo dos fluxos de renda global derivada desses investimentos (lucros corporativos do resto do mundo – com seus dois componentes, lucros retidos no exterior nas filiais de corporações multinacionais, e juros e dividendos pagos pelas filiais de corporações multinacionais americanas – e outras rendas de capital). A primeira variável (———) do gráfico 8.3 mede os fluxos de lucros corporativos do resto do mundo gerados pelos IEDs norte-americanos, como porcentagem do PIB dos Estados Unidos. Pode-se observar que a variável aumentou mais rapidamente antes do neoliberalismo do que durante a década de 1980. Mas novas tendências se evidenciam a partir dos anos 1990. Durante essa década, a variável aumentou de 1,4% do PIB para 2%. A tendência ascendente na fase mais recente, ou seja, depois de 2000, parece particularmente íngreme (3,8% em 2008). A segunda variável (-----) explica outras rendas de capital de investimentos no exterior (depósitos, empréstimos e carteira de investimentos em *títulos de securitização*). O rompimento resultante do estabelecimento do neoliberalismo é aqui espetacular, um efeito do intenso crescimento da taxa de juro. Pode-se observar no final do período o efeito depressor da recessão de 2001 e o subsequente crescimento acentuado, expressão da aceleração dos mecanismos financeiros durante aqueles anos. (Simetricamente, o país paga rendas financeiras para o resto do mundo em virtude da sua dependência crescente de financiamento externo.)

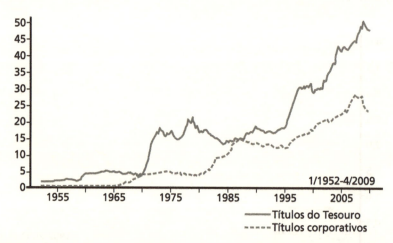

Gráfico 8.4 – Títulos do Tesouro dos Estados Unidos ou títulos corporativos pendentes controlados pelo resto do mundo (porcentagem do total de títulos do Tesouro e total de títulos corporativos pendentes, por trimestre). As íngremes tendências ascendentes durante as últimas décadas indicam fluxos crescentes de compras pelo resto do mundo. Por exemplo, no início de 1952, 2% dos títulos do Tesouro eram controlados pelo resto do mundo; no final de 1980, 17%; e no final de 2009, 48%. Para os títulos corporativos, os percentuais são respectivamente: 0,8%, 4,2% e 23,7%.

Obviamente, a economia norte-americana não é o único ator na apropriação dos fluxos de lucros e renda financeira do resto do mundo. Sob esse aspecto, o Reino Unido está muito à frente dos Estados Unidos (quadro 8.1).

Quadro 8.1 – Principais países capitalistas na globalização financeira

O gráfico 8.5 mostra, para quatro países, o fluxo de renda financeira do resto do mundo como porcentagem do PIB do país. A posição do Reino Unido nos mecanismos financeiros globais está dramaticamente expressa no volume de renda financeira recebida pelo país. Entre 1991 e 2000, o valor médio anual da variável era 3,5% nos Estados Unidos, 5,3% na Alemanha e 5,1% na França, mas 13% no Reino Unido.

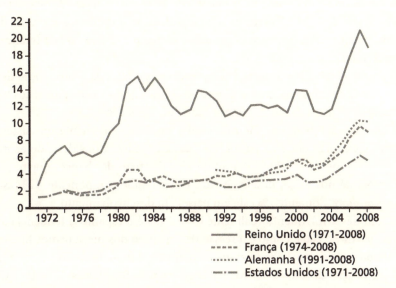

Gráfico 8.5 – Fluxos de renda financeira do resto do mundo: quatro países (porcentagem do PIB do país, anual). A variável para os Estados Unidos é o total das duas variáveis no gráfico 8.3.

Com relação aos canais de financiamento, o exemplo da economia dos Estados Unidos é particularmente revelador, dado o déficit externo do país. Títulos de securitização recém-emitidos são vendidos e ficam em posse de investidores estrangeiros. O gráfico 8.4 mostra o percentual de títulos do Tesouro e corporativos possuídos pelo resto do mundo. O aumento para os títulos do Tesouro (———)

no início da década de 1970 espelha a transformação dos saldos em dólares dos bancos centrais em títulos do Tesouro. O gráfico ilustra claramente a tendência crescente que se inicia durante a segunda metade da década de 1990. Com relação ao aumento da segunda variável (-----) – o estoque de títulos emitidos pelos setor privado –, pode-se observar que 24% desses títulos estão na mão do resto do mundo, com uma tendência ascendente a partir de 1995.

Atividade bancária no mundo

A expansão do comércio e do investimento no mundo teria sido impossível na ausência do desenvolvimento paralelo da atividade bancária e da globalização dos mecanismos financeiros. Assim, outro indicador importante da globalização financeira é o volume de ativos estrangeiros na posse de bancos no mundo[2]. Esses ativos totalizavam não mais que 9% do PMB no final de 1977 e chegaram a 59% no início de 2008. Ocorreu uma forte aceleração nos últimos anos, um desenvolvimento que deve, obviamente, estar relacionado à última fase da financeirização anterior à crise.

É possível identificar o total de empréstimos e *títulos de securitização* devidos por todos os agentes (governo e empresas privadas) em vários países aos bancos com sede em outros países. Seguem-se duas observações:

1. A atividade bancária internacional é predominantemente um sistema de relações recíprocas entre os países mais desenvolvidos. Considerando as médias anuais do período 2000-2008, dentro do total de ativos dos bancos que responderam, 79% está nos países desenvolvidos. Um segundo componente, 12% está em centros *offshore*. Somente 7% está em países em desenvolvimento.

2. Um desenvolvimento realmente dramático é a espantosa tendência ascendente a partir de 2004, como expressão da expansão dos mecanismos financeiros no mundo após o ano 2000. O gráfico 8.6 mostra o total de empréstimos e títulos de securitização devidos a bancos estrangeiros pelo Brasil, Rússia, Índia e China, os quatro Bric, e a Coreia do Sul.

Pode-se notar que o gráfico ilustra o aumento dos empréstimos e títulos de securitização do início da década de 1980 – com uma rápida aceleração na segunda

---

[2] O Banco de Compensações Internacionais publica estatísticas sobre os "bancos informantes", uma amostra quase exaustiva do sistema bancário global, com relação às suas atividades em países estrangeiros ou em moedas estrangeiras. Dois critérios são usados: (1) a nacionalidade da propriedade dos bancos, cujas filiais podem ser instaladas em qualquer parte do globo; e (2) sua localização territorial (por exemplo, bancos instalados nos Estados Unidos, e não bancos de nacionalidade norte-americana.) Alguma ambiguidade resulta do fato de as IBI serem entidades *offshore* localizadas no território norte-americano. Elas são consideradas *offshore*. O mesmo vale para os MJOs.

Livre comércio e o *boom* financeiro global após o ano 2000

Gráfico 8.6 – Dívidas junto a bancos estrangeiros: cinco países da periferia (bilhões de dólares, por trimestre). A variável engloba empréstimos e títulos detidos por bancos (que se reportam ao BIS). A dívida da Rússia se refere à União Soviética antes do colapso.

metade dos anos 1990 para Coreia do Sul, Brasil e China, e, em menor grau, para a Rússia – em todos os cinco países com exceção da Índia. Obviamente, esse desenvolvimento deve estar relacionado às crises em alguns desses países durante os últimos anos da década de 1990. As tendências foram mais tarde revertidas para Coreia do Sul, China e Rússia durante alguns anos.

Esses gráficos não podem ser diretamente interpretados como "dívida externa" dos países, pois agentes não bancários também financiam países estrangeiros. Mas os dados do centro conjunto de dívida externa[3] confirmam que os empréstimos e títulos de securitização nos ativos dos bancos respondem pelo grosso da dívida externa dos países em questão. Por exemplo, considerando o Brasil, os ativos externos dos bancos que responderam sobre a economia brasileira representaram 83% da posição externa bruta do país em 2008 (com exceção dos investimentos estrangeiros diretos entre companhias). Assim, a variável no gráfico 8.6 é um bom indicador da dívida externa do país.

---

[3] Desenvolvido por BIS, FMI, Organização para a Cooperação e Desenvolvimento Econômico (OCDE) e o Banco Mundial.

Paraísos fiscais

A multiplicação e expansão dos paraísos fiscais pode ser claramente interpretada como um feito neoliberal. Um dos objetivos desses centros é a evasão fiscal, desejada pelas famílias e empresas ricas. Outro aspecto é a desregulação e a privacidade. É ali que se localizam trustes, sociedades, empresas familiares, EFBs... Paraísos fiscais, em particular as Ilhas Cayman, são o território dos *hedge funds*, e as Ilhas Britânicas são o paraíso para a riqueza dos indivíduos. Foi aí também que bancos sediaram suas instituições mais sofisticadas de financiamento estruturado, principalmente as obrigações caucionadas de dívida (OCDs).

Na ausência de estatísticas relativas aos ativos reais investidos nos paraísos fiscais, um indicador interessante é a atividade de bancos estrangeiros ali instalados. O gráfico 8.7 mostra o crescimento dos ativos externos dos bancos localizados nesses centros (como porcentagem do PMB). Infelizmente, a situação anterior a 1984 não está adequadamente descrita nos dados do Banco de Compensações Internacionais (BIS, na sigla em inglês). Por isso, as variáveis no gráfico 8.7 começam no primeiro trimestre de 1984.

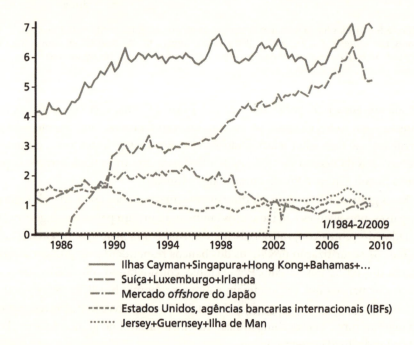

Gráfico 8.7 – Ativos externos nos paraísos fiscais no mundo (porcentagem do PMB, trimestrais). Os bancos são classificados dependendo do paraíso fiscal em que estão instalados, não pela nacionalidade.

Os gigantes são ilhas bem conhecidas (———), como as Ilhas Cayman e as Bahamas, ao lado de Hong Kong e Singapura. Eles cresceram enormemente durante a segunda metade da década de 1980 e no começo dos anos 1990. Em seguida vem o grupo de três países europeus (— — —), Suíça, Luxemburgo e Irlanda, cujos ativos externos após o ano 2000 têm mais ou menos o mesmo tamanho dos gigantes. É interessante enfatizar o crescimento desses dois grupos desde 2004, claramente relacionado à onda de expansão financeira anterior à crise. Os mercados japoneses *offshore* (MJOs) (—·—) surgiram em 1987, cresceram consideravelmente, e gradualmente perderam importância comparativa. A fundação das unidades bancárias internacionais dos Estados Unidos (-----) foi autorizada pelo Federal Reserve no final de 1981. Sua importância comparativa também se reduziu. As Ilhas Britânicas, Jersey, Guernsey e a Ilha de Man (·······), só apareceram depois do ano 2000.

Gestão de ativos

A tabela 8.1 mostra os ativos administrados por gestores em todo o mundo, um total de mais de US$ 74 trilhões em 2007, cinco vezes o PIB dos Estados Unidos, cerca de 37% dos ativos financeiros em todo o mundo, mais do dobro do valor em 1998.

Todos os aspectos da lógica social do neoliberalismo estão manifestadas aqui. Primeiro, a gestão desses ativos representa uma fonte suculenta de lucros. Tarifas chegam a um mínimo de 0,5% dos ativos dos fundos de pensão. O fundo mútuo médio cobra entre 1,3% e 1,5%. *Hedge funds* e empresas de *private equity* cobram 2% dos ativos e retêm 20% dos ganhos de capital. Em 2006, as tarifas globais chegavam ao mínimo de US$ 400 bilhões (comparados aos US$ 462 bilhões do lucro corporativo total antes dos impostos do setor financeiro norte-americano). Segundo, esses ativos são também poderosos instrumentos nas mãos do setor financeiro, pelo qual se impõe a nova disciplina aos trabalhadores e gerentes de corporações não financeiras, pela ameaça pendente de desinvestimento sempre que os retornos não estejam à altura dos padrões correntes.

Tabela 8.1 – Gestão global de fundos de ativos convencionais (ativos sob gestão, trilhões de dólares)

Ano	Ativos	Ano	Ativos
1998	33,4	2003	45,1
1999	40,1	2004	49,0
2000	37,7	2005	53,8
2001	38,2	2006	65,2
2002	36,0	2007	74,3

A tabela 8.2 mostra uma medida do total de ativos dos *hedge funds* em todo o mundo. Apesar do papel considerável que desempenharam durante a crise atual, esses ativos são pequenos em comparação aos dos gestores de ativos, mas a quantia total foi multiplicada por um fator de quase vinte em doze anos, e esses fundos controlam o grosso das categorias específicas de transações.

Tabela 8.2 – Ativos globais de *hedge funds* (trilhões de dólares)

Ano	Ativos	Ano	Ativos
1996	0,13	2002	0,59
1997	0,21	2003	0,79
1998	0,22	2004	1,00
1999	0,32	2005	1,40
2000	0,41	2006	1,75
2001	0,56	2007	2,25

Mais especificamente, em 2006, os *hedge funds* geriram US$ 1,75 trilhão, que se comparam aos US$ 65 trilhões de fundos convencionais em todo o mundo (fundos de pensão, mútuos e fundos de seguros), ou US$ 74 trilhões dos ativos dos mil maiores bancos no mundo. Eles administraram 25% das dívidas de alto retorno, 60% dos derivativos de crédito, 45% da dívida *distressed** (já vencida ou cuja capacidade de pagamento no vencimento é questionável) e títulos de mercados emergentes, e 32% dos empréstimos alavancados[4].

Carry trade

É difícil avaliar exatamente a amplitude e os efeitos dos fluxos de capital no mundo. As crises da década de 1990 e dos anos após 2000 na periferia chamaram a atenção para a capacidade desses fluxos de desestabilizarem a macroeconomia de economias comparativamente menores. O *boom* financeiro que precedeu a crise e a própria crise revelam o impacto desses movimentos de capital sobre os índices do mercado de ações e sobre as taxas de câmbio entre moedas, mesmo com relação aos países maiores. Eles revelam a importância desses fluxos, outra expressão da globalização neoliberal e sua culminação após 2000.

---

* Dívidas de empresas ou entidades governamentais que estão em condição falimentar ou pré-falimentar. (N. E.)
[4] Michael R. King e Philipp Maier, "Hedge Funds and Financial Stability: The State of the Debate", *Bank of Canada Discussion Paper, 2007-2009*, set. 2007.

Um mecanismo chave é o *carry trade* de moedas, ou simplesmente "*carry trade*". A expressão é usada para se referir a uma categoria específica de operação financeira em que o dinheiro é tomado de empréstimo num país (cuja moeda é chamada de "moeda financiadora"), em que as taxas de juro são baixas, para financiar um investimento em outro país (cuja moeda é chamada "moeda-alvo") onde se esperam altas taxas de retorno. Obviamente, a taxa de câmbio entre as duas moedas envolvidas na transação e suas variações desempenham um papel importante. Investidores buscam países onde se espera que a moeda-alvo se aprecie em relação à moeda financiadora. Numa forma direta de *carry trade*, o dinheiro é tomado num país e emprestado em outro, e o lucro resulta do diferencial de taxas de juro (ou títulos de securitização são comprados e se esperam ganhos de capital)[5]. Mas potencialmente pode-se esperar o envolvimento de qualquer tipo de investimento.

Depois do ano 2000, o franco suíço e, ainda mais, o yen são citados como moedas financiadoras. O dólar australiano, o dólar neozelandês, a libra esterlina, o real brasileiro e o rand sul-africano são consideradas as moedas-alvo típicas. Mas esse é também o caso do dólar norte-americano.

Não existem estatísticas relativas ao *carry trade*, mas estimativas de alguns trilhões de dólares por ano são citadas com frequência. Os efeitos do *carry trade* ficaram claramente evidentes durante o *boom* financeiro anterior à crise (capítulo 9) bem como durante a crise. A nova fase em que a crise entrou nos últimos meses de 2008 coincidiu com as dramáticas flutuações de taxas de câmbio, principalmente a favor do yen, quando investidores, em particular os *hedge funds*, resgataram seus *carry trade*s voltando às moedas financiadoras (capítulo 20).

Troca de moedas

Ao contrário da *carry trade*, a dificuldade de medida e os volumes astronômicos de trocas de moedas são frequentemente mencionados e bem documentados nas estatísticas do BIS. Em 2007, o volume diário de câmbios era superior a US$ 1 trilhão. (Lembrar que a massa de ativos financeiros no mundo era estimada em US$ 167 trilhões em 2006, conforme tabela 7.1.)

---

[5] Tal como muitas outras operações financeiras, o *carry trade* pode ser altamente alavancado. Se, por exemplo, os recursos próprios chegam a 10% do investimento e 90% são tomados emprestados, e o dinheiro é tomado a 2% e emprestado a 5%, admitindo-se uma taxa constante de câmbio, o retorno sobre os recursos próprios chega a 30%. O objetivo de tomar empréstimos na moeda de outro país com baixas taxas de juro pode ser apenas financiar um ativo sob condições mais favoráveis (por exemplo, famílias da Europa Oriental tomam empréstimos na Suíça para comprar uma casa), mas o risco de câmbio está sempre presente.

A crise do neoliberalismo

Como os dados da tabela 8.3 partem de 1989, é impossível avaliar o efeito do neoliberalismo sobre o volume de câmbio desde o começo. Ainda assim, entre 1989 e 2007, como os fluxos de moedas estrangeiras foram multiplicadas por um fator de cerca de 5,4, e *swaps* e *forwards* por quase 9, são eles os líderes inquestionáveis da corrida para a globalização dos mecanismos financeiros. O perfil das trocas de moedas espelha a explosão dos mecanismos financeiros internacionais durante a década anterior à crise.

Tabela 8.3 – Mercados de câmbio; volumes diários globais (bilhões de dólares)

	1989	1992	1995	1998	2001	2004	2007
Transações *spot*	350	394	494	568	386	621	1.005
Outright forwards	240	58	97	128	130	208	362
Swaps de câmbio	–	324	546	734	656	944	1.714
Gaps estimados na informação	0	43	53	61	28	107	129
Volume total	590	820	1.190	1.490	1.200	1.880	3.210

Em 1989 não é possível separar *forwards* e *swaps*.

Capítulo 9
UMA ESTRUTURA FRÁGIL E POUCO FUNCIONAL

A análise dos dois capítulos anteriores mostra a enorme expansão dos mecanismos financeiros e globais, às vezes num período muito curto, e as consequências dramáticas do neoliberalismo e da globalização neoliberal na sua configuração mais avançada. Todas as barreiras – regulamentos e fronteiras entre países – foram levantadas. A dinâmica selvagem de um mundo de livre comércio e movimentação livre de capitais alterou os mecanismos econômicos básicos. Macropolíticas perderam seu potencial estabilizador. O surto de expansão mais recente após 2000 marcou a última fase da construção de uma estrutura altamente frágil e pouco funcional.

A busca descontrolada dos altos níveis de renda

A raiz da expansão dos mecanismos financeiros e da globalização durante as décadas neoliberais é a busca de altos lucros e, de modo mais geral, de altos níveis de renda. (É o que expressa a seta A no diagrama 2.1.) Notadamente, a expansão financeira na década anterior à crise foi conduzida pelos segmentos mais avançados das classes altas e as instituições financeiras de ponta. Proprietários capitalistas, altos administradores e gerentes financeiros se envolveram em conjunto nas corporações financeiras, nas não financeiras e nas empresas de *private equity*. A busca foi levada ao extremo.

Julgado pelos seus próprios objetivos, esse esforço foi muito bem sucedido, até a chegada da crise. Não há necessidade de repetir aqui a demonstração das partes II e III. A renda das faixas mais altas aumentou dramaticamente durante as décadas neoliberais. O aumento dos lucros e do valor das ações das empresas financeiras alimentou o crescimento acelerado dos ganhos. O único meio de avaliar os graus atingidos no mundo restrito dos *hedge funds* e empresas de *private equity* é ouvir os discursos orgulhosos dos administradores de fundos hedge sobre as suas altas taxas de retorno.

> *Quadro 9.1 – Excesso de poupança e financeirização*
>
> Entre os economistas de esquerda, uma interpretação faz do excesso de poupança a "causa" da financeirização, seja a poupança das famílias, seja a das corporações não financeiras.
>
> Com relação às famílias, é feita referência à concentração de renda nas faixas superiores, às grandes poupanças dessas categorias sociais que supostamente alimentavam e estimulavam os mecanismos financeiros. A hipótese indica poupança em busca de oportunidades de investimento que o setor não financeiro não consegue oferecer[I].
>
> Uma dificuldade dessa interpretação é que a taxa de poupança desses grupos sociais na verdade diminuíram durante o neoliberalismo[II]. Na verdade, não havia nada semelhante a renda em busca da oportunidade de investimento que o setor não financeiro já não conseguisse oferecer, havia famílias ricas que tomavam empréstimos para gastar mais. Com relação às empresas não financeiras, a financeirização pode ser interpretada como a consequência da divergência entre a restauração dos seus lucros e a estagnação da sua taxa de investimento. Mais uma vez, a financeirização é vista como a manifestação do
>
> ---
> [I] Esta é a interpretação dada no volume publicado pela associação altermundialista francesa Attac: "A massa crescente de lucros não investidos foi principalmente distribuída como renda financeira, e aí se localiza a fonte do processo de financeirização. A lacuna entre a taxa de lucro e a taxa de investimento é um bom indicador do grau a que chegou a financeirização". De J. M. Harribey e D. Pliphon, *Sortir de la crise globale: vers un monde solidaire et écologique* (Paris, La Découverte, 2009). Apesar das premissas divergentes relativas à tendência da taxa de lucro, existe uma relação entre essa interpretação e a de Immanuel Wallerstein e Giovanni Arrighi em que uma fase de acumulação comparativamente forte (fase A de uma longa onda) leva a uma situação de superacumulação cujo efeito é uma taxa de lucro declinante. Classes capitalistas, então, tentam compensar essas tendências desfavoráveis investindo em mecanismos financeiros, a raiz da financeirização. Pode-se consultar o resumo dado no último livro de Giovanni Arrighi, *Adam Smith in Beijing: Lineages of the Twenty-first Century* (Londres, Verso, 2009), cap. 3 [ed. bras.: *Adam Smith em Pequim*, São Paulo, Boitempo, 2008]
> [II] D. Maki e M. Palumbo, "Disentangling the Wealth Effect: A Cohort Analysis of Household Savings in the 1990s", *Working Paper*, Washington, DC, Federal Reserve, 2001.
>
>

> excesso de poupança. A dificuldade dessa interpretação é a mesma descrita anteriormente. Considerando-se globalmente a economia, os lucros pagos como juros e dividendos pelas empresas financiaram o consumo e o investimento residencial, já que a taxa de poupança do país como um todo foi negativa.
>
> Nenhuma das novas características da dramática onda de expansão dos mecanismos financeiros após o ano 2000 – derivativos, conduits e veículos de investimentos estruturados, *carry trade* e aquisições alavancadas – manifestou a disponibilidade de poupança extra na busca desesperada de oportunidades de investimento. Pelo contrário, esses mecanismos foram a expressão da busca de altos níveis de renda. Em geral eles foram altamente alavancados, manifestando a dramática extensão do financiamento além do potencial aberto pelo fluxo de poupança.

Mas existe uma distância entre a observação dos resultados e uma interpretação que segue a financeirização e globalização até a busca de altos níveis de renda. No centro da interpretação de classe do neoliberalismo está a afirmação de que tudo que o neoliberalismo fez em benefício de uma minoria é o que essa minoria – nas suas empresas, governos, instituições internacionais e assim por diante – lutou para conquistar. Esses resultados teriam sido impossíveis se não se tivesse suprimido a regulação, principalmente a regulação financeira, e as limitações ao comércio internacional e às movimentações de capital. Retrospectivamente, a crise demonstra que a lógica foi esticada além da razão, fato com o qual concorda a maioria dos analistas, exceção feita aos adoradores intransigentes da ideologia do mercado livre.

Em resumo, o objetivo era a busca de níveis altos de renda; os agentes foram os gerentes financeiros; a financeirização, inclusive a inovação financeira e em conjunto com a globalização, foi um instrumento importante; e a consequência foi a frágil estrutura financeira. Existem, evidentemente, outras interpretações. Por exemplo, uma explicação da financeirização indica o excesso de poupança (quadro 9.1).

Ganhos fictícios e fluxos reais de renda

A história do neoliberalismo no seu clímax é a da transição sutil entre atingir e ultrapassar limites, o que poderia ser indicado como a "dialética de desempenho e ficção". Os lucros do setor financeiro foram lucros reais? Que bases justificaram os ganhos enormes das faixas superiores do setor? É difícil fixar os limites. Mas a análise do setor financeiro nos Estados Unidos sugere a formação de um forte viés para a ficção, pelo menos a partir da segunda metade dos anos 1990, com uma violenta expansão após o ano 2000.

Quadro 9.2 – UBS

O banco suíço UBS[1] é uma importante empresa bancária global de investimentos e securitização, com ativos totais de US$ 1,9 trilhão em 2007, e um dos maiores gestores de riqueza do mundo, gerindo US$ 1,2 trilhão de ativos.

Até o final de 2006, era difícil imaginar uma situação mais saudável. Conforme os Acordos da Basileia, a Faixa 1 de capital deve cobrir 4% dos ativos de risco ponderado (quadro 9.4). No UBS essa relação era de 12%. Em 2005, o retorno sobre o patrimônio líquido foi de 25% e ainda 23,9% em 2006. A cotação das ações estava em alta (gráfico 17.2).

Estranhamente, a situação se reverteu subitamente em 2007, quando o retorno sobre o patrimônio líquido caiu para -11,7% e para -54,4% em 2008. Isso quer dizer que os recursos próprios do UBS perderam dois terços do seu valor em dois anos! A cotação da ação se reduziu em 78% entre o valor máximo e o final de 2008. Para evitar o colapso total, em outubro de 2008, o Swiss National Bank (SNB) aceitou a transferência de US$ 60 bilhões em títulos de securitização "sem liquidez" (quantia que mais tarde foi reduzida a US$ 39 bilhões) para um fundo criado no SNB para esse fim. Desse total, US$ 16 bilhões eram explicitamente de origem norte-americana, mas existe uma grande categoria de "outros" que inclui ativos norte-americanos e europeus.

A conta de renda do UBS informa os volumes e perfis da "compensação pelo trabalho extra" (quadro 6.1). A tabela 9.1 mostra a remuneração do trabalho (com uma estimativa grosseira da divisão entre salários e bonificações) e os lucros (impostos sobre lucro, dividendos e lucros retidos) entre 2006 e 2008:

Tabela 9.1 – UBS: Rendas (bilhões de dólares)

	2006	2007	2008
Salários	9,5	10,7	10,7
Bonificações[a]	10,0	10,0	1,5
Lucro líquido	12,0	-4,7	-19,1

[a] Variável arbitrária de pagamentos de remuneração

---

[1] "UBS" se refere à empresa resultante da fusão da Union des Banques Suisses e da Société des Banques Suisses em 1998.

→

> Pode-se imputar todas as bonificações e uma fração indeterminada dos salários a uma remuneração excedente do trabalho que se apresenta maior que os lucros (antes de impostos) para 2006. Pode-se também notar que, apesar de os lucros se tornarem negativos em 2007, as bonificações continuaram inalteradas, e só se reduziram (apesar de ainda positivas) em 2008, quando se registrou um enorme prejuízo.

As medidas das taxas de lucro no setor financeiro mostradas no capítulo 4 (gráficos 4.6 e 4.7) oferecem imagens chocantes da euforia dominante no setor financeiro antes da crise. A primeira variável (——) no gráfico 4.7 se baseia diretamente nos relatórios dos bancos segurados. Pode-se repetir aqui que, até 2007, a taxa de retorno sobre o patrimônio líquido estava próxima de 12%, quase 15%, o valor padrão para a década anterior à crise, antes de despencar. Em 2006, o gigante suíço UBS declarou uma taxa de retorno de 23,9% sobre o patrimônio líquido, e em seguida caiu violentamente (quadro 9.2).

Como isso foi possível? Um aspecto crucial foi o recurso crescente por parte das principais instituições financeiras de adotar procedimentos de externalização – fora do balanço, geralmente *offshore* (quadro 9.3) –, visando a dissimular as perdas ou ganhos e tendendo a falsificar as contas. Outro fator bem conhecido do caráter fictício dos balanços foi a contabilidade a preços de mercado. Na contabilidade de empresas, títulos eram lançados pelo valor de mercado, simulando assim a ideia de que estavam vendidos. Se não havia aquele mercado, como no caso das OCDs, usavam-se os preços de modelo ou outros índices. (Os procedimentos tradicionais de contabilidade determinavam que os títulos de securitização seriam cuidadosamente estimados pelo valor de compra, com uma provisão para desvalorização, caso necessário, mas sem antecipação de ganhos.) A crise demonstrou que as perdas potenciais tinham sido dramaticamente subestimadas. Marcado a mercado* na contabilidade das corporações, o preço crescente das ações alimentou os lucros das companhias financeiras, estimulando a sobrevalorização dos índices do mercado. Com os procedimentos de marcação a mercado, o mercado invadiu as corporações, alimentando a superestimativa de lucros e inflacionando o seu valor líquido. Há aqui uma dinâmica semelhante a uma profecia autorrealizável, até o

---

* No original, *marked to market*. Ativo ou passivo lançado pelo preço corrente de mercado. Esse tipo de lançamento passou a fazer parte das normas contábeis norte-americanas na década de 1990. (N. T.)

estouro da bolha e o colapso do sistema. Agências de classificação de riscos se mostraram incapazes de realizar o serviço que vendiam. A aparente boa forma das corporações confirmava suas previsões otimistas.

Pode-se acrescentar que a onda de aquisições, como durante a segunda metade da década de 1990, resultou na inclusão na contabilidade das corporações do sobrepreço, acima do seu valor contábil, pelo qual as empresas eram compradas, uma diferença conhecida como "boa vontade", também nesse caso com grande potencial de desvalorização.

Quadro 9.3 – "Externalização"

Durante as décadas neoliberais, enormes massas de ativos foram transferidas para veículos especiais de securitização, nos quais a responsabilidade era separada do originador e se vendiam riscos, principalmente para estrangeiros. No caso de conduits e VIEs, a ligação com a corporação originadora (a "patrocinadora") era mantida em condições bastante obscuras. Os ativos podiam ou não aparecer nos relatórios das patrocinadoras. A relação entre a patrocinadora e a entidade é complexa, e as práticas são enganosas. Apesar de os padrões internacionais de elaboração de relatórios financeiros estipularem que as empresas devem informar suas relações com EFBs, mesmo quando possuírem menos de metade dos ativos, essa informação pode ser oferecida numa nota de pé de página no relatório da companhia[I]. Essas transferências de ativos não relacionados em balanço permitiu às empresas aumentar a alavancagem bem acima das razões aceitas[II].

O procedimento apresentado no capítulo 7, que consistia em originar (ou seja, emitir) empréstimos e depois vender sistematicamente estes por meio da securitização, expandiu-se tão rapidamente que chegou a ser descrito como o modelo originar-para-distribuir[III]. Originadores tendem a manter volumes sem muita preocupação com a qualidade dos empréstimos, vendendo-os mesmo quando considerados comparativamente arriscados.

[I] Fundo Monetário Internacional, *Global Financial Stability: Market Developments and Issues* (Washington, DC, IMF, abr. 2008), p. 69, nota 12.
[II] R. Wayman, "Off-Balance Sheet Entities: The Good, The Bad and The Ugly", *Investopedia*, Edmonton-AB, 2009, <www.investopedia.com/articles/analyst/022002.asp>.
[III] Discurso do governador F. S. Mishkins durante o Fórum de Política Monetária dos Estados Unidos (Nova York, 29 de fevereiro de 2008).

O outro lado da moeda é que esses ganhos *fictícios* alimentaram os fluxos de renda pagos pelas corporações a título de dividendos ou de remuneração dos altos administradores, drenos *reais* sobre os recursos próprios das empresas. Pode-se voltar neste caso à estimativa de um excedente de compensação pelo trabalho, como ilustrado no quadro 6.1. Uma característica específica do setor financeiro é a concentração de remunerações muito altas. Considerando-se esse setor, em vez de toda a economia privada, o resultado é significativamente diferente do mostrado no quadro 6.1, e ainda mais espetacular. Ao aplicar aquela metodologia ao setor, obtem-se um total de US$ 2,606 trilhões a título de excedente de compensação pelo trabalho e de dividendos pagos no setor financeiro durante os cinco anos entre 2003 e 2007, que se comparam com não mais que US$ 668 bilhões de lucros retidos. (O quadro 9.2 oferece estimativas para o UBS.) Nem tudo foi fictício nos lucros das corporações financeiras, mas esses números são comparáveis aos das perdas avaliadas por instituições internacionais, ou os valores oferecidos às instituições financeiras pelo Federal Reserve (capítulos 15 e 18).

As consequências dessas práticas estiveram à altura dos enormes valores envolvidos. A tabela 7.1 indica massas de ativos financeiros de US$ 167 trilhões em todo o mundo, ou os ativos totais de US$ 74 trilhões dos mil maiores bancos. Um excedente de avaliação de 10% significa ganhos fictícios de, respectivamente, US$ 17 trilhões e US$ 7 trilhões! Esses números podem ser considerados exagerados, mas a ordem de magnitude é semelhante ao que foi perdido na bolsa de Nova York. (A capitalização total chegou ao máximo de US$ 22 trilhões e depois caiu a US$ 8,5 trilhões em março de 2009.)

Evidentemente, existe uma ligação recíproca entre a avaliação excedente de lucros e os fluxos de renda paga. Primeiro, o excedente de avaliação de ganhos alimenta a distribuição. Segundo, a distribuição de opções de ações induziu diretamente os CEOs e altos administradores a inflar os lucros e adiar o reconhecimento de prejuízos. O acréscimo da desinformação e fraude criou um dano ainda mais grave. O caso da Enron é bastante esclarecedor. Pode ser descrito como uma combinação de contabilidade marcada a mercado e de dissimulação de prejuízos potenciais e de níveis reais de endividamento. Pode-se também mencionar aqui o escândalo de Bernard Madoff. Considerando-se o setor financeiro como um todo, o problema não é a fraude no sentido legal do termo, mas uma forma de euforia e cegueira coletiva que resultou em enorme superestimativa de lucros e ganhos que levou ao pagamento de fluxos enormes de altos níveis de renda, na verdade uma drenagem dos próprios recursos das corporações.

Desregulação

As práticas mencionadas teriam sido impossíveis numa economia financeira regulada. Mas enquanto esses procedimentos altamente arriscados iam se desenvolvendo, a tendência geral era para a desregulação. A inspiração e os objetivos eram claramente os mesmos, e combinaram seus efeitos.

Já durante a década de 1970, as ideias neoliberais avançavam muito. Desde os acordos de Bretton Woods em 1944 até a criação dos euromercados nos anos 1960, a crise do dólar no início da década de 1970 (que levou à inconvertibilidade do dólar em ouro e à flutuação das taxas de câmbio), e o golpe de 1979, a história dos mecanismos monetários e fiscais nunca se desenvolveu suavemente. Depois de muita confusão no início da década de 1970, iniciou-se o movimento real em direção à desregulação. Os Estados Unidos removeram os controles sobre o capital em 1974, o Reino Unido em 1979 e o Japão durante a década de 1980[1]. Em 1992, o Tratado de Maastricht estabeleceu a livre mobilidade do capital dentro da União Europeia e em relação ao resto do mundo[2]. Nos anos 1990, os movimentos de capital haviam recuperado um grau de liberdade semelhante ao que tinham na década de 1920.

No início dos anos 1980, dois importantes documentos legislativos, a Lei de Desregulação das Instituições Depositárias e Controle Monetário de 1980 e a Lei Garn-St. Germain de 1982, marcaram a entrada no neoliberalismo propriamente dito. As duas leis buscavam a extensão da competição entre as instituições depositárias, principalmente as associações de poupança e empréstimo. Um objetivo particular do primeiro – bastante distinto da desregulação – foi o aumento do controle do Federal Reserve sobre as instituições depositárias na luta contra a inflação. A distinção entre os bancos membros e os não membros foi eliminada e o FED estendeu seu controle e apoio a todas as instituições depositárias.

A primeira onda de desregulação foi um importante fator na crise dos bancos e instituições de poupança no final da década de 1980 e início da de 1990, muito antes da crise atual. A Lei de Desregulação das Instituições Depositárias e Controle Monetário eliminou tetos de taxas de juro sobre contas de depósito (que permitem a emissão de cheques), e autorizou a criação de novos tipos de contas, como as contas NOW. Uniões de crédito e associações de poupança e empréstimo receberam autorização para aceitar depósitos que rendem juros e permitem a emissão de cheques. (O seguro federal de depósitos subiu de US$ 40 mil para US$ 100 mil.) Aumentou a capacidade de algumas instituições de oferecer hipotecas ou empréstimos

---

[1] Eric Helleiner, *States and the Reemergence of Global Finance: from Bretton Woods to the 1990s* (Ithaca-NY, Cornell University Press, 1994).
[2] "Unanimidade é necessária" para restringir a mobilidade na direção de países fora da União (Artigo 73c).

para consumo. Empréstimos *subprime* foram facilitados por causa da eliminação dos controles sobre a usura, o que permitiu aos originadores cobrar juros mais altos dos tomadores com riscos de crédito mais altos. A Lei Garn-St. Germain de 1982 estendeu ainda mais a desregulação das associações de poupança e empréstimo. Eliminaram-se os limites da razão entre valor e empréstimo, e as associações receberam autorização para alterar os créditos oferecidos na direção dos empréstimos de consumo e comerciais.

Essas medidas levaram à falência de numerosas instituições financeiras na grande crise financeira do final dos anos 1980 e começo dos 1990. Mais da metade das instituições de poupança desapareceu no colapso do mercado imobiliário por volta de 1990. A crise dos bancos foi severa. Entre 1985 e 1992, desapareceram 1.373 bancos.

Cerca de uma década depois, em 1999, a Lei Glass-Steagall foi revogada. O relaxamento da estrutura reguladora da legislação já estava em discussão pelo comitê diretor do Federal Reserve em 1987, mas sofrera a oposição de Paul Volcker. Em 1987, Alan Greenspan assumiu a presidência do conselho e, entre 1989 e 1998, uma série contínua de decisões abriu caminho para a revogação da Lei Glass-Steagall, incluindo, em 1996, a decisão de permitir às companhias holdings bancárias a posse de bancos de investimento. A fusão da seguradora Traveler Group com o Citicorp para formar o Citigroup (ou Citi), em abril de 1998, levou à aprovação da Lei Gramm--Leach Biley de Modernização dos Serviços Financeiros, que permitiu a operação conjunta dos serviços de bancos comerciais, de investimento e de seguradoras.

Pode-se contar história semelhante sobre os mercados derivativos regulados originalmente pela Lei da Comissão de Comércio de Commodities e Futuros de 1936. Restrições adicionais foram impostas durante a década de 1970 e início da de 1980. A Lei da Comissão de Comércio de Commodities e Futuros de 1974 estendeu muito a definição de *commodity* para incluir praticamente qualquer ativo, inclusive os instrumentos financeiros, mas podia ser interpretada como a proibição do comércio de futuros fora das bolsas. O acordo jurisdicional Shad-Johnson de 1982 havia banido os *single-stock futures*. Mas essas restrições foram levantadas, pelo menos em parte, em 1992 pela Lei de Práticas de Comércio de Futuros e pela Lei de Modernização de Commodity e Futuros do ano 2000. (A revogação do acordo Shad-Johnson foi citado como causa das falências da Enron e Lehman Brothers.) A desregulação dos *swaps* de inadimplência também aconteceu nesse novo contexto favorável de desregulação.

Não houve, evidentemente, nenhum substituto internacional para a regulação nacional. Nem o FMI nem o Banco Mundial executam essas tarefas. Num ambiente geral de desregulação, regras de autodisciplina definidas pelos Acordos de Basileia de 1998 e 2004 sob a égide do BIS não foram capazes de se contrapor aos efeitos das tendências desreguladoras (quadro 9.4).

Quadro 9.4 – Os Acordos de Basileia

Os chamados Acordos de Basileia foram dois conjuntos de acordos, assinados na Basileia, Suíça, em 1998 e 2004 (Basileia I e Basileia II, respectivamente)[I]. Os acordos definem razões mínimas entre patrimônio líquido e ativos dos bancos, como forma de autodisciplina. Basileia II pretendeu corrigir os defeitos de Basileia I. Os participantes são os países do G10 (França, Alemanha, Itália, Japão, Luxemburgo, Holanda, Suécia, Suíça, Reino Unido, Estados Unidos) e a Espanha. Os bancos centrais dos participantes são responsáveis pela imposição das regras nos seus próprios países.

O capital dos bancos é dividido em duas frações: capitais de faixa 1 e de faixa 2. O capital de faixa 1 é composto por reservas e ações. Provisões para perdas e certas categorias de dívidas formam a faixa 2. O total das faixas 1 e 2 deve representar um mínimo de 8% do total de empréstimos ponderados (mínimo de 4% em relação à faixa 1 do capital). Os pesos são definidos de acordo com o risco.

No Acordo Basileia I, havia quatro categorias de ativos, ponderado a 0%, 20%, 50% ou 100%. Por exemplo, a dívida soberana em moeda do país pertencia à primeira categoria (0%), e as hipotecas residenciais à terceira (50%). Várias críticas importantes foram feitas aos procedimentos. A securitização permitiu aos bancos vender os empréstimos de menor risco mantendo os de maior risco (OCDs classe junior que rendem os retornos mais altos), já que as regras não distinguiam entre os riscos dentro de uma categoria dada de ativos (por exemplo, todas as hipotecas eram consideradas em conjunto). Para uma categoria de tomadores de empréstimos, a dívida de curto prazo era ponderada a 20% e a de longo prazo a 100%. Assim, os bancos eram incentivados a favorecer os empréstimos de curto prazo. Para corrigir esses defeitos, Basileia II passou a ponderar os empréstimos de acordo com sua classificação, por exemplo, 0% para os empréstimos de classificação AAA e 150% para os empréstimos de classificação abaixo de B-. Essas classificações são definidas pelas agências de classificação de risco, ou definidas internamente pelo banco (usando seus póprios modelos), ou uma combinação dos dois.

[I] Pode-se encontrar um resumo útil em B. Balin, *Basel I, Basel II, and Emerging Markets: a Nontechnical Analysis* (Washington, DC, The Johns Hopkins University, School of Advanced International Studies, 2008), dissertação.

> Conforme as razões básicas, a situação dos bancos podia ser considerada boa nos anos anteriores à crise. Considerando-se os bancos segurados pela FDIC, a razão entre seu patrimônio líquido e ativos totais (não ponderados) subiu de 8,4% para 10,2% entre 1989 e 2007[II].
>
> ---
>
> [II] Federal Deposit Insurance Corporation, *Quarterly Banking Profile* (Washington, DC, FDIC, 2008).

Política em globalização: lições de Bretton Woods

Além dos fatores – a busca sem limites de níveis altos de renda, fluxos de renda real baseados em excedentes fictícios, tendências gerenciais tendenciosas, e desregulação – discutidos anteriormente, as tendências inerentes à globalização neoliberal tiveram um forte impacto desestabilizador na estabilidade macroeconômica.

A política monetária do banco central, possivelmente suplementada quando necessário pela política fiscal, é um componente crucial do controle da macroeconomia. Isso foi verdade antes e durante as décadas neoliberais. A função da política monetária é ajustar os níveis de crédito de acordo com a situação da macroeconomia, tanto para cima quanto para baixo. A macroeconomia (produção e preços) se desorientaria na ausência dessas políticas. (Vários princípios básicos são relembrados no quadro 14.1.)

Na discussão desses mecanismos, vale a pena voltar ao contexto dos acordos de Bretton Woods ao fim da Segunda Guerra Mundial. A globalização neoliberal levantou os limites impostos pelos acordos aos movimentos internacionais de capitais, que tinham sido considerados requisitos básicos para a condução de macropolíticas.

Os acordos foram executados na esteira do choque da Grande Depressão com o objetivo explícito de lançar as bases de uma economia internacional estável. Uma preocupação importante ao final da guerra foi evitar a repetição da contração da produção e do comércio internacional, semelhante à que tinha ocorrido durante a década de 1930. Além de uma cooperação internacional mais estreita entre países, os acordos contemplaram a facilitação da oferta de crédito em moedas fortes a países que enfrentavam um desequilíbrio nas suas contas correntes. Mas o acesso ao financiamento não foi considerado suficiente. Simultaneamente, foi necessário assegurar a capacidade de cada país de conduzir políticas de macroestimulação, e essa é aqui a questão relevante. É necessário distinguir três aspectos:

1. O fato de os capitais tenderem a fluir de um lugar para outro em resposta a diferenciais de taxas de juro ou outros incentivos (inclusive a expectativa dos altos e baixos da taxa de câmbio) e o de esses movimentos proibirem macropolíticas nacionais independentes eram bem conhecidos. Por isso, o estabelecimento de limites estritos à mobilidade de capitais foi considerado um ingrediente essencial do sistema de Bretton Woods, pelo menos na mente de Keynes. Os riscos inerentes à livre movimentação de capital foram declarados claramente por Keynes numa das suas intervenções na Casa dos Lords em maio de 1944, quando ele discutiu os acordos de Bretton Woods. Ele ligou o "poder de controlar a taxa interna de juro de forma a garantir dinheiro barato" aos controles de capital: "Não somente como uma característica da transição, mas como uma situação permanente, o plano atribui a todo governo membro o direito explícito de controlar todos os movimentos de capital. O que antes foi heresia agora é reconhecido como ortodoxia"[3].

Depois de muitas emendas, os acordos de Bretton Woods reconheceram o princípio dos controles, que mais tarde nunca foram completamente aceitos pelos Estados Unidos. Em termos práticos, a inclusão desse reconhecimento dos controles e as necessidades do período resultaram numa estrutura complexa de medidas permanentes ou temporárias, estatutárias ou fiscais, até o movimento em direção à liberalização durante as décadas de 1970 e 1980 descrita anteriormente[4].

2. Além do potencial desestabilizador dos fluxos internacionais de capital, o livre comércio aumentou as dificuldades encontradas na condução de macropolíticas. Numa economia aberta, o estímulo à demanda interna pelo crédito é parcialmente exportada para o resto do mundo, já que uma fração da demanda é importada. Existem dois meios de corrigir esse mecanismo. Um é a imposição de exceções ao livre comércio e o outro é a manipulação das taxas de câmbio. Por essas razões, Keynes também era favorável a limitações estritas à liberdade de comércio: "A defesa da teoria da liberdade de comércio é, declaro, resultado de um erro intelectual, causado por uma completa incompreensão da teoria do equilíbrio em comércio internacional"[5].

3. Embora as taxas de câmbio fossem fixas no sistema de Bretton Woods, as várias moedas eram ajustadas com frequência (geralmente se desvalorizando em relação ao dólar), outro pré-requisito da condução de macropolíticas autônomas.

---

[3] John Maynard Keynes, *Bretton Woods and after, April 1994-March 1946: The Collected Writings of John Maynard Keynes* [1946] (Londres, Macmillan/St. Martin's Press for the Royal Economic Society, 1980), v. 26, p.17.
[4] Jessica Nembhard, *Capital Control, Financial Regulation, and Industrial Policy in South Korea and Brazil* (Westport-CT, Praeger, 1996), cap. 2.
[5] John Maynard Keynes, *The Collected Writings of John Maynard Keynes* [1933] (Londres, Macmillan/St. Martin's Press for the Royal Economic Society, 1982), v. 20, p. 598-609.

É óbvio que os mecanismos que governam a economia global contemporânea estão em desacordo com as recomendações de Keynes e com os objetivos originais de Bretton Woods. Em particular, em todo o mundo os mecanismos financeiros atingiram proporções extraordinárias e são responsáveis por enormes fluxos de capital por todo o globo, resultando em variações dramáticas das taxas de câmbio e de juro. Essa propriedade tem consequências importantes que limitam a efetividade potencial da política monetária.

Num nível mais estrutural de análise, as taxas de câmbio são uma variável importante suscetível de impactar o desequilíbrio do comércio externo ou podem ser usadas como instrumento de políticas ativas de desenvolvimento, como se deu no caso da subsituição de importações na América Latina na esteira da Grande Depressão, e ainda é o caso na China desde as reformas. Embora a China seja capaz de manter baixa a taxa de câmbio do yuan em relação ao dólar, muitos países da periferia perderam a capacidade de influenciar suas taxas de câmbio, e em alguns casos perderam todas as formas de controle, como se deu na dolarização.

Durante a década de 1990 e depois do ano 2000, a macroeconomia de muitos países da periferia foi profundamente afetada por perigosos movimentos de capital. O gráfico 8.6 mostra os ativos estrangeiros de bancos para um conjunto de países da periferia. O impacto de fluxos maciços de capital durante os anos 1980 e 1990 é amplamente conhecido, mas esses movimentos perdem importância diante do enorme aumento da massa de empréstimos e títulos de securitização durante a década anterior à crise.

Fundamentos da tempestade financeira-global

É fácil ilustrar o potencial devastador da globalização financeira. Esta seção considera sucessivamente as taxas de juro e os índices de câmbio e do mercado de ações. O argumento principal é que a explosão dos movimentos de capital após o ano 2000 perturbou completamente os mecanismos básicos, interrompendo a evolução das variáveis econômicas fundamentais. Keynes que se dane.

1. *Taxas de juro de longo prazo*. Um primeiro efeito da globalização financeira foi a convergência das taxas de juro de longo prazo em todo o mundo, a privação de todo o potencial de ajuste às circunstâncias internas. (Ao alterar as taxas de juro de curto prazo, os bancos centrais esperam um efeito nas taxas de longo prazo em vigor nos seus países.)

O gráfico 9.1 mostra as taxas de juro de longo prazo dos títulos do governo na França, na Itália, no Reino Unido, nos Estados Unidos e no Japão, corrigidas pelas taxas de inflação de cada país. Nota-se um rompimento claro em 2000, enquanto se observa uma gravitação mais estreita. (Na França e na Itália, dois países da zona do euro, a moeda comum claramente desempenhou um papel importante.) Aparentemente não há mais espaço para a dinâmica nacional dos juros de longo prazo se ajustar às condições macroeconômicas (crescimento, inflação etc.) em cada país em particular. Processo semelhante também é observado quando se consideram as taxas nominais, com exceção do Japão, ator independente, onde as taxas de juro são continuamente mais baixas que em outros países. (As taxas de juro de curto prazo dos bancos centrais são mostradas no gráfico 20.6.)

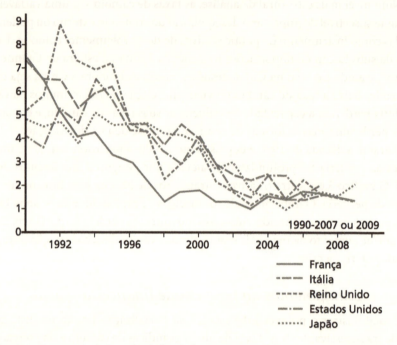

Gráfico 9.1 – Taxas reais de juro de títulos de longo prazo dos governos (porcentagem, anualmente): cinco países.

Num parêntese, pode-se observar que a década anterior à crise é também o período durante o qual a nova tendência decrescente das taxas reais de juro nos Estados Unidos (como no gráfico 4.2) se estabeleceu (ver quadro 14.2).

2. *Taxas de câmbio e índices do mercado de ações.* Os enormes fluxos após o ano 2000 e a crise atraíram a atenção para estranhos desenvolvimentos recentes. Um primeiro aspecto foi a relação muito próxima entre as taxas de câmbio e os índices do mercado de ações em vários países. A isso é preciso acrescentar a observação da coincidência entre os períodos de aumento ou declínio conjunto das duas variáveis em diversos países. Essa é outra manifestação das enormes proporções

tomadas pelos fluxos internacionais de capital – além da convergência das taxas de juro descrita anteriormente – fazendo também prever a tempestade financeira internacional que se aproximava.

O gráfico 9.2 ilustra o caso da Europa. As variáveis são a taxa de câmbio do euro em relação ao yen e o índice Euronext 100 (composto pelos índices das bolsas de Paris, Amsterdã, Bruxelas e Lisboa). O gráfico acompanha nove meses, de janeiro a setembro de 2007. As duas variáveis seguiram muito próximas uma à outra durante a subida e a contração. A relação nem sempre é tão forte, mas essas correlações tão altas são evidentes para um número significativo de países distintos e ao mesmo tempo. (O capítulo 20 oferece uma observação semelhante para 2008.)

Uma interpretação muito provável é que massas importantes de capital cruzaram as fronteiras do câmbio, fluindo para a Europa quando as expectativas relativas à Euronext eram favoráveis, simultaneamente estimulando o índice e levantando o euro, e, na direção oposta, quando as expectativas se tornaram baixas.

O caso do Brasil é semelhante ao da Europa, com flutuações importantes e uma alta correlação entre a taxa de câmbio do real em relação ao yen e o Ibovespa (o principal índice de ações brasileiro) durante o mesmo período. (Como esperado, a análise da carteira de investimento estrangeiro com relação ao Brasil revela fluxos excepcionalmente grandes e flutuações acentuadas em 2007, quando prevalece a correlação.) Do ponto mais baixo, em março, até o mais alto, no início de julho, ganhos na taxa de câmbio chegaram a 11% na Europa e 21% no Brasil, e os ganhos

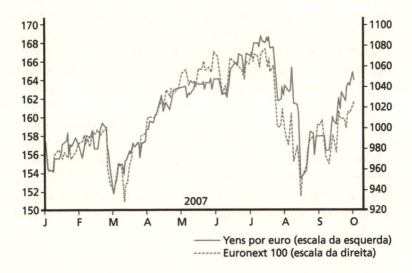

Gráfico 9.2 – Taxa de câmbio e índices do mercado de ações: yens por euro e o índice Euronext 100 (de janeiro a outubro de 2007, diariamente).

no preço das ações chegaram a 14% na Europa e 37% no Brasil. Apesar dessas diferenças, a correlação é muito forte nos dois países. A mesma relação é observada nos Estados Unidos (entre a taxa de câmbio do dólar contra o yen e o índice Dow Jones industrial).

A comparação com outras moedas mostra que o yen desempenha inegavelmente um papel central. Essa observação sugere que, além do fato de o Japão investir extensivamente no resto do mundo, o *carry trade* está na origem desses movimentos (capítulo 8). Investidores de qualquer nacionalidade (inclusive os do Japão) tomam emprestado nos bancos japoneses, aproveitando as baixas taxas de juro, e investem em outros países. Em inúmeros países e durante os períodos dados, essa prática teve impacto significativo nas taxas de câmbio e índices dos mercados de ações.

Essas práticas explicam uma forma extrema de rompimento de mecanismos econômicos básicos. As flutuações dramáticas das taxas de câmbio após o ano 2000 enfatizam em retrospecto esse impacto. Um exemplo é a variação do dólar australiano durante aqueles anos. Entre o final de 2001 e meados de 2008, a taxa de câmbio dessa moeda em relação ao dólar norte-americano dobrou. Entre julho e outubro de 2008, ela se dividiu por 1,6. Analistas concordam que tais alterações foram os efeitos de fluxos enormes de *carry trade*. Parte da flutuação da taxa de câmbio do dólar é assim imputada ao *carry trade*[6].

Supõe-se que as diferenças entre as taxas de inflação e entre os saldos comerciais dos países se refletem nos movimentos das taxas de câmbio; índices de preços de ações deveriam espelhar o desempenho das corporações. Num mundo em que as taxas de câmbio e os índices dos mercados de ações são sujeitos a grandes flutuações fortemente influenciadas, quando não determinadas, pelos movimentos do capital internacional, é possível perguntar qual o papel atribuído aos fundamentos internos. Mesmo que esses fluxos não sejam permanentes, o potencial desestabilizador dos movimentos internacionais de capital é claramente muito forte.

Resumindo, a análise deste capítulo indica a uniformização das taxas de juro de longo prazo e a perturbação das taxas de câmbio e dos índices dos mercados de ações como consequência da livre movimentação internacional do capital. As duas têm um potencial de ruptura com relação à capacidade de países individuais conduzirem macropolíticas estabilizadoras. Os capítulos 14 e 20 mostram que esses mecanismos desempenharam um papel importante na crise contemporânea.

---

[6] Federal Reserve Bank of San Francisco Economic Letter, novembro de 2006.

Parte V
TENDÊNCIAS NEOLIBERAIS: A MACROTRAJETÓRIA DOS ESTADOS UNIDOS

Seria difícil exagerar a importância das raízes financeiras globais da crise do neoliberalismo como na parte anterior. O palco foi preparado para um importante rompimento, embora fosse evidentemente difícil saber quando e por qual mecanismo. Como sugere o diagrama 2.1, uma segunda classe de determinantes – as ameaças inerentes à trajetória da economia dos Estados Unidos – agiu em combinação com o que está dito anteriormente.

Esta parte repete formalmente a linha de argumentos da anterior. Enquanto na parte IV se estabeleceu a ligação (seta A) entre, de um lado, o neoliberalismo, e de outro a globalização, a financeirização e a busca de altos níveis de renda, esta parte focaliza a relação entre o neoliberalismo sob a hegemonia norte-americana e a macrotrajetória da economia dos Estados Unidos (seta C). Os problemas postos para a macrotrajetória dos Estados Unidos resultam das características básicas do neoliberalismo sob a hegemonia norte-americana. São consequências, não dificuldades incidentais. Envolvem o aumento do endividamento interno e a onda de financiamento do resto do mundo. São a outra faceta da tendência declinante de acumulação e de consumo crescente das famílias no contexto geral da globalização neoliberal.

A questão mais interessante é a forma como as duas categorias de determinantes, os financeiros e os macroeconômicos, convergiram no período entre os anos 2000 e 2009. Depois de terem sido introduzidos separadamente, a relação entre eles pode ser investigada (seta E). Essa convergência determinou a época e a modalidade do colapso.

Parte V

TENDÊNCIAS NEOLIBERAIS:
A MACROTRAJETÓRIA DOS ESTADOS UNIDOS

Capítulo 10
ACUMULAÇÃO DECLINANTE E DESEQUILÍBRIOS CRESCENTES

A macrotrajetória insustentável da economia dos Estados Unidos tem cinco componentes: (1) um déficit crescente na balança comercial ou conta corrente[1]; (2) o correspondente financiamento da economia dos Estados Unidos pelo resto do mundo; (3) o aumento da demanda que emanava das famílias; (4) o endividamento crescente das famílias; e (5) a tendência decrescente de investimento interno. (A demanda e o endividamento do governo têm potencialmente os mesmos efeitos que a demanda e o endividamento que emanam das famílias, mas não foram os aspectos principais depois do ano 2000.) A hegemonia mundial norte-americana foi um fator crucial para a manutenção das duas primeiras tendências, ou seja, os desequilíbrios externos, por várias décadas.

Entre os efeitos potenciais da trajetória da economia dos Estados Unidos, podem-se distinguir os possíveis impactos de longo e de curto prazo. No longo prazo, a trajetória significou a "desterritorialização" da produção de commodities com importantes efeitos colaterais associados à liderança técnica e, de modo mais geral, científica do país. Significou também uma penetração gradual do capital estrangeiro nas esferas do capital nacional, mais uma ameaça à hegemonia dos Estados Unidos. Nesta parte se enfatizam os impactos de mais curto prazo, como no crescente macrodesequilíbrio que pode levar a uma crise, e na verdade levou, em combinação com outros determinantes.

Após o ano 2000, a trajetória já podia ser considerada insustentável. Os desenvolvimentos mais ameaçadores foram o endividamento interno crescente e a dependência

---

[1] Quase igual, já que o balanço de renda é quase zero nos Estados Unidos.

do financiamento externo. Na segunda metade da década, a frágil estrutura financeira foi desestabilizada pela onda sísmica desencadeada pelo colapso dos instrumentos financeiros associados à dívida das famílias. O potencial desestabilizador da dependência do financiamento externo continua sendo uma ameaça importante, constantemente dependente da taxa de câmbio do dólar e, consequentemente, das economias dos Estados Unidos e do mundo. Ele não se materializou até hoje[2].

Dependência crescente do resto do mundo

O primeiro desenvolvimento a questionar a continuação da macrotrajetória da economia dos Estados Unidos é o déficit crescente do país na balança comercial e na conta corrente, e a crescente dependência do financiamento do resto do mundo, os dois primeiros desequilíbrios mencionados.

Como mostra o gráfico 10.1, o déficit comercial dos Estados Unidos aumentou de cerca de zero em meados da década de 1970 até um máximo de 6% do PIB no final de 2005. A formação desse déficit foi gradual, com uma suspensão efêmera por volta de 1990, um efeito da recuperação simultânea das exportações (no contexto da redução da taxa de câmbio do dólar) e da estagnação das importações durante a recessão de 1991. O gráfico enfatiza, em particular, o aumento dramático dos déficits a partir de 1992.

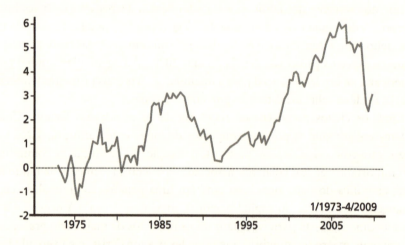

Gráfico 10.1 – Déficit comercial: economia dos Estados Unidos (porcentagem do PIB, por trimestre). A variável representa a importação menos a exportação (de bens e serviços).

---

[2] A análise nesta parte se baseia em investigações anteriores: Gérard Duménil e Dominique Levy, "Le néoliberalisme sous hégémonie états-unienne", em François Chesnais (org.), *La finance mondialisée*:

Agentes dos Estados Unidos fazem investimentos financeiros (investimentos estrangeiros diretos, empréstimos, investimentos em carteira e depósitos) em outros países e, reciprocamente, estrangeiros fazem investimentos semelhantes em ativos norte-americanos. O gráfico 10.2 mostra a assustadora divergência entre o estoque de ativos estrangeiros controlados pelos Estados Unidos e de ativos norte-americanos controlados por estrangeiros (a posição líquida de ativos externos dos Estados Unidos sendo medida pela distância entre as duas linhas). O crescimento simultâneo das duas variáveis é certamente um efeito das tendências ocultas da globalização que prevaleceram durante aqueles anos, mas, no caso dos Estados Unidos, esse movimento apresenta um acentuado viés favorável ao resto do mundo, na medida em que estrangeiros controlam mais ativos norte-americanos do que agentes norte-americanos controlam ativos estrangeiros. A divergência começou em meados da década de 1980, e a lacuna continuou a se abrir durante as décadas subsequentes. No quarto trimestre de 2009, a última observação no gráfico, os ativos norte-americanos controlados por estrangeiros chegaram a US$ 15,4 trilhões, ou seja, duas vezes os ativos estrangeiros controlados por indivíduos e instituições dos Estados Unidos, 107% e 52% respectivamente do PIB norte-americano.

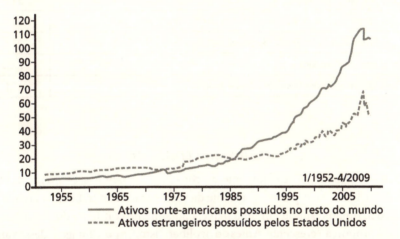

Gráfico 10.2 – Ativos estrangeiros controlados pelos Estados Unidos e ativos norte-americanos controlados pelo resto do mundo (porcentagem do PIB dos Estados Unidos, por trimestre). "Ativos" se refere a todos os ativos financeiros, ou seja, depósitos em outros países, créditos e empréstimos comerciais, investimentos em carteira e investimento estrangeiro direto.

---

racines sociales et politiques, configuration et conséquences (Paris, La Découverte, 2004); Gérard Duménil e Dominique Lévy, *The New Configurations of U. S. Imperialism in Perspective*, disponível em: <www.jourdan.ens.fr/levy/dle2004l.doc>; Gérard Duménil e Dominique Lévy, "Néolibéralisme: dépassement ou renouvellement d'un ordre social", *Actuel Marx*, 2006, n. 40, p. 86-101.

A crise do neoliberalismo

Contrariamente ao que se acredita, três quartos dos investimentos do resto do mundo nos Estados Unidos (a partir de 2007) são feitos no setor privado (tabela 10.1). O quarto restante inclui uma parcela significativa aplicada em títulos de securitização de agências e EPGs (cuja situação é ambígua, em grande parte privadas até serem resgatadas), e pouco mais de 15% aplicados nos governos, inclusive em títulos municipais. Em geral, os investimentos do resto do mundo se destinam principalmente à economia privada dos Estados Unidos, embora a crise esteja alterando consideravelmente essas proporções.

Tabela 10.1 – Componentes dos exigíveis norte-americanos para com o resto do mundo (final de 2007, porcentagem da dívida total)

Títulos de securitização do Tesouro (e municipais)	15,5
Títulos de securitização de agência e EPG	9,8
Economia privada	75,1
Investimento estrangeiro direto	15,1
Capital próprio corporativo	17,5
Debêntures corporativas e empréstimos para empresas norte-americanas	18,6
Outros (títulos de securitização RP, depósitos etc.)	23,8
Exigíveis totais dos Estados Unidos	100,0
Exigíveis totais dos Estados Unidos (trilhões de dólares)	16,1

Consumo crescente

A terceira tendência é o aumento do consumo das famílias, como mostrado no gráfico 10.3 (——). A parcela constante da remuneração do trabalho na renda total (gráfico 3.3) não resultou em uma parcela igualmente constante do consumo, mas em uma proporção crescente. Antes do neoliberalismo, a porcentagem dessa variável no PIB permaneceu mais ou menos constante em torno de 62% (média anual 1952--1980). Depois prevaleceu uma tendência crescente até um platô de 70% a partir de 2001. Essa diferença de 8% em cerca de vinte anos representa uma importante transformação histórica da evolução das macrovariáveis, um número sem precedentes. Esse *boom* de consumo deve ser interpretado como uma das bases econômicas do compromisso neoliberal entre as classes capitalistas e as frações superiores dos assalariados, que assim participam dos benefícios da nova ordem social para a minoria.

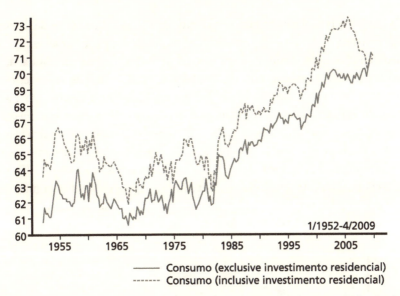

Consumo (exclusive investimento residencial)
Consumo (inclusive investimento residencial)

Gráfico 10.3 – Demanda: famílias norte-americanas (porcentagem do PIB, por trimestre).

A segunda variável (-------) no gráfico 10.3 mostra o consumo das famílias norte-americanas numa definição ampla, incluindo o investimento em residências[3]. Quando se busca a perspectiva da demanda total, é essa a variável a ser considerada. A tendência é a mesma, embora a flutuação desse total seja maior que a do consumo no sentido estrito, por causa dos grandes movimentos para cima e para baixo do investimento residencial. O gráfico descreve claramente o declínio gradual do investimento residencial (medido pela distância entre as duas linhas), a partir de 2006.

Neste capítulo e no seguinte, o termo "consumo", sem outra especificação, é geralmente usado no sentido amplo da compra de produtos e serviços pelas famílias e seu investimento residencial. (Assim definida, a noção é também diferente do total de gastos das famílias que incluem outros componentes, como os pagamentos de juros.)

Outra expressão dessas tendências é o declínio da taxa de poupança das famílias a partir de 1980, até a crise atual. O gráfico 10.4 mostra duas taxas de poupança (de acordo com as duas variáveis do gráfico 10.3): (1) a definição tradicional, ou seja,

---

[3] No consumo das famílias, segundo a Conta Nacional de Renda e Produto (Nipa, na sigla em inglês), a "habitação" é tratada como compra de um serviço. Além de outros componentes, o preço desse serviço inclui a depreciação do capital fixo (o saldo devedor do preço das casas). Assim, quando o consumo em senso estrito e o investimento residencial das famílias são agregados, esse componente deve ser deduzido de "serviços de habitação".

renda disponível menos o consumo no sentido estrito (———); e (2) renda disponível menos consumo total (-----) (como na definição de poupança financeira). Antes do neoliberalismo, as famílias poupavam, na primeira medida mencionada, 9,3% da renda disponível (média entre 1965 e 1980). Quando o investimento residencial é composto com o consumo, a variável exibe uma tendência ascendente antes do neoliberalismo até 8% em 1975. Então, os dois percentuais seguem firmemente tendências decrescentes até menos de 1,2% e -3,7%, respectivamente (terceiro trimestre de 2005). Considerando-se todo o país, ou seja, acrescentando-se empresas e governo às famílias, a poupança mergulhou até valores negativos, -3% do PIB (média entre 2004 e 2007)[4]. As tendências e flutuações das taxas de poupança manifestam as do consumo. Em particular, o movimento ascendente final das taxas de poupança (-----) espelha o colapso do investimento residencial que se inicia em 2006.

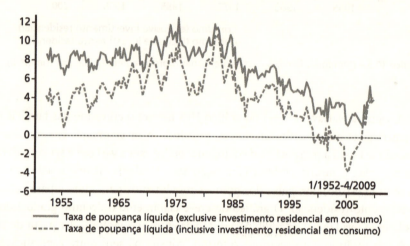

Gráfico 10.4 – Taxa de poupança: famílias norte-americanas (porcentagem do PIB, por trimestre). A poupança das famílias é igual à renda disponível total menos o consumo, ou menos o consumo e o investimento residencial.

O aumento no percentual do consumo das famílias em relação ao PIB contrasta com a maior estabilidade das compras de bens e serviços pelo governo[5], cuja

---

[4] As poupanças de toda a economia são definidas como renda nacional menos o consumo e investimento das famílias e governo. São iguais ao investimento líquido das empresas privadas menos os empréstimos líquidos para o resto do mundo.

[5] É preciso distinguir entre "despesas de consumo do governo", que inclui os salários pagos e a depreciação do capital fixo do governo, e a "compra de bens e serviços", que inclui o investimento do governo. É essa a variável usada aqui.

tendência é quase horizontal. Desde o começo da crise atual uma tendência fica evidente, na medida em que a demanda do governo começa a operar como substituto da demanda das famílias.

O consumo crescente das famílias é um desenvolvimento importante na macroeconomia dos Estados Unidos, não uma flutuação efêmera. Como no caso de outras tendências discutidas neste capítulo, ela é uma característica estrutural do neoliberalismo.

Endividamento das famílias e governo

Enquanto a dívida do setor financeiro está ligada à expansão dos mecanismos financeiros, as dívidas das famílias e governo, consideradas em conjunto, alimentam diretamente fluxos de demanda, e seu crescimento se relaciona com as tendências macroeconômicas neoliberais.

O gráfico 10.5 mostra o total das dívidas líquidas (dívida bruta menos ativos), como porcentagem do PIB, nos instrumentos de mercado[6] possuídos pelas famílias norte-americanas e pelo governo dos Estados Unidos, e também os dois componentes somados. O perfil do total (———) é o mais relevante para esta análise

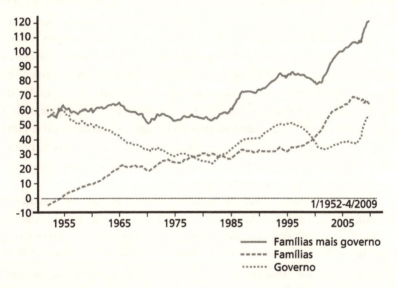

Gráfico 10.5 – Dívidas líquidas: famílias e governo norte-americanos (porcentagem do PIB, por trimestre).

---

[6] "Instrumentos do mercado de crédito" não inclui os ativos dos fundos de pensão e outros, o capital próprio das empresas diretamente controlado pelas famílias, o capital próprio das empresas não incorporadas e depósitos.

da *formação da demanda*, enquanto a importância da separação entre os dois componentes (famílias e governo) afeta a *sustentabilidade* dessas tendências. Da perspectiva dos pontos de venda das empresas, a demanda pode se originar nas famílias ou no governo, mas os riscos envolvidos na dívida crescente de cada um dos agentes não são equivalentes. O perfil da dívida total explica a inflexão histórica das tendências no neoliberalismo. A porcentagem flutuou em torno de uma linha horizontal desde a Segunda Guerra Mundial até 1980, chegando a 58% do PIB (média 1952-1980). Uma tendência ascendente se estabeleceu então durante as décadas neoliberais, até 121% do PIB (quarto trimestre de 2009).

Pode-se assim observar que, depois da Segunda Guerra Mundial, o declínio da dívida do governo (·······) foi exatamente compensado pelo aumento da dívida das famílias (-----). A dívida do governo começou um novo salto com o aumento das taxas de juro no início dos anos 1980, posteriormente corrigido pelo saldo positivo no orçamento durante o longo *boom* da segunda metade dos anos 1990. Foi exatamente quando a dívida das famílias começou a se elevar, levando a dívida total dos dois agentes na direção do seu valor máximo. Finalmente, as medidas tomadas em razão da crise causaram o aumento da dívida do governo.

A variável em geral mais discutida com relação à crise financeira é a dívida bruta das famílias. A tendência ascendente da dívida bruta das famílias dos Estados Unidos é evidente no gráfico 10.6, com a forte aceleração após o ano 2000. (Como as famílias detêm comparativamente menos instrumentos de crédito em relação à sua dívida bruta, e como a porcentagem desses instrumentos de crédito em relação ao PIB permaneceu mais ou menos constante, os perfis das dívidas bruta e líquida das famílias nos dois gráficos são semelhantes.) O gráfico também demonstra que o principal componente do crescimento da dívida das famílias é a dívida hipotecária. Essa observação sugere um aumento do investimento residencial maior que o crescimento do consumo em sentido estrito, mas, como já explicado, não foi isso o que aconteceu.

A interpretação dessa divergência deve ser encontrada nas peculiaridades dos mecanismos de crédito dos Estados Unidos. Como já é de conhecimento geral, uma fração dos empréstimos hipotecários é usada para financiar gastos de consumo, principalmente anuidades universitárias, reformas residenciais ou gastos ligados à saúde. Isso pode ser feito por meio de empréstimos *equity* residenciais (EERs) e linhas de crédito *equity* residenciais (LCERs), respectivamente um valor único ou uma linha de crédito rotativo garantidos pelo imóvel residencial. Outro procedimento é o refinanciamento, em que uma hipoteca existente é renovada por um valor mais alto (possivelmente aproveitando a valorização da residência), com sobra de dinheiro para outras despesas. Considerando apenas os volumes de todos os empréstimos convencionais, eles somavam

Acumulação declinante e desequilíbrios crescentes

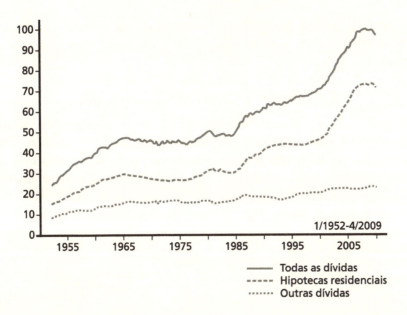

Gráfico 10.6 – Dívida bruta: famílias norte-americanas (porcentagem do PIB, por trimestre). Nos gráficos 10.5 e 10.6 os ativos e as dívidas são instrumentos do mercado de crédito.

US$ 26 bilhões em 2000 e chegaram a US$ 318 bilhões em 2006 (caindo a US$ 17 bilhões no quarto trimestre de 2008)[7].

Faixas de renda no consumo e dívida

O aumento da participação do consumo no PIB e a queda na taxa de poupança na economia dos Estados Unidos são fenômenos importantes que poderiam ser considerados paradoxais, dada a dramática distorção do perfil de distribuição dos benefícios para as faixas mais altas de renda, a categoria das famílias que sempre se supôs serem as que poupavam mais.

Vários estudos mostram que foi a faixa mais rica da população a que aumentou os seus gastos[8]. Com relação ao PIB, os gastos das faixas mais altas de renda elevaram o gasto total por duas razões. Primeiro, mesmo admitindo uma taxa de poupança constante, o consumo dessa faixa aumentou com a concentração da renda total em seu favor durante as décadas neoliberais. Segundo, sua taxa de poupança diminuiu dramaticamente. (A taxa de poupança do resto da população

---

[7] Freddie Mac, *Cash-Out Refinance Report* (Tysons Corner, VA, Freddie Mac, 2008).
[8] Dean Maki e Michael Palumbo, "Disentangling the Wealth Effect: A Cohort Analysis of the Household Saving in 1990s" (Working Paper, Federal Reserve, 2001).

se manteve mais ou menos constante.) Esses padrões de consumo são frequentemente imputados a um efeito de riqueza que reflete o crescimento dos índices do mercado de ações.

A tendência decrescente de acumulação

O gráfico 10.7 mostra a tendência declinante do investimento interno em capital fixo. A variável considerada é a taxa de acumulação (———), definida como a taxa de aumento do estoque de capital fixo das empresas não financeiras. A linha horizontal representa a taxa média de acumulação anterior ao neoliberalismo.

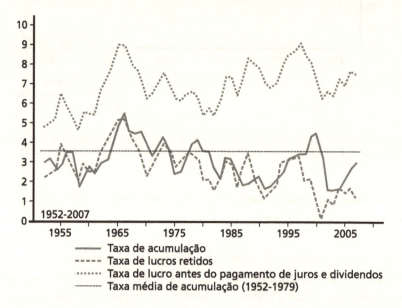

Gráfico 10.7 – Taxa de acumulação e duas taxas de lucro: corporações não financeiras norte-americanas (porcentagem, por ano). A taxa de acumulação é a razão entre o investimento líquido e o estoque líquido de capital, ou seja, a taxa de crescimento do estoque líquido de capital fixo.

Apesar da recuperação efêmera durante a segunda metade dos anos 1990, as taxas prevalentes durante as décadas neoliberais parecem consistentemente inferiores a esse nível anterior, com uma tendência decrescente. Depois de 25 anos, o estoque de capital fixo é 32% inferior ao que seria se a média anterior tivesse se mantido. A taxa de crescimento da economia norte-americana foi, de alguma forma, preservada pela produtividade crescente do capital no setor das empresas não financeiras e pela dinâmica característica de outros setores da economia (empresas financeiras, negócios não corporativos). Ainda assim, para qualquer perfil de produtividade do capital, a perda de 32% do capital fixo representou uma perda igual na capacidade produtiva das corporações não financeiras.

Governança corporativa e taxas de investimento

Nas duas taxas de lucro no gráfico 10.7, os lucros são medidos depois de impostos, e o denominador são os recursos próprios (ou patrimônio líquido) das corporações. A diferença entre as duas variáveis está ligada ao pagamento de renda de capital: (1) uma taxa de lucro antes do pagamento de juros e dividendos (·······); e (2) a taxa de lucros retidos (-----), em que juros e dividendos pagos são deduzidos dos lucros (—·— no gráfico 4.1).

O gráfico 10.7 demonstra claramente a relação muito próxima entre a taxa de acumulação (———) e a taxa de lucros retidos (-----), enquanto a taxa de lucros antes do pagamento de juros e dividendos permanece significativamente mais alta e exibe uma tendência horizontal. Essa relação indica que basicamente as corporações autofinanciam os seus investimentos. Essa capacidade depende da taxa em que conseguem reter lucros, ou seja, deixam de pagar juros ou distribuir dividendos. Essa relação justifica retrospectivamente a ênfase dada na parte II à taxa de lucros retidos na análise da distribuição de renda. Lucros retidos condicionam a acumulação.

A relação muito próxima entre lucros retidos e investimentos é desconcertante. Sugere que, considerando-se globalmente o setor, as corporações não financeiras não financiam investimentos com novos empréstimos. Oculta sob esses mecanismos está a preservação das razões de balanço em que ativos tangíveis são equivalentes ao patrimônio líquido das empresas. Essas proporções se mantiveram aproximadamente constantes desde os anos 1950[9], antes mesmo do neoliberalismo[10]. Corporações não financeiras tomam empréstimos, mas estes são usados para outros fins – por exemplo, recomprar suas próprias ações, como mostrado no gráfico 4.4. Pode-se perguntar por que as corporações não financeiras não usam a alavancagem inerente aos empréstimos (com taxas de juro inferiores às

---

[9] Medidas empíricas baseadas nas contas de fluxos de fundos são difíceis de executar em razão da presença de contas não identificadas de "ativos vários" e "passivos vários". Quebras importantes são evidentes nos dados do início dos anos 1970 e, então, aparece uma tendência ascendente em ativos vários, chegando a mais de 50% dos ativos tangíveis. Essas observações colocam em questão a confiabilidade dos dados. Em um cálculo, essas contas podem ser tanto conservadas como abandonadas. Dados os tamanhos dos ativos tangíveis em geral e seu valor líquido, uma aproximação provável é a de que essas duas variáveis continuem iguais ao longo de todo o período.

[10] Ao contrário de outros países, como a França, onde, antes do neoliberalismo, empréstimos eram usados em geral para financiar a acumulação real. Gérard Duménil e Dominique Lévy, *Capital Resurgent: Roots of the Neoliberal Revolution* (Cambridge, MA, Harvard University Press, 2004), cap. 14.

taxas de lucro) na condução de investimentos reais. Esse resultado é ainda mais surpreendente porque a alavancagem é um elemento-chave na condução de operações financeiras pelas instituições financeiras e poderiam também ser usadas pelas corporações não financeiras para o mesmo fim. Como argumentado no capítulo 4, o neoliberalismo impôs, de um lado, uma nova governança corporativa e, de outro, estabeleceu novas relações e hierarquias entre o setor não financeiro e as instituições financeiras. A observação feita nesta seção relativa ao investimento das corporações não financeiras deve ser entendida nessa estrutura geral. Os altos níveis de juros reais até o ano 2000 (gráfico 4.2) podem ser um fator explicativo.

Os pequenos desvios entre a taxa de acumulação e a taxa de lucros retidos podem ser imputados aos altos e baixos das flutuações do ciclo de negócios (as variações da taxa de utilização de capacidade), induzindo as corporações a tomar empréstimos temporários ou liquidá-los, para ajustar seus investimentos a esses movimentos no curto prazo. O pico durante a segunda metade dos anos 1990 manifesta o grau excepcional atingido por esse mecanismo durante o longo *boom* ocorrido nesse período, expressão de uma onda efêmera de empréstimos (suplementada por um intenso fluxo de investimentos diretos nos Estados Unidos da parte do resto do mundo com o mesmo efeito estimulante sobre o investimento).

A macrotrajetória de uma potência hegemônica

A macroeconomia geral do neoliberalismo está implícita na interpretação desse conjunto de observações neste capítulo, mas é preciso suplementar essa afirmação com relação à dominação dos Estados Unidos no capitalismo contemporâneo. As características do neoliberalismo e da hegemonia norte-americana estão relacionadas. Nenhum padrão poderia ter se mantido na ausência dessa posição privilegiada. Nenhuma tendência semelhante prevaleceu na Europa, com exceção do Reino Unido (quadro 10.1), cuja situação é intermediária entre a dos Estados Unidos e a da zona do euro (dado o papel proeminente da City nas finanças globais).

Quadro 10.1 – Ativos estrangeiros líquidos na Europa

Como está mostrado no gráfico 10.8, os Estados Unidos (——), a zona do euro (-----) e o Reino Unido (·······) se beneficiam todos de financiamento externo. Com relação à zona do euro, o percentual se mantém, contudo, bastante estável e baixo desde 1995, cerca de 4% do PIB europeu. O contraste é nítido com os Estados Unidos, onde a contribuição do fincanciamento do resto

→ do mundo aumentou de 17% em 1995 para 56% em 2007 (como já está evidente na diferença entre as duas variáveis do gráfico 10.2). Tanto a dimensão do fenômeno como a tendência da variável são diferentes.

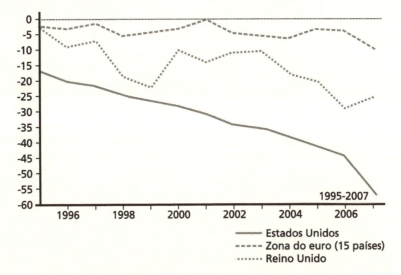

Gráfico 10.8 – Ativos estrangeiros líquidos nos Estados Unidos, na zona do euro e no Reino Unido (porcentagem do PIB de cada unidade, por ano).

Sob esse aspecto, o elemento-chave, o que faz a diferença, é a ausência de restrições externas. A continuação dessa trajetória nos Estados Unidos, apesar do déficit crescente do país em conta corrente, teria sido impossível se os estrangeiros não tivessem aceitado investir os fluxos correspondentes de dólares nas empresas, EPGs, e no governo norte-americanos. Obviamente, um fator crucial é o reconhecimento internacional do dólar como moeda global inconteste. A direção de causa entre a trajetória da economia dos Estados Unidos e a dominância internacional do país é certamente recíproca, já que o déficit dos Estados Unidos criou uma oportunidade para os investimentos financeiros estrangeiros, e a disposição de financiar por parte do resto do mundo permitiu o crescimento contínuo desse déficit sem, no entanto, jogar o dólar na lona.

do mundo aumentou de 17% em 1995 para 36% em 2007 (como já está evidente na diferença entre as duas vertentes do gráfico 10.2). Tanto a dimensão do fenômeno como a tendência da variável são diferentes.

Capítulo 11
A MECÂNICA DO DESEQUILÍBRIO

O capítulo anterior enfatiza a prevalência de cinco tendências importantes na economia dos Estados Unidos a partir dos anos 1980. Estão relacionadas a (1) saldo comercial ou em conta corrente, (2) financiamento externo, (3) consumo, (4) endividamento das famílias e do governo, e (5) acumulação. Consideradas em conjunto, essas tendências definem a trajetória da economia dos Estados Unidos.

A prevalência simultânea dessas tendências não é coincidência. Este capítulo introduz uma estrutura em que elas são analisadas como propriedades de um sistema de variáveis interdependentes, manifestações dos mesmos mecanismos subjacentes.

Apresenta-se a classificação dos países dependendo de sua propensão a ter déficits ou superávits. Essas situações distintas condicionam a capacidade de um país de assegurar a utilização normal da sua capacidade produtiva e manter taxas decentes de crescimento. Essa estrutura permite a investigação das consequências da transformação gradual da economia dos Estados Unidos no que se refere à distribuição e exposição à competição internacional no mundo global do livre comércio. Essas tendências definem duas importantes alterações graduais características das décadas neoliberais nos Estados Unidos. Um resultado importante é a eficiência decrescente do crédito como macroestabilizador no país.

Uma estrutura analítica

Os mecanismos básicos envolvidos na análise da trajetória da economia dos Estados Unidos podem ser investigados numa estrutura em que interagem somente quatro agentes. (O apêndice A apresenta um modelo.) Famílias e governo são considerados em conjunto e suas demandas podem ser tratadas como consumo no sentido mais amplo, apesar do fato de as primeiras investirem em habitação e o último em infraestrutura, edifícios e armamentos. Assim, o termo "investimento" é usado apenas quando associado a empresas, para se referir à compra de componentes de capital fixo, visando ao aumento da capacidade produtiva das empresas. (Investimento é considerado com dedução da depreciação.) Os quatro agentes são relacionados a seguir:

1. *Empresas não financeiras*. Produzem bens de capital, bens de consumo e serviços. Compram bens de capital para si mesmas ou importam esses bens. Recebem fluxos de pagamentos de consumo e exportações. Pagam rendas (salários, renda de capital e impostos) para as famílias e governo, chamados de consumidores. Esses fluxos dependem do nível de produção (o valor da taxa de utilização da capacidade). Empresas financiam elas próprias o seu investimento; ou melhor, elas não fazem empréstimos para esse fim.

2. *O setor financeiro*. Faz empréstimos para os consumidores e recebe empréstimos do resto do mundo. Não se levam em conta os fluxos correspondentes de renda (como juros). O fluxo de crédito interno é controlado pela política monetária do banco central.

3. *Consumidores: famílias e governo*. Os consumidores recebem as rendas pagas pelas empresas não financeiras (salários, renda de capital e impostos). O poder de compra das famílias resulta da renda que recebem e dos novos empréstimos do setor financeiro, mas elas podem depositar uma parte desse poder de compra no setor financeiro (de maneira geral, fazer investimento financeiro). Portanto, sua demanda é:

$$\text{Consumo} = \text{Renda} + \underbrace{\text{Novos empréstimos} - \text{Depósitos}}_{\text{Empréstimos líquidos} = -\text{Poupança}}$$

Com relação às operações financeiras, somente considera-se o fluxo líquido de novos empréstimos (novos empréstimos menos depósitos) que é denominado de "empréstimos" ou "poupança". (Empréstimos e poupança são iguais e de sinais contrários.)[1] O governo recebe impostos, pode tomar empréstimos e consome.

---

[1] Pode-se igualmente admitir, como é tradicional nos modelos da Universidade de Cambridge, que (1) empresas distribuem a totalidade da renda das famílias como salários e lucros; (2) uma fração da renda é poupada e depositada (investimento financeiro) em instituições financeiras; e (3) essas instituições fazem empréstimos às empresas para financiar investimentos e, possivelmente, para as famílias. (Nesse último caso, os novos empréstimos têm de ser acrescentados ao componente da renda das famílias que não é investido nas instituições financeiras, para constituir o poder de compra que as famílias usam para consumir.)

Consumidores compram bens de consumo, sejam os produzidos por empresas do país ou os importados do resto do mundo.

4. *O resto do mundo.* Vende bens ou serviços (as importações do país) para os consumidores e empresas, e compra bens e serviços das empresas (as exportações do país). Dependendo dos valores comparativos desses dois fluxos, o resto do mundo toma ou faz empréstimos para o setor financeiro. Sempre que vende mais do que compra, o resto do mundo automaticamente financia a economia do país. Essa não é uma premissa simplificadora, mas a identidade contábil básica entre os saldos de *conta corrente* e *conta financeira* (abstraindo a conta de capital, praticamente zero).

A parcela da renda total distribuída aos consumidores, a parcela da demanda que é importada (ou seja, que não é comprada dos produtores do país) e as exportações, medidas como fração da capacidade produtiva, são tomadas como dado (parâmetros estruturais no modelo do Apêndice A). Um quarto parâmetro exógeno é o fluxo de novos empréstimos líquidos oferecidos pelo setor financeiro cujo valor é controlado pelo banco central na condução da sua política monetária. Para cada conjunto de valores desses parâmetros, podem-se determinar as outras variáveis.

Comércio exterior, taxas de câmbio e déficits

Nessa estrutura, nenhum mecanismo explica a influência potencial das taxas de câmbio sobre o saldo comercial. A análise empírica das exportações e importações dos Estados Unidos revela um impacto pequeno da taxa de câmbio do dólar sobre as exportações do país, mas nenhum impacto sobre as importações. Principalmente, o valor mais baixo do dólar (gráfico 23.1) durante os dez anos entre 1988 e 1997 teve um efeito favorável sobre a capacidade de exportação dos Estados Unidos, enquanto as importações aumentaram continuamente. Esse movimento se refletiu no perfil do déficit do comércio exterior do país, que se reduziu temporariamente, mas a tendência não foi alterada (gráfico 10.1).

Apesar de sua limitada revalorização durante o período considerado (cerca de 21% entre julho de 2005 e julho de 2008), o yuan foi consistentemente preso ao dólar abaixo do seu valor. Essa situação certamente teve impacto na tendência ascendente do déficit comercial norte-americano. Mas é importante considerar que, desde 2007, 69% do déficit comercial em produtos da economia norte-americana se originou de países que não a China. Isso está mostrado na tabela 11.1, onde o déficit norte-americano em mercadorias é discriminado pelas várias regiões do mundo. A prevalência de déficits é observada em relação à Europa e ao Japão, duas regiões do mundo para as quais o déficit norte-americano não pode ser justificado pelo fato de as taxas de câmbio estarem sistematicamente enviesadas para baixo.

A crise do neoliberalismo

Tabela 11.1 – Balança comercial dos Estados Unidos em mercadorias (2007, porcentagem do total)

Total, todos os países	100
Europa	16
Canadá	9
América Latina	13
China	31
Japão	10
Oriente Médio	4
África	8
Outros[a]	9

[a] Outros: Ásia, Pacífico e outros do Hemisfério Ocidental.

Aqui se deixa de levar em conta o impacto temporário da taxa de câmbio do dólar sobre as exportações norte-americanas, pois se dá ênfase às tendências de mais longo prazo, e não a flutuações em torno das tendências. Além dessas flutuações, o gráfico 10.1 enfatiza o obstinado estabelecimento de uma tendência ascendente dos déficits, a expressão do consumo crescente no contexto de uma economia globalizada.

Outras observações neste estudo mostram que as taxas de câmbio respondem pouco a déficits comerciais com o exterior e são fortemente influenciadas por fluxos financeiros internacionais. Uma notável observação empírica é a influência do *carry trade*, em que as taxas de câmbio parecem ser altamente dependentes dos fluxos financeiros de moedas financiadoras para moedas-alvo, como explicado no capítulo 8. Essa observação soma-se à conclusão de que, no capitalismo contemporâneo, taxas de câmbio não agem como estabilizadores do comércio externo, se é que já agiram.

Em 2005, Ben Bernanke discutiu a origem do déficit comercial dos Estados Unidos, e colocou a responsabilidade nas políticas de países da periferia que foram abalados pela crise dos anos 1990, e não nos fatores internos dos Estados Unidos (quadro 11.1).

Desequilíbrio externo e endividamento geminado

As três primeiras tendências – balança comercial, financiamento externo e consumo – da trajetória da economia dos Estados Unidos são intimamente relacionadas. Como lembrado anteriormente, a relação entre o déficit comercial e o aumento do financiamento por parte do resto do mundo é uma identidade contábil. Mas a estrutura neste capítulo também explica a ligação entre a dívida interna, associada ao crescimento do consumo, e a externa, uma segunda relação, não tão óbvia.

Quadro 11.1 – A fartura de poupança de Bernanke: "o déficit comercial dos Estados Unidos é a cauda do cachorro"

Numa conferência em março de 2005[1], Ben Bernanke explicou que o principal fator do déficit comercial externo dos Estados Unidos é encontrado no excesso de poupança global:

> Vou argumentar que, ao longo da última década, uma combinação de forças diversas criou um aumento significativo na oferta mundial de poupança – uma fartura de poupança global – que ajuda a explicar o aumento do déficit da conta corrente dos Estados Unidos e o nível relativamente baixo das taxas reais de juro de longo prazo no mundo de hoje.

De acordo com Bernanke, a causa do fenômeno é encontrada nas políticas de desenvolvimento de países da periferia. Essas estratégias baseiam-se nas exportações, que não são compensadas por fluxos maiores de importações (outro possível componente simétrico de uma estratégia de desenvolvimento). Por que esses países mudaram suas políticas e, principalmente, por que acumulam reservas?

> No meu modo de ver, uma razão fundamental da mudança nas posições de conta corrente dos países em desenvolvimento é a série de crises financeiras por que passaram aqueles países por volta da década passada.

Uma pergunta adicional é a razão por que essas tendências afetaram principalmente os Estados Unidos. A resposta é a atração específica dos países aos olhos de investidores estrangeiros (dos países "que poupam"):

> Assim, o crescimento rápido do déficit norte-americano em conta corrente entre 1996 e 2000 foi alimentado em grau significativo pelo aumento da poupança global e pelo maior interesse por parte dos estrangeiros em investir nos Estados Unidos.

A ligação com as baixas taxas de juro é estabelecida explicitamente (quadro 14.2):

> De uma perspectiva norte-americana estreita, essas baixas taxas de longo prazo são perturbadoras; de uma perspectiva global, talvez nem tanto.

---

[1] Observações do governador Ben S. Bernanke na Conferência Sandrige, Associação de Economia de Virgínia, Richmond, 10 de março de 2005, <www.federalreserve.gov/boarddocs/speeches/2005/200503102/>.

> Uma primeira observação é que Bernanke se esquece de que essas estratégias da parte de países menos desenvolvidos parecem se ajustar bem aos objetivos e métodos da globalização neoliberal (em nítido contraste com a industrialização por substituição de importações, quadro 23.1). A globalização neoliberal implica livre comércio e livre mobilidade do capital, com supostos benefícios e riscos óbvios. Eles exigem uma administração rígida das reservas de moedas. Atribuir o déficit norte-americano à globalização neoliberal é muito sensato, mas o discurso de Bernanke procura responsabilizar os países menos avançados, e não o neoliberalismo em si.
>
> No centro dos déficits comerciais globais, encontram-se os Estados Unidos e a China. A referência às crises da década de 1990 não parece se ajustar às condições da China. A preoupação das autoridades chinesas não é a falta de reservas, mas, pelo contrário, a desvalorização potencial dessas reservas que poderia resultar de uma crise do dólar. A estratégia de desenvolvimento da China não é o comportamento cauteloso descrito naquela palestra. A China deveria estimular sua economia, incentivando a importação maciça de bens de capital dos Estados Unidos com o efeito de ajustar a balança comercial norte-americana, em busca do crescimento de 20%?

Somente numa economia fechada as *poupanças internas* são iguais aos *investimentos internos*. Quando o resto do mundo contribui para o financiamento da economia interna, esse financiamento externo, às vezes chamado de "poupança externa", deve ser acrescentado à poupança interna. (Qualquer um desses componentes pode ser positivo ou negativo.) A soma da poupança interna (poupança das empresas e dos consumidores) *mais* poupança externa é igual ao investimento interno:

$$\text{Investimento} = \begin{pmatrix} \text{Poupança de} \\ \text{empresas} \end{pmatrix} + \begin{pmatrix} \text{Poupança de} \\ \text{consumidores} \end{pmatrix} + \begin{pmatrix} \text{Poupança} \\ \text{externa} \end{pmatrix}$$

Contudo, uma característica da economia dos Estados Unidos é o investimento em capital fixo ser basicamente autofinanciado, ou seja, igual à poupança das empresas. Uma consequência da relação anterior é, portanto, o fato de a poupança dos consumidores ser igual (com sinais opostos) à poupança externa; ou seja, o fluxo de empréstimos para os consumidores é igual ao financiamento do resto do mundo:

A mecânica do desequilíbrio

$$\begin{pmatrix} \text{Poupança de} \\ \text{Consumidores} \end{pmatrix} = -\begin{pmatrix} \text{Poupança} \\ \text{externa} \end{pmatrix} \text{ ou } \begin{pmatrix} \text{Empréstimos de} \\ \text{consumidores} \end{pmatrix} = \begin{pmatrix} \text{Financiamento} \\ \text{externo} \end{pmatrix}$$

É importante entender que essas equações são o resultado combinado das relações contábeis básicas com a observação de que o investimento das empresas é autofinanciado.

Esse "endividamento geminado", interno e internacional, é uma característica importante da macrotrajetória da economia dos Estados Unidos. Essa frase não é inteiramente adequada por causa da presença de ações (não empréstimos nem títulos de dívida) no investimento financeiro das famílias e do resto do mundo, mas a ideia central está presente. (Empréstimos e títulos de dívida são, na verdade, os principais componentes do financiamento externo, tabela 10.1.)

O gráfico 11.1 ilustra essa relação. (A dívida é limitada aqui aos instrumentos do mercado de crédito.) A primeira variável (———) é a dívida líquida das famílias e do governo, consideradas em conjunto como no gráfico 10.5. A segunda variável (-----) é a dívida líquida do país para o resto do mundo. Pode-se observar os dois platôs anteriores ao neoliberalismo e a paralela ascendente durante as décadas neoliberais.

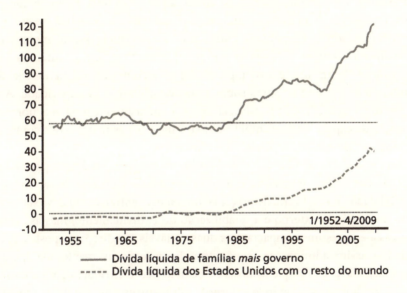

Gráfico 11.1 – Dívida líquida: famílias norte-americanas e governo considerados em conjunto, e a da economia dos Estados Unidos em relação ao resto do mundo (porcentagem do PIB dos Estados Unidos, por trimestre). As variáveis são dívidas em instrumentos do mercado de crédito.

O endividamento geminado é primo dos famosos "déficits gêmeos" dos anos 1980. Naqueles anos, o financiamento externo crescente foi atribuído ao déficit do governo. O gráfico 10.5 autoriza a interpretação dessa referência exclusiva. Entre meados dos anos 1980 e meados dos 1990, o aumento do endividamento interno total como porcentagem do PIB poderia, na verdade, ser imputado à dívida do governo, portanto também ao crescimento correspondente do financiamento externo. Mas a dívida externa do governo se reduziu durante o longo *boom* do final da década de 1990 e se estabilizou após o *boom*, enquanto a dívida das famílias começou sua subida, mantendo a mesma relação com o financiamento externo.

A conclusão desta investigação é, portanto, que as tendências típicas da trajetória da economia dos Estados Unidos podem ser reduzidas a apenas três. O primeiro componente é a tendência ascendente da parcela do consumo na renda total. O segundo é o "déficit e endividamento", que se refere conjuntamente ao déficit do comércio externo e às dívidas geminadas. O terceiro é a tendência declinante de acumulação.

Utilização de capacidade versus *déficit e endividamento*

Na presente estrutura, empréstimos maiores para consumidores impactam positivamente sua demanda e, consequentemente, o uso da capacidade produtiva. A questão difícil na condução das macropolíticas é, entretanto, o fato de que esses fluxos também tendem a aumentar as importações, e assim o déficit e o endividamento (associado diretamente ao endividamento interno e, indiretamente, como efeito do déficit comercial, associado ao financiamento externo). Simetricamente, a imposição de um limite aos empréstimos para controlar o déficit e o endividamento tem impacto negativo sobre a taxa de utilização da capacidade. A não ser por um acaso feliz, é impossível atingir simultaneamente uma taxa normal de utilização da capacidade e o equilíbrio do balanço de pagamentos que comanda a estabilização do estoque de financiamento externo.

Em consequência, o banco central enfrenta uma solução de compromisso no exercício da política monetária. Uma taxa normal de utilização da capacidade (e a estabilidade do nível geral de preços) é uma meta central, como deve ser o equilíbrio do comércio externo e a estabilização do endividamento, mas as decisões relativas a empréstimos impactam as duas variáveis em direções opostas. A dificuldade é, assim, administrar um conjunto de variáveis divergentes manipulando uma única alavanca (já que as taxas de câmbio não contribuem para a correção dos desequilíbrios do comércio externo). Alternativamente, a política monetária tem condições de estimular a demanda na economia, com mais ou menos efeitos sobre a taxa de utilização e a inflação; uma política de estímulos deve aumentar o déficit comercial com as consequências correspondentes sobre as dívidas.

A propensão ao déficit comercial

Diferenças importantes relativas ao comércio internacional prevalecem entre países. É isso o que torna mais ou menos agudo o compromisso entre utilização da capacidade e o equilíbrio do comércio externo.

Os países podem ser classificados de acordo com a situação prevalente sob a premissa de uma taxa normal de utilização da capacidade. Sob tais circunstâncias, a prevalência de um déficit ou superávit comercial é uma importante característica estrutural de uma economia, que pode ser chamada de "propensão ao déficit". (O apêndice A oferece uma definição técnica dessa noção.) Esse déficit ou superávit associado ao uso normal da capacidade produtiva depende dos valores dos parâmetros estruturais. Podem-se distinguir dois tipos de países: (1) os que têm uma propensão ao superávit comercial e (2) os que têm uma propensão ao déficit.

Para um país com uma propensão ao superávit, não existe obstáculo ao uso normal da capacidade produtiva. Quando se chega a essa situação, o que limita o crescimento é o volume de lucros retidos pelas empresas. A economia do país financia o resto do mundo, uma vez que prevalece um superávit comercial. Até a crise atual, a Alemanha podia ser considerada emblemática dessa primeira configuração. No segundo caso, o da propensão ao déficit quando a capacidade produtiva é usada no nível normal, prevalecem as restrições próprias do compromisso anteriormente citado. Devem-se distinguir três casos:

1 *A economia não sofre restrições para equilibrar o comércio nem para estabilizar o endividamento interno e externo.* O uso normal da capacidade pode ser assegurado com um déficit comercial simultâneo, combinado com empréstimos internos e externos. Foi esse o caso da economia dos Estados Unidos durante as décadas neoliberais. (Como já afirmado, essa ausência de restrições externas foi a expressão da disposição dos estrangeiros de financiar o déficit externo do país, evitando uma grave desvalorização da sua moeda, dada a posição do dólar como moeda internacional, usada em transações externas e como moeda de reserva.)

2. *A economia está sujeita à exigência de equilibrar seu comércio e limitar o financiamento externo, ou seja, prevalece uma restrição externa.* Neste caso, as consequências do compromisso são sentidas diretamente. A utilização da capacidade produtiva deve ser limitada a um valor mais baixo, com consequências danosas para o crescimento. É esse o caso da França ou de outras economias europeias. Essa situação se manifesta na prevalência de uma falta obstinada de demanda. As empresas reduzem seus investimentos, mas não se pode esperar um uso normal da capacidade.

3. *A economia está sujeita a uma restrição na sua dívida interna.* Tal como citado anteriormente, não se consegue chegar à utilização normal da capacidade

de produção. No que se refere à dívida das famílias, a crise criou essa situação na economia dos Estados Unidos. O governo norte-americano teve de se apresentar para tomar empréstimos e gastar. E foi exatamente o que ele fez.

Resumindo, de volta às tendências neoliberais dos Estados Unidos, pode-se afirmar que as características específicas da trajetória da economia norte-americana tiveram origem numa política que tinha o objetivo de manter o uso normal da sua capacidade produtiva, apesar da alta propensão do país para importar mais que exportar e dada a tolerância do resto do mundo.

Os desvios distribucionais e do livre comércio

A análise das seções anteriores permanece estática, no sentido de que os parâmetros relativos à distribuição e ao comércio externo estão dados. Essa perspectiva explica os graus de déficit e endividamento, mas não as tendências ascendentes.

Esta seção trata da transformação dos mecanismos descritos anteriormente durante as décadas neoliberais (mais especificamente, a variação dos três parâmetros estruturais, a parcela da renda total distribuída aos consumidores, a parcela da demanda que é importada e as exportações, medidas como fração da capacidade produtiva). Estão todos envolvidos, de um lado, o progresso da governança corporativa neoliberal (que determinou os altos salários das faixas superiores, os fluxos de dividendos, as taxas de juro etc.) e as tendências das políticas neoliberais e, de outro, a globalização, o avanço da abertura do país ao comércio externo (que determinou a propensão a importar ou exportar).

Duas transformações básicas graduais devem ser consideradas:

1. *O desvio distribucional*. Os gráficos na parte II documentam sobejamente o pagamento mais generoso dos altos salários no sentido mais amplo, a distribuição de dividendos e o peso dos juros líquidos sobre as empresas, apresentados aqui como os componentes do "desvio distribucional". (Os fluxos de lucro perdido pelas empresas como renda de capital estão evidentes no gráfico 10.7.) Essa transformação pode também ser considerada do ponto de vista das famílias, onde ela está expressa no aumento da renda de capital e nos altos salários no topo. O desvio distribucional aumentou o poder de compra das famílias que recebiam salários mais altos e renda de capital e, finalmente, aumentou o poder de compra total das famílias consideradas globalmente.

A tabela 11.2 compara dois períodos: (1) os anos 1970, a última década antes do neoliberalismo; e (2) os anos neoliberais (1980-2008). Os números mostram que a renda pessoal aumentou 3,3 pontos percentuais do PIB. Essa transformação foi o efeito combinado da redução da parcela de salários (-1,4 ponto percentual), apesar do aumento para as faixas mais altas, e uma grande elevação na parcela da renda de capital (+4,4 pontos percentuais). (Acrescente-se que a renda dos proprietários perdeu 0,4 ponto percentual.)

O movimento refletiu-se no aumento da renda disponível das pessoas em comparação com outras categorias de renda, como na tabela 11.3. O ganho chegou a 2,7 pontos percentuais do PIB. A tabela também mostra que a renda dos governos (federal, estaduais e locais) aumentou em 1,5 ponto percentual, a serem acrescentados aos 2,7 pontos percentuais mencionados. Assim, o ganho total chegou a 4,2 pontos percentuais do PIB. Simultaneamente, os lucros retidos pelas corporações não financeiras perderam 1,6 ponto percentual do PIB sobre os 2,7% que retiam e investiam antes do neoliberalismo. O impacto sobre o investimento foi espetacular.

2. *O desvio do livre comércio.* O capítulo 8 mostra como o estabelecimento do neoliberalismo significou a generalização do livre comércio, o crescimento do comércio externo, ou seja, a tendência crescente a comprar bens de países estrangeiros e a exportar. Tem-se aqui a tendência crescente para o comércio externo, e não uma propensão crescente ao déficit.

Tabela 11.2 – Desdobramento da renda pessoal: economia norte-americana (porcentagem do PIB)

	Média anos 1970	Média 1980-2008	Variação
Renda pessoal	80,6	83,9	3,3
Compensação dos empregados	58,5	57,1	-1,4
Renda dos proprietários	7,5	7,0	-0,4
Renda de aluguel das pessoas	1,5	1,5	-0,0
Renda pessoal recebida de ativos	9,6	14,0	4,4
Renda pessoal de juros	7,4	10,7	3,2
Renda pessoal de dividendos	2,2	3,4	1,2
Recebimentos de transferência menos seguro social	3,5	4,2	0,7

Tabela 11.3 – Parcelas das rendas: famílias norte-americanas, governos e corporações não financeiras (porcentagem do PIB)

	Média anos 1970	Média 1980-2008	Variação
Renda pessoal disponível	70,9	73,6	2,7
Recebimentos correntes dos governos	27,9	29,3	1,5
Lucros não distribuídos (sem adj.) de corporações não financeiras	2,7	1,1	-1,6

Desvios e tendências

Os dois desvios neoliberais explicam de maneira direta as cinco principais tendências que compõem a macrotrajetória da economia dos Estados Unidos. (No modelo do Apêndice A os dois desvios são expressos no aumento de dois parâmetros estruturais, λ e α, e se pode determinar seus impactos sobre os valores de equilíbrio das variáveis.) O desvio distribucional determinou o declínio gradual da taxa de acumulação (gráfico 10.7). O desvio para o livre comércio impactou a divisão da demanda dos consumidores entre produtores internos e estrangeiros e a capacidade de exportação. Esse último movimento levou a uma queda na participação da compra em empresas do país, não compensada pelo aumento das exportações na demanda total, que, por sua vez, tornou necessária a provisão de empréstimos em proporções crescentes para manter o uso normal da capacidade de produção existente na economia dos Estados Unidos. Essas tendências implicaram simultaneamente uma participação crescente das importações e o aumento do déficit comercial, já que as exportações não aumentaram (gráfico 10.1). O déficit crescente resultou no aumento de massas de financiamento do resto do mundo (gráfico 10.2). A política que visava à manutenção da taxa de utilização da capacidade exigiu o aumento do endividamento das famílias (gráfico 10.6) e, simultaneamente, o aumento do consumo (gráfico 10.3) e a redução da taxa de poupança (gráfico 10.4). Esses desvios explicam o aumento da participação do consumo no PIB.

Pode-se observar aqui como os dois desvios neoliberais aumentaram o compromisso entre a utilização da capacidade produtiva, o déficit e o endividamento. Para obter o uso normal dessa capacidade, foi necessário um aumento proporcionalmente mais alto da dívida dos consumidores.

A eficiência decrescente do crédito como macroestabilizador

O livre comércio explica uma limitação bem conhecida das macropolíticas. Numa economia aberta, o estímulo à produção pelo crédito é prejudicado pela propensão da economia a importar ou exportar. (Novos empréstimos também estimulam as macroeconomias dos países de onde se importam mercadorias.) O desvio para o livre comércio explica as dificuldades crescentes da condução de macropolíticas. Assim, é possível referir-se a uma eficiência decrescente do crédito no estímulo à macroeconomia interna.

Como o financiamento pelo resto do mundo é a outra faceta do endividamento interno, essa eficiência decrescente do crédito no estímulo da macroeconomia interna explica o aumento simultâneo das dívidas geminadas. A determinação de manter a utilização da capacidade produtiva da indústria interna e de estimular as taxas de crescimento exigiu uma política agressiva de crédito, gradualmente mais exigente por causa do desvio para o livre comércio, e provocando o aumento das dívidas interna e externa.

A convergência entre as duas classes de determinantes

A fragilidade da estrutura financeira global e o caráter insustentável da trajetória da economia dos Estados Unidos são as duas classes de determinantes que levaram à crise, como no diagrama 2.1. De um lado, a ausência da restrição à preservação do equilíbrio da conta corrente do país tornou possível a continuação da busca pelo aumento de renda por parte das classes altas por meio do avanço ousado da financeirização e da globalização. Simultaneamente, somente a expansão ao extremo dos mecanismos financeiros tornou possível o aumento da dívida das famílias, condição básica para a continuação da trajetória da economia norte-americana, sem a qual ela teria estagnado (sendo a alternativa o aumento da dívida do governo).

Com relação à estabilidade da estrutura geral, o financiamento crescente por parte do resto do mundo e a dívida interna, considerados intrinsecamente, representaram desenvolvimentos perigosos. Sob esse aspecto, a ameaça citada com mais frequência são as possíveis consequências dos déficits norte-americanos na taxa de câmbio do dólar. Os estrangeiros estarão dispostos a continuar emprestando para um país cuja dívida externa cresce continuamente? Embora o setor privado esteja na origem do grosso do financiamento externo da economia norte-americana, muitos comentaristas apontam para a dívida do governo. A China vai continuar a comprar títulos do Tesouro dos Estados Unidos? Entretanto, o gatilho da crise não foi o colapso do dólar. O neoliberalismo sob a hegemonia norte-americana foi desestabilizado pela onda sísmica da crise dos mercados de hipotecas, indicando a fraqueza da dívida das famílias, um componente básico da trajetória da economia norte-americana. É aí que se torna crucial a relação entre as duas classes de determinantes (seta E no diagrama 2.1). A fraqueza inerente à dívida das famílias pode ser imputada separadamente a cada uma das classes de determinantes:

1. O aumento da dívida das famílias pode ser abordado como um componente das tendências à financeirização e globalização próprias do neoliberalismo. Foi motivado pela busca de altos níveis de renda, tornada possível pelas audaciosas inovações financeiras, e levado ao extremo pela capacidade de financiamento do resto do mundo. O suficiente para desestabilizar uma frágil estrutura financeira.

2. O aumento da dívida das famílias foi produto direto da trajetória da economia norte-americana e dos dois desvios neoliberais. Ano após ano, mais crédito

era necessário pela manutenção dessa trajetória. Mais, até o limite da sustentabilidade. Novamente, o suficiente para um grande colapso financeiro.

A dívida das famílias na verdade define a interseção entre as duas classes de determinantes, o seu ponto de convergência. Essa convergência não explica a crise em si. Ela define a modalidade exata, ou seja, como a crise chegou ao mundo.

Parte VI
DO *BOOM* IMOBILIÁRIO À CRISE FINANCEIRA: A MACROECONOMIA DOS ESTADOS UNIDOS APÓS O ANO 2000

A crise contemporânea é a crise do neoliberalismo sob hegemonia norte-americana. É, portanto, no âmago dessa ordem social e internacional que se devem procurar as causas originais da crise, principalmente na busca ao aumento de renda (parte II). As partes IV e V focalizaram, respectivamente, cada uma das duas classes de determinantes que se originaram dessa mesma raiz: (1) a globalização e a financeirização neoliberais e (2) a macrotrajetória insustentável da economia dos Estados Unidos. Como sugerido no diagrama 2.1, as duas categorias de fatores convergiram para a determinação da crise. A onda sísmica do colapso das hipotecas desestabilizou uma estrutura financeira global muito maior que os mercados de hipotecas, já em si um desenvolvimento perigoso.

Esta parte discute os determinantes dos altíssimos níveis de endividamento interno após o ano 2000. Há sempre duas facetas numa onda de expansão de crédito. Dois conjuntos de perguntas devem ser colocados: (1) quem está tomando empréstimos e com que objetivo? e (2) quem está emprestando e com que instrumentos? Como já é bem sabido, a onda de crédito teve origem num setor muito específico, o imobiliário, e consequentemente se baseou em hipotecas; houve também originadores motivados como sempre pela busca de lucros. Duas condições tiveram de ser atendidas para esse encontro: (1) redução das exigências feitas aos tomadores e (2) garantias relativas aos riscos a que estavam sujeitos os emprestadores (pelo menos as garantias alegadas). A lacuna foi coberta pela entrada maciça nas hipotecas *subprime*, pela expansão da securitização e pelo seguro contra inadimplência. Outro aspecto verdadeiramente desnorteante desses mecanismos é o fato de as autoridades financeiras não terem interrompido o crescimento dos empréstimos, por falta de vontade ou de capacidade.

O capítulo 12 mostra como o *boom* de construção de residências permitiu a recuperação da macroeconomia na esteira do colapso do *boom* das tecnologias da informação. O capítulo 13 é dedicado à formação da onda de hipotecas. O capítulo 14 discute as circunstâncias que inibiram a eficácia da política monetária.

Capítulo 12
A SEGUNDA MORATÓRIA: O *BOOM* IMOBILIÁRIO E SEU COLAPSO

Um dos aspectos centrais da trajetória da economia norte-americana é a taxa declinante de investimento das empresas não financeiras, com consequências óbvias sobre as taxas de crescimento. Entretanto, esse desenvolvimento foi temporariamente ocultado pelo *boom* de investimentos em tecnologias da informação durante a segunda metade dos anos 1990, que foi repentinamente interrompido pela recessão de 2001. A recuperação dessa recessão veio graças ao *boom* imobiliário, alimentado pela explosão do endividamento das famílias, principalmente no seu componente *subprime*. Os primeiros sintomas da crise imobiliária foram observados já no início de 2006, quando se iniciou o declínio da onda de investimentos em residências depois do auge no final de 2005. A crise financeira chegou menos de dois anos mais tarde, depois de uma tentativa fracassada do Federal Reserve de moderar a expansão dos empréstimos.

Macroeconomia dos Estados Unidos nos anos 1990 e após 2000

Como preliminar da análise do *boom* imobiliário, é preciso entrar em alguns detalhes da macroeconomia dos Estados Unidos. O gráfico 12.1 mostra a taxa de crescimento do PIB norte-americano. Pode-se reconhecer facilmente as recessões no início dos anos 1980, quando o neoliberalismo foi imposto, e em 1991. São relevantes para esta análise o longo *boom* da segunda metade da década de 1990, a recessão de 2001, a recuperação frouxa que se seguiu e a entrada na Grande Contração a partir de 2008.

A crise do neoliberalismo

Apesar de o PIB dos Estados Unidos não ter se tornado negativo na variável do gráfico[1], a recessão de 2001 foi muito grave. Ocorreu uma queda das taxas de crescimento numa contração de seis trimestres de duração (fase I no gráfico), seguida por uma recuperação que durou nove trimestres (fase II). Foi a primeira recessão desde o início dos anos 1990. Os nove anos decorridos entre 1992 e 2000 foram um período de crescimento contínuo, em particular durante o longo *boom* da segunda metade da década de 1990. A recuperação foi seguida por um curto platô que, na verdade, era voltado para baixo (fase III). O declínio dos mercados imobiliários no início de 2006 marcou a entrada numa nova fase (fase IV) e a economia escorregou para o que originalmente poderia ser entendido como uma nova recessão – na verdade, os primeiros passos da contração.

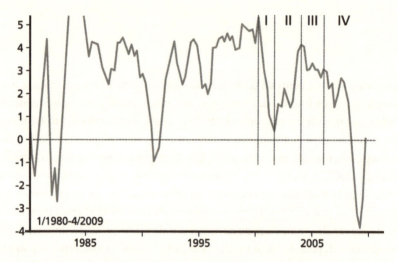

Gráfico 12.1 – Taxa de crescimento anual do PIB; economia dos Estados Unidos (porcentagem, por trimestre). A variável é a taxa de crescimento do PIB real em um trimestre com relação ao mesmo trimestre do ano anterior. As linhas pontilhadas verticais marcam (I) o segundo trimestre de 2000, (II) o quarto trimestre de 2001, (III) o primeiro trimestre de 2004 e (IV) o segundo trimestre de 2006.

Com relação aos investimentos das empresas desde 1980, a tendência decrescente da acumulação de capital fixo (a primeira variável [——] no gráfico 10.7) nas corporações não financeiras norte-americanas foi interrompida por apenas uma flutuação crescente significativa de investimento durante o *boom* da segunda metade dos anos 1990. O perfil de investimentos durante esse *boom* – um *boom* de

---

[1] Uma recessão é geralmente definida pela ocorrência de duas quedas trimestrais sucessivas do PIB.

cinco anos de duração que terminou no colapso do início da recessão de 2001 – é o de um ciclo clássico de negócios de grande amplitude, o relaxamento temporário da tendência decrescente. Mas a estética do ciclo esconde a interação dos mecanismos mais complexos subjacentes à macrotrajetória dos Estados Unidos.

A primeira moratória: o boom *das tecnologias de informação*

O gráfico 12.2 permite um exame mais cuidadoso da dinâmica de investimentos subjacente às flutuações do ciclo de negócios.

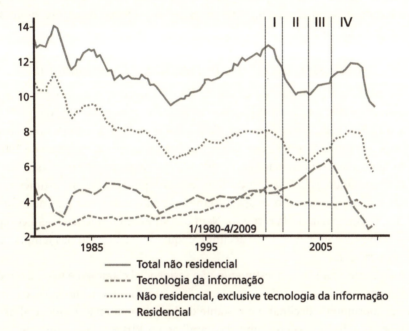

Gráfico 12.2 – Taxas de investimento: economia norte-americana (porcentagem do PIB, por trimestre). O gráfico decompõe o investimento total em não residencial (———) e residencial (-———). As duas outras variáveis (----- e ·······) são os componentes do investimento não residencial que compõem o total desse investimento.
Existem três diferenças na medida do investimento não residencial (———) em comparação com a variável no gráfico 10.7: (1) o investimento no gráfico 10.7 está deduzido da depreciação e aqui é bruto. (2) O denominador é o estoque de capital fixo, e não o PIB. (3) A unidade de análise são as corporações não financeiras, e não a economia privada.

A tendência crescente de investimentos em tecnologia da informação (-----) não foi afetada pela recessão de 1991, continuou a subir durante a década de 1990 e chegou ao auge em 2000. É esse componente dos investimentos que deu ao longo *boom* o seu caráter verdadeiramente dramático. Esse crescimento sustentou a macroeconomia durante vários anos, finalmente chegou ao pico no quarto trimestre de 2000, e chegou ao fim. O perfil de equipamentos e estruturas (·······), o restante do investimento não residencial, é completamente diferente, com tendência decrescente. Ele acompanhou o longo *boom*, ainda que de maneira menos espetacular.

Houve de fato uma bolha financeira paralela ao *boom* de investimento em tecnologias da informação. Observa-se uma divergência importante entre o índice do mercado de ações e os lucros no gráfico 4.5[2]. A divergência temporária entre o terceiro trimestre de 1997 e o primeiro de 2003 é claramente visível no gráfico. Sua amplitude é grande. Entre o pico dos lucros no terceiro trimestre de 1997 e o pico do mercado de ação exatamente três anos depois, o preço das ações subiu 30%, enquanto os lucros caíram 24%!

A recessão de 2001 e o investimento residencial

Os vários componentes da demanda final – investimento residencial e não residencial (gráfico 12.2), o consumo das famílias (primeira variável [——] no gráfico 10.3), e compras de bens e serviços pelo governo – desempenharam papéis distintos nas flutuações das taxas de crescimento por volta da recessão de 2001.

As quatro fases apresentadas no gráfico 12.1 devem ser distinguidas:

1. Começando pela fase I, o declínio dos componentes do investimento não residencial, em particular o colapso do investimento em tecnologias da informação, foi o principal fator da recessão. Nem investimento residencial nem compras do governo tiveram papel nesse declínio, enquanto o consumo das famílias continuou a crescer.

2. Durante a fase II, o investimento não residencial claramente não foi o motor da recuperação. O primeiro componente, investimento em tecnologias da informação, continuou a declinar e o restante do investimento não residencial não se recuperou. A fração do consumo das famílias no PIB estava estagnando, ainda que num nível muito alto. O *boom* imobiliário e os gastos do governo em bens e serviços foram os dois principais fatores da recuperação. O investimento residencial, que não tinha sido afetado pela contração da produção, cresceu dramaticamente no início da fase II, ganhando 1,7 ponto percentual do PIB. A contribuição dos gastos do governo foi mais modesta. Aumentou 0,4 percentual durante a fase II. (Pode-se observar, entre parênteses, que os gastos militares contribuíram com 60% desse aumento.)

---

[2] Na métrica desta figura, o índice da bolsa de Nova York chegou ao máximo no terceiro trimestre de 2000, caiu até o primeiro trimestre de 2003 e se recuperou. Os lucros chegaram ao máximo no terceiro trimestre de 1997, caíram até o terceiro trimestre de 2001 e depois se recuperaram.

Houve, na verdade, uma forma de substituição dentro da demanda final das famílias. Desde o início de 1997 até o fim da fase I, o consumo das famílias, no sentido estrito, aumentou rapidamente, antes de se estagnar em relação ao PIB. Exatamente quando ocorreu essa quebra, o investimento residencial aumentou fortemente.

3. Durante a fase III, quando prevaleceram as novas taxas de crescimento após a recuperação, e o investimento não residencial retomou o crescimento, o principal desenvolvimento foi a culminação do investimento residencial num nível muito alto, enquanto outras variáveis continuaram no seu caminho. Houve apenas um platô curto e estável de taxas de crescimento por volta de 2005, muito efêmero e em nível comparativamente baixo.

4. O investimento residencial se desestabilizou no início da fase IV, pouco antes do aumento das inadimplências e dos atrasos de pagamento em 2006, seguido pela crise financeira de 2007 e pela subsequente contração da produção em 2008.

Como surpreendentemente ilustrado no gráfico 12.2, o investimento residencial foi o componente crucial da demanda durante as fases I e II. Ele operou como uma "segunda moratória", depois do colapso do *boom* das tecnologias de informação. Não houve declínio do investimento residencial durante a recessão e esse componente da demanda continuou a crescer continuamente à medida que a economia saía da recessão. Ele foi o motor dessa recuperação até um novo e frágil platô de taxas de crescimento, quando o *boom* imobiliário chegou ao seu máximo.

A onda de hipotecas

Se o motor da recuperação da recessão de 2001 foi a onda de investimento residencial, esse surto só se tornou possível pela onda de empréstimos hipotecários, cujo valor ganhou mais de 15 pontos percentuais do PIB somente durante as fases I e II. Esse aumento da dívida das famílias, por sua vez, tornou-se possível pela explosão das hipotecas de baixa qualidade, um desenvolvimento perigoso, como já é amplamente sabido.

O gráfico 12.3 mostra os fluxos trimestrais de hipotecas. Empréstimos novos, com exclusão dos refinanciamentos, são denominados "compras". Pode-se observar o crescimento contínuo das hipotecas originadas desse componente (———), culminando em 2005. (A série não está dessazonalizada, mas exibe uma linha de tendência.) Antes de 2004, o perfil de refinanciamentos flutuou mais, com um máximo em 2003 (durante a queda das taxas de juro na fase II). Esses grandes fluxos se materializaram em estoques crescentes de empréstimos. O saldo devedor de empréstimos hipotecários (gráfico 10.6) aumentou de 47% do PIB antes da recessão de 2001, no início da fase I, para 61% no final da fase II, e culminou em 73% no início de 2007.

A crise do neoliberalismo

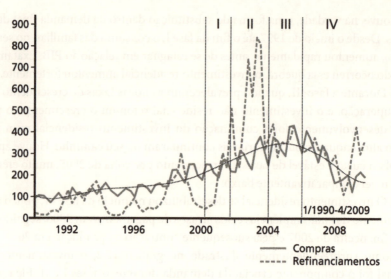

Gráfico 12.3 – Originação de hipotecas: famílias norte-americanas, fluxos trimestrais (bilhões de dólares). As linhas pontilhadas são linhas de tendência.

O setor financeiro que originou os empréstimos emitiu massas enormes de TLHs para apoiar essa atividade. (Títulos normais são também uma fonte de financiamento, mas menos importante que os TLHs, ver tabela 13.2.) O gráfico 12.4

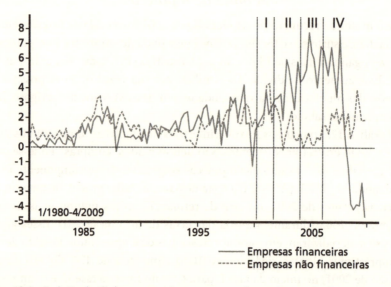

Gráfico 12.4 – Emissão de títulos corporativos: empresas financeiras e não financeiras dos Estados Unidos (porcentagem do PIB, por trimestre).

mostra os perfis de emissão de títulos corporativos norte-americanos para empresas financeiras (———) e não financeiras (-------). A onda de emissão de títulos pelo setor financeiro chegou ao máximo de 8% do PIB durante a fase III. Existe um contraste nítido com a emissão de títulos pelo setor não financeiro, que chegou a um primeiro valor máximo em 2001, caiu a níveis muito baixos durante a fase III, e finalmente voltou a um valor mais alto. (O movimento dessa última variável ecoa o perfil de tomadas de empréstimos em instrumentos do mercado de crédito e recompras por parte das empresas não financeiras depois de 2004 no gráfico 4.4.)

Empréstimos dúbios?

Embora a noção de uma crise do *subprime* indique o endividamento crescente das famílias pertencentes às faixas inferiores de renda, a maior parte dos empréstimos foi contratada pelas faixas mais altas. O endividamento não é típico das frações mais pobres das famílias.

O gráfico 12.5 mostra a proporção das famílias norte-americanas com empréstimos hipotecários por quintil de renda. São considerados os anos de 1984 e 2007. Ele demonstra claramente que, nos dois anos, a proporção das famílias com empréstimos se correlaciona positivamente com os níveis de renda, de entre 13% e 17% para o primeiro quintil até entre 72% e 75% para o quintil mais alto. Uma segunda observação é que o neoliberalismo, inclusive após 2000, não modificou substancialmente esse padrão. Não houve aumento do endividamento dos segmentos mais pobres das famílias em termos do número de hipotecas. O maior aumento parece característico das classes médias, para as quais a distância entre as duas variáveis é maior, chegando a 10% para o terceiro e quarto quintis.

Essa observação é confirmada pela consideração dos encargos (principal e juros) representados pelo pagamento da dívida como porcentagem da renda do grupo. Em geral, as faixas mais altas de renda pagam uma porcentagem maior da sua renda descontados os impostos (uma média de cerca de 10% durante a década de 1990 e depois do ano 2000)[3]. A carga crescente do endividamento é evidente para os três quintis 20-40, 40-60 e 60-80, cujos pagamentos aumentaram consistentemente a partir do início dos anos 1990.

Entretanto, uma característica importante desse endividamento crescente é ele ter significado a inclusão na massa de tomadores de hipotecas de famílias que não

---

[3] Consumer Expenditure Survey (Washington, DC, US Department of Labor, Bureau of Labor Statistics, 2008), <www.bls.gov/cex/>.

A crise do neoliberalismo

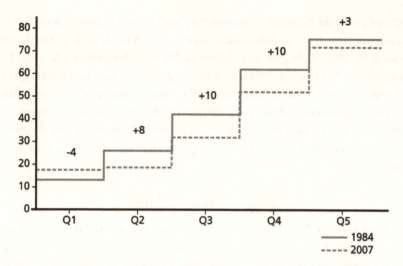

Gráfico 12.5 – Proporção das famílias norte-americanas com empréstimos hipotecários em várias faixas de renda em 1984 e 2007 (porcentagem). O eixo horizontal mostra a renda das famílias por quintil a partir do mais baixo até o mais alto.

atendiam aos requisitos tradicionais, geralmente famílias que já enfrentavam dificuldades nos seus pagamentos (provavelmente os segmentos inferiores das classes médias, como os quintis 20-40 e 40-60). Esses empréstimos são conhecidos como *subprimes* e hoje são famosos em todo o mundo[4].

O que é um empréstimo *subprime*? As hipotecas são geralmente definidas por referência a hipotecas *conformes* ou *de agência*, como garantido pela Administração Federal de Habitação, Fannie Mae e Freddie Mac (capítulo 13). Tomadores de empréstimos *subprime* são descritos por vários eventos específicos: (1) falta de pagamento por um ou dois meses no último ou nos dois últimos anos; (2) julgamento, execução de hipoteca, retomada de bem financiado ou lançamento na conta de provisão para devedores duvidosos no último ou nos dois últimos anos (gráfico 16.1, legenda); (3) cadastro ruim (Fico)[5]; (4) razão da amortização mais juros para renda superior a 50%; e assim por diante. "*Subprime*" é na verdade a categoria mais baixa numa hierarquia de empréstimos problemáticos, como Jumbo, Alt-A e *subprime*. "Jumbo" refere-se a grandes empréstimos, geralmente associados a residências luxuosas, um mercado de maior risco; Alt-A, uma abreviação

---

[4] Os mercados de crédito e imobiliário são fortemente discriminados, e essas discriminações tiveram o seu papel na onda de empréstimos *subprime*. Gary Dymski, *Discrimination in the Credit and Housing Markes: Findings and Challenges* (Riverside, CA, Universidade da California, 2009).
[5] Sigla da Fair Isaac Corporation, criadora do Fico.

de Título A-alternativo, carrega um risco maior que um título-A (outro nome de "título *prime*"), mas com risco menor que *subprime*. Muitos desses empréstimos eram hipotecas com cláusula de reajuste da taxa de juro, com risco iminente no caso do aumento das taxas de juro.

Em meados dos anos 2000, houve uma explosão de empréstimos de alto risco, a começar em 2004. Como mostrado na parte esquerda da tabela 12.1 (originação), empréstimos Alt-A e *subprime* representavam cerca de 12% do total originado em 2001, 11% em 2003 e, então subiu para 40% em 2006, um salto tardio mas dramático. (A parte direita da tabela será usada no capítulo 13.)

Para atrair tomadores para o endividamento, os emitentes de títulos se valiam de vários procedimentos ainda mais perigosos que as hipotecas reajustáveis. Um deles era a hipoteca "somente juros", em que os tomadores podem pagar apenas os juros, geralmente durante cinco ou dez anos. Ainda mais ousada era a "amortização negativa" ou "juros diferidos", em que os pagamentos podem ser inferiores aos juros, e a diferença é incorporada à dívida.

O salto nos preços das residências

O acesso comparativamente fácil a empréstimos alimentou o aumento dos preços das residências. O índice S&P/Case-Schiller de preços de imóveis é mostrado no gráfico 12.6, deflacionado pelo deflator do PIB, para a média do país e três cidades grandes. Entre o primeiro trimestre de 1996 e o primeiro de 2006, o índice subiu a uma taxa média anual de 6,7% acima do deflator do PIB.

O aumento de preços, por sua vez, aumentou a expansão dos empréstimos por três razões. Primeira, casas mais caras exigem mais empréstimos. Segunda, o valor mais alto das casas dadas em garantia permitiu novos empréstimos nos casos de refinanciamento, um procedimento conhecido como *cash-out*, em que os tomadores recebem dinheiro adicional. Terceira, os emprestadores veem no valor crescente dos imóveis uma garantia no caso de inadimplência. Pelo menos, nem emprestadores nem tomadores esperavam queda dos preços.

O declínio do mercado de habitação 2005-2006

Como mostrado no gráfico 12.7, o número de autorizações de construção culminou em setembro de 2005 em 2.263.000 unidades e caiu abruptamente, chegando a 1.381.000 em julho de 2007 e pouco menos de 500 mil em abril de 2009.

As vendas de casas prontas sofreram processo semelhante (tabela 12.2), culminando em 7.075.000 de unidades em 2005, antes de cair a 5.652.000 milhões em 2007, e a menos de 5 milhões em 2008. Uma queda ainda mais forte foi observada para casas novas. Simultaneamente, o estoque de casas a vender começou a subir

A crise do neoliberalismo

de pouco mais de 2,8 milhões para 4,6 milhões entre o final de 2005 e julho de 2008 (ou de 4,5 para 10,9 meses de vendas)[6].

Tabela 12.1 – Originação de hipotecas e emissão de TLAs: economia dos Estados Unidos (2001-2006, bilhões de dólares)

| | Originação |||||| Emissão de TLAs ||
| | Total | Subprime | Alt-A | Subprime + Alt-A || Subprime + Alt-A ||
	$ (a)	$ (b)	$ (c)	$ (d) = (b) + (c)	%/Total (e) = (d) / (a)	$ (f)	%/Originação (g) = (f) / (d)
2001	2.113	190	60	250	12	99	39
2002	2.773	231	68	299	11	176	59
2003	3.765	335	85	420	11	269	64
2004	2.600	540	200	740	28	521	70
2005	2.755	625	380	1.005	36	797	79
2006	2.520	600	400	1.000	40	814	81

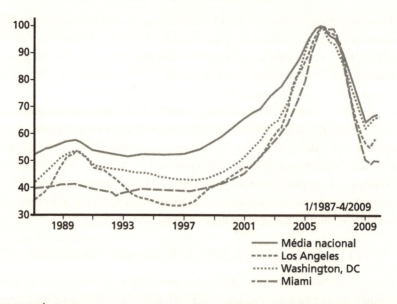

Gráfico 12.6 – Índices de preço de residências deflacionados pelo deflator do PIB (máximo da série = 100, por trimestre). Os quatro índices culminaram no primeiro ou no segundo trimestre de 2006.

---

[6] Associação Nacional de Corretores de Imóveis, Visão Geral de Preços e Vendas de Casas Prontas, 2009. Disponível em: <www.realtor.org/research/research/ehsdata>.

A segunda moratória: o *boom* imobiliário e seu colapso

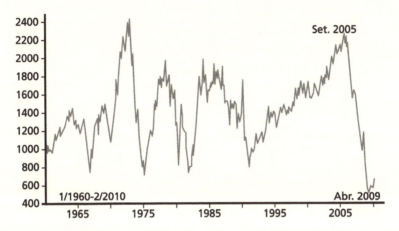

Gráfico 12.7 – Unidades residenciais privadas novas com autorização de construção: Estados Unidos (milhares, dados mensais anualizados).

Tabela 12.2 – Vendas de residências: famílias norte-americanas

	Vendas de residências unifamiliares (milhares de unidades)		Variação desde 2005 %	
	Residências existentes	Residências novas	Residências existentes	Residências novas
2004	6.723	1.200	–	–
2005	7.075	1.285	0,0	0,0
2006	6.478	1.051	- 8,4	- 18,2
2007	5.652	776	- 20,1	- 39,6
2008	4.912	482	- 30,6	- 62,5
2009	5.150	372	- 27,2	- 71,1
2010[a]	5.197	387	- 26,5	- 69,9

[a] Previsão de maio de 2010.

Essa não foi, de forma alguma, a primeira crise do mercado imobiliário nos Estados Unidos, mas foi sem dúvida a maior. O episódio anterior mais dramático desde 1960 foi a crise de 1973 (gráfico 12.7). Um aspecto específico da crise do mercado imobiliário após 2005 é ela ter vindo na esteira de um longo período de crescimento contínuo a partir de 1991. Ao contrário da crise de 1973, ela ocorreu num contexto de estabilidade do deflator do PIB.

O colapso dos preços de residências foi parte da queda geral desse mercado. Depois do máximo no início de 2006, observou-se um forte declínio dos preços de moradias (gráfico 12.6).

Capítulo 13
A ALIMENTAÇÃO DA ONDA DAS HIPOTECAS

A onda de hipotecas depois de 2000 e sua componente *subprime* tornou possível o *boom* habitacional, mas o aumento dos empréstimos teria sido impossível na ausência do apoio da securitização e do seguro contra a inadimplência, dois instrumentos financeiros cruciais. As duas categorias de mecanismos se expandiram enormemente em paralelo e sofreram transformações significativas ao longo da década. A atividade tradicional de Ginnie Mae e das EPGs (Fannie Mae e Freddie Mac) na emissão de TLHs foi suplementada pela nova geração de emitentes *private-label*. O negócio de fazer seguros contra inadimplência incentivou a atividade dos novos mercados aquecidos dos derivativos de *swaps* de risco de crédito SRCs.

Esses desenvolvimentos foram cruciais para a expansão da onda de hipotecas. Também foram componentes básicos do que o capítulo 9 denominou de "estrutura frágil e pouco funcional". Obviamente, esses instrumentos não se desenvolveram apenas porque eram necessários à continuação da trajetória dos Estados Unidos! Originação, securitização e seguro são todos negócios muito lucrativos.

Agências norte-americanas de securitização: uma perspectiva histórica

Os procedimentos contemporâneos de securitização são apenas o último episódio de uma longa história, cujas origens devem ser buscadas no tratamento da Grande Depressão, durante o New Deal e a guerra. A transformação completa desses mecanismos, originalmente sob estrito controle do governo, até a expansão dos emitentes *private-label* foi um importante fator da crise atual.

Em 1934, o Congresso aprovou a Lei Nacional de Habitação, para restaurar as condições prevalentes no mercado imobiliário e assim evitar colapsos futuros. A lei criou a Agência Federal de Habitação (FHA), encarregada de oferecer aos emprestadores proteção contra prejuízos. A Associação Federal Nacional de Hipotecas (Fannie Mae) foi fundada em 1938, a pedido do presidente Roosevelt. Era uma agência do governo que comprava empréstimos hipotecários dos bancos, oferecendo assim a eles dinheiro novo e multiplicando a sua atividade potencial. A Fannie Mae foi originalmente financiada pela emissão de títulos vendidos a investidores com a garantia do governo federal. Ela só comprava empréstimos segurados pela FHA.

Na década de 1960, iniciou-se um processo de reforma com o objetivo de aliviar o envolvimento do governo federal no apoio à atividade hipotecária dos bancos e retirar do orçamento federal a atividade da Fannie Mae. Em 1968, o capital da Fannie Mae foi aberto a investidores, e ela passou a ser uma EPG, uma corporação controlada por acionistas. Simultaneamente, o governo federal criou uma nova agência, a Associação Governamental Nacional de Hipotecas (Ginnie Mae), ampliando o compromisso assumido na Fannie Mae para programas específicos (tal como a habitação para veteranos).

Duas alterações importantes ocorreram em 1970. Primeira, a Ginnie Mae desenvolveu um novo procedimento, a securitização, emitindo TLHs. Segunda, uma nova entidade importante foi adicionada, com a criação da Corporação Federal de Empréstimos Hipotecários para Habitação (Freddie Mac). Seu status era semelhante ao da Fannie Mae, com o objetivo especial de proceder à securitização de empréstimos hipotecários (outros que não os feitos pela Ginnie Mae), juntando-se nessa atividade à Fannie Mae.

Há alguma ambiguidade com relação ao status legal dessas instituições e suas atividades. A Ginnie Mae é completamente controlada e garantida pelo governo e é conhecida como uma agência federal. Até setembro de 2008, a Fannie Mae e a Freddie Mac eram corporações privadas, com ações no mercado, mas sujeitas a regulação específica. As duas eram classificadas como EPGs. A situação das duas foi, novamente, alterada em 2008.

Esquecendo as condições prevalentes desde setembro de 2008, Fannie Mae e Freddie Mac, as maiores instituições, emitiram simultaneamente *securities*-padrão (ou títulos simples, ou seja, títulos que não são o resultado de securitização) e estão na origem dos *pools* de hipotecas que emitiam TLHs. Outras poucas EPGs, como os Bancos Federais para Empréstimos de Habitação (FHLBs) ou a Corporação Federal para Hipotecas Agrícolas, são também ativas no refinanciamento de originadores de hipotecas, ainda que muito menos importantes.

O gráfico 13.1 descreve a evolução da atividade geral dessas instituições (e de algumas poucas outras, bem menores) a partir da década de 1950. A primeira va-

A alimentação da onda das hipotecas

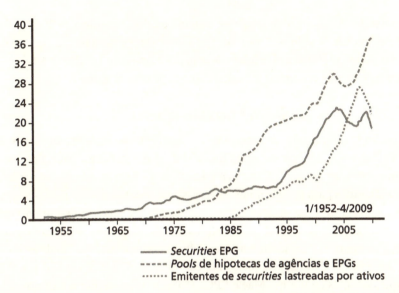

Gráfico 13.1 – *Securities* pendentes: títulos outros que não TLHs emitidos por EPGs, TLHs emitidos por Ginnie Mae e TLAs emitidos por emitentes *private-label* (porcentagem do PIB, por trimestre).

riável (———) é o estoque total de *securities*-padrão emitidas, como porcentagem do PIB. Pode-se notar o crescimento acelerado desse total a partir de 1993 até 2003, quando essas instituições foram objeto de sérios ataques. O percentual chegou ao máximo de 23% do PIB. A segunda variável (-----) mostra o saldo devedor dos TLHs emitidos pela Ginnie Mae e as EPGs. Em 1983, esse estoque tornou-se maior do que o total de títulos normais, crescendo enormemente. Culminou em 30% do PIB em 2003. O total de exigibilidades (títulos-padrão e TLHs) dessas instituições chegou a 53% do PIB em 2003 (que se compara, por exemplo, com os 136% para todos os ativos dos bancos e seguradoras norte-americanos, ou aos 132% dos ativos financeiros dos fundos mútuos e de pensão, gráfico 7.1).

Uma nova legislação (principalmente a Lei de Reinvestimento Comunitário [LRC] de 1977) induziu a Fannie Mae e a Freddie Mac a mudar as condições em que apoiavam a originação de hipotecas, com o objetivo de colocar os empréstimos ao alcance de um número maior de pessoas. O objetivo era dar fim à discriminação contra os bairros de renda baixa ou moderada, em particular as comunidades negras. Outras leis, como a Lei Federal de Segurança e Solidez das Empresas de Habitação, de 1992, exigiu que a Fannie Mae e a Freddie Mac dedicassem um percentual dos seus contratos a apoiar esses empréstimos. Esses programas desenvolveram-se gradualmente até os anos 2000 e provavelmente foram responsáveis por parte das perdas que se seguiram durante a crise. Em julho de 2008, a Fannie Mae e a Freddie Mac foram colocadas sob intervenção da Agência Federal de Financiamento Imobiliário (FHFA) e seu papel aumentou (gráfico 13.1 [-----]) e provavelmente vai continuar aumentando nos próximos anos.

Emitentes private-label *de TLA*

Iniciando em meados dos anos 1980, a securitização se desenvolveu nos Estados Unidos em outras corporações financeiras que não Fannie Mae, Freddie Mac e Ginnie Mae. As frases "TLAs *private-label*" e "TLAs não agência" são alternativamente usadas para se referir aos TLAs assim emitidos.

A explosão de securitização por emitentes *private-label* é ilustrada no gráfico 13.1, onde a terceira variável (······) explica o total de TLAs assim emitidos. Após 2000, eles continuaram a aumentar em ritmo acelerado, até o final de 2007, ou seja, até o início da crise. Naquele ano, elas chegavam a 27% do PIB e a 87% do estoque de TLHs da Ginnie Mae e EPGs (53% do total de TLHs e títulos simples das duas instituições).

A securitização dos empréstimos hipotecários é o componente mais importante da emissão geral de TLAs por emitentes *private-label*, o que está mostrado na tabela 13.1. (A tabela 13.1 mostra os fluxos anuais, e não as quantias totais devidas do gráfico 13.1.) Em 2006, dos US$ 1,69 trilhão da emissão *private-label* de TLAs nos Estados Unidos, as hipotecas e empréstimos garantidos pela residência do tomador chegaram a US$ 1,32 trilhão (inclusive US$ 160 bilhões de empréstimos *subprime*). Todos os componentes (TLHs públicos, *subprimes*, empréstimos garantidos pela residência do tomador [EGRs] e títulos lastreados em hipotecas comerciais [TLHC]) aumentaram continuamente a partir de 2000. Pode-se notar, em particular, o valor extremamente alto e a enorme taxa de crescimento dos empréstimos garantidos por residência, que chegaram a US$ 380 bilhões em 2006, ou seja, dez vezes mais que em 2001.

Ano após ano, a ampla maioria dos empréstimos Alt-A e *subprime* foi securitizada, o que está mostrado na tabela 12.1, cujas duas colunas da direita (Emissões de TLAs) exibem as quantias totais securitizadas para as duas categorias de empréstimos. Em 2001, 39% dos empréstimos *subprime* e Alt-A já eram securitizados, mas em 2006 esse percentual chegou a 81%!

A emissão de TLHs foi uma fonte significativa de lucros. Considerando-se apenas os bancos norte-americanos segurados pela FDIC, a renda líquida de securitização representava cerca de 12% da renda exclusive juros em 2006[1]. Foram

---

[1] Federal Deposit Insurance Corporation, Quarterly Banking Profile (Washington, DC, FDIC, 2008).

Tabela 13.1 – Securitização *private-label*: emissão anual dos Estados Unidos (bilhões de dólares)

	2000	2001	2002	2003	2004	2005	2006	2007
Hipotecas e EGRs		315	438	627	860	1.243	1.321	908
TLHs Públicas	66	143	214	297	329	540	566	436
Hipotecas *subprime*		61	78	104	171	175	161	205
EGRs		37	95	139	261	354	380	32
TLHs Comerciais	49	74	52	86	99	174	214	236
Outros		234	241	262	258	346	366	357
Cartões Crédito		70	73	67	51	67	75	93
Empréstimos Carro (prime)		48	56	52	41	56	52	38
Outros TLAs		117	111	142	166	224	240	226
Total	390	549	679	888	1.118	1.589	1.687	1.266

EGRs: Empréstimos Garantidos pela Residência
TLHs públicas: registrados na Comissão de *Securities* e Câmbio (SEC)

também um mecanismo muito eficiente destinado a proteger os originadores das inadimplências esperadas.

Antes da crise, TLAs foram um componente importante do total de títulos pendentes. Isso está mostrado na tabela 13.2, que dá uma visão sintética do total de títulos pendentes na economia norte-americana no final de 2007. Para quatro setores, ela distingue entre os estoques de títulos comuns e TLAs. De um total de US$ 24,5 trilhões, as TLAs chegaram a US$ 8,35 trilhões, ou seja, cerca de um terço.

A explosão tardia das obrigações caucionadas de dívida

Tal como os TLAs em geral, as OCDs, emitidas por uma categoria específica de veículos, desempenharam um papel central na crise financeira e hoje são bem conhecidas, embora algumas tecnicidades dos OCDs sejam um tanto enganosas (quadro 13.1).

Qual a razão de instrumentos tão sofisticados? Por várias razões reguladoras básicas, as *securities* emitidas por emitentes de TLAs são geralmente vendidas aos bancos, companhias de seguro e fundos mútuos e de pensão, que não investiriam em *securities* de tão baixa classificação de risco, particularmente quando a contrapartida inclui uma fração significativa de empréstimos *subprime*. Foi quando os OCDs subiram ao palco. Antes da crise, quando empréstimos *subprime* se acumulavam, os OCDs operavam como transformadores de *pools* de ativos duvidosos em investimentos de baixo risco, pois se supunha que os investidores que controlavam as classes preferenciais não corriam praticamente nenhum risco de inadimplência. Assim, pilhas enormes de empréstimos não *prime* e títulos sem valor se transformavam em investimentos quase-AAA. Simultaneamente, o risco se concentrava nas classes não preferenciais compradas por investidores atraídos por juros mais altos, em geral *hedge funds*. Com essa mágica, cestas enormes de empréstimos duvidosos foram vendidos em todo o globo.

Tabela 13.2 – Saldo devedor total de títulos: economia norte-americana (final de 2007, trilhões de dólares)

Setores	Títulos simples	TLAs	Total
SETORES NÃO FINANCEIROS			
Governo	*Securities* do Tesouro / *securities* municipais 7,29		7,29
Corporações não financeiras	Títulos corporativos 3,56		3,56
SETORES FINANCEIROS			
Ginnie Mae, EPGs	*Securities* de dívida 2,91	*Pools* de hipotecas emitidas por agência e EPGs 4,46	7,37
Outras	Títulos corporativos 2,39	Emitentes de TLAs 3,89	6,28
TOTAL	16,14	8,35	24,50

Quadro 13.1 – Securitização: uma variedade de instrumentos

Este quadro suplementa a primeira definição de securitização no quadro 7.1. Existe uma variedade de TLAs conforme (1) as peculiaridades da entidade (um "veículo") em que as *securities* são emitidas e (2) a natureza dos ativos usados como caução. Uma categoria importante são os títulos de securitização lastreados em hipotecas (TLHs), sejam as comerciais (TLHCs), sejam os títulos lastreados em hipotecas residenciais (TLHRs).

Os títulos emitidos podem ser classificados hierarquicamente em várias subcategorias, chamadas "tranches" ("fatias", em francês). Quando o fluxo de caixa (juros e amortizações pagos sobre empréstimos e *securities*) chega ao veículo, as *tranches* superiores (sênior) são pagas primeiro, e assim por diante, gradualmente, até as mais baixas, as *tranches* juniores. Obviamente, as taxas de juro são mais baixas para as preferenciais do que para as outras.

→ Vale a pena saber que a terminologia não é uniforme entre as várias fontes que oferecem dados relativos a esses instrumentos. Quando uma nova categoria é introduzida, o termo genérico anterior é geralmente usado para fazer referência a uma categoria "outros". Assim, TLAs podem se referir a todos os tipos de título lastreado em ativo ou a subconjuntos específicos. A mesma convenção é usada neste texto, sempre que os significados forem óbvios.

Uma importante categoria dessas *securities* são as OCDs. Os títulos emitidos são divididos em *tranches*. Os ativos dados em garantia podem ser empréstimos ou *securities*, possivelmente TLAs[I]. No primeiro caso, os títulos são chamados obrigações caucionadas de empréstimos (OCEs).

[I] Obrigações caucionadas em títulos são especializadas em *junk bonds*; os ativos de OCDs TLA são TLAs; os dos OCDs *squared* (OCDs lastreadas, entre outras, em OCDs) são OCDs, e assim por diante.

A explosão de emissões de TLAs depois do ano 2000

Apesar de o papel desempenhado pelos Estados Unidos ter sido central, o aumento da securitização *private-label* após o ano 2000 foi um fenômeno global. Os números na tabela 13.3 refletem a emissão anual, no mundo e nos Estados Unidos, entre 2000 e 2008, distinguindo entre OCDs e outras TLAs.

Uma primeira observação direta é o grande aumento na emissão global de TLAs. Em 2006, antes da crise, a emissão total de TLAs (OCDs, TLHs e outros TLAs) atingiu US$ 2,65 trilhões, comparados a US$ 560 bilhões em 2000, uma multiplicação por um fator de quase cinco em seis anos. Com relação aos últimos anos, pode-se notar que, nos Estados Unidos, a taxa de aumento da emissão de TLAs começou a decrescer em 2006 (uma taxa de crescimento de 6%, comparada a um aumento de 42% entre 2004 e 2005), enquanto a emissão se expandia rapidamente no resto do mundo, ainda que partindo de um nível muito mais baixo. O gráfico 13.2 mostra (———) o perfil da emissão dos TLHs não agência (emissões mensais), uma ilustração dramática da explosão desses mecanismos depois do ano 2000, que espelha as tendências introduzidas no capítulo 7.

O perfil de emissão de OCDs no mundo é muito específico e informativo. O gráfico 13.2 (-------) mostra o enorme aumento tardio, com início em 2005, até a crise. Com relação às emissões nos Estados Unidos e no mundo, o gráfico 13.2

confirma que os OCDs contribuíram muito para a expansão da securitização nos últimos anos, pouco antes da crise, quando já se confirmava a redução do investimento residencial e se acumulavam as hipotecas *subprime*.

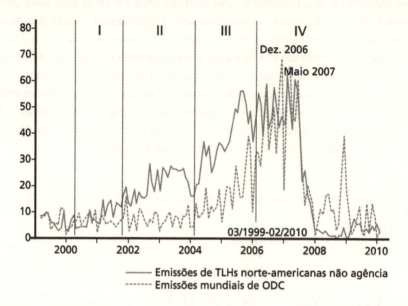

Gráfico 13.2 – Emissões de TLHs private-label (não agência) norte-americanas e total de OCDs no mundo (bilhões de dólares, por mês). Dados mensais são usados em vez dos anuais, como na tabela 12.3.

Swaps *de inadimplência de crédito*

O seguro contra inadimplência de crédito por empresas privadas tornou-se uma atividade importante, paralela ao aumento da securitização e dos empréstimos de risco. Os principais instrumentos do seguro contra a inadimplência de crédito são os *swaps* de inadimplência de crédito. Embora o mercado de SICs não seja de forma alguma o maior componente dos mercados derivativos, seu volume e seu crescimento são fascinantes. Enquanto, no final de 2004, a dívida total segurada (o valor nominal dos SICs) chegou a US$ 640 bilhões, esse total chegou a US$ 58 trilhões (quase 100 vezes mais) no final de 2007, mais uma ilustração impressionante da explosão de mecanismos durante aqueles anos[2]. (O gráfico 7.4 mostra o total pendente do valor bruto de mercado de SICs de balcão.)

---

[2] Banco de Compensações Internacionais, Semianual OTC Derivative Markets Statistics (Basileia, BIS, 2008).

Tabela 13.3 – Securitização *private-label*: emissão no mundo (bilhões de dólares)

	2000	2001	2002	2003	2004	2005	2006	2007	2008
TLAs Mundo	488	687	825	1.108	1.358	1.938	2.200	1.845	1.192
TLAs Estados Unidos	390	549	679	888	1.118	1.589	1.687	1.273	188
TLAs não Estados Unidos	98	138	146	220	240	349	512	571	1.004
OCDs Mundo	79	80	88	83	128	241	445	421	156
Total	566	767	913	1.190	1.486	2.179	2.645	2.266	1.348

O seguro de dívida é, ou foi antes da crise, oferecido por instituições (como Ambac e Seguro de Investimento em Títulos Municipais [MBIA]), conhecidas como "seguradoras monolinha", cuja principal atividade são os SICs, companhias de seguro (como o American International Group [AIG]), bancos e *hedge funds*. SICs eram originalmente contratos entre seguradores e os possuidores de dívidas (empréstimos ou *securities*), mas tornaram-se instrumentos importantes nos mercados derivativos de balcão, onde os SICs são comercializados, ou seja, vendidos, comprados e revendidos. SICs são instrumentos especulativos importantes. São geralmente contratados para dívidas que não são controladas por agentes que esperam a redução do valor do título segurado (o que permitiria a sua compra por um preço mais baixo e, no caso de inadimplência, recebendo o benefício de uma proteção pelo preço favorável contratado anteriormente). Uma consequência é que o valor nominal total dos SICs pendentes é muito mais alto que a dívida segurada.

Sob esse aspecto, é interessante a comparação dos US$ 58 trilhões mencionados, o valor nominal dos SICs em 2007, com a dívida pendente de todos os setores não financeiros norte-americanos, ou seja, famílias, governo e empresas não financeiras. Esse total chegou a US$ 31,7 trilhões em 2007. Os dois números ilustram claramente o excesso a que pode levar a dinâmica dos mercados (financeiros) livres.

Capítulo 14
A PERDA DO CONTROLE DO LEME EM TEMPOS DE TEMPESTADE

As autoridades financeiras não observaram passivamente o *boom* habitacional, a onda de hipotecas e a explosão dos mecanismos financeiros. Mas, dada a propensão à desregulação, a política monetária foi o único instrumento na tentativa tardia de conter o aumento da dívida das famílias e a loucura financeira (quadro 14.1). Essa política se manifestou no aumento gradual das taxas dos Fundos Federais tão logo se obteve a recuperação da recessão de 2001. A tentativa fracassou.

Também é importante que se entenda que não havia panaceia numa política suscetível de impactar as taxas de longo prazo para resolver o problema do período. Se o Federal Reserve tivesse interrompido prontamente o aumento das hipotecas, a crise teria chegado mais cedo, mas sua amplitude poderia ter sido reduzida. Não havia nenhuma saída elegante. Mas o Federal Reserve perdeu o controle do leme no meio de uma tempestade financeira, um desenvolvimento muito infeliz e objeto de queixa por parte do então presidente Alan Greenspan.

O fracasso da política monetária

Três categorias de problemas combinaram seus efeitos para reduzir a eficácia da política monetária. A primeira envolve um aspecto central de macrodinâmica durante o período, o efeito da eficácia reduzida do crédito como macroestabilizador, discutido no capítulo 11. O endividamento crescente das famílias tornou-se um apoio necessário à atividade macroeconômica. O capítulo 11 atribuiu esse fenômeno às características da trajetória da economia norte-americana (os desvios distribucionais e de livre mercado). A dívida do governo poderia ter sido uma alternativa ao endividamento das famílias, mas isso não estava na agenda. O segundo problema foi o contexto geral de desregulamentação e a ascensão dos emitentes *private-label*. Se a securitização tivesse continuado sendo monopólio de agências ou EPGs, como durante as primeiras décadas do pós-guerra, teria sido muito mais fácil controlar esses mecanismos, desde que existisse a disposição de fazê-lo. As consequências desses problemas se multiplicaram por uma terceira dificuldade, a capacidade reduzida de o Federal Reserve impactar as taxas de juro de longo prazo no contexto prevalente de globalização e inovação financeira. O Banco Central norte-americano, inoportunamente, mas não coincidentemente, perdeu uma parte considerável do seu poder de impactar as taxas de juro de longo prazo, e o movimento na direção de uma política monetária mais estrita falhou.

As seções a seguir tratam dos detalhes desses mecanismos.

Quadro 14.1 – Política monetária

A política monetária se refere a um conjunto de mecanismos pelos quais o banco central, motivado por vários objetivos, modifica as condições segundo as quais os empréstimos são oferecidos aos agentes econômicos, impactando, assim, os níveis de demanda (consumo e investimento) e produção da economia. ("Política monetária" é, de certo modo, um nome incorreto para "política de crédito".) Os objetivos da política monetária são a estabilização da macroeconomia (a limitação dos aquecimentos e recessões, e a luta contra o desemprego) e o controle da inflação. No neoliberalismo a prioridade é dada à estabilidade de preços[I].

O instrumento básico é a taxa de juro cobrada pelo banco central nos seus empréstimos às instituições financeiras. Nos Estados Unidos, o Federal Reserve ajusta uma "taxa alvo" e as transações são finalmente executadas pelo que é conhecido como taxa dos Fundos Federais. A manipulação dessa taxa altera a capacidade dos bancos de emprestar aos agentes que estão na origem da produção e da demanda.

A diferença entre taxas de juro de longo e de curto prazo é importante. Nos Estados Unidos, o impacto das políticas do Federal Reserve sobre as taxas de juro de curto prazo que os bancos cobram dos tomadores de empréstimos

---

[I] Outra função do banco central (possivelmente suplementada por outras instituições) é o controle da atividade do setor financeiro.

é imediato[II] e intrinsecamente impacta as decisões tomadas pelos agentes econômicos (geralmente empresas em busca de liquidez). Uma alavanca da política monetária é, entretanto, a capacidade de influenciar diretamente as taxas de juro de longo prazo, principalmente as que são cobradas nos empréstimos hipotecários, o principal canal pelo qual a política monetária afeta a demanda final (com efeitos sobre os investimentos residenciais e sobre o consumo em sentido estrito).

Existem duas condições básicas para a eficácia da política monetária. Primeiro, deve haver uma demanda por empréstimos na economia. Sob condições normais esse requisito é cumprido. Se a busca por empréstimos é temporariamente muito baixa ou lenta, o governo deve intervir como "tomador último", como se dá na política fiscal. Um segundo requisito é um sistema de crédito muito "saudável". Na condução da política monetária, o sistema de crédito opera como uma "correia transmissora", já que o banco central financia as instituições financeiras, principalmente os bancos, que por sua vez emprestam aos agentes econômicos na origem dos fluxos de demanda. Consequentemente, uma crise bancária pode tornar a política monetária ineficaz, como se deu no início da década de 1930 ou na crise atual. Quando a correia de transmissão está quebrada ou frouxa, os créditos se contraem no que é chamado de "arrocho de crédito".

[II] Desde o final de 1992, as taxas de juro de curto prazo dos empréstimos bancários para as empresas (taxas preferenciais) são iguais à taxa de Fundos Federais mais três pontos percentuais.

Política monetária após 2000

Na análise da política do Federal Reserve, vale a pena voltar à periodização discutida no capítulo 12, baseada nos altos e baixos da taxa de crescimento do PIB. As variações da taxa de Fundos Federais, no gráfico 14.1, seguem muito de perto a sequência das quatro fases:

1. *Corte da taxa de juro (fase I)*. Claramente foi muito difícil para o Federal Reserve interromper o declínio da taxa de crescimento, apesar de as taxas nominais de juro de curto e longo prazo serem baixas em comparação com as vigentes nas duas décadas anteriores. A ação dramática do Federal Reserve ao cortar suas taxas é bem conhecida e claramente evidente no gráfico 14.1. O pequeno aumento no final da década de 1990 reverteu-se repentinamente.

2. *Manutenção de baixas taxas de juro (fase II)*. A taxa de Fundos Federais foi mantida em valor baixo, em um platô de um ano entre junho de 2003 e junho de 2004 em 1% nominal. Após a correção do efeito da inflação, valores negativos prevaleceram durante quase três anos. Assim, se obteve um estímulo excepcionalmente forte. Durante essas duas primeiras fases outras taxas de juro de curto prazo (······· no gráfico 4.2) diminuíram paralelamente, bem como as taxas das hipotecas reajustáveis (······· no gráfico 14.1).

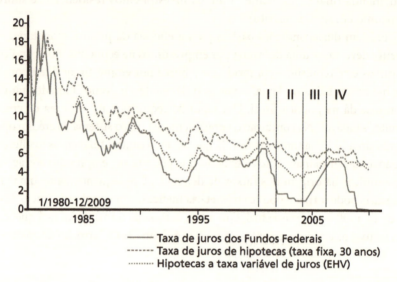

Gráfico 14.1 – Taxas de juro: economia dos Estados Unidos (taxas nominais em %, por mês).

3. *Aumento das taxas de juro (fase III)*. Durante esse período, as taxas de crescimento se estabilizaram e a taxa de Fundos Federais aumentou gradualmente de 1% para 5,25% em dezessete passos ascendentes de 0,25% cada entre junho de 2004 e junho de 2006. O problema foi o aumento muito limitado das taxas de hipotecas de taxa fixa e o aumento simultâneo dos empréstimos hipotecários.

4. *Manter e depois reduzir fortemente as taxas de juro (fase IV)*. A começar do primeiro trimestre de 2006, quando os primeiros sinais da crise que estava por vir se manifestaram, o Federal Reserve continuou sua política de altas taxas de juro. No terceiro e quarto trimestres de 2007, a taxa de Fundos Federais foi finalmente reduzida como resposta ao colapso do mercado interbancário de crédito, sinalizando a explosão da crise financeira no início de agosto (de 5,25% para 4,75% durante o terceiro trimestre de 2007 e para 4,25% durante o trimestre seguinte). Então a taxa de Fundos Federais caiu até quase zero.

A capacidade reduzida de impactar as taxas de longo prazo

Depois de 2000, o efeito potencial da política monetária sobre o nível geral de atividade foi prejudicado pela capacidade reduzida do Federal Reserve de influenciar as taxas de juro de longo prazo. Esse infortúnio da política monetária se manifestou pela primeira vez durante uma tentativa de conter a contração da produção durante as fases I e II, e, numa extensão ainda maior, na tentativa posterior de conter o endividamento crescente quando prevaleceu a recuperação na fase III.

Isso fica evidente no gráfico 14.1 com relação às hipotecas de taxa fixa de juro. Antes da fase I, as taxas se moviam em conjunto. Durante as fases I e II, a taxa de Fundos Federais foi dramaticamente reduzida com impacto muito pequeno sobre as hipotecas de taxa fixa de juro (-----). Pode-se também notar que o pequeno decréscimo dessas taxas no início da fase I ocorreu na verdade antes da redução das taxas de Fundos Federais, e que nenhum impacto da taxa de Fundos Federais é evidente durante as fases III e IV associado às hipotecas de taxa fixa de juro.

A situação relativa às hipotecas de taxa variável (EHVs) foi substancialmente diferente. Houve o impacto da taxa dos Fundos Federais sobre o custo daqueles empréstimos. As taxas de juro nos empréstimos hipotecários de taxa variável (·······) variaram muito mais em paralelo com a taxa de Fundos Federais. Mas o custo crescente dos EHVs não foi suficiente para interromper a tendência geral crescente do volume de hipotecas. De janeiro de 2003 até março de 2005, o percentual de EHVs na originação total de empréstimos hipotecários cresceu de 20% até o máximo de 46%, mas em setembro de 2007 já tinha caído para 9%[1]. O pico veio durante o período em que o Federal Reserve aumentou suas taxas. Houve na verdade um desvio para as hipotecas de taxa fixa que solapou o efeito potencial da política do Federal Reserve.

De modo geral, o Federal Reserve perdeu o controle das taxas de juro de longo prazo e, então, dos fluxos de crédito (quadro 14.2). O gráfico 10.6 confirma que a dívida das famílias cresceu de maneira estável independentemente da atuação do Federal Reserve.

A responsabilidade pelo boom financeiro global

Na estrutura tradicional que governava os empréstimos hipotecários após a Segunda Guerra Mundial, a capacidade dos originadores de crédito de oferecer novos empréstimos dependia muito do apoio da agência de securitização e dos níveis da taxa dos Fundos Federais. Com o neoliberalismo, a securitização *private-label* –

---

[1] Freddie Mac, Primary Mortgage Market Survey (Tysons Corner, Freddie Mac, 2008).

não sujeita à mesma estrutura regulatória e com o benefício dos novos desempenhos associados às OCDs (a capacidade de transformar empréstimos de alto risco e *junk bonds* em títulos AAA e vendê-los) – permitiu aos originadores de crédito refinanciar sua atividade o quanto fosse necessário. Os financiadores passaram gradualmente a sofrer menos restrições por uma possível redução de liquidez em resultado de políticas monetárias mais apertadas. Ademais, *securities* reunidas nos veículos eram vendidas a taxas de juro de longo prazo que prevaleciam no resto do mundo, independentemente das políticas do Federal Reserve. Aparentemente esses mecanismos não tinham limite.

A dificuldade de vender novas *securities* emitidas poderia ter definido limites à nova autonomia do setor financeiro em relação ao Federal Reserve, mas, dado o déficit externo dos Estados Unidos, o resto do mundo passou a receber grandes fluxos de dólares e estava em busca de investimentos financeiros. Essa enorme disponibilidade de recursos reduziu a capacidade do Federal Reserve de impactar as taxas de juro de longo prazo e os fluxos de crédito.

É difícil determinar exatamente que porcentagem de TLAs foi comprada por estrangeiros. O gráfico 14.2 mostra a porcentagem crescente de todos os títulos (TLAs e títulos comuns) recém-emitidos nos Estados Unidos (como no gráfico 12.4), comprados pelo resto do mundo. É evidente uma tendência de crescimento a partir do início da década de 1990, com uma forte aceleração depois de 2002, e esse percentual chegou a 84% no segundo trimestre de 2007, pouco antes de a crise estourar. Mas isso vale para todos os títulos. Uma boa aproximação da proporção das compras dos produtos de securitização norte-americana pelo resto do mundo aponta para cerca de metade.

Quadro 14.2 – A estranha dinâmica das taxas de juro durante os anos 2000-2009

Várias observações no capítulo anterior e neste indicam a estranha dinâmica das taxas de juro nos Estados Unidos e no resto do mundo durante a década anterior à crise. O gráfico 4.2 enfatiza o aumento repentino das taxas de juro de longo prazo no final dos anos 1970, no "golpe de 1979", e o declínio posterior após 2000. O gráfico 9.1 mostra a convergência gradual das taxas de juro reais de longo prazo em vários países. Este capítulo enfatiza a dificuldade enfrentada na condução de política monetária – a capacidade reduzida do Federal Reserve de controlar as taxas de juro de longo prazo. Pode-se supor que esses vários mecanismos estão relacionados – um objeto de queixa da parte de Alan Greenspan.

> A explicação de Greenspan para a queda das taxas de juro reais depois do ano 2000 é o excesso de poupança em todo o mundo, basicamente o mesmo argumento oferecido por Ben Bernanke em 2005 (quadro 11.1). Mesmo que a China não seja mencionada explicitamente, o país está em todas as mentes. Estranhamente, não se faz referência ao Japão, um país que aparentemente deu grande contribuição ao *carry trade*, já que o yen era uma das moedas financiadoras favoritas, dado o baixo nível das taxas de juro no país. Nesse caso particular, não foi o excesso de poupança o que criou essas circunstâncias, mas a conjuntura recessiva no país e a explosão da globalização dos mecanismos financeiros. Seriam necessárias mais pesquisas para determinar se esses mecanismos financeiros globais são realmente a causa da convergência das taxas de juro como mostra o gráfico 9.1. Se fosse verdade, esse mecanismo poderia explicar a nova tendência decrescente das taxas de juro como o resultado de tendências prevalentes em todo o mundo (sejam elas o resultado de comportamentos de poupança ou das práticas dos bancos) serem importadas para os Estados Unidos.
>
> Como mostrado no gráfico 4.2 para os Estados Unidos, taxas de juro de curto prazo tendem a flutuar em torno das taxas de longo prazo, às vezes com períodos significativos de desvio. Essa relação é importante para a eficácia da política monetária, pois os bancos impactam diretamente as taxas de curto prazo e só indiretamente as de longo prazo. Levadas ao extremo, as novas circunstâncias globais resultariam numa relação inversa entre as dinâmicas das taxas de curto e de longo prazo, tendo o banco central de adaptar suas taxas de curto prazo aos movimentos das taxas de longo prazo impostas de fora.

As consequências da globalização financeira para a eficácia da política monetária foram grandes (conforme a análise do capítulo 9). O refinanciamento pela emissão de TLAs era fácil demais, com uma grande demanda no resto do mundo. A começar de meados de 1998, as taxas de juro nos principais países capitalistas convergiram (gráfico 9.1), confirmando a globalização dos mecanismos financeiros. Sejam quais forem os mecanismos exatos, essas observações indicam a redução da dependência das instituições financeiras das políticas dos seus próprios bancos centrais.

Diagnóstico e conhecimento de Alan Greenspan

Alan Greenspan conhecia bem o novo comportamento autônomo das taxas de longo prazo. Preocupava-se, em particular, com o fato de essas não responderem como esperado ao aumento da taxa de Fundos Federais na esteira da recuperação da recessão de 2001, quando sua política manifestou uma determinação de controlar o *boom* de crédito. Em julho de 2005, ou seja, por volta da metade da fase III, quando o Federal Reserve já tinha aumentado suas taxas por um ano sem nenhum impacto significativo sobre as taxas de longo prazo, Greenspan mencionou esse desenvolvimento inexplicável em testemunho diante do Comitê de Serviços Financeiros da Casa de Representantes: "A queda nas taxas de longo prazo é especialmente surpreendente dado o aumento da taxa de Fundos Federais no mesmo período. Esse padrão claramente não tem precedente na nossa experiência"[2].

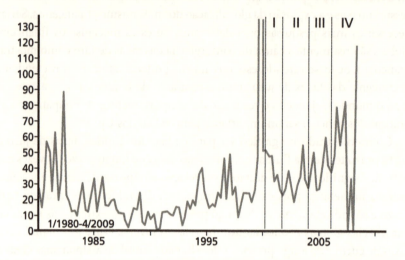

Gráfico 14.2 – Parcela da emissão de títulos norte-americanos comprados pelo resto do mundo (porcentagem da emissão total, por trimestre). No quarto trimestre de 1999, o percentual chegou a 597%. Essa observação foi deletada, assim como as observações do terceiro trimestre de 2008 em diante, por causa de emissões totais negativas ou muito pequenas.

Greenspan oferece alguns detalhes da sequência de eventos, principalmente a forma como os mercados originalmente reagiram da maneira padronizada por causa do aumento da taxa de Fundos Federais, e como, em dois casos, essa política pareceu produzir o resultado esperado, mas finalmente fracassou. Ele tem consciência do impacto da globalização, mas confessa que não tem nenhuma explicação bem estabelecida para a tendência decrescente das taxas de juro. Primeiro,

---

[2] Alan Greenspan, Federal Reserve Board's Semianual Monetary Policy Report to the Congress (Washington, DC, Federal Reserve Board, 20 de julho de 2005), <www.federalreserve.gov/boarddocs/hh/2005/february/testimony.htm>.

sua interpretação indica as expectativas favoráveis de longo prazo dos mercados, uma linha de argumento autoelogiosa e não convincente. Segundo, ele se refere ao equilíbrio entre poupança mundial e investimento num mercado cujo equilíbrio é assegurado pela flexibilidade de um preço específico, as taxas de juro de longo prazo, uma linha de argumento de puro caráter neoclássico neoliberal. A chamada poupança de estrangeiros oferecia um grande suprimento de crédito mundial, deprimindo as taxas de juro de longo prazo, a despeito dos esforços de Greenspan. Essa linha de argumento ecoa diretamente a abundância de poupança global de Ben Bernanke, como no quadro 11.1.

O outro instrumento nas mãos do Federal Reserve era a re-regulamentação, mas as tendências vigentes eram favoráveis à desregulamentação (capítulo 9). A despeito do compromisso inabalável de Greenspan com a economia de livre mercado, o resultado final dessa política de juros puros por parte do Federal Reserve não foi a esperada aterrissagem suave, mas a explosão da crise do *subprime*[3]. Na crise, Greenspan reconheceu que, na realidade, estava errado: "Cometi o erro de admitir que o interesse próprio das organizações, especificamente os bancos, é tal que eles seriam os mais capazes de proteger os acionistas e o capital próprio nas empresas"[4].

Uma defesa tardia e surpreendente da análise de Keynes.

---

[3] Contrariamente à afirmativa de John Taylor, é difícil atribuir a responsabilidade pela crise a Alan Greenspan com relação à sua administração das taxas de juro. *Getting off Track: How Government Actions and Interventions Caused, Prolonged, and Worsened the Financial Crisis* (Stanford, Hoover Press, 2009). Greenspan preferiu sustentar a macroeconomia norte-americana no curto prazo. Se a taxa de Fundos Federais tivesse sido fortemente aumentada antes do que o foi, a economia dos Estados Unidos não teria se recuperado da recessão, ou a recuperação teria sido muito fraca. Não havia nenhuma saída direta. Uma opção seria uma política monetária de estímulo, acompanhada por certo grau de regulação dos mercados hipotecários e de securitização. É aí que estaria envolvida mais diretamente a responsabilidade de Greenspan, pois essas práticas estavam em desacordo com suas opiniões relativas à autodisciplina dos mercados. Mas o caminho era estreito.

[4] Resposta ao congressista Henry Waxman, do Comitê de Supervisão e Reforma do Governo em 23 de outubro de 2008.

Parte VII
CRISE FINANCEIRA: TEMPESTADE NO CENTRO, CAPITALISMO GLOBAL ABALADO

A parte VI mostrou como o aumento do investimento em habitação tirou a macroeconomia dos Estados Unidos da recessão de 2001, como as hipotecas foram apoiadas pela securitização e pelo seguro contra inadimplência, e como o Federal Reserve, comprometido com a desregulamentação, perdeu a capacidade de controlar as taxas de juro de longo prazo e de moderar a expansão dos empréstimos.

A parte VII avança mais um passo. Ela mostra como a queda da onda hipotecária desestabilizou a frágil estrutura financeira global. Contudo, seu principal objeto é a crise propriamente dita, ou seja, o colapso subsequente do setor financeiro e a consequente contração da atividade nos Estados Unidos e em todo o mundo.

Parte VII
CRISE FINANCEIRA: TEMPESTADE NO CENTRO, CAPITALISMO GLOBAL ABALADO

Capítulo 15
UM PROCESSO GRADUAL

A explosão da crise é datada oficialmente na quebra do mercado interbancário em agosto de 2007. A importância dessa data na dinâmica geral da crise é óbvia, mas ela não marcou nem o início nem o fim do que originalmente foi chamado de "crise do *subprime*". A carta de agosto de 2007 do Banco do Federal Reserve de Chicago (o Chicago Fed) declara: "Não acreditamos que os problemas das hipotecas *subprime* se espalhem para o resto do mercado de hipotecas nem para a economia em geral"[1]. Mas eles se espalharam.

O período coberto aqui inclui esse evento inicial, mas é muito mais longo. Vai do estágio final do *boom* da habitação e o declínio que se seguiu – do final de 2005 e início de 2006 – até o final de 2009. Os últimos meses de 2008 se destacam como um episódio crucial, quando o caráter global da crise financeira se tornou evidente e teve início em muitos países a contração da produção.

O objetivo deste capítulo é introdutório. Ele resume a cadeia geral de acontecimentos. "Setor financeiro" significa aqui um setor privado, por oposição ao Federal Reserve e ao Tesouro, considerados ambos instituições centrais. Mas a essas duas instituições é preciso acrescentar as agências federais e as EPGs, especificamente Fannie Mae e Freddie Mac, sob controle do governo durante o período considerado. (A expressão "agências federais" é usada aqui e nos capítulos seguintes para se referir à Fannie Mae, à Freddie Mac e à Ginnie Mae.)

---

[1] Sumit Agarwal e Calvin T. Ho, "Comparing Prime and Subprime Mortgage Markets", Chicago Fed Letter, agosto 2007. Disponível em: <www.chicagofed.org/digital_assets/publications/chicago_fed_letter/2007/cflaugust2007_241.pdf>.

Identificando períodos amplos

A cronologia da crise, tal como considerada aqui, começa quando a taxa de crescimento do PIB dos Estados Unidos estava desestabilizada depois do curto platô mantido na esteira da recessão de 2001, ou seja, na entrada da fase IV na periodização do capítulo 12. A crise desenvolveu-se gradualmente, passo a passo. A partir do início da fase IV, distinguem-se quatro outras fases:

A. *O ponto de inflexão nos mercados imobiliários: inadimplências e a crise dos mercados de TLHs (janeiro de 2006 a agosto de 2007)*. O começo da queda da emissão de autorizações de construção, das vendas e dos preços de casas, na transição entre 2005 e 2006, marcou a entrada na fase A. A onda de inadimplências desenvolveu-se simultaneamente. Sob essas circunstâncias, os bancos foram forçados a depreciar alguns dos seus outros ativos, e começou a desvalorização dos segmentos mais carregados de risco das TLHs. Os primeiros impactos foram sentidos em várias instituições que operavam nos mercados hipotecários.

B. *A crise do setor financeiro nos Estados Unidos (de agosto de 2007 a setembro de 2008)*. A entrada na fase B coincidiu com a crise de liquidez no mercado interbancário que forçou a intervenção do Federal Reserve. Essa ruptura foi consequência da desordem oculta nos mercados de TLHs. Entre agosto de 2007 e setembro de 2008, as instituições financeiras dos Estados Unidos estiveram sob tensão, enfrentando graves problemas de liquidez e incorrendo gradualmente em perdas crescentes, com um risco crescente de falência. O resto do mundo também foi afetado, mas a crise foi basicamente um fenômeno norte-americano.

Durante as fases A e B, é possível acompanhar os efeitos da crise imobiliária e seus componentes *subprime*, uma onda sísmica duradoura. A propagação foi sentida durante quase dois anos.

C. *Pânico: a crise global e a contração da produção (de setembro de 2008 a fevereiro de 2009)*. A partir de setembro de 2008, a crise financeira tornou-se muito mais grave nos Estados Unidos, com a multiplicação de falências no início do período, e se espalhou por todo o mundo. O começo da contração da produção, marcando a entrada na fase C, foi violenta e repentina. As taxas de crescimento das economias mais importantes começaram a despencar na Grande Contração. Esse foi o período em que se observaram os primeiros passos do aumento dos déficits do governo dos Estados Unidos e do aumento correspondente dos títulos do Tesouro.

D. *Um platô baixo (de fevereiro de 2009 a...)*. Em fevereiro de 2009, a macroeconomia começou a se estabilizar no baixo nível a que tinha chegado, dado o enorme déficit dos gastos do governo, e observou-se uma leve melhoria. O suporte total do Federal Reserve ao setor financeiro continuou alto. Desde o final de 2009, esses empréstimos voltaram aos níveis típicos do final da fase B, mas o Federal Reserve engajou-se maciçamente na compra dos TLHs de agência e o apoio total à economia foi mantido. Assim, novas tendências tornaram-se evidentes na composição do suporte total à economia por parte do Federal Reserve.

Entrando em alguns dos detalhes

Uma análise mais detalhada permite identificar subperíodos distintos nas fases A e B.

A1. *Inadimplências*. A onda de inadimplências nos empréstimos hipotecários tornou-se aparente por volta do início de 2006 (simultaneamente com o declínio dos mercados imobiliários). Até o final de 2006, não houve consequências claras do caos financeiro iminente sobre as instituições financeiras.

A2. *TLHs sob pressão*. Em dezembro de 2006, revelaram-se os primeiros sinais da desvalorização dos TLHs, afetando as *securities* de maior risco. Mas as consequências só foram sentidas pelas instituições especializadas em empréstimos *subprime*. Vários originadores já pediam proteção contra quebras, uma primeira expressão da epidemia de falências e resgates durante os períodos subsequentes.

Com a entrada na fase B, a crise adquiriu um caráter geral e provocou importantes disfunções no setor financeiro dos Estados Unidos. A partir de 9 de agosto de 2007, a história da crise nas fases B até D está bem representada pela evolução do tratamento dado pelo Federal Reserve, como mostrado no gráfico 15.1. O gráfico distingue entre empréstimos oferecidos pelo Federal Reserve a instituições financeiras privadas e as *securities* possuídas (*securities* do Tesouro e de agências federais), denominadas em conjunto "créditos", como no balanço do Federal Reserve.

A ajuda oferecida pelo Federal Reserve aumentou enormemente. A primeira variável do gráfico 15.1 representa os créditos totais (——). Na comparação do seu valor médio durante a fase A com o platô alto atingido em novembro de 2008, dezembro de 2008 e janeiro de 2009 (na fase C), esse apoio foi multiplicado por um fator de 2,9 (um fator de 2,5 quando a comparação é feita com o valor médio da fase D). Nenhum alívio significativo é evidente até o final de 2009.

É possível distinguir três períodos na fase B:

B1. *Perda de confiança e entrada na crise de liquidez*. Além da crise já em andamento nos mercados de OCD e TLH, foi nesse ponto que se tornaram evidentes as dificuldades dos mercados de *commercial papers* lastreados em ativos. O rompimento do mercado interbancário levou à redução da taxa de Fundos Federais, a primeira de uma longa série de cortes adicionais. Ao longo de todo aquele intervalo, o Federal Reserve aumentou seus empréstimos para aliviar a crise de liquidez, que tinha se transformado na característica central do período. Não por

A crise do neoliberalismo

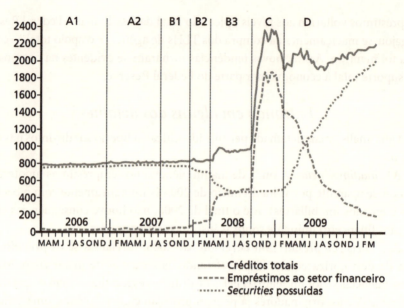

Gráfico 15.1 – Créditos totais oferecidos pelo federal reserve (bilhões de dólares, semanal). Os créditos são a soma de empréstimos e *securities*. Valores médios dos empréstimos ao setor financeiro para os períodos:

A1 março 2006–dezembro 2006, 27 bilhões.
A2 dezembro 2006–agosto 2007, 30 bilhões.
B1 agosto 2007–dezembro 2007, 45 bilhões.
B2 dezembro 2007–março 2008, 109 bilhões.
B3 março 2008–setembro 2008, 433 bilhões.
C   setembro 2008–janeiro 2009, 1,540 trilhão.
D   17 de março 2010, 181 bilhões.

coincidência, foi durante aquele período que o mercado de ações iniciou a queda a partir do seu valor máximo em outubro de 2007.

B2. *Ampliação da ajuda do Federal Reserve, um alívio efêmero, e os primeiros sinais do arrocho de crédito*. Com o aprofundamento e a generalização da crise, o Federal Reserve de repente aumentou e diversificou sua ajuda em dezembro de 2007. Esse desenvolvimento abriu um período de alívio. Durante os primeiros meses de 2008, houve uma sensação geral de que já se tinha feito muito para resolver o que ainda poderia ser visto como uma crise de liquidez. Dizia-se que já era chegada a hora da recuperação. Mas já se acumulavam os sintomas de uma nova deterioração. Os novos empréstimos para o setor corporativo não financeiro atingiram um máximo no terceiro trimestre de 2007 e sofreram uma forte contração, paralelamente à queda dos empréstimos hipotecários para as famílias. Esse novo desenvolvimento marcou o início da crise de oferta de crédito, o arrocho de crédito, além do colapso dos mercados hipotecários.

B3. *Resgates, falências e o avanço do arrocho de crédito*. O alívio teve vida curta. A verdadeira natureza da crise se revelou gradualmente. Era na verdade uma profunda crise das instituições financeiras, causada por enormes prejuízos, e não apenas uma crise de liquidez que o Federal Reserve teria sido capaz de curar com facilidade. Bear Stearns requereu falência, e esse evento marcou simbolicamente a transição da fase B2 para B3. Um segundo aumento, ainda maior, da oferta de crédito à economia pelo Federal Reserve pareceu necessário em março de 2008, no início do período, levando a um platô de crédito mais alto e duradouro. Durante o verão norte-americano de 2008, no final do período, as dificuldades de Fannie Mae e Freddie Mac vieram a público. Bancos comerciais cortaram ainda mais a sua oferta de empréstimos a empresas e famílias, um importante passo no avanço da crise e uma nova transformação da sua natureza com a entrada da economia real não residencial na dinâmica geral da crise. Depois do seu pico no segundo trimestre de 2008, o investimento não residencial começou a declinar.

C. *A implosão do setor financeiro e os primeiros passos da Grande Contração*. Setembro e outubro de 2008 foram um período de pânico, marcado por uma série de falências. Todo o sistema financeiro estava aparentemente implodindo. A produção e o comércio começaram a entrar em contração em todo o mundo. A economia global parecia estar fora de controle. Durante essa nova fase, o Federal Reserve estava *a priori* determinado a aplicar qualquer intervenção que pudesse evitar o colapso total do setor financeiro e reduzir a velocidade da contração da produção, mas com impacto pequeno.

O gráfico 15.1 ilustra o enorme aumento dos créditos (———) oferecidos pelo Federal Reserve em setembro de 2008, saltando de US$ 1 trilhão no final da fase B para quase US$ 2,4 trilhões em dezembro de 2008. Apesar de a taxa dos Fundos Federais estar próxima de zero, novos empréstimos para a economia não financeira caíram dramaticamente e os bancos começaram a acumular reservas no Federal Reserve.

A partir de dezembro de 2008, o colapso da macroeconomia foi rápido. No que se refere às políticas, deu-se nova ênfase ao estímulo direto à demanda (compra de bens e serviços). Um instrumento foi o incentivo à oferta de empréstimos às famílias, mas com efeito pequeno. O principal instrumento ainda ao alcance dos fazedores de políticas era o déficit do governo.

D. *Consolidação de um piso frágil*. Apesar de a ajuda total à economia (———) ter se mantido durante a fase D, ocorreu uma mudança importante na composição desse apoio. As duas outras variáveis do gráfico 15.1 se dividem em créditos totais em empréstimos para o setor financeiro (-----) e *securities* possuídas (········). (Essas *securities* são emitidas pelo Tesouro ou por agências federais – títulos emitidos diretamente ou produtos de securitização nos *pools* dessas instituições.) Durante o período de redução dos empréstimos, a posse de *securities* das agências pelo Federal Reserve aumentou dramaticamente.

Após fevereiro de 2009, torna-se aparente uma estabilização da macroeconomia, principalmente nos movimentos da taxa de utilização da capacidade no setor industrial, vendas a varejo e comércio internacional. Nada prova que essa estabilização ou pequena melhoria irá se consolidar. Em 2009, o déficit do governo atingiu 12% do PIB. A taxa de Fundos Federais continua extremamente baixa. Um novo desenvolvimento é a direção da ajuda do Federal Reserve, que se volta para a compra de *securities* emitidas por agências, sejam elas títulos emitidos diretamente ou produtos de securitização nos *pools* dessas instituições. Dados os tamanhos dos déficits do governo e os volumes de créditos oferecidos pelo Federal Reserve, a situação aponta mais para uma moratória em níveis ainda dramaticamente baixos do que para uma situação de recuperação. E o crescimento da dívida do governo representa uma ameaça grave à estabilidade do dólar.

Capítulo 16
A ONDA SÍSMICA

A crise começou no setor imobiliário e se espalhou, em seguida, das hipotecas para todo o setor financeiro, com o crucial elo intermediário da securitização e dos TLHs. Como se poderia esperar da enorme expansão dos mecanismos financeiros após o ano 2001, vários instrumentos entre os mais ousados, como as OCDs, se desvalorizaram. Em agosto de 2007, deu-se um importante passo à frente que revelou as tendências ocultas. Outros instrumentos, como os VEIs, controladores de importantes carteiras de TLAs, também foram prejudicados, às vezes destruídos. Para o restante do setor financeiro engajado diretamente nessas operações ou na posse desses produtos de securitização, o grande golpe foi menos o tamanho das perdas do que a destruição dos mecanismos financeiros, uma crise de liquidez que era a manifestação de uma perda generalizada de confiança. Todos os componentes do setor financeiro foram afetados: companhias hipotecárias, instituições de depósito, bancos de investimento, companhias de seguro, *hedge funds* e assim por diante. O Federal Reserve aumentou gradualmente os empréstimos para as instituições financeiras. Esse é o tema deste capítulo, que acompanha a crise desde a onda de inadimplências até a destruição do mercado interbancário dos Estados Unidos.

Inadimplências

A crise começou como uma onda de inadimplências, ou seja, atrasos no pagamento das prestações pelos tomadores de empréstimos. Atrasos podem levar a *charge-off** e à liquidação da hipoteca pelos emprestadores, como definido

---

* *Charge-off* é uma declaração feita pelo credor quando, após seguidos atrasos, torna-se improvável que determinado financiamento seja honrado. (N. E.)

na legenda do gráfico 16.1. O gráfico mostra que as inadimplências (———) nos empréstimos residenciais começaram a aumentar nos primeiros meses de 2006, no início da fase IV, marcando a entrada na fase A. A simples cronologia indica que o aumento das inadimplências não foi efeito da recessão de 2001, mas uma consequência do *boom* imobiliário que permitiu a recuperação dessa recessão[1]. A taxa de *charge-off* (········) é muito inferior à de inadimplência (———). Durante as recessões de 1991 e 2001, essa taxa mal foi afetada. O aumento final das *charge-offs* na fase IV correu paralelo ao crescimento das inadimplências. Esse aumento, muito maior que os anteriores, não era esperado, e essa falta de antecipação levou à supervalorização de todos os TLHs.

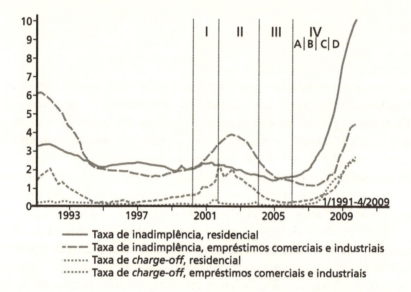

Gráfico 16.1 – Inadimplências e *charge-offs* em empréstimos residenciais e nos empréstimos comerciais e industriais: bancos comerciais norte-americanos (porcentagem dos empréstimos pendentes, por trimestre). As variáveis são taxas trimestrais anualizadas.
Citando o Federal Reserve: "empréstimos e arrendamentos em atraso são aqueles cujo atraso seja igual ou maior que trinta dias". "*Charge-offs* são os valores de empréstimos e arrendamentos (deduzido o valor recuperado) retirados da contabilidade e cobrados das reservas contra prejuízos". Execução de hipoteca é o procedimento de que se vale o credor: "os procedimentos iniciados pelo credor para tomar posse das garantias de um empréstimo em que o devedor está inadimplente."
Como mostrado no gráfico, a fase IV está dividida em quatro subfases: A, B, C e D (capítulo 15).

---

[1] Pode-se observar que as taxas de inadimplência nas hipotecas aumentou pouco durante a recessão de 2001, chegando ao máximo no final da fase I, antes de nova queda em direção a um platô inferior, de 1,6% a que se chegou entre 2004 e o início de 2006, a ser comparado com máximos de 2,4% em 2001 e 3,4% em 1991.

O *boom* imobiliário foi verdadeiramente excepcional em tamanho (gráfico 12.2), como o foi a expansão dos empréstimos hipotecários. Consequentemente, não chega a surpreender que ele fosse seguido por inadimplências e *charge-offs* excepcionais.

O gráfico 16.1 também mostra as mesmas variáveis para os empréstimos comerciais e industriais (inadimplências — — — e *charge-offs* - - - - -). O componente cíclico é neste caso digno de nota, as duas variáveis chegam ao máximo durante as recessões, em nítido contraste com as inadimplências nos investimentos residenciais. Pode-se também notar o aumento final de *charge-offs* nessa categoria de empréstimos, como geralmente se observa quando a economia entra em contração. Esse movimento compôs seus efeitos com os do investimento residencial.

As consequências dos aumentos de inadimplências e *charge-offs* foram severas. A partir de abril de 2008, o número mensal de execuções (às vezes várias para uma mesma residência) continuou acima de 250 mil, depois de um período de crescimento contínuo a partir de uma média mensal de 70 mil em 2005. O número total em 2008 chegou a 3 milhões, em um conjunto de 126 milhões de unidades residenciais[2].

Como se poderia esperar, as proporções das execuções de hipotecas foram altamente dependentes dos tipos de empréstimos – se com taxa de juro fixa ou variável – e do fato de o empréstimo ser *prime* e *subprime*. Por exemplo, no terceiro trimestre de 2008, a porcentagem dos processos de execução (sobre o total da categoria) foi de (1) 0,34% para empréstimos *prime* de taxa fixa, (2) 1,77% para *prime* de taxa variável, (3) 2,23% para empréstimos *subprime* de taxa fixa e (4) 6,47% para *subprime* de taxa variável. No quarto trimestre de 2008, 48% dos *subprimes* variáveis estavam com pelo menos um mês de atraso no pagamento das prestações[3].

Uma fonte, baseada em 80% de todas as hipotecas, indica que 7,5 milhões delas, ou seja, 18% de todas as propriedades com hipoteca, tinham o valor residual do imóvel negativo no final de setembro de 2008 (o que significa que os preços das casas eram inferiores ao saldo devedor dos empréstimos, resultado da queda de preços dos imóveis). Outras 2,1 milhões de hipotecas estavam próximas dessa situação[4]. No final de 2009, a situação estava bem pior, pois os preços continuaram em queda (gráfico 12.6).

---

[2] RealtyTrac U.S., 2009. Disponível em: <www.realtytrac.com>.
[3] Associação de Banqueiros Hipotecários, "Delinquencies Continue to Climb, Foreclosures Flat in Latest MBA National Delinquency Survey" (Washington, DC, Mortgage Bankers Association, 2009), <www.mortgagebankers.org/>.
[4] First American CoreLogic, "The Negative Equity Report", fevereiro de 2010, <www.facorelogic.com/newsroom/marketstudies/negative-equity-report/download.jsp>. Ver também Luci Ellis, "The Housing Meltdown: Why did it Happen in the United States?" (Working paper, Bank for International Settlements, 2008), n. 259.

Vários eventos explicam a onda de inadimplência em hipotecas durante a fase IV. Um fator básico foi o simples relaxamento das condições em que os empréstimos eram concedidos, o que alimentou a expansão dos empréstimos (capítulo 13). Num período de preços estáveis ou crescentes de imóveis, tomadores de empréstimos que enfrentam dificuldades podem vender sua casa e pagar a dívida. Num período de crise, isso não é possível, ou só vendem por um preço que não permite o pagamento integral (valor residual negativo). Outro fator foi a queda e posterior elevação da taxa dos Fundos Federais. Depois que a economia se recuperou da recessão de 2001, o Federal Reserve aumentou gradualmente suas taxas (gráfico 14.1). Como mostrado no capítulo 14, as taxas das hipotecas de taxa fixa aumentaram um pouco, e as taxas das hipotecas de taxa variável um pouco mais. Entre março de 2004 e julho de 2006, elas aumentaram 1,3 ponto percentual as primeiras e 2,4 as últimas. (As taxas cobradas nas hipotecas variáveis se reduziram durante a contração de atividades em 2001, um movimento que estimulou o aumento dessa categoria de empréstimos.)

As dores dos mercados de TLH

O aumento dos TLHs *private-label* e OCDs, dois instrumentos relacionados diretamente à onda de hipotecas, são típicos da dramática expansão dos mecanismos financeiros que acompanharam o *boom* imobiliário após o ano 2000 (gráfico 13.2). A reversão veio um ano após o início da queda do mercado de casas, que marcou a entrada na fase A2. A correia de transmissão entre os mercados imobiliários e a destruição desses mercados de TLHs e OCDs foi a onda de inadimplências.

Embora os volumes de OCDs sejam grandes, a maioria é negociada em balcão e, consequentemente, não existe mercado em que seu preço possa ser facilmente observado. Os preços são derivados de um mercado onde se negociam CDSs de seguro dos títulos. A partir do primeiro semestre de 2006, uma companhia, Markit[5], gera índices conhecidos como ABX.HE. Estes são usados como estimativas do valor de várias *tranches* emitidas em dado semestre.

---

[5] A Markit recolhe dados de CDSs de um grande conjunto global de instituições financeiras, e constrói índices que depois vende para mil empresas financeiras em todo o mundo (bancos comerciais, bancos de investimento, *hedge funds*, administradores de patrimônio, companhias de seguro, firmas de auditoria, agências reguladoras, agências de classificação de risco e administradores de fundos). Esses índices são usados como estimativas do preço de OCDs para os quais não existe mercado. "A Markit possui e administra ABX.HE, que é um instrumento líquido e comerciável que permite aos investidores assumir posições em *securities* lastreadas em hipotecas por meio de contratos CDS. O índice se tornou um *benchmark* para o desempenho de títulos de securitização lastreados em hipotecas residenciais *subprime*. Sua liquidez e padronização permitem aos investidores avaliar o sentimento do mercado em torno da classe de ativos e assumir posições de longo e de curto prazo." "Markit CDS Pricing" (Londres, Markit, 2009). Disponível em: <www.markit.com/en/products/cds-pricing/cds-pricing.page>.

A onda sísmica

O gráfico 16.2 mostra dois índices Markit. O primeiro passo da desvalorização das *tranches* BBB (——) está evidente no gráfico, no fim de 2006, como indicado pela primeira linha vertical. Esse desenvolvimento, o primeiro impacto das inadimplências sobre um instrumento financeiro, marcou a entrada na fase A2. Essa tendência decrescente introduziu um platô. Em abril de 2007, agências de classificação de risco reduziram a classificação de muitos TLAs caucionados por hipotecas *subprime*, em particular as OCDs. Em junho e julho de 2007, no final da fase A2, observou-se uma depreciação adicional de 50% do valor original das *tranches* BBB. (Até esse ponto nada tinha acontecido com relação às *tranches* AAA, -----.)

O começo da desvalorização das *tranches* BBB no fim de 2006 foi apenas um primeiro sintoma da crise próxima dos mercados de TLHs, cuja implosão chegou cerca de oito meses depois (a crise financeira reconhecida como tal). Um conjunto de eventos importantes sinalizou a entrada na fase B em agosto de 2007:

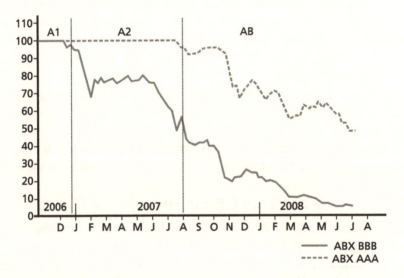

Gráfico 16.2 – Índices das *tranches* BBB e AAA (porcentagem do valor original quando emitidos, semanal). São geradas séries que medem o valor médio de um pacote de *securities* com duas características em comum: o semestre de emissão e a classificação de risco das fatias (quadro 13.1). Por exemplo, considerando a emissão no primeiro semestre de 2006 (a base dos primeiros índices criados pela Markit), definem-se estimativas para as *tranches* classificadas originalmente como AAA, AA, BBB, e assim por diante (das classes sênior às junior) emitidas no mesmo semestre.

1. Uma segunda desclassificação pelas agências de classificação de risco com nova desvalorização das *tranches* BBB e a primeira desvalorização das *tranches* AAA (-----).

2. Não por acaso, julho de 2007 é também o mês em que começou a dramática contração da emissão de OCDs e TLHs *private-label* (gráfico 13.2). Em maio de 2007, a emissão de TLHs *private-label* norte-americanas culminou em US$ 61 bilhões e, em julho, já tinha caído para US$ 37 bilhões e para US$ 7 bilhões em dezembro. O mesmo gráfico mostra que, da mesma forma, as OCDs no mundo chegaram ao máximo de US$ 69 bilhões em dezembro de 2006 (com três outros picos acima de US$ 60 bilhões em fevereiro, março e junho de 2007), a US$ 35 bilhões em julho e a US$ 14 bilhões em dezembro. A desvalorização das *tranches* AAA, fazendo prever as outras desvalorizações prováveis em futuro próximo, causaram uma incerteza crescente com relação à valorização geral dos produtos estruturados de crédito.

Com o progresso da onda de depreciação, um número crescente de originadores de hipotecas *subprime*, geralmente companhias hipotecárias ou pequenas instituições especializadas cuja situação era frágil, estava sob tensão. Seus financiadores retiraram os recursos e eles não tiveram mais a capacidade de se refinanciar no mercado de segunda hipoteca. Pararam então de emitir e vender TLHs. Foram as primeiras vítimas da crise de liquidez, em particular no componente *subprime* dos mercados de hipotecas.

A contaminação do restante do setor financeiro foi rápida. *Hedge funds* e de fundos de investimento de grandes instituições norte-americanas e estrangeiras foram atingidos. Por exemplo, no dia 9 de agosto de 2007, o BNP Paribas anunciou que não era mais capaz de avaliar corretamente os ativos em três fundos como resultado da exposição aos mercados norte-americanos de hipotecas *subprime*.

As crises dos CPLAs, conduits e VEIs

Outro instrumento, também relacionado diretamente à securitização, foi o *commercial paper* lastreado em ativos (CPLA). Ele tem em comum com os OCDs a explosão tardia, a partir de 2005, e o colapso subsequente, com efeito devastador sobre os conduits e VEIs. O saldo atingiu seu valor máximo em agosto de 2007 (gráfico 7.2). O CPLA foi atingido diretamente pela crise de agosto de 2007, com declínio contínuo que durou dois anos (mínimo em agosto de 2009).

Como explicado no capítulo 7, VEIs e conduits emitiram *securities* de curto prazo, por exemplo, os CPLAs, como a contrapartida para a posse de *securities* de risco de longo prazo, como os TLHs. Quando as agências de classificação tornaram pública a desvalorização dos seus ativos, conduits de *commercial paper* e VEIs ficaram impossibilitados de rolar ou estender seus financiamentos de curto prazo (pois as notas tinham de ser pagas e novas emissões não eram mais possíveis). Essa evolução é típica de uma crise de liquidez. Muitas instituições se tornaram insolventes rapidamente em razão da acumulação de prejuízos. (Pode-se mencionar, por exemplo, a falência da SIV Cheyne Finance em outubro 2007, patrocinada por Cheyne Capital Management, que foi vendida por um preço equivalente a 44% do valor original das *securities*, um número que está de acordo com o índice do gráfico 16.2.)

Conduits de *commercial paper* e VEIs são na verdade entidades fora de balanço (EFBs) patrocinadas por bancos e outras instituições financeiras. Existem três resultados alternativos. Muitos bancos (como Citigroup, HSBC, Rabobank e Société Générale) vieram em socorro dos seus VEIs e os colocaram novamente no balanço para evitar queda de classificação ou inadimplência. Outros (como Standard Chartered Banks) os abandonaram. Na primavera [do hemisfério norte] de 2008, a Victoria Ceres Capital Partners LLC requereu falência. Em alguns casos, os VEIs e seus patrocinadores faliram. (Em fevereiro de 2008, o banco Northern Rock, do Reino Unido, patrocinador da Granite, seu VEI subsidiário, foi nacionalizado pelo governo do Reino Unido.)

Uma recíproca falta de confiança

A crise nos mercados ligados aos TLHs estava na origem do caos no mercado interbancário. Ela foi, na verdade, o resultado da acumulação de más notícias sobre esses mercados e seus efeitos sobre a situação dos bancos.

A cronologia dos acontecimentos apresentada no capítulo 15 tem concordância notável com os acontecimentos no mercado interbancário. O gráfico 16.3 mostra a taxa Libor (London Interbank Offered Rate), pela qual os bancos podem tomar empréstimos uns dos outros (mais precisamente, a Libor trimestral do dólar), e a taxa de Fundos Federais. Pode-se observar o aumento comparativo da Libor em 9 de agosto de 2007, numa manifestação da tensão inicial no mercado interbancário. O *spread* (a diferença entre as duas variáveis) permaneceu alto ao longo de toda a fase B1 (e início da fase B2), manifestando a permanência dessas tensões. Em janeiro de 2008, quando o *spread* se reduziu a zero durante a maior parte da fase B2, o único período de alívio, pareceu que o Federal Reserve tinha remediado a crise. Em março de 2008, a situação se deteriorou novamente com um novo aumento do *spread*. Mas isso não foi nada em comparação com a entrada na fase C, quando o *spread* saltou a níveis sem precedentes (num paralelo com o aumento da ajuda do Federal Reserve). Em cada um desses casos, o aumento do *spread* estava ligado a novas falências ou ameaças de falências (como as de Bear Stearns, Lehman Brothers, AIG etc.).

Em agosto de 2007, nem todos os bancos tinham ido a nocaute. As tensões observadas no mercado interbancário foram manifestações da perda de confiança recíproca entre os atores financeiros, um aspecto crucial da crise desde o seu

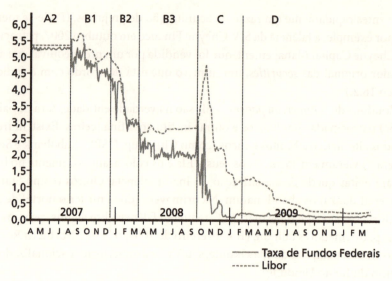

Gráfico 16.3 – Taxa dos Fundos Federais e Libor trimestral do dólar (porcentagem, por dia).

início. Pelo contrário, independentemente das perdas reais, tornou-se difícil tomar empréstimos, inclusive os necessários para simplesmente manter o estoque de financiamento nos níveis anteriores. O Federal Reserve, usando procedimentos padronizados, foi capaz de remediar dois alertas graves durante as transições entre as fases A2 e B1, e B2 e B3. Mas a terceira crise levou ao colapso final do mercado interbancário. Na fase C, o Federal Reserve tinha substituído completamente os bancos privados na oferta de liquidez. Em vez de buscar empréstimos no mercado interbancário quando necessitassem, os bancos agora acumulavam enormes reservas no Federal Reserve, dadas as ajudas oferecidas por essa instituição (como se discute em mais detalhe no capítulo 18, gráfico 18.2).

A frase "arrocho de crédito" limita-se geralmente a referências à contração de empréstimos para financiamento de gastos com bens e serviços. Os desenvolvimentos mencionados podem ser descritos como um arrocho na oferta de crédito no interior do próprio setor financeiro.

Capítulo 17
O ABALO DA ESTRUTURA FINANCEIRA

A crise financeira ganhou extensão e gravidade entre agosto de 2007 e setembro de 2008 (fase B). Houve uma alteração profunda da sua natureza. O novo desenvolvimento foi o fato de, além do "componente de liquidez" propriamente dito da crise, as instituições financeiras terem sofrido grandes perdas. A desvalorização da riqueza líquida das empresas se refletiu na queda dos preços das suas ações, chegando por vezes à falência. Outra característica importante do período foi a intensa intervenção das instituições centrais.

A dimensão da devastação foi repentinamente revelada, sob a pressão dos acontecimentos, que chegaram depois de anos de cegueira, de subestimativa dos riscos, de sobrevalorização dos ativos e, em muitos casos, de dissimulação deliberada dos prejuízos. Até o último momento, informavam-se enormes taxas de retorno sobre o patrimônio líquido e se distribuíam fluxos enormes de renda.

Perdas globais na dívida norte-americana associada ao crédito

É difícil avaliar o volume das perdas sofridas pelas instituições financeiras. É necessário levar em conta uma ampla diversidade de dívidas, nos Estados Unidos e no resto do mundo, relativamente a dívidas norte-americanas ou globais, e assim por diante. Uma pergunta fundamental é se os prejuízos foram suficientes para desestabilizar as instituições financeiras e levá-las à falência. A resposta é evidentemente positiva, como demonstrou o aprofundamento da crise. Instituições financeiras perderam ou estão programadas para perder o equivalente a vários anos de lucros acumulados, uma evolução que roubou violentamente o seu valor líquido.

O relatório de outubro de 2008 do FMI ofereceu estimativas sob o título "perdas globais de curto prazo na dívida norte-americana associada ao crédito". Todas as palavras são importantes. "Curto prazo" se refere à consideração de perdas passadas ou próximas. Em outras palavras, o FMI estimou as perdas das instituições financeiras na data de preparação do relatório, quando elas ainda não tinham necessariamente se materializado. "Dívida associada ao crédito" diz respeito tanto aos empréstimos quanto às *securities*. As menções à "dívida norte-americana" e a "perdas globais" indicam que somente são consideradas as dívidas que se originam nos Estados Unidos, ao passo que as perdas podem ser sentidas em outros países. Na determinação das perdas, elas são "marcadas a mercado", ou seja, baseadas nos preços correntes de mercado. As estimativas ilustram o efeito da contaminação dos investidores de todo o mundo pela crise do investimento residencial.

A tabela 17.1 mostra uma seleção dos números do FMI, e separa empréstimos e *securities*. Os instrumentos são classificados em três categorias: (1) créditos diretamente associados a hipotecas residenciais (empréstimos, TLHs etc.); (2) créditos aos setores corporativos financeiros e não financeiros; e (3) outros (títulos comerciais lastreados em hipotecas, crédito ao consumidor, OCDs etc.). (O setor corporativo inclui corporações não financeiras, corporações financeiras tradicionais e conduits, VEIs e outras entidades fora do balanço.)

As perdas totais são estimadas em US$ 1,405 trilhão, dos quais cerca de um terço são empréstimos e dois terços são títulos de securitização. Mais de metade desse total pode ser atribuído diretamente à dívida residencial, mas é impossível estimar precisamente as perdas sofridas como efeito indireto de perdas nas dívidas residenciais, embora esse valor seja certamente alto. Corporações desestabilizadas por essas perdas diretas ou incapazes de rolar seu financiamento por causa do colapso dos mercados correspondentes (por exemplo, as consequências da crise nos mercados de *commercial papers*) não tiveram condições de pagar suas próprias dívidas. O relatório não indica se essas corporações são parte do setor não financeiro ou do financeiro, mas pode-se supor que a maior parte das perdas tenha sido consequência da falência das instituições financeiras.

Tabela 17.1 – Perdas sobre ativos associados a crédito (bilhões de dólares, estimativas do FMI)

	Empréstimos	*Securities*	Total (out. 2008)	Total (abr. 2008)
Total	425	980	1.405	945
Dívida residencial	170	580	750	565
Dívida corporativa	120	210	330	90
Outros	135	190	325	290

Obviamente, esses números são apenas estimativas grosseiras, mas indicam uma devastação. Podem ser comparados aos lucros do setor financeiro norte-americano, tal como definidos pela conta nacional de renda e produto (Nipa, na sigla em inglês). Perdeu-se mais que o total de lucros descontados os impostos do setor em cinco anos. Entre 2003 e 2007, o total de lucros chegou a US$ 1,367 trilhão (dos quais US$ 688 bilhões foram retidos), um período de lucros recorde.

Também é interessante relacionar as estimativas de outubro de 2008 com as do relatório anterior, de abril de 2008. A comparação revela um aumento de quase 50% em seis meses. A maior parte do aumento veio de dívidas corporativas. Em outubro, as perdas nessas dívidas chegaram a US$ 330 bilhões, que se comparam a US$ 90 bilhões em abril.

Embora as definições usadas sejam distintas, o Banco da Inglaterra ofereceu estimativas convergentes. No seu relatório de outubro de 2008, os números apresentados enfatizam a quantia assustadora das perdas para três regiões do mundo. (Esses números são examinados com mais detalhe no capítulo 20, dedicado à crise global.) Só são consideradas as *securities* (não os empréstimos), e as perdas são classificadas por nacionalidade dos investidores que as compraram (independentemente do país de emissão). Assim, considerando-se apenas as *securities*, as perdas estimadas chegam a US$ 1,58 trilhão apenas para os Estados Unidos, e a US$ 2,8 trilhões para as três regiões, com o seguinte comentário, que revela o potencial da crise: "O total das perdas marcadas a mercado em três moedas diferentes aumentou para cerca de US$ 2,8 trilhões. Isso equivale a cerca de 85% do capital[1] global dos bancos da primeira faixa, US$ 3,4 trilhões, embora apenas uma pequena parte desse valor de mercado seja suportada diretamente pelos bancos"[2].

Renda real versus *excedente fictício*

Nas estimativas de perdas, uma fração certamente se refere à ocorrência de novas inadimplências em hipotecas, mas outra fração pode ser atribuída ao ajuste do valor marcado a mercado (ou marcado a modelo) dos ativos cuja probabilidade de desvalorização viesse aumentando continuamente desde o início da crise. Um exemplo claro são os OCDs a partir dos ativos originais cuja avaliação de risco era questionável, mas que só ultimamente tiveram sua classificação reduzida pelas agências de risco. (O quadro 7.2 enfatiza os riscos dos procedimentos contábeis marcados a mercado, uma fonte de superestimativa de valor dos ativos.)

---

[1] Ver quadro 9.4.
[2] Bank of England, Financial Stability Report (Londres, Bank of England, outubro de 2008), 17, n. 24.

O significado das observações anteriores é que os excedentes acumulados durante os anos precedentes à crise foram, em grande parte, fictícios, como mostrado no capítulo 9. Por outro lado, os fluxos de remuneração para o topo da pirâmide de salários e os dividendos pagos aos acionistas eram muito reais. Quando as contas são ajustadas à realidade, o custo desses drenos reais sobre excedentes fictícios foi dramaticamente revelado no derretimento dos recursos próprios das corporações.

O uso da metodologia da compensação pelo trabalho excedente em comparação com os lucros do quadro 6.1, mas aplicado aqui ao setor financeiro e não à totalidade da economia privada, oferece resultados ainda mais espetaculares. Em 2006, a compensação pelo trabalho excedente para o setor financeiro chegou a 117% da compensação pelo trabalho comum, e não aos 20% de toda a economia, um efeito da concentração das altas remunerações pagas aos administradores do setor financeiro. Essa compensação chegou a mais de 2,5 vezes o total de lucros pagos como dividendos, e também 2,5 vezes o total de lucros retidos (1,3 vez o total de lucro). Todos esses números estavam bem acima dos números da economia não financeira. Ampliando a comparação aos cinco anos entre 2003 e 2007, ainda para o setor financeiro, obtém-se a estimativa apresentada no capítulo 9[3]. Os valores são de US$ 2,606 trilhões pagos a título de compensação pelo trabalho excedente e dividendos, que se comparam com prejuízos de US$ 1,405 trilhões estimados pelo FMI, ou US$ 1,577 trilhões estimados pelo Banco da Inglaterra[4].

Decretação de falência

A onda de falências e resgates de instituições financeiras enfatiza as proporções assumidas pela crise por volta de setembro-outubro de 2008, a entrada na fase C. Mais tecnicamente, pode-se fazer referência à enorme lacuna entre a Libor e a taxa dos Fundos Federais (gráfico 16.3) que atesta a crescente desconfiança entre os bancos.

Várias instituições financeiras, cujas atividades estiveram diretamente relacionadas com a originação de hipotecas, securitização ou seguro, como as seguradoras *monoline* ou os *hedge funds*, já tinham sido eliminadas durante as primeiras fases da crise. Considerando-se apenas as instituições depositárias seguradas pela FDIC, o número de falências ou transações de assistência aumentou gradualmente.

---

[3] Ver seção com o título "Ganhos fictícios e fluxos reais de renda" (capítulo 9).
[4] Com relação a essas questões, pode-se consultar Daniel Bergstresser e Thomas Philippon, *CEO Incentives and Earnings Management* (Boston, Harvard Business School, 2004).

O abalo da estrutura financeira

Esse número chegou a 3 durante os doze meses de 2007, 4 no primeiro semestre de 2008, 26 no segundo semestre de 2008, 53 no primeiro semestre de 2009 e 95 no segundo semestre de 2009. O principal evento durante a transição para a fase C foi a queda ou salvação de algumas das maiores e mais prestigiosas instituições financeiras dos Estados Unidos e do mundo. A lista é impressionante: AIG, Lehman Brothers, Morgan Stanley, Fannie Mae e Freddie Mac, Merril Lynch, Citigroup, e assim por diante (quadro 17.1).

Quadro 17.1 – A queda dos gigantes: a reorganização do setor financeiro (Estados Unidos)

Entre junho e outubro de 2008, grandes instituições finaceiras dos Estados Unidos sofreram ou caíram:

Junho de 2008. Lehman Brothers e Morgan Stanley declaram grandes prejuízos.

Julho de 2008. O controle do IndyMac Bank é transferido para a FDIC, e Henry Paulson anuncia o apoio a Fannie Mae e Freddie Mac pelo governo dos Estados Unidos.

Setembro de 2008:

– Lehman Brothers pede falência.

– Bank of America compra Merrill Lynch.

– O Federal Reserve refinancia a AIG.

– Goldman Sachs e Morgan Stanley decidem passar a ser holdings bancárias seguradas autorizadas pelos Estados Unidos para se beneficiar das garantias oferecidas a essas instituições.

– Nomura Holdings assume o controle das operações do Lehman Brothers na Ásia e na Europa.

– Berkshire Hathaway investe no Goldman Sachs.

– Washington Mutual Bank encerra atividades e seus ativos são transferidos para a JPMorgan Chase.

Outubro de 2008:

– Wells Fargo de William Buffet compra a Wachovia.

– Mitsubishi UFJ Financial Group alia-se ao Morgan Stanley.

Prejuízos vistos de Wall Street

Como se poderia esperar, os índices do mercado de ações reagiram rapidamente à crise financeira, principalmente na transição entre as fases B e C. Essas turbulências são evidentes na queda dos índices da bolsa de Nova York para todos os setores, principalmente as corporações financeiras.

O gráfico 17.1 mostra as capitalizações de mercado para dois setores, o das corporações financeiras e das não financeiras. (Os perfis das capitalizações e dos índices são praticamente idênticos, mas as capitalizações permitem decompor e estimar as perdas potenciais pela queda dos índices.) A capitalização do setor não financeiro é cerca de três vezes maior que a do financeiro. As variáveis no gráfico são as distâncias em porcentagem entre os valores máximos de cada dia e os mesmos valores no dia de capitalização máxima, respectivamente em 4 de junho (———) e 13 de julho de 2007 (-------). Por exemplo, menos 10% para o setor financeiro significa que a capitalização de mercado desse setor estava 10% abaixo do que era em 4 de junho de 2007.

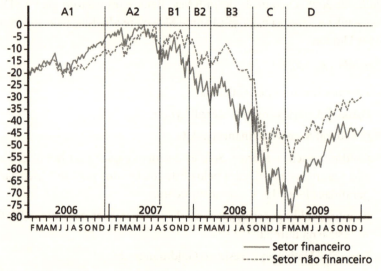

Gráfico 17.1 – NYSE: distâncias da capitalização de mercado do seu valor máximo (porcentagem, por dia). Os valores máximos das duas séries foram atingidos respectivamente em 4 de junho (———) e 13 de julho de 2007 (-------). A capitalização do setor não financeiro se refere à capitalização de todos os setores representados no índice composto, menos a capitalização do setor financeiro.

Apesar dos altos e baixos recorrentes, o gráfico revela uma queda firme a partir de meados de 2007 até março de 2009, com uma queda maior para o setor

O abalo da estrutura financeira

financeiro. Houve uma aceleração forte no início da fase C. Entre as datas dos seus valores máximos e o mínimo atingido, as capitalizações perderam 56% para o setor não financeiro (uma perda de US$ 9,3 trilhões) e 78% para o setor financeiro (uma perda de US$ 4,4 trilhões). Esses números apequenam as perdas estimadas pelo FMI ou pelo Banco da Inglaterra. O gráfico também ilustra a recuperação parcial no final do período que atesta o sentimento de parte dos investidores de que o pior da crise já pertencia ao passado.

O gráfico 17.2 mostra os preços das ações do Citigroup, UBS e General Electric. Os perfis observados ilustram as desvalorizações dramáticas dos preços das ações de algumas das maiores corporações (depois de um período de enorme expansão).

Gráfico 17.2 – Preços de ações: Citigroup, UBS e General Eletric (dólares, por dia).

financeiro. Houve uma aceleração forte no início da fase C, entre as datas dos seus valores máximos e o mínimo atingido. A Capital One perdeu um 56% para o setor não financeiro (uma perda de US$ 9,3 trilhões) e 78% para o setor financeiro (uma perda de US$ 4,1 trilhões). Esses números superavam as perdas estimadas pelo FMI ou pelo Banco da Inglaterra. O gráfico também ilustra a recuperação parcial no final do período, que atesta o sentimento de parte dos investidores de que o pior da crise já pertencia ao passado.

O gráfico V.2 mostra os preços das ações do Citigroup, UBS e General Electric. Os perfis observados ilustram as desvalorizações dramáticas dos preços das ações de algumas das maiores corporações (depois de um período de enorme expansão).

Capítulo 18
O ESTADO SOCORRE O SETOR FINANCEIRO

Apesar da crença profundamente enraizada na economia de livre mercado e na chamada disciplina dos mercados, a crise deu início a uma cadeia de intervenções por parte das instituições centrais. Não há nada de surpreendente nessa reversão súbita dos princípios básicos do credo neoliberal. O neoliberalismo não se trata de princípios ou ideologia, é uma ordem social que busca o poder e a renda das classes mais altas. Ideologia é um instrumento político. Considerado desse ângulo, não houve mudança de objetivos. No neoliberalismo, o Estado (tomado aqui no sentido mais amplo que inclui o banco central) sempre trabalhou a favor das classes altas. O tratamento da crise não é exceção, só diferem as circunstâncias e, consequentemente, os instrumentos. A possibilidade de uma crise estrutural profunda e duradoura gerar uma nova ordem social, expressão de compromissos e hierarquias de classe diferentes, é outra história.

Este capítulo é dedicado às medidas tomadas para apoiar o setor financeiro. Criou-se um grau de complexidade pela variedade de instrumentos, como a oferta de crédito ao setor financeiro, a participação no capital de corporações agonizantes ou regulamentações. (A política fiscal será discutida no capítulo 19.) Ademais, existe o aspecto cronológico na cadeia de medidas ajustadas às fases mais importantes da crise. Além de agosto de 2007, quando o Federal Reserve se apresentou pela primeira vez para aliviar a tensão de liquidez, este capítulo enfatiza o ponto de inflexão durante o último trimestre de 2008, que marcou a entrada na fase C.

Uma ampla variedade de instrumentos

Podem-se distinguir, alternativamente ou em conjunto, pelo menos sete categorias de mecanismos que pretendiam (1) resolver os problemas de liquidez e evitar falências, e (2) apoiar diretamente novos empréstimos às famílias (para estimular a demanda) ou às empresas (para incentivar sua atividade). Esse último tipo de intervenção está na fronteira entre os mecanismos considerados neste capítulo e no próximo. Em geral, o Federal Reserve, o Tesouro e as agências federais foram gradualmente forçados a executar tarefas que o setor financeiro não tinha mais condições de assumir.

A começar pela primeira categoria de medidas:

1. A compra definitiva de dívidas podres foi uma opção direta.

2. Um conjunto de medidas visou à oferta de novos empréstimos às instituições financeiras. Esses empréstimos são garantidos pelo Federal Reserve ou por agências federais (possivelmente com apoio indireto do Tesouro).

3. Outra forma de apoio é a compra pelo Tesouro de ações recém-emitidas pelas instituições financeiras, chamado de "financiamento de capital". Esse procedimento às vezes é denominado "nacionalização", em particular se a participação no capital da corporação for grande. O Tesouro tem de financiar essas compras e essa necessidade aumenta os empréstimos que ele próprio precisa fazer.

4. Ao relacionado anteriormente, podem-se acrescentar medidas que afetam a estrutura do setor financeiro, tal como ajuda associada às aquisições, a transformação do status legal de uma corporação e novas regulamentações.

Passando à segunda categoria:

5. Tipos específicos de facilidades de empréstimo são abertos às corporações financeiras quando oferecem novos empréstimos às famílias ou a empresas não financeiras. Nesse caso, a preocupação é não só amparar instituições doentes, mas também estimular empréstimos para a economia, ou seja, reagir ao arrocho de crédito. Do mesmo teor, pode-se mencionar a provisão de garantias relativas às TLAs em apoio a novos empréstimos.

6. A ajuda direta aos gastos das famílias foi outra contribuição ao estímulo da demanda, o que pode ser conseguido pela oferta de subsídios ou redução de impostos.

7. Um importante instrumento, durante a fase D, foi a substituição direta dos mecanismos privados pelas instituições centrais, na medida em que agências federais garantiram a continuação da securitização e o Federal Reserve comprou volumes enormes de TLHs.

Antes de agosto de 2007 (fase A): a falta de consciência

Cada um dos pequenos passos tomados antes de agosto de 2007 atesta o grau de preocupação, mas também a falta geral de consciência real relativa à magnitude do processo em andamento desde o início de 2006.

Antes do dia 9 de agosto de 2007, ou imediatamente depois, algumas ações limitadas foram adotadas com relação à emissão de empréstimos hipotecários e, em particular, o seu componente *subprime*[1]. Em abril de 2007, ou seja, poucos meses depois do início da fase A2, quando as primeiras manifestações do caos das finanças estruturadas já se tornavam evidentes, as instituições financeiras foram incentivadas pelas agências reguladoras federais (reguladores federais ou agências reguladoras de bancos, poupança e crédito) a trabalhar no mercado com os tomadores de empréstimos sem condições de honrar seus pagamentos. Em maio, distribuiu-se entre os consumidores informação relativa a "hipotecas não tradicionais" e se definiu um projeto piloto para o aperfeiçoamento da supervisão dos emprestadores de hipotecas *subprime*. Em junho estabeleceu-se uma "declaração final". Em 14 de agosto, poucos dias depois do estouro da crise no mercado interbancário, essas agências emitiram "ilustrações" (explicações e uma tabela de riscos possíveis) relativas a esses empréstimos.

Agosto de 2007-setembro de 2008 (fase B): principalmente liquidez

Durante o primeiro ano da crise financeira aberta (toda a fase B), o principal apoio ao setor financeiro veio do Federal Reserve, que cortou suas taxas de juro e estabeleceu procedimentos menos restritivos para empréstimos que aliviassem o que foi originalmente uma crise de liquidez. Essas duas formas de intervenção são ilustradas nos gráficos 16.3 e 18.1.

O gráfico 16.3 mostra a taxa de Fundos Federais e a Libor. No início da fase B1, o ajuste decrescente da taxa de Fundos Federais veio imediatamente, mas continuou originalmente limitado (de 5,25% para 4,75% em 18 de setembro de 2007). Essa decisão veio em resposta às tensões no mercado interbancário, evidente na distância entre as duas taxas, mas esse movimento não esteve à altura do tamanho da crise de liquidez. A taxa de Fundos Federais foi repetidamente reduzida à medida que se aprofundava a crise, primeiro moderadamente, para 4,25%, no final da fase B1, e mais dramaticamente, para 3%, no final de janeiro de 2008. Essa queda teve um efeito tranquilizador e o *spread* entre as duas taxas voltou a zero. Uma

---

[1] Comitê de Diretores do Sistema do Federal Reserve (Washington, DC, Federal Reserve, 17 de abril de 2007). Disponível em: <www.federalreserve.gove/newsevents/press/bereg/20070417a.htm>.

A crise do neoliberalismo

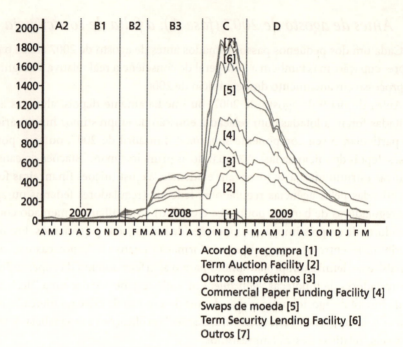

Acordo de recompra [1]
Term Auction Facility [2]
Outros empréstimos [3]
Commercial Paper Funding Facility [4]
Swaps de moeda [5]
Term Security Lending Facility [6]
Outros [7]

Gráfico 18.1 – Ajuda ao setor financeiro pelo Federal Reserve (bilhões de dólares). A variável para o total é a mesma dos gráficos 15.1 (-----) e 20.7 (-----).

nova queda ocorreu em março de 2008, uma data importante no aprofundamento da crise (com a primeira grande falência, a da Bear Stearns). Durante os seis meses da fase B3 (março a setembro de 2008), a taxa de Fundos Federais permaneceu mais ou menos constante, no entorno de 2,25%, passando depois a 2%, e a Libor flutuou em torno de 2,8%. Em setembro, o surgimento de um grande *spread* indicou que as tensões anteriores não tinham aliviado apesar do baixo nível da taxa de Fundos Federais. Esse fato marcou a entrada na fase C.

O gráfico 18.1 mostra o total de empréstimos do Federal Reserve para o setor financeiro decomposto em sete componentes. A começar da fase B, as principais medidas foram as seguintes:

1. *Instrumentos tradicionais (fase B1)*. Em agosto de 2007, o Federal Reserve usou acordos de recompra, o mecanismo-padrão de política monetária. Os empréstimos subiram de US$ 19 bilhões para US$ 46 bilhões, uma contribuição adicional de US$ 27 bilhões. Porém, por causa de condições prevalentes com relação aos tipos de *securities* aceitas em garantia e aos termos dos empréstimos, restrições importantes limitaram as operações do Federal Reserve. Por isso, a primeira ajuda maciça veio das agências federais, principalmente os Bancos Federais de Empréstimos Residenciais

(os FHLBs), uma criação do New Deal. Os adiantamentos aos bancos feitos por essas instituições aumentaram de US$ 640 bilhões no final de junho de 2007 para US$ 824 bilhões no final do terceiro trimestre de 2007, ou seja, uma contribuição de US$ 184 bilhões a mais, muito mais expressiva do que os US$ 27 bilhões do Federal Reserve.

2. *Novos instrumentos (fase B2)*. Essas restrições à atuação do Federal Reserve foram gradualmente suspensas. Em dezembro de 2007, ocorreu um primeiro aumento significativo da ajuda oferecida pelo Federal Reserve, com uma transformação da sua composição. Foi introduzido um novo instrumento, o Term Auction Facility (TAF), que significou a aceitação de um conjunto maior de garantias (quadro 18.1). O estoque de acordos de recompra diminuiu em fevereiro de 2008, mas o saldo devedor total de empréstimos mais que dobrou, de US$ 56 bilhões para US$ 129 bilhões ao longo da fase B2. Considerando as respectivas médias das fases B1 e B2, o valor total dos empréstimos oferecidos pelo Federal Reserve foi multiplicado por um fator de 2,4, introduzindo o período de alívio quando o *spread* entre a Libor e a taxa dos Fundos Federais se reduziu a praticamente zero.

3. *Informação (fase B3)*. Em março de 2008, a atmosfera se deteriorou repentinamente com a falência do Bear Stearns. Em meados de março, Alan Greenspan e Lyle Gramley[2] declararam que a crise financeira de então poderia ser considerada a mais violenta desde a Segunda Guerra Mundial. Martin Feldstein[3] declarou que o país estava em recessão. Naquela mesma época, o Federal Reserve emitiu um empréstimo *nonrecourse*[4] de US$ 29 bilhões para cobrir parte das perdas do investimento do Bear Stearns em TLHs e outros investimentos duvidosos, enquanto a companhia era comprada. O JPMorgan Chase fez uma oferta original de US$ 2 (que no fim chegou a US$ 10) por ação, que um ano antes tinha sido cotada a US$ 169. Ben Bernanke afirmou em depoimento que a falência do Bear Stearns poderia ter "graves consequências" e levar a uma crise muito séria.

Em março e abril de 2008, o total de empréstimos saltou de repente para um novo platô, na verdade uma ligeira inclinação ascendente de US$ 400 bilhões para US$ 500 bilhões (gráfico 18.1). As operações tradicionais de mercado aberto (acordos de recompra) e as TAFs aumentaram dramaticamente, enquanto se introduziam dois novos instrumentos: o Term Security Lending Facility (TSLF) e o Primary Dealer Credit Facility (PDCF). O TSLF está representado explicitamente no gráfico 18.1. Pode-se observar sua importância comparativa durante a fase B3. O PDCF é parte dos "Outros empréstimos" no gráfico. Seu tamanho continuou limitado.

---

[2] Ex-diretor do Federal Reserve em Kansas e membro do Conselho de Assessores Econômicos.
[3] Ex-presidente do Conselho de Assessores Econômicos e principal conselheiro econômico do presidente Ronald Reagan
[4] Em caso de inadimplência, o emprestador não é protegido além do valor das garantias.

*Quadro 18.1 – Os novos instrumentos do Federal Reserve (*facilities*)*

A noção de *facility* refere-se a um canal pelo qual o Federal Reserve emite empréstimos para o setor financeiro. O aumento da capacidade de empréstimo do Federal Reserve foi uma característica do primeiro ano da crise, inclusive a ruptura no final do primeiro trimestre de 2008, até a queda do setor financeiro em setembro.

• Antes de setembro de 2008 (fases B1, B2 e B3).

Para aumentar o apoio ao setor financeiro além do mercado aberto tradicional e da janela de desconto, o Federal Reserve criou três novos instrumentos:

1. *Term Auction Facility (TAF) em dezembro de 2007*. Com leilões de créditos de curto prazo, o Federal Reserve aceitou das instituições de depósito um conjunto mais amplo de garantias, que eram geralmente aceitas apenas nas janelas de desconto. Os leilões ficaram mais frequentes e foram feitos para prazos mais longos (leilões quinzenais e para 28 dias).

2. *Term Security Lending Facility (TSLF) em março de 2008*. A principal diferença entre a TSLF e a TAF é o fato de o Federal Reserve oferecer títulos do Tesouro em vez de dinheiro. Esse instrumento foi reforçado em setembro de 2008.

3. *Primary Dealer Credit Facility (PDCF) em março de 2008*. A PDCF é semelhante à TSLF, com a ampliação das operações de mercado aberto para *securities* corporativas com grau de investimento, *securities* municipais, TLHs e TLAs que tivessem preço conhecido. Um aspecto específico da PDCF é que o Federal Reserve financia diretamente seus operadores primários[1]. O conjunto de garantias aceitas foi ampliado em setembro de 2008.

• Após setembro de 2008 (fase C).

4. *ABCP MMMF Liquidity Facility (AMLF) em setembro de 2008, Commercial Paper Funding Facility (CPFF) em outubro de 2008 e Money Market Investor Funding Facility (MMIFF) em outubro de 2008*. Essas novas *facilities* se destinavam a aumentar a liquidez dos mercados de curto prazo. Em comparação com as *facilities* anteriores, as medidas eram mais específicas,

---

[1] A partir de fevereiro de 2009, os dezesseis maiores bancos e corretores que agem como intermediários em operações de mercado aberto entre o Federal Reserve e instituições de depósito.

> e tinham como alvo *commercial papers*, conduits, VEIs e os fundos mútuos *money market* (MMMFs)[II].
> 5. *Term Asset-Backed Securities Loan Faciliy (Talf)* em novembro de 2008. A Talf autorizou empréstimos do Federal Reserve, lastreados em TLAs, com a proteção do Tesouro.
>
> ---
> [II] Fundos mútuos que investem em instrumentos do *money market*.

No final de julho de 2008, o Congresso aprovou a Lei de Habitação e Recuperação Econômica, que oferecia uma garantia de US$ 300 bilhões da FHA para refinanciamento de hipotecas em benefício de meio milhão de proprietários de casas. Essa medida fracassou, pois poucas famílias aproveitaram a oportunidade.

Os níveis e a composição do apoio oferecido pelo Federal Reserve continuaram surpreendentemente estáveis durante a fase B3, ou seja, até o início de setembro de 2008. O mesmo valeu para as taxas de juro, como se uma nova estabilização tivesse sido alcançada.

No geral, a partir do início de setembro de 2008 (final da fase B3), tinha-se uma situação de enormes estoques de empréstimos ao setor financeiro e uma baixa taxa de Fundos Federais. A composição dos ativos do Federal Reserve tinha sido completamente alterada. O *spread* entre a taxa de Fundos Federais e a Libor era maior que durante a fase B1 (gráfico 16.3), a primeira fase da crise propriamente dita, prova de que a confiança não tinha sido restaurada entre os grandes bancos.

Final de 2008 (fase C): apoio desesperado e substituição gradual

Em setembro de 2008, o mundo descobriu que o aprofundamento da crise financeira, evitado em março, estava agora em franco progresso. Ademais, tornou-se claro que a contração da atividade seria severa e que a crise tinha agora atingido proporções mundiais. Assim, a entrada na fase C marcou o início do esforço integral e desordenado de ajuda às instituições financeiras, seja pela oferta de empréstimos adicionais, seja pela participação no capital das empresas. Mas, com o aprofundamento da crise, as instituições centrais passaram gradualmente a agir como substitutos de empresas financeiras em dificuldades na oferta de empréstimos para a economia ou como seguradoras desses empréstimos.

Adotou-se uma ampla variedade de medidas:

1. *Mais empréstimos do Federal Reserve*. A entrada na fase C coincidiu com um aumento dramático dos empréstimos oferecidos pelo Federal Reserve ao setor financeiro (gráfico 18.1). Isso significou, em particular, uma extensão adicional de garantias aceitáveis e a introdução de novos instrumentos (como o Money Market Investor Funding Facility [MMIFF], a Commercial Paper Funding Facility [CPFF] e a Term Asset-Backed Securities Loan Facility [Talf]). O gráfico ilustra claramente a dilatação de "Outros empréstimos" e TAF. Em novembro de 2008, a Talf autorizou o Banco do Federal Reserve de Nova York a fazer empréstimos de US$ 200 bilhões com prazo de um ano, garantidos por TLAs aceitáveis. O Departamento do Tesouro garantiu proteção de crédito de US$ 20 bilhões para o Federal Reserve. A Talf oferece uma ilustração interessante da gradual substituição das instituições centrais pelas corporações privadas. O Federal Reserve aceitou TLAs comuns como garantia, como o faria uma empresa privada, e o Tesouro forneceu o seguro como um segurador privado, vendendo SICs.

2. *O apoio do Tesouro*. Uma inovação dramática foi o Programa Suplementar de Financiamento do Departamento do Tesouro, em setembro de 2008, que será tratado na próxima seção, dedicada ao Federal Reserve.

3. *Ajuda a um grupo de corporações em dificuldades – o resgate de Fannie Mae e Freddie Mac*. A primeira vez que o Federal Reserve se envolveu no resgate de uma empresa particular ocorreu em março de 2008, antes da fase C, quando o JPMorgan Chase comprou o Bear Stearns. Mas o principal desenvolvimento foi o resgate de Fannie Mae e Freddie Mac, dois gigantes financeiros (capítulo 13). No fim de 2007, o total dos exigíveis no balanço das duas entidades chegava a US$ 1,61 trilhão e os TLHs a US$ 3,5 trilhões. O primeiro alerta direto relativo à sobrevivência das duas chegou em meados de julho de 2008, quando Henry Paulson, secretário do Tesouro do presidente Bush, anunciou o compromisso do governo de, se necessário, apoiar as duas instituições na esteira da revelação do volume de perdas, que provocou a dramática desvalorização das suas ações no mercado. No fim de julho, a Lei de Habitação e Recuperação Econômica (quadro 18.2) colocou as duas instituições sob intervenção da Agência Federal de Financiamento Imobiliário (FHFA), o que na verdade significou a tomada do controle.

Em meados de setembro, o Federal Reserve socorreu a seguradora AIG, assolada por enormes prejuízos em CDSs. Como a corporação tinha demonstrado não ser capaz de obter o financiamento necessário dos bancos comerciais, o Federal Reserve deu um empréstimo de US$ 85 bilhões e, em contrapartida, o governo dos Estados Unidos assumiu uma participação de 80% no capital da AIG.

Em novembro de 2008, esse empréstimo foi suplementado por uma contribuição adicional do Banco do Federal Reserve de Nova York. No início de 2009, a ajuda atingiu o valor recorde de US$ 173 bilhões.

Quadro 18.2 – Ação legislativa (leis)

Foram aprovadas duas leis para a recuperação das condições financeiras. Os principais campos foram a expansão do seguro de refinanciamento hipotecário, o apoio das EPGs e a compra de dívidas podres.

1. *Lei de Habitação e Recuperação Econômica de julho de 2008.* O objetivo era a expansão do seguro de refinanciamento de hipotecas. Ademais, foi criada a Agência Federal de Financiamento Imobiliário (FHFA), encarregada, entre outras funções, da intervenção na Fannie Mae e na Freddie Mac.

2. *Lei de Estabilização Econômica de Emergência em setembro de 2008 (o "Plano Paulson").* A lei mirava originalmente a compra de dívidas ilíquidas, mas na verdade foi usada para comprar ações de empresas (financiamento de capital). Ela também elevou para US$ 250 mil o teto de depósitos segurados pela FDIC.

---

4. *Socorro a empréstimos problemáticos.* Outra forma de intervenção é a oferta de garantias para empréstimos problemáticos e a compra de empréstimos ilíquidos. Elas têm a propriedade comum de uma instituição central comprometer sua própria responsabilidade no caso de problemas e até o limite do total dos prejuízos (desconhecidos quando a decisão foi tomada). Essa compra de dívidas podres foi diretamente inspirada pelo tratamento da Grande Depressão em 1933. O chamado Plano Paulson, de setembro de 2008, foi originalmente calibrado para US$ 700 bilhões. Uma versão emendada, a Lei de Estabilização Econômica de Emergência, foi finalmente adotada no início de outubro de 2008. A lei autorizava o Tesouro a usar imediatamente US$ 250 bilhões sob o Programa de Socorro a Ativos Problemáticos, mas o plano foi reorientado para o financiamento de capital, a participação direta no capital das empresas.

Em janeiro de 2009, o Federal Reserve anunciou que começaria as operações de compra de TLHs de Fannie Mae e Freddie Mac, e Ginnie Mae, permitidas sob o Programa de Compra de TLHs (decidido em meados de novembro de 2008), bem como dívidas ligadas a consumidores. No início de 2010, o valor total de TLHs no caixa do Federal Reserve ultrapassou US$ 1 trilhão.

5. *Garantias para MMMFs*. No final de setembro de 2008, o Tesouro decidiu garantir o preço das ações de MMMFs, como sempre, sob certas condições. Essa medida ficou conhecida como Programa de Garantia Temporária para Recursos de Money Market e foi estendida pelos meses seguintes.

6. *Financiamento de capital: o Tesouro entra no capital das corporações*. O Plano Paulson foi na verdade reorientado para a compra de ações de empresas[5]. A primeira dessas operações, sob o Programa de Compra de Capital, ocorreu no final de outubro de 2008, com o refinanciamento de nove grandes bancos e outras instituições financeiras. No final de 2008, o maior desses resgates foi o Citigroup, com a suplementação de US$ 25 bilhões no final de dezembro, e mais US$ 20 bilhões por meio de um programa específico, o Programa de Investimento Dirigido. O Programa de Compra de Capital atingiu mais de US$ 200 bilhões em mais de quinhentos bancos.

7. *Seguro de depósitos dos bancos*. Além dos maiores bancos de investimentos que quebraram, várias instituições de depósitos (bancos e associações de poupança e empréstimo) também faliram. A maior quebra foi a do Washington Mutual Bank em setembro de 2008. A liquidação foi conduzida pela FDIC. Outro exemplo foi a IndyMac, uma grande associação de poupança e empréstimo. Essas falências poderiam ter provocado uma corrida aos bancos e associações de poupança e empréstimo. A Lei Estabilização Econômica de Emergência aumentou o teto de depósitos garantidos pela FDIC para US$ 250 mil para evitar essas corridas.

8. *Reorganização e regulamentação*. Simultaneamente, além das medidas mencionadas, alguns passos foram dados na direção da reorganização e da regulamentação. A Lei de Habitação e Recuperação Econômica de 2008 criou a FHFA, encarregada da supervisão de quatorze EPGs (inclusive Fannie Mae e Freddie Mac) e os doze bancos federais para empréstimos habitacionais (FHLBs). Discuitu-se um vasto conjunto de regulamentos. O processo deverá ser demorado, dadas as implicações globais dessas medidas.

Após fevereiro de 2009 (fase D): a queda das instituições financeiras e de empréstimos e a ascensão da holding de securities *de agências federais*

Fevereiro de 2009 marcou a entrada numa nova fase: a D. Uma primeira característica foi o declínio das categorias anteriores de empréstimos para instituições financeiras. Isso fica evidente no gráfico 18.1. Ele revela o declínio de todos os

---

[5] Troubled Asset Relief Program (Washington, DC, US Department of the Treasury, 2009). Disponível em: <www.financialstability.gov/>.

O Estado socorre o setor financeiro

componentes de empréstimos para instituições financeiras. O gráfico 16.3 mostra que outra característica do período foi a diminuição da Libor, a níveis extremamente baixos, com a redução correspondente do *spread* em relação à taxa de Fundos Federais.

Como será mostrado na seção seguinte, essas novas tendências atestam um redirecionamento do apoio do Federal Reserve à economia para benefício das agências federais.

O Federal Reserve no meio da tempestade

A análise das seções anteriores enfatiza as massas de empréstimos oferecidos pelo Federal Reserve para o setor financeiro e os vários instrumentos usados em diferentes estágios da crise. Outra maneira de abordar a ação do Federal Reserve é considerar as tendências evidentes nos principais componentes do seu balanço.

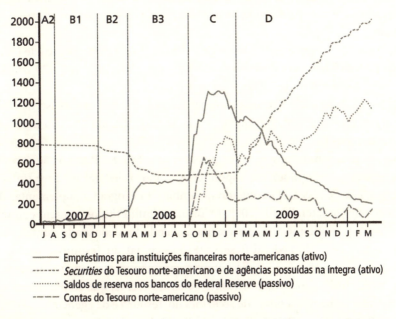

Gráfico 18.2 – Ativos e exigíveis do Federal Reserve (bilhões de dólares, por semana).

O gráfico 18.2 mostra um conjunto de contas importantes no balanço do Federal Reserve. O total de empréstimos para o setor financeiro norte-americano (———) e as *securities* do Tesouro e de agências federais (-------) possuídos (os dois componentes do total de crédito com a exclusão dos *swaps* de moedas como no gráfico 15.1) continuam sendo as duas variáveis básicas. A primeira observação é

251

que essas duas variáveis se moveram em direções opostas durante toda a fase B. Enquanto aumentava o total de empréstimos para as instituições financeiras, caía a posse de *securities*, principalmente no início da fase B3. Instituições financeiras tomavam empréstimos do Federal Reserve, usando os diversos instrumentos disponíveis, como exposto nas seções anteriores, e a injeção correspondente de recursos na economia era compensada por uma venda simétrica de *securities* por parte do Federal Reserve para o setor financeiro, na verdade *securities* do Tesouro (e não *securities* de agências federais). Os empréstimos alimentam os saldos das reservas das instituições financeiras, enquanto a venda de *securities* para as mesmas instituições drenam as mesmas reservas, não importando o mecanismo exato. O procedimento é às vezes chamado de "esterilização". Assim, durante a fase B3, as reservas bancárias (........) se mantiveram estáveis em níveis muito baixos, como geralmente acontece.

A situação mudou radicalmente em setembro de 2008, com a entrada na fase C, quando a crise se aprofundou dramaticamente. Foram tomadas as providências a seguir:

1. O Federal Reserve aumentou repentinamente seus empréstimos de uma média de US$ 433 bilhões durante a fase B3 até um platô de US$ 1,779 trilhão em novembro e dezembro de 2008 e janeiro de 2009.

2. As instituições financeiras começaram a acumular um excesso de reservas para quantias semelhantes, o que está expresso no gráfico 18.2 no aumento da terceira variável (........).

3. O Tesouro, num programa conjunto com o Federal Reserve, se apresentou para reabsorver a liquidez correspondente, como o Federal Reserve tinha feito durante a fase B3. Isso foi executado no âmbito do Programa Suplementar de Financiamento de setembro de 2008. O Tesouro emitiu títulos a serem comprados pelas instituições financeiras, e a receita da venda foi depositada numa conta do Tesouro nos livros do Federal Reserve. São as contas do Tesouro, também mostradas no gráfico 18.2 (-----). Esse movimento não interrompeu o aumento das reservas das instituições financeiras no Federal Reserve, que continuaram subindo. (Simultaneamente, a posse de *securities* do Tesouro e de agências federais pelo Federal Reserve se manteve mais ou menos constante.)

Como resultado desses novos acontecimentos, o saldo total de reservas no Federal Reserve sofreu um forte aumento.

A preocupação com o excesso de reservas das instituições financeiras foi o fato de esse comportamento poder prejudicar a capacidade de conduzir a política monetária (cujo instrumento é o controle das reservas por um monitoramento adequado das taxas de juro). De todo modo, sob as circunstâncias da época, principalmente o baixo nível das taxas de juro, pode-se ter sérias dúvidas com relação à eficácia da política monetária. Em outubro de 2008, o Federal Reserve começou a pagar juros sobre as reservas, um movimento que, supostamente, fortaleceria o seu controle[6].

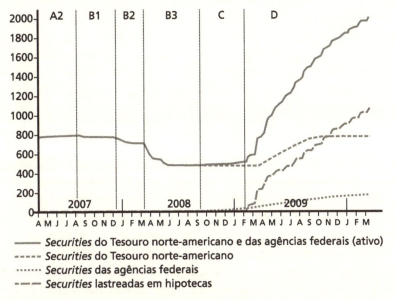

——— *Securities* do Tesouro norte-americano e das agências federais (ativo)
- - - - *Securities* do Tesouro norte-americano
·········· *Securities* das agências federais
– – – *Securities* lastreadas em hipotecas

Gráfico 18.3 – Total e três componentes das *securities* possuídas pelo Federal Reserve (bilhões de dólares, por semana).

---

[6] Os comentários a seguir, do Federal Reserve de Nova York, são úteis: "Por que o pagamento de juros sobre os saldos de reservas, e particularmente sobre os saldos em excesso, é especialmente importante nas condições atuais? Recentemente, a Mesa (de negociações) encontrou dificuldades em viabilizar as metas operacionais da taxa de Fundos Federais definida pelo Comitê Federal de Open Market, porque a expansão das várias *facilities* provocou um grande aumento dos saldos de reserva. A expansão do excesso de reservas, por sua vez, exerceu uma extraordinária pressão declinante sobre a taxa de Fundos Federais *overnight*. O pagamento de juros sobre o excesso de reservas tornará mais fácil à Mesa chegar à meta da taxa de Fundos Federais, mesmo que a ampliação do uso das *facilities* de liquidez do Federal Reserve, como os aumentos recém-anunciados nas quantias que estão sendo oferecidas por meio do Auction Term Facility, resultem em níveis mais altos de saldos excedentes. Que outros métodos o Federal Reserve tem à sua disposição para facilitar a aplicação da política monetária quando o uso das suas várias *facilities* de liquidez contribui para o alto nível de excesso de saldos? Inicialmente o Federal Reserve foi capaz de evitar a ampliação dos saldos excessivos induzida pelo uso das suas novas *facilities* de liquidez reduzindo os outros ativos que tinha no seu balanço, principalmente os títulos do Tesouro norte-americano. Mas muitas das *securities* do Tesouro restantes estão agora dedicadas ao apoio do Term Securities Lending Facility e outros programas. Mais recentemente, o Programa de Financiamento Suplememntar tornou-se valioso na ajuda à limitação do aumento dos saldos excedentes à medida que continuava a expansão dos programas de liquidez do Federal Reserve. Sob o Programa de Financiamento Suplemantar o Tesouro emitiu letras no mercado e depositou o resultado das vendas numa conta no Federal Reserve. Mas o pagamento de juros sobre os

Novas tendências foram estabelecidas com a entrada na fase D. O gráfico 18.2 revela: (1) o decréscimo dos empréstimos às instituições financeiras norte-americanas (———); (2) o aumento simétrico das *securities* do Tesouro e de agências federais (········); (3) uma leve tendência ascendente dos saldos de reservas (··········); e (4) a estabilização da conta do Tesouro (— — —). Devem-se enfatizar duas evoluções importantes:

1. No contexto criado pelo deslocamento do mercado interbancário e pela incerteza generalizada, as instituições financeiras preferem manter reservas muito altas no Federal Reserve. Esse comportamento é incentivado pelo pagamento de juros sobre essas reservas.

2. A fase D atesta uma transformação da ajuda à economia por parte do Federal Reserve. O gráfico 18.3 decompõe o total de *securities* possuídas (— — — no gráfico 18.2, ——— no gráfico 18.3) em três componentes: (1) *securities* do Tesouro (— — —); (2) *securities* das agências federais (········); e (3) TLHs, também emitidas pelas agências federais nos seus *pools* de hipotecas (— — —). Uma primeira observação é que o Federal Reserve iniciou um retorno à posse de *securities* do Tesouro nos níveis prevalentes antes da crise. Segunda, enquanto as *securities* do Tesouro eram o componente exclusivo, ou quase, até o final da fase C, a entrada na fase D viu o aumento das *securities* das agências federais, predominantemente TLHs, que foram o grande substituto dos empréstimos ao setor financeiro. Esse último desenvolvimento deve ser ligado à observação de que, desde o início de 2008, a securitização pelos emissores *private label* se reduziu quase a zero, enquanto a securitização pelas agências federais crescia (gráfico 13.1).

Uma tendência nova e importante ficou assim evidente. Por um lado, a securitização ficou nas mãos das agências federais (agora propriedade do governo dos Estados Unidos); por outro, ela é sustentada pelo Federal Reserve, que age como "comprador em última instância" dos títulos emitidos, em lugar das instituições financeiras, famílias e o resto do mundo.

O gráfico 18.4 resume o apoio geral oferecido pelo Federal Reserve às economias nacional e internacional. As variáveis são as exigibilidades líquidas (exigíveis menos ativos) de três agentes para o Federal Reserve, inclusive estrangeiros, e o valor total. Nessas métricas, parece que o Federal Reserve aumentou seu apoio

---

saldos excedentes poderia permitir à Mesa chegar à meta operacional para a taxa de Fundos Federais mesmo sem uso adicional dessas outras medidas e, em princípio, com qualquer nível de saldos excedentes. E, além de remunerar os saldos excedentes, o Federal Reserve está explorando outros métodos de administração dos níveis de reserva para o fim de aplicar a política monetária com sua autoridade para pagar juros sobre reservas". Perguntas frequentes a respeito de juros sobre reservas e aplicação de política monetária (Nova York, Federal Reserve Bank of New York, 2009). Disponível em: <www.newyorkfed.org/markets/ior_faq.html>.

O Estado socorre o setor financeiro

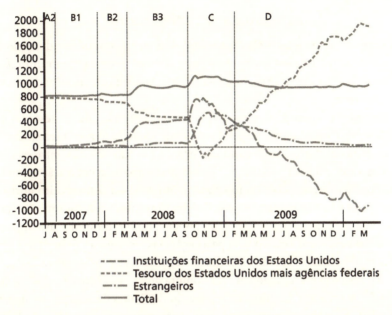

Gráfico 18.4 – Ativos líquidos do Federal Reserve: instituições financeiras norte-americanas, Tesouro dos Estados Unidos e agências federais, e estrangeiros (bilhões de dólares, semanal). No gráfico, a variável "instituições financeiras norte-americanas" representa o total de empréstimos oferecidos pelo Federal Reserve menos os saldos das reservas das instituições financeiras. (As duas variáveis são mostradas no gráfico 18.2.)
"Tesouro dos Estados Unidos mais agências federais" se refere a *securities* do Tesouro norte-americano e de agências federais menos o saldo do Tesouro no Federal Reserve (também a diferença entre as duas variáveis mostradas no gráfico 18.2). A variável "estrangeiros" mede os *swaps* de moedas menos as contas oficiais de estrangeiros no Federal Reserve. O total é a soma dos três componentes.

total (———) durante as fases B3, C e D, com uma tendência aparente para os níveis anteriores à crise na fase D. Os empréstimos líquidos para estrangeiros (—·—), como nos *swaps* de moedas, foram grandes durante a fase C, com uma reabsorção gradual durante a D. Mas, como afirmado antes, o principal desenvolvimento foi a substituição dos empréstimos líquidos a instituições financeiras norte-americanas (———) por *securities* do Tesouro e de agências federais (-----). No final do período, as reservas das instituições financeiras estavam dramaticamente maiores que os empréstimos oferecidos ao setor pelo Federal Reserve. Mas a ajuda à economia por meio de compras de TLHs mostra uma tendência ascendente, sem sinal de alívio até a última observação, em março de 2010.

Saída da crise financeira?

A observação da tendência de queda dos empréstimos oferecidos pelo Federal Reserve a instituições financeiras pode ser interpretada como um reforço à conclusão de término da crise financeira. Uma análise mais detalhada questiona essa interpretação.

Primeiro, a propensão das instituições financeiras a acumular reservas no Federal Reserve atesta a continuação da interrupção do mercado interbancário, um sinal da falta de confiança. Segundo, ocorreu uma substituição entre os componentes da ajuda do Federal Reserve à economia, e não uma contração. Assim, segmentos tradicionais cruciais do funcionamento do sistema financeiro norte-americano ainda não são garantidos pelos chamados mercados, ou seja, instituições privadas: (1) hipotecas (o principal componente dos empréstimos às famílias) são financiadas pela securitização feita pelas agências federais, ao passo que a ação de emitentes *private-label* resultou em fluxos negativos (em vez de emissão); (2) e famílias e o resto do mundo reduziram a compra dessas *securities*, e o Federal Reserve teve de intervir em substituição. Essa ação do Banco Central norte-americano se manifesta não somente nas grandes quantias, mas na tendência ascendente.

Existem duas maneiras de interpretar esses desenvolvimentos e avaliar suas implicações para os anos vindouros. Ou a situação ainda não está estabilizada e pode-se esperar uma volta aos mecanismos anteriores – numa possível estrutura nova e regulada – ou há de prevalecer uma nova configuração, em que o Federal Reserve teria seu papel aumentado. Essas escolhas só podem ser feitas sob a pressão dos acontecimentos.

Capítulo 19
A GRANDE CONTRAÇÃO

A partir do final de 2009, o diagnóstico relativo à amplitude geral da queda do PIB, que começou nos últimos meses de 2008, é direto. Vai ser grande, uma Grande Contração. As primeiras manifestações dessas proporções excepcionais já são evidentes. De qualquer maneira, pode-se esperar uma recessão após o *boom* imobiliário, mas a crise financeira conferiu um caráter dramático a essa queda. O tamanho da contração está na imagem do colapso dos créditos às famílias e empresas não financeiras; o arrocho de crédito propriamente dito e, reciprocamente, a queda de produção dão mais combustível ao incêndio financeiro.

O apoio ao setor financeiro (financiamento de crédito e de capital) tendeu a alimentar indiretamente a economia real. Na ausência dessas políticas, as coisas certamente teriam sido piores, mas a intervenção das instituições centrais não interrompeu o arrocho de crédito nem a queda. O novo desenvolvimento desde a entrada na fase C é o fato de a queda de produção ter incentivado políticas em que as instituições centrais agem diretamente como substitutos do setor financeiro privado. Essas políticas visam a estimular a demanda (a compra de bens e serviços) e ajudar novos mercados hipotecários. Nessas circunstâncias de crise, o governo simultaneamente tem de agir como *consumidor* último (inclusive investimento) e *tomador de empréstimos* último.

2005-2007: *o prolongado* boom *de crédito*

É útil voltar aqui ao *boom* de mecanismos de crédito que precedeu a crise. A economia norte-americana se recuperou da recessão de 2001, na esteira do colapso do *boom* das tecnologias de informação, graças à expansão do setor de habitação (capítulo 12), apoiado ele próprio pela onda de hipotecas e securitização (capítulo 13). O *boom* imobiliário não poderia durar para sempre e chegou ao fim na transição entre 2005 e 2006. Desde o início de 2006 até o fim da fase B (um período de quase três anos), a demanda das famílias foi, mais ou menos, mantida e o crescimento do PIB continuou, apesar da queda dos mercados de habitação.

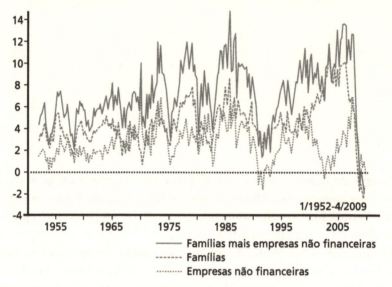

Gráfico 19.1 – Empréstimos novos a famílias e empresas não financeiras; economia norte-americana (porcentagem do PIB, por trimestre).

Subjacente a essa continuação do fluxo de demanda, estava a capacidade do setor financeiro de fornecer empréstimos à economia. O gráfico 19.1 mostra o fluxo de novos empréstimos para as famílias e empresas não financeiras como porcentagens do PIB. Ela revela uma tendência ascendente a partir do início do período, apesar de flutuações significativas durante os aquecimentos e recessões e uma queda mais espetacular por volta de 1991.

Em 2006 e 2007, o volume de empréstimos a famílias (hipotecas em particular) permaneceu surpreendentemente alto, apesar da crise imobiliária. No quarto trimestre de 2007, o volume de novos empréstimos como percentual do PIB foi ainda maior que durante o longo *boom* da segunda metade da década de 1990 (5,6% em comparação com 4,9% para a média do período 1995-2001). Empréstimos para empresas não financeiras continuaram a aumentar durante 2007, com porcentagens maiores que durante o longo *boom*, na verdade os valores mais altos desde

1952 (deduzido o pico destacado no segundo trimestre de 1970). Em 2007, uma leve queda dos empréstimos para as famílias foi compensada pelo aumento daqueles que foram concedidos a empresas. Considerando em conjunto as famílias e empresas não financeiras, o fluxo médio de novos empréstimos para o período 2005-2007 chegou a 11,9%, um nível excepcionalmente alto. Mas a situação mudou dramaticamente nos anos seguintes.

O arrocho de crédito

Não é surpresa a descoberta de que o estouro e aprofundamento da crise financeira contemporânea tenham terminado numa contração de empréstimos muito além do declínio normal durante recessões. Pode-se voltar aqui à observação da queda dos empréstimos no final da década de 1980 e começo da de 1990. Foi o efeito da crise dos bancos e associações de poupança e empréstimo, e causou uma crise na oferta de crédito, um arrocho de crédito. Um arrocho de crédito, mais uma vez, é um componente central da crise contemporânea. Seu efeito será muito maior do que o da crise anterior. De um nível alto em 2007 até um valor negativo sem precedentes no final do período, perderam-se 14% do PIB.

A série do gráfico 19.1 descreve os primeiros passos desse novo desenvolvimento. A partir do primeiro trimestre de 2008, iniciou-se uma forte contração dos empréstimos. Com a entrada na fase C em setembro de 2008, a política monetária perdeu a eficácia, um desenvolvimento que se manifestou no aprofundamento do arrocho de crédito, quando os empréstimos atingiram valores negativos a partir do quarto trimestre.

Há uma ligação evidente entre as transformações do balanço do Federal Reserve (capítulo 18) e o arrocho de crédito. Ao longo de 2008, o Banco Central norte-americano aumentou dramaticamente os empréstimos aos bancos (gráfico 15.1), mas esse apoio não conseguiu evitar o colapso dos créditos à economia. Depois de setembro de 2008, nada foi capaz de dar fim à contração dos empréstimos. Os bancos acumulavam reservas no Federal Reserve, sem efeitos sobre sua oferta de empréstimos. O que poderia ter sido uma redução do ritmo da macroeconomia se transformou num grande colapso. O único instrumento eficaz é, então, o gasto do governo.

O novo desenvolvimento marcou o apogeu de uma tendência de longo prazo de erosão da eficácia da política monetária. O capítulo 14 mostra como os movimentos da taxa de Fundos Federais refletiram-se cada vez menos nas taxas hipotecárias (as fixas e as reajustáveis) e, assim, tiveram impacto reduzido no fluxo de hipotecas. Em particular, foi esse o caso durante a última fase do *boom* imobiliário, até o segundo trimestre de 2006, quando os empréstimos hipotecários atingiram o seu ponto máximo.

O efeito feedback

Na seção anterior deu-se ênfase aos efeitos dos mecanismos financeiros na macroeconomia, mas existe, e haverá ainda mais, um efeito *feedback* da contração da produção nos mecanismos financeiros.

A redução da demanda para as empresas impacta a sua capacidade de pagar suas dívidas e o mesmo vale para as famílias que enfrentavam a redução das horas trabalhadas ou o desemprego. A oferta de crédito pelas instituições financeiras se reduziu ainda mais pelas inadimplências potenciais. O aumento na inadimplência de dívidas não relacionadas diretamente a hipotecas, como as inadimplências em empréstimos comerciais e industriais do gráfico 16.1, é um indicador do impacto da contração da atividade sobre as inadimplências. Mas ainda há muito mais por vir. A Grande Depressão oferece um exemplo assustador da dinâmica desses mecanismos potencialmente geradores de espiral decrescente, na medida em que, entre 1930 e 1933, o setor bancário caiu e a macroeconomia afundou (capítulo 21).

As aquisições alavancadas oferecem uma ilustração bem conhecida da variedade de formas em que se manifesta esse efeito *feedback* (quadro 19.1). Elas demonstram como os mecanismos financeiros podem ser sensíveis às recessões com danos recíprocos potenciais sobre a economia real.

Quadro 19.1 – Aquisições alavancadas: uma ameaça pendente

Um exemplo do efeito *feedback* da contração da produção sobre a atividade financeira são as aquisições alavancadas. A partir de 2007, o fluxo de aquisições alavancadas foi dramaticamente maior que no final da década de 1990 (gráfico 7.3), e houve uma forte semelhança entre os procedimentos frouxos nos mercados de hipotecas não *prime* e as aquisições alavancadas, principalmente em razão do forte aumento dos empréstimos *covenant-lite*[1] em 2007.

Os dados revelam que as principais taxas (por exemplo, a taxa dívida/receita antes de juros, impostos, depreciação e amortização [Ebitda]) das aquisições alavancadas dependem em alto grau das fases do ciclo de negócios. A porcentagem de empréstimos alavancados pendentes que terminam em inadimplência ou falências passa por um máximo durante as recessões (10% em 2002).

---

[1] Oferecidos sem muitas exigências.

> Essas observações – volumes inflados, poucas exigências para concessão de crédito e exposição aos altos e baixos da macroeconomia – sugerem que a contração de produção em que os Estados Unidos estão entrando será associada a uma onda de falências de aquisições alavancadas, mais danosa do que durante a recessão de 2001, quando os volumes foram inferiores, aumentando assim a contração[II].
>
> ---
>
> [II] Ver o relatório pessimista de Heino Meerkatt e Heinrich Liechtenstein, *Get Ready for the Private-Equity Shakeout* (Barcelona e Madri, The Boston Consulting Group, IESE, Universidade de Navarra, dezembro de 2008).

Entrando na recessão

Os primeiros passos da Grande Contração foram observados em 2008. O gráfico 19.2 mostra a taxa de utilização de capacidade no setor manufatureiro. Depois da recuperação da recessão de 2001, a taxa de utilização de capacidade culminou no terceiro trimestre de 2007 e começou a decrescer, com forte aceleração, a partir do segundo trimestre de 2008. (A queda foi particularmente aguda para bens duráveis, como é geralmente o caso.) A contração das taxas de crescimento do PIB começou nesse segundo trimestre de 2008 (gráfico 12.1).

A contração da produção numa recessão é um movimento cumulativo para baixo em que as decisões tomadas pelas empresas, redução da produção, e pelas famílias, corte da demanda, combinam os seus efeitos. Esses comportamentos são a expressão da situação que empresas e famílias devem enfrentar (redução da demanda, das horas trabalhadas ou desemprego), aumentadas pela antecipação dos desenvolvimentos esperados.

Essas cadeias de eventos são observadas em toda recessão, mas durante a contração de atividades de 2008 uma tendência decrescente de preços de ação estava em vigor. Às vezes se faz referência a um "efeito de riqueza negativa", o que significa que a desvalorização de carteiras de *securities*, principalmente as dos fundos mútuos ou de pensão, poderia impactar negativamente as compras das famílias. (A queda do mercado de capitalizações, como no gráfico 17.1, causou uma grande desvalorização dos ativos das famílias nesses fundos, de US$ 18,5 trilhões no terceiro trimestre de 2007 para US$ 13,2 trilhões no primeiro trimestre de 2009.)

A crise do neoliberalismo

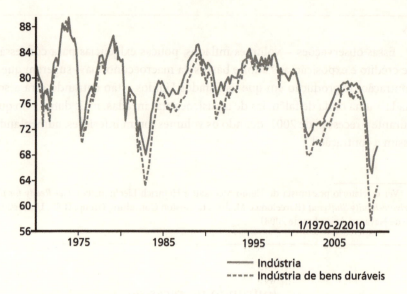

Gráfico 19.2 – Taxa de utilização de capacidade: setor manufatureiro dos Estados Unidos (porcentagem, por mês). Além da entrada na contração de produção em 2008, o gráfico ilustra algumas das características da macroeconomia norte-americana durante as décadas neoliberais para o setor manufatureiro. Entre 1985 e 2000, a taxa de utilização de capacidade flutuou em torno de um platô de 81%, semelhante à muito menos estável média da década anterior de 1970. O gráfico ilustra duas características importantes da década precedente: primeira, a recessão de 2001 foi longa (recuperação lenta); e, segunda, a recuperação foi parcial, com taxas comparativamente baixas (79%, média de 2006-2007).

O caráter verdadeiramente excepcional da contração da produção fica evidente na queda anormalmente dramática de alguns dos componentes de demanda das famílias. O gráfico 19.3 mostra o total das vendas no varejo nos Estados Unidos. Nenhum movimento semelhante é obervado no gráfico durante a recessão de 2001 e nada similar ocorreu desde a Segunda Guerra Mundial. Ainda mais espetacular é a queda nas vendas de automóveis (29% do máximo em outubro de 2007 até março de 2009).

Política de demanda: famílias e empresas não financeiras

Até os últimos meses de 2008, a ajuda à economia teve em sua absoluta maioria a natureza de empréstimos do Federal Reserve ao setor financeiro para enfrentar a crise de liquidez. Essa política não teve efeito sobre a oferta de empréstimos à economia, já que os bancos começaram a acumular reservas no Federal Reserve durante a fase C. Com o arrocho de crédito, o apoio direto à demanda passou a ser a maior preocupação.

A Grande Contração

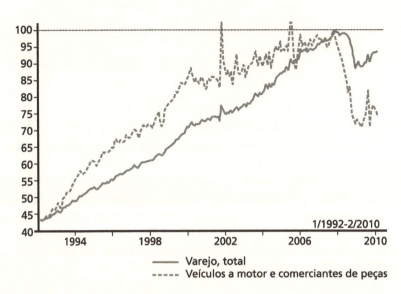

Gráfico 19.3 – Vendas totais no varejo e de automóveis: economia dos Estados Unidos (dólares constantes, por mês, normalizados a 100 nos picos das variáveis).

Esse apoio pode ser oferecido pela oferta de subsídios às famílias e cortando impostos ou oferecendo empréstimos. Muitos desses instrumentos já foram considerados no capítulo 18. Com relação aos impostos, a principal medida tomada pelo governo Bush foi a Lei de Estímulo Econômico, em fevereiro de 2008, no início da queda. Ela introduziu um pacote de estímulo de US$ 152 bilhões para 2008, constituído principalmente de abatimentos de impostos, que atrasaram a contração, mas não alteraram a tendência. Em meados de outubro de 2008, a FDIC deu início ao seu Programa Temporário de Garantia de Liquidez, que oferecia garantias para as dívidas novas não seguradas de bancos, associações de poupança e várias holdings. Em novembro de 2008, um projeto conhecido como Proposta de Compartilhamento de Prejuízos para Promover Modificações Módicas foi considerado pela FDIC, mas abandonado. A ideia era criar condições módicas para famílias endividadas, reduzindo juros, aumentando prazos, e assim por diante. Em particular, considerou-se uma limitação das prestações a uma porcentagem da renda mensal. No final de novembro de 2008, o Federal Reserve criou a Talf para apoiar a emissão de novos TLAs lastreados em empréstimos estudantis, para compra de carro ou de cartões de crédito, bem como empréstimos para pequenas empresas.

A essas medidas pode-se acrescentar o apoio direto a empresas não financeiras, como o Programa de Financiamento da Indústria Automotiva do Plano Paulson, que em dezembro de 2008 e janeiro de 2009 injetou US$ 24,8 bilhões de capital adicional em benefício da General Motors (GM) e da Chrysler. O valor total chegou a US$ 85 bilhões.

Mas a principal conclusão é que essas medidas tiveram efeitos muito limitados.

Política de demanda: governo

Nessas circunstâncias dramáticas, quando o fracasso da política de crédito se torna óbvio, o estímulo à demanda só pode vir dos gastos do governo, mais uma lição da economia keynesiana.

O gráfico 19.4 mostra o saldo do orçamento dos governos (federal, estaduais e locais). Originalmente, houve um impacto pequeno do tratamento da crise com base nos gastos de governo. Até o quarto trimestre de 2007, o déficit do orçamento foi mantido em níveis bem moderados, ou seja, não ultrapassando 3% do PIB, mas chegou a quase 12% do PIB a partir do segundo trimestre de 2009, resultado de receitas reduzidas e despesas aumentadas.

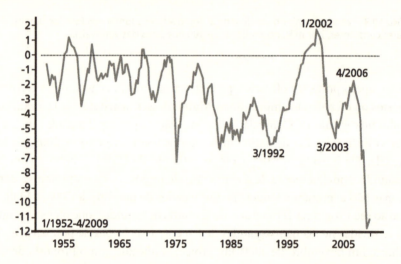

Gráfico 19.4 – Saldo de receitas e gastos totais: governos federal, estaduais e locais (porcentagem do PIB, por ano).

Até o segundo trimestre de 2008, o impacto da crise sobre a dívida do governo federal foi pequeno. Durante o terceiro e quarto trimestres de 2008, a dívida líquida subiu de 40% para 48% do PIB (gráfico 10.5, -----). Foi o efeito do Programa de Financiamento Suplementar do Departamento do Tesouro, o Plano Paulson, de setembro de 2008, que aumentou o déficit naquela data. A política mudou com a chegada da administração Obama. Em fevereiro de 2009, o novo Congresso aprovou a Lei de Recuperação e Reinvestimento Norte-Americanos (Arra), que combinava cortes de impostos, medidas de *welfare* e programas de infraestrutura. A dívida líquida subiu para 56% do PIB. A dívida bruta do Tesouro nas mãos do público[1] aumentou em mais de US$ 2 trilhões entre a entrada na fase C e o fim de 2009, o começo. (A questão do aumento da dívida do governo nos Estados Unidos vai ser discutida no capítulo 23.)

A pergunta crucial a ser respondida: quem vai emprestar para o governo? *Securities* do Tesouro, pelo menos as *securities* federais (por oposição às municipais), podem ser consideradas de pouco risco de inadimplência, apenas o risco de uma desvalorização do dólar, e uma fração crescente de novas *securities* emitidas pelo governo é comprada pelo resto do mundo (gráfico 8.4). Há dúvidas quanto à continuação desse fluxo, dada a ameaça à taxa de câmbio do dólar. O *deus ex machina* é o financiamento direto ou indireto do déficit pelo Federal Reserve, ou seja, a radical apostasia do neoliberalismo. Muitos outros países deverão se valer desse recurso.

---

[1] A dívida possuída pelo público é igual à dívida federal total possuída pelos indivíduos, corporações, governos estaduais e locais, governos estrangeiros e outras entidades fora dos Estados Unidos *menos* o financiamento pelo governo federal de *securities* de bancos. As *securities* possuídas pelo público incluem (mas não são limitadas a) títulos do Tesouro, notas, obrigações e Securities do Tesouro Protegidas contra a Inflação (Tips), obrigações de poupança dos Estados Unidos, e *state and local government-series securities*.

Capítulo 20
O CAPITALISMO MUNDIAL ABALADO

Setembro de 2008 marcou não somente o aprofundamento da crise nos Estados Unidos, mas também a entrada do capitalismo global na crise. A crise financeira assumiu proporções globais, com impacto dramático sobre as moedas. Esse alcance ampliado levou à introdução de um conjunto de políticas destinadas a apoiar as empresas financeiras em todo o mundo, com um grau significativo de cooperação entre bancos centrais. Ainda assim, as taxas de crescimento naufragaram, produzindo uma segunda geração de políticas semelhantes, cujo principal instrumento é o déficit orçamentário.

Essa extensão aos principais países capitalistas e aos da periferia foi efeito combinado de três conjuntos de desenvolvimentos: (1) a onda sísmica financeira vinda dos mercados hipotecários dos Estados Unidos; (2) as frágeis instituições financeiras dos outros países; e (3) o avanço da globalização.

Prejuízos em todo o mundo

O capítulo 17 enfatiza a amplitude dos prejuízos na dívida associada ao crédito (empréstimos e *securities*) e dos prejuízos em *securities* em três grandes regiões do mundo (os Estados Unidos, a zona do euro e a Grã-Bretanha), como estimaram o FMI e o Banco da Inglaterra.

Como demonstra a tabela 20.1, entre abril e outubro de 2008, os prejuízos em *securities* mais ou menos dobraram nas três zonas. A partir de outubro de 2008, de um total de US$ 2,8 trilhões de prejuízo declarados pelo Banco da Inglaterra, a zona do euro respondeu por cerca de US$ 1 trilhão (que se compara ao

US$ 1,6 trilhão nos Estados Unidos). Até setembro de 2008, a ameaça de falência continuou sendo um fenômeno basicamente norte-americano, com uma dramática expansão a partir de setembro, mas a epidemia finalmente se espalhou por todo o mundo (quadro 20.1). Começou no final de setembro, precisamente na esteira do surto norte-americano.

Tabela 20.1 – Perdas em *securities* (bilhões de dólares, estimativa do Banco da Inglaterra)

	Estados Unidos	Zona do euro	Reino Unido	Três zonas
Abril de 2008	739	443	97	1.278
Outubro de 2008	1.577	1.010	189	2.776

Caos financeiro global

A extensão global da crise se manifesta na queda simultânea das cotações de ações. O gráfico 20.1 mostra os índices de cinco mercados: o índice composto da bolsa de Nova York (NYSE), o Euronext 100, o Nikkei 225, o Ibovespa do Brasil e o Kospi da Coreia. Os índices foram fixados em 100 no dia da cotação máxima de cada um.

As quedas para as três zonas principais, Estados Unidos, Europa e Japão, foram iguais desde o início da crise até o início de 2008, embora o NYSE tenha caído menos, o Euronext mais e o Nikkei ainda mais. De março a junho de 2008, houve uma recuperação limitada. Finalmente, o gráfico ilustra o mergulho simultâneo até o final de 2008, em todos os países, uma queda entre 32% e 47% em dois meses (entre 27 de agosto e 27 de outubro de 2008). Observaram-se movimentos ainda mais espetaculares na China. O índice da bolsa de Xangai teve dois máximos, em outubro de 2007 e, num nível um pouco mais baixo, em janeiro de 2008, depois de ser multiplicado por três em pouco menos de um ano. A queda que se seguiu até o final de 2008 anulou completamente o aumento anterior.

O sincronismo e o tamanho das quedas das cotações das ações são ainda mais notáveis porque, antes de setembro de 2008, as várias economias foram afetadas pela crise em graus muito diferentes. Essa observação sugere a proeminência dos mecanismos financeiros globais sobre determinantes estritamente nacionais no movimento das cotações de ações, uma expressão da extensão da globalização financeira. Na última observação no gráfico, o índice da bolsa de Nova York ainda está 30% abaixo do máximo. A recuperação foi mais intensa para os índices brasileiros e coreanos.

Quadro 20.1 – A queda dos gigantes (resto do mundo)

Setembro 2008

- O Fortis é refinanciado pelos governos da Bélgica, Holanda e Luxemburgo.
- A Hypo Real Estate (HRE) é salva por um empréstimo do governo alemão.
- A Dexia, enfraquecida por sua filial norte-americana Financial Security Assistance (FSA), é salva por uma participação conjunta dos governos francês e belga.
- O governo do Reino Unido anuncia a nacionalização do banco hipotecário Bradford & Bingley.
- O governo islandês nacionaliza a Glitnir, adquirindo 75% do capital.
- O banco italiano UniCredit tem sua falência decretada.

Outubro 2008

- O Fortis é nacionalizado pelo governo holandês, que faz um empréstimo para o Fortis Holanda.
- O BNP compra parte das atividadades do Fortis, com uma contribuição dos governos da Bélgica e Luxemburgo.
- O governo holandês refinancia a ING.
- A HRE anuncia o fracasso do salvamento anterior. O governo alemão adota um segundo salvamento da instituição.
- O governo islandês nacionaliza o Landsbanki, o segundo maior banco do país, e faz um empréstimo para o maior banco da Islândia, Kaupthing, que mais tarde será nacionalizado.
- A bolsa de valores de Reykjavik é fechada temporariamente.
- Gordon Brown decide pela nacionalização parcial dos bancos do Reino Unido e por um plano para salvar o Royal Bank of Scotland (RBS) e o Halifax-Bank of Scotland (HBOS).
- O RBS é finalmente nacionalizado.
- Irlanda oferece garantia para os depósitos de cinco bancos estrangeiros.
- Decretada a falência da seguradora japonesa Yamato Life.
- A Mitsubishi UFJ entra no capital do Morgan Stanley.

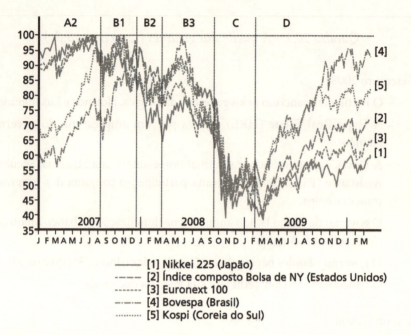

Gráfico 20.1 – Índices de cinco mercados de ações (valor máximo = 100, por dia). Os índices são normalizados a 100 no dia em que atingem valor máximo: (1) Nikkei, 9 de julho de 2007; (2) Índice composto NYSE, 31 de outubro de 2007; (3) Euronext 100, 16 de julho de 2007; (4) Ibovespa, 20 de maio de 2008; e (5) Kospi, 31 de outubro de 2007.

Outro desenvolvimento interessante, intimamente relacionado ao exposto anteriormente e também revelador da globalização da crise, é a queda repentina das taxas de câmbio. O gráfico 20.2 mostra as taxas de câmbio em relação ao yen para quatro moedas: o real, o euro, o dólar norte-americano e a libra esterlina. Uma queda dramática de todas as moedas em relação ao yen ocorreu na entrada da fase C. Entre os valores máximos e os de janeiro de 2009, quando se atingiu o mínimo, as várias moedas perderam: o real 49%; a libra 44%; o euro 33%; e o dólar 21%. Consequentemente, as taxas de câmbio entre as várias moedas foram dramaticamente afetadas. Por exemplo, o dólar se valorizou 20% em relação ao euro e 31% em relação à libra.

As taxas nominais de juro de curto e longo prazos no Japão continuaram muito mais baixas que as taxas em outros países. O yen japonês tornou-se uma moeda financiadora típica na condução de *carry trade* (capítulo 8). Com o desenvolvimento de *carry trade* financiado por empréstimos contraídos em yens, episódios de correlação muito alta prevaleceram entre as taxas de câmbio das moedas-alvo em relação ao yen e os índices do mercado de ações em cada país e entre países. Por causa da crise financeira, a corrida por liquidez e a dificuldade de renovar em-

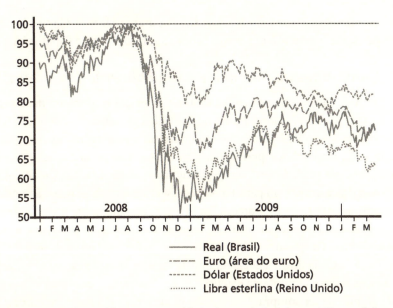

Gráfico 20.2 – Taxas de câmbio: yens por unidade de moeda (máximo = 100, por dia).

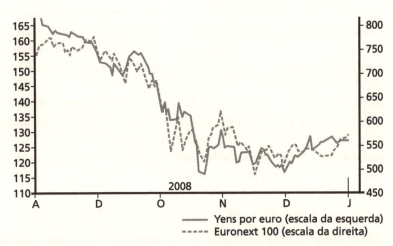

Gráfico 20.3 – Taxas de câmbio e índices do mercado de ações: yens por euro e o índice Euronext 100 (de agosto a dezembro de 2008, por dia).

préstimos, os investidores resgataram suas operações de *carry trade*. O dinheiro voltou para o país financiador, o Japão, provocando vendas maciças de ações nos países-alvo e fluxos de câmbio, com enorme procura de yens e uma grande oferta de moedas-alvo. Como está mostrado no gráfico 20.3, uma relação, simétrica à observada em 2007 (gráfico 9.2), quando uma oferta de yens e uma demanda por outras moedas estavam envolvidas, prevaleceu durante a fase C. Como no capítulo 9, relações semelhantes são observadas com relação ao Brasil e Estados Unidos.

Contaminação, fragilidade e globalização financeira

Uma interpretação da crise global atribui a principal responsabilidade pela devastação aos Estados Unidos num mundo sujeito à globalização neoliberal. Claramente, o país desempenhou um papel importante na abertura das fronteiras comerciais e financeiras, que permitiu a transmissão das perturbações por todo o globo. Também é verdade que o choque original veio dos Estados Unidos. A onda de hipotecas teve origem no país. Foi lá que a securitização e as finanças estruturadas assumiram enormes proporções. Um fator proeminente foi a venda de ativos duvidosos ao resto do mundo. Muitas corporações financeiras não norte-americanas foram vítimas de prejuízos significativos por causa da compra de *securities* norte-americanas. Cada nova falência ou resgate atesta esse efeito de contaminação.

Não existe medida direta da extensão exata desse fenômeno, mas uma estimativa da amplitude da compra de *securities* financeiras pelo resto do mundo pode ser deduzida das operações relacionadas. Pode-se estimar que um percentual não muito distante de 50% dos títulos emitidos pelo setor financeiro dos Estados Unidos durante a década pré-crise foi vendido para o resto do mundo (como está declarado no capítulo 14). Em 2008, o resto do mundo detinha cerca de US$ 3 trilhões em títulos corporativos emitidos pelo setor financeiro norte-americano[1]. O potencial para contaminação de todo o globo foi grande.

É também importante moderar esse julgamento da responsabilidade dos Estados Unidos, já que o país não teve exclusividade nos ousados desenvolvimentos financeiros do capítulo 9. Pode-se pensar, em particular, no Reino Unido e na City. Outros governos europeus conduziram seus países para o empreendimento neoliberal e suas classes altas também se beneficiaram dessas novas tendências.

A Grande Contração e seu tratamento

Enquanto a crise financeira afetou as economias reais com atraso significativo, a contração de produção nos principais países capitalistas veio mais ou menos simultaneamente com o declínio dos Estados Unidos (às vezes até mesmo antecipando a queda da economia norte-americana). O novo desenvolvimento foi o colapso paralelo das taxas de crescimento e do comércio internacional nos países mais importantes do centro e alguns da periferia. Não há nada de excepcional na entrada conjunta de vários países na recessão, mas o caráter global assumido pela

---

[1] Contas de Fluxo de Fundos.

crise financeira foi um fator crucial. A entrada na fase C marcou o início da Grande Contração mundial.

O gráfico 20.4 mostra a produção de aço em vários países ou regiões do mundo, um indicador interessante de tendências ocultas. A produção global total de aço no mundo (———) aumentou até maio de 2008 e então caiu cerca de 30% até o final de 2008. O colapso ocorreu simultaneamente, embora em graus diferentes: 54% nos Estados Unidos, 15% na China e 37% no resto do mundo. (O gráfico ilustra também de forma notável os baixos níveis de produção nos Estados Unidos, o aumento espetacular de produção na China depois de 2000 e a rápida recuperação desse país.)

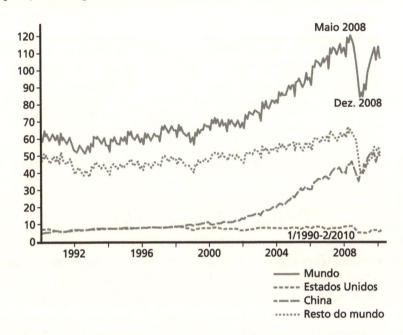

Gráfico 20.4 – Produção de aço: economia mundial e três regiões (milhões de toneladas, por mês).

A contração do comércio internacional começou no primeiro semestre de 2008. O gráfico 20.5 mostra as exportações de produtos por quatro países e a zona do euro. O Japão e a zona do euro chegaram ao máximo no início de 2008. Coreia, Estados Unidos e China seguiram poucos meses depois. Assim, nos Estados Unidos, a queda das exportações ocorreu praticamente ao mesmo tempo que a contração da produção. Do máximo até o mínimo, as quedas nas cinco zonas variaram entre 32% e quase 42%.

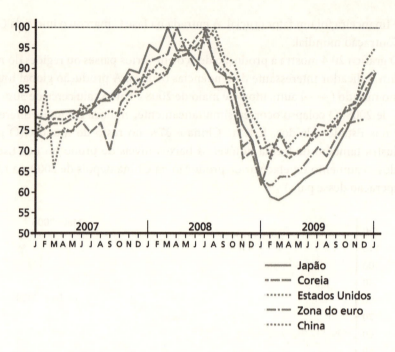

Gráfico 20.5 – Exportação de produtos: quatro países e Europa (valor máximo = 100, por mês).

Políticas na Europa e no Japão

O primeiro instrumento que o Federal Reserve usou no tratamento da crise foi a taxa de Fundos Federais (gráfico 16.3). O mesmo vale para outros bancos centrais. O gráfico 20.6 mostra as taxas de juro do Banco Central Europeu, Banco da Inglaterra e Banco do Japão, ao lado da taxa de Fundos Federais para comparação. Uma observação preliminar é a diferença entre os valores médios. O contraste é nítido com a convergência das taxas de juro de longo prazo observada no capítulo 9.

Durante as primeiras fases da crise, observa-se a resiliência das duas taxas europeias que continuaram nos níveis pré-crise, contrariamente ao início da queda da taxa de Fundos Federais. A globalização da crise, com a entrada na fase C em setembro de 2008, manifesta-se no perfil das taxas de juro europeias. O Banco da Inglaterra e o Banco Central Europeu começaram a reduzir suas taxas, respectivamente, três e treze meses após o Federal Reserve ter reduzido as suas. Assim, o gráfico 20.6 confirma completamente a dinâmica do tratamento da crise que coincidiu com sua extensão ao resto do mundo.

As cronologias distintas da crise nos Estados Unidos e no resto do mundo também estão refletidas no perfil diferente das massas de empréstimos oferecidos

O capitalismo mundial abalado

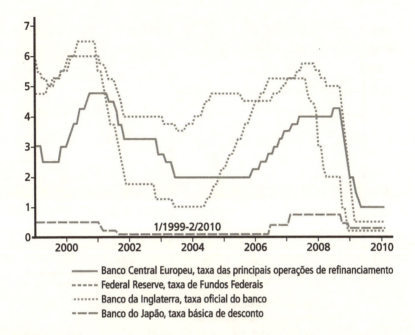

— Banco Central Europeu, taxa das principais operações de refinanciamento
----- Federal Reserve, taxa de Fundos Federais
······ Banco da Inglaterra, taxa oficial do banco
--- Banco do Japão, taxa básica de desconto

Gráfico 20.6 – Taxas de juro: quatro bancos centrais (porcentagem, por mês). Além das flutuações que manifestam o caráter mais ou menos estimulante ou repressivo da política monetária ao longo das fases do ciclo dos negócios, observam-se diferenças importantes de níveis médios. De 1999 a 2008, a taxa do Banco Central do Japão continuou perto de zero, dadas as condições macroeconômicas prevalentes no país. As taxas do Banco da Inglaterra parecem significativamente altas. Contrariamente ao que é em geral afirmado, a taxa do BCE não é mais alta que a taxa de Fundos Federais. A taxa do BCE flutua menos que a taxa de Fundos Federais e com um atraso de cinco a dezoito meses.

pelos bancos centrais. O gráfico 20.7 mostra o apoio total ao setor financeiro nos Estados Unidos e na zona do euro. Enquanto os empréstimos ao setor financeiro na economia norte-americana aumentaram gradualmente ao longo da fase B, a contribuição do BCE só aumentou na entrada na fase C. (O gráfico mostra também que o financiamento pelo BCE foi estruturalmente maior que nos Estados Unidos, como está explicado na legenda do gráfico 20.7.)

No âmbito de ação do BCE, uma fração significativa foi efeito da colaboração com o Federal Reserve, que derramou dólares em todo o mundo. A criação da TAF (capítulo 18) foi parte de um conjunto coordenado de ações com o Banco do Canadá, Banco da Inglaterra, BCE e o Banco Nacional Suíço, agindo como intermediários nos seus próprios territórios. O Federal Reserve ofereceu os dólares por meio de *swaps* de moeda. Em meados de dezembro de 2007, o BCE anunciou suas primeiras operações em dólares.

A crise do neoliberalismo

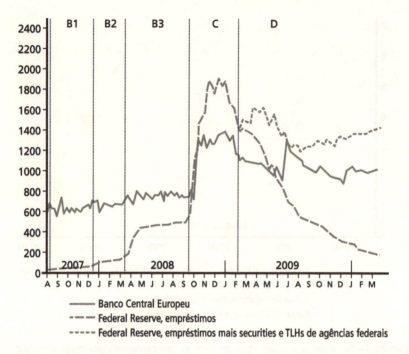

Gráfico 20.7 – Créditos totais a instituições financeiras (bilhões de dólares, semanal): Banco Central Europeu e Federal Reserve. A variável (-–-–) que representa o Federal Reserve é a mesma do gráfico 15.1(-----) ou o total no gráfico 18.1. Antes da crise, os níveis de empréstimos do Federal Reserve parecem incrivelmente baixos em comparação com os do BCE. Operações comuns de mercado aberto nos Estados Unidos são do tipo que é chamado de "sintonia fina" na Europa. Uma característica específica do sistema financeiro norte-americano é o papel desempenhado pelas EPGs no apoio aos empréstimos às instituições financeiras norte-americanas.

Em dezembro de 2007 e janeiro de 2008, essa injeção de dólares somente pelo BCE atingiu um total de US$ 20 bilhões, antes de cair a zero em fevereiro de 2008. Depois de ter interrompido completamente as operações conjuntas anteriores, o BCE iniciou uma nova intervenção nos mercados europeus em nome do Federal Reserve, uma injeção adicional de TAF a um platô de US$ 50 bilhões até agosto de 2008, mas até essas datas essas operações continuaram muito limitadas e não estão representadas no gráfico 20.7. A explosão de *swaps* de moedas ocorreu em setembro de 2008, como está mostrado no gráfico 18.1. As massas de *swaps* aumentaram gradualmente até 10 de dezembro de 2008, quando a situação ficou tensa, com a seguinte declaração esclarecedora:

Os tamanhos dos acordos recíprocos de moeda (linhas de *swap*) entre o Federal Reserve e o Banco da Inglaterra, o BCE e o Banco Nacional Suíço serão aumentados para incluir *qualquer quantidade de financiamento em dólares norte-americanos que seja necessária*. O Banco do Japão deverá avaliar a introdução de medidas semelhantes.[2]

A esse apoio às instituições financeiras em todo o mundo, é preciso acrescentar o compromisso direto dos governos para resgatar corporações em dificuldades. A importância dessa nova forma de intervenção aumentou durante o mesmo período (quadro 20.1).

---

[2] Federal Reserve, *News and Events* (Washington, DC, Federal Reserve, 13 de outubro de 2008). Grifos nossos.

Parte VIII
A SOMBRA DA GRANDE DEPRESSÃO: TRANSIÇÕES DIFÍCEIS

Se existe um precedente para a crise contemporânea, este é, inegavelmente, a Grande Depressão. As duas crises ocorreram nos finais da primeira e segunda hegemonias financeiras. São as duas "crises da hegemonia financeira".

O padrão geral do diagrama 2.1 poderia ser facilmente adaptado para a análise da Grande Depressão. Em lugar de "Neoliberalismo e hegemonia norte-americana" deve-se dizer "Primeira hegemonia financeira". Na medida em que se discute expansão e inovação financeiras e a busca de altas rendas, a parte superior do diagrama ainda seria válida. As duas crises vieram na esteira de décadas de rápida expansão dos mecanismos financeiros, culminando, nos dois casos, numa aceleração rápida de pouco mais que uma década. Apesar da determinação das autoridades monetárias de agir desde o início da crise atual, em nítido contraste com a atitude mais passiva observada entre outubro de 1929 e março de 1933, o colapso do setor financeiro e a contração da atividade continuaram descontrolados durante um período considerável de tempo nas duas conjunturas históricas. No caso da Depressão, os mecanismos financeiros também combinaram seus efeitos com determinantes não financeiros, como na parte inferior do diagrama (capítulo 21). Mas os conteúdos exatos dos dois conjuntos de desenvolvimentos não financeiros foram distintos, como se discute a seguir.

A comparação entre os anos entre guerras e a crise contemporânea também é reveladora do tratamento da crise e suas consequências prováveis. Esse é o foco do capítulo 22, que é dedicado ao New Deal. Na verdade, "Um novo New Deal" é o que seria necessário na economia dos Estados Unidos e do mundo após o ano 2000.

Parte VIII

A SOMBRA DA GRANDE DEPRESSÃO: TRANSIÇÕES DIFÍCEIS

Capítulo 21
OITENTA ANOS DEPOIS

Apesar das óbvias diferenças de contexto, os aspectos comuns entre a primeira metade do século XX e o capitalismo contemporâneo são impressionantes. Oitenta anos depois, a mesma lógica obstinada oculta atrás da busca do lucro e alto nível de renda levou o capitalismo ao longo de um caminho histórico insustentável, em que a regulamentação e o controle foram sacrificados no altar da liberdade sem limites para a ação de uma minoria privilegiada. Dinâmicas semelhantes levaram a resultados comparáveis.

Não existe acordo geral relativo à interpretação da Grande Depressão, um fenômeno multifacetado (quadro 21.1). Explicações alternativas são o excesso ou a falta de concorrência, uma falta estrutural de demanda provocada por um viés na distribuição de renda, um erro na condução das políticas, as consequências sobre a demanda da queda dos preços das ações, e assim por diante. Essa diversidade de diagnósticos é expressão das divergências mais básicas na interpretação ampla da história do capitalismo.

Tendências da lucratividade

Tal como na Grande Depressão, a crise do neoliberalismo ocorreu durante um período de restauração da taxa de lucro, não de tendências decrescentes de lucratividade.

No terceiro volume de *O capital*, Marx analisou a propensão do capitalismo a passar por fases de taxas decrescentes de lucro[1]. Segundo ele, essas fases levam

---

[1] Karl Marx, *Capital* [1894] (Nova York, Vintage Books, 1981), v. 3.

a situações de acumulação lenta, aumento da instabilidade e caos financeiro. Embora Marx não use a frase, essas situações podem ser chamadas de "crises estruturais". Essa estrutura teórica é altamente relevante para a análise da história do capitalismo moderno.

O gráfico 21.1 mostra o perfil histórico da taxa de lucro na economia privada dos Estados Unidos, desde a Guerra Civil. "Lucros" significa aqui o excesso de renda sobre a compensação do trabalho, um amplo excedente do qual parte considerável era passada ao governo após a Segunda Guerra Mundial[2].

Quadro 21.1 – Interpretação da Grande Depressão

Durante a década de 1930, várias interpretações atribuíam a Depressão a um grau deficiente de concorrência, como na obra de Arthur Burns[I], ou à "competição selvagem". Mas a interpretação mais popular era a falta de demanda causada pelo poder de compra deficiente dos assalariados. Essa tese foi defendida na Brookings Institution durante aqueles anos. Nas palavras de Harold Moulton:

> Poder de compra inadequado entre as massas de pessoas parece ser fundamentalmente responsável pela incapacidade de convocar nossas forças produtivas.[II]

Essa deficiência de poder de compra foi por sua vez imputada à deficiência de competição, responsável pela falta de flexibilidade de preços. O viés da distribuição de renda em favor dos lucros, o alto valor da taxa de lucro e a resultante deficiência do poder de compra dos assalariados ainda definem uma

---

[I] Arthur Robert Burns, *The Decline in Competition: A Study of the Evolution of the American Industry* (Nova York, McGraw Hill, 1936).
[II] Harold Glenn Moulton, *Income and Economic Progress* (Washington, DC, Brookings Institution, 1935), p. 87. Moulton refere-se em 1935 a esta visão da administração: "A teoria subjacente ao programa de aumento de salários da Administração Nacional da Recuperação era a de que uma elevação nos salários em dinheiro em toda a indústria expandiria o poder de compra das massas e assim provocaria uma alta da produção, que automaticamente absorveria o desemprego" (Ibidem, p. 103). Ver também Sumner Huber Slichter, *Towards Stability: The Problem of Economic Balance* (Nova York, Henry Holt, 1934), cap. IV; e Gérard Duménil e Dominique Lévy, "Pre-Keynesian Themes at Brookings", em Luigi Pasinetti e Bertram Schefold (orgs.), *The Impact of Keynes on Economics in the 20th Century* (Aldershot, Edward Elgar, 1999), p. 182-201.

---

[2] Gérard Duménil e Dominique Lévy, *Capital Resurgent: Roots of the Neoliberal Revolution* (Cambridge, Harvard University Press, 2004), cap. 15.

interpretação muito aceita da Grande Depressão na academia de esquerda (como na Escola Francesa de Regulamentação)[III]. Ela é proposta mais uma vez com relação à crise contemporânea, também imputada à deformação da distribuição do valor agregado em favor dos lucros, uma visão que não pode ser defendida nem teórica nem empiricamente.

Milton Friedman e Anna Schwartz estão corretos quando enfatizam a importância dos bancos na crise, na sua interpretação da Grande Depressão[IV]. Mas a afirmativa de que a contração do crédito pelos bancos se deveu a um erro na condução da política monetária é pouco convincente. A estrutura geral da política monetária ainda era imatura, dada a gravidade da contração e da onda precedente de financeirização. Uma intervenção muito mais vigorosa do Estado se fazia necessária, sem nenhuma garantia de que seria suficiente para interromper a Depressão.

Outra interpretação enfatiza o aumento violento dos preços de ações durante a década de 1920 e a queda no final de 1929. A "hipótese de gastos" de Peter Temin (por oposição à interpretação monetária de Friedman e Schwartz) indica uma contração autônoma da demanda na construção e a diminuição dos gastos das famílias em seguida à queda do mercado de ações[V]. Pode-se finalmente lembrar a interpretação de Charles Kindleberger que imputa a Depressão à falta de governança global. Na ausência de uma instituição internacional capaz de estabilizar a economia, essa função é conferida a um poder hegemônico. O padrão duplo durante a década de 1930, quando os Estados Unidos e o Reino Unido (respectivamente o dólar e a libra) compartilhavam essa hegemonia, é considerado perigoso[VI].

[III] Michel Aglietta, *A Theory of Capitalist Regulation* (Londres, New Left Books, 1979)
[IV] Milton Friedman e Anna Schwartz, *A Monetary History of the United States, 1867-1960* (Princeton, Princeton University Press, 1963).
[V] Peter Temin, "Notes on the Causes of the Great Depression", em Karl Brunner (org.), *The Great Depression Revisited* (Boston, Kluwer-Nijhoff, 1981), p. 108-124.
[VI] Charles P. Kindleberger, *The World in Depression, 1929-1939* (Berkeley, University of California Press, 1973).

No final do século XIX, ocorreu uma forte queda na taxa de lucro, introduzindo a depressão do final da década de 1890 e as três revoluções do fim do século XIX e início do século XX (as revoluções corporativa, financeira e gerencial). Os primeiros sintomas de uma recuperação da taxa de lucro se tornaram

A crise do neoliberalismo

rapidamente evidentes no começo do século XX, iniciando uma nova tendência crescente. Através de duas grandes perturbações (a Grande Depressão e a Segunda Guerra Mundial), essa tendência crescente culminou durante a década 1960. Cerca de oitenta anos depois da primeira tendência decrescente, prevaleceu uma nova tendência, levando à crise estrutural da década de 1970, a segunda maior crise desde a Guerra Civil resultante da queda da taxa de lucro e de níveis reduzidos de lucratividade. Pode-se finalmente observar um movimento ascendente moderado durante as décadas neoliberais. (Na análise dessas tendências históricas, deve-se considerar um complexo de determinantes técnicos, organizacionais e, de modo mais geral, sociopolíticos, quadro 21.2.)

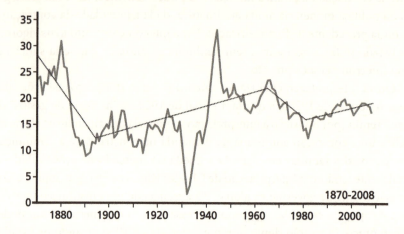

Gráfico 21.1 – Perfil secular da taxa de lucro: economia não residencial privada dos Estados Unidos (porcentagem, por ano). No numerador, os lucros são medidos segundo uma definição ampla, como o produto interno líquido menos o total da compensação do trabalho. (Foi feita uma correção para as pessoas empregadas autônomas). O denominador é o estoque de capital fixo, deduzida a depreciação. As linhas pontilhadas dão linhas de tendência.

A Depressão ocorreu durante um período de lucratividade relativamente baixa pelos padrões históricos, mas nos passos iniciais de uma recuperação, um período intermediário entre duas tendências decrescentes. A Grande Depressão pode ser considerada uma "crise estrutural", mas, ao contrário das crises de 1890 e 1970, ela não foi resultado de uma queda da taxa de lucro.

O gráfico 21.1 ecoa a análise no capítulo 4. Uma investigação detalhada das taxas de lucro no capítulo 4 mostra que a crise do neoliberalismo, assim como a Grande Depressão, não pode ser interpretada como uma crise de lucratividade.

Os paradoxos da modernidade e da globalização

Um aspecto central da Grande Depressão é ela ter ocorrido durante uma fase de transformação espetacular das tendências técnico-organizacionais, o produto das revoluções corporativa e gerencial.

Quadro 21.2 – Tendências técnicas e de lucratividade

As duas tendências decrescentes da taxa de lucro no gráfico 21.1 se referem a dois paradigmas técnicos e organizacionais distintos analisados por Marx, que atribuiu a tendência de queda da taxa de lucro a características históricas de mudança técnica. A principal dessas caracterísiticas é o alto custo da mecanização necessária para aumentar a produtividade do trabalho[I].

O período intermediário pode ser interpretado como uma transição gradual entre dois desses paradigmas, quando surgiu o novo setor de grandes corporações (auxiliado pelo setor financeiro e administrado com eficiência) que superou gradualmente o setor tradicional[II]. O novo padrão de relações de produção – nas duas facetas, propriedade (pela posse de ações da empresa) e controle (pela administração) – permitiu uma aceleração significativa no progresso da produtividade do trabalho sem investimento adicional oneroso em capital fixo em comparação com o aumento da produção[III]. Essa configuração favorável da mudança técnica num sentido amplo (máquinas e organização) chegou ao fim quando a nova tecnologia se generalizou para os setores da economia em que poderia ser colocada em prática com mais eficiência.

Oculta sob a tendência crescente após a crise da década de 1970, podem-se também detectar os benefícios associados com o aumento da eficiência relacionada às novas tecnologias de informação, em combinação com as características técnicas e organizacionais típicas da extensão das corporações multinacionais em todo o mundo. Ainda não foi determinado se essas tendências podem ser interpretadas como um mundo em transição para um terceiro paradigma.

[I] Karl Marx, *Capital* [1894] (Nova York, Vintage Books, 1981), v. 3, parte 3.
[II] Gérard Duménil e Dominique Lévy, "Technology and Distribuition: Historical Trajectories à la Marx", *Journal of Economic Behavior and Organization*, n.52, 2003, p. 201-33.
[III] O investimento na instalação de uma linha de montagem era grande, mas o aumento da produtividade era enorme.

→

> Um aspecto específico das últimas décadas é o impacto do livre comércio, o barateamento do capital e o consumo de produtos importados de países onde os custos de produção são mais baixos. No contexto de estagnação do poder de compra, o benefício dessa diminuição de custos foi inteiramente transferido para as corporações, e nada para os assalariados abaixo das faixas mais altas de salários.

Quando a nova estrutura institucional do capitalismo moderno foi estabelecida no início do século XX, nem todos os segmentos da economia progrediam no mesmo ritmo. Na esteira da crise de concorrência no final do século XIX e da enorme onda de incorporações que se seguiu por volta de 1900, o novo setor de corporações, transformado pela revolução gerencial, desenvolveu-se rapidamente sob hegemonia financeira. Esse setor se beneficiou do apoio das novas instituições financeiras e do avanço da gerência resultante da sua delegação às classes de gerentes e pessoal não qualificado de escritório. Assim se estabeleceu a tendência ascendente do lucro. O setor tradicional de propriedade e gerência individuais sobreviveu, ainda que sob considerável pressão competitiva. Ele foi apoiado em particular pela legislação antitruste, de que a Lei Sherman de 1890 foi o instrumento emblemático, destinado a limitar a dominância dos trustes e cartéis (a primeira legislação federal com esse fim)[3]. A lei ofereceu certo grau de proteção ao setor tradicional. Mas, ao proibir os acordos entre empresas independentes, ela também abriu caminho para a onda de incorporações do início do século XX, que a nova legislação corporativa tornou possível[4].

Assim, uma característica importante das primeiras décadas do século XX foi a coexistência de segmentos tradicionais e avançados nas mesmas indústrias[5]. A indústria automobilística foi típica de uma dessas tendências. Paralelamente à ascensão das grandes companhias, como a Ford ou a General Motors, pequenos

---

[3] A lei declara: "Toda pessoa que monopolizar, ou tentar monopolizar, ou combinar ou conspirar com qualquer outra pessoa ou pessoas, para monopolizar qualquer parte do comércio entre os vários estados ou com nações estrangeiras, será considerada culpada de crime" (Lei Sherman, 15 USC, §2). (Washington, DC, US Department of Justice). Disponível em: <www.usdoj.gov/atr/foia/divisionmanual/ch2.htm#a1>.

[4] Gérard Duménil, Mark Glick e Dominique Lévy, "The History of Competition Policy as Economic History", *Antitrust Bulletin* 42, n. 2, 1997, p. 373-416.

[5] Gérard Duménil e Dominique Lévy, "Stylized Facts about Technical Progress since the Civil War: A Vintage Model", *Structural Change and Economic Dynamics* 5, n. 1, 1994, p. 1-23.

fabricantes, usando métodos obsoletos de produção, continuaram ativos durante a década de 1920[6]. Apesar de descurada na literatura, essa característica heterogênea da tecnologia e organização é um importante fator explicativo do caráter grave da Depressão.

Uma contração de atividade é um movimento cumulativo para baixo em que os passos iniciais de redução da demanda provocam cortes de produção que, por sua vez, diminuem a demanda. Quando a recessão começou em 1929, o setor mais atrasado estava pronto a cair, e seu colapso contribuiu para a contração cumulativa da produção.

Há também raízes não financeiras para a crise do neoliberalismo. Mecanismos semelhantes aos descritos anteriormente, por exemplo, as características heterogêneas entre setores distintos da indústria mais ou menos adaptados ao novo padrão de globalização, podem desempenhar um papel na crise contemporânea quando se aprofunda a contração da produção. O principal fator não financeiro da crise do neoliberalismo foi a trajetória de desequilíbrio da economia dos Estados Unidos, que também espelha a crescente heterogeneidade mundial. Enquanto, no caso da Grande Depressão, os fatores financeiros convergiram com ameaças inerentes ao caráter heterogêneo da economia da produção interna, as raízes da crise do neoliberalismo estão na interseção das tendências financeiras globais com a trajetória instável da economia dos Estados Unidos.

Inovações financeiras e monetárias ousadas

A comparação entre as décadas neoliberais e o período que se estende desde as últimas décadas do século XIX até os anos 1920 mostra que as tendências financeiras neoliberais tiveram um importante precedente.

É difícil imaginar transformações mais ousadas que as ocorridas durante esse episódio prévio, um período de dramática expansão de mecanismos monetários e financeiros[7]. Sob o sistema bancário nacional[8] dos Estados Unidos, os bancos se tornaram os principais atores da economia. Não foi coincidência essa expansão dos mecanismos financeiros terminar na Grande Depressão.

---

[6] Timothy F. Breshahan e Daniel M. Raff, "Intra-industry Heterogeneity and the Great Depression: The American Motor Vehicles Industry, 1929-1935", *Journal of Economic History* 51, n. 2, 1991, p. 317-31. O crescimento rápido dos bancos antes de 1920 oferece mais uma ilustração da heterogeneidade da economia dos Estados Unidos: uma multiplicação de pequenos bancos além de grandes bancos. A concentração da indústria durante a década de 1920 também atesta as tendências na direção das novas estruturas de grandes corporações.

[7] Gérard Duménil e Dominique Lévy, *La dynamique du capital: un siècle d'économie américaine* (Paris, Presses Universitaires de France, 1996), cap. 22.

[8] Idem, *Capital Resurgent*, cit., figura 20.3, quadro 18.1.

A crise do neoliberalismo

Uma ilustração espetacular e direta dessas tendências é dada no gráfico 21.2, que mostra o crescimento dos ativos financeiros totais (———) de bancos nos Estados Unidos. Um aumento de 26% do PIB em 1870 para 55% em 1910 pode ser observado[9]. Um aspecto simétrico (a mesma expansão vista do lado dos exigíveis dos balanços) foi o aumento na quantidade de dinheiro, cujo principal componente se transformou em contas bancárias. A segunda variável (·······) no gráfico 21.2 é o estoque de dinheiro, M2. A começar da Guerra Civil, observa-se uma forte tendência crescente na quantidade de dinheiro, de 23% para 61% do PIB entre 1870 e 1910. (É fácil entender por que as duas variáveis se movem em paralelo, pois a fonte de emissão de dinheiro é o crédito, a principal atividade dos bancos.) Naqueles anos, a atividade dos bancos foi menos diversificada que no capitalismo contemporâneo. A principal função deles era a gestão dos depósitos e a provisão para empréstimos.

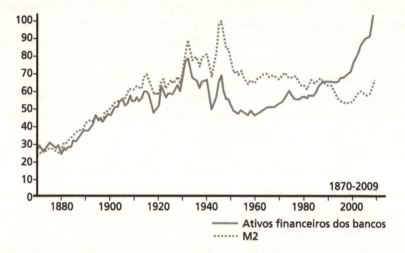

Gráfico 21.2 – Ativos dos bancos e companhias financeiras, e M2: economia dos Estados Unidos (porcentagem do PIB, por ano). Os ativos dos bancos e o estoque de dinheiro cresceram paralelamente até a Primeira Guerra Mundial. O aumento final dos ativos dos bancos durante as décadas neoliberais é a expressão da diversificação da atividade dos bancos e o tratamento da crise.

Durante as décadas neoliberais um aumento semelhante foi observado para os ativos financeiros dos bancos. Entre 1980 e 2008, a porcentagem aumentou de 57% para 98% do PIB, num contraste nítido com o período anterior também de 28 anos, 1952-1980. Durante este último período, a variável aumentou de 48% para 57%. Ne-

---

[9] Federal Reserve, *All Bank Statistics, United States, 1896-1955* (Washington, DC, Board of the Federal Reserve, 1959). Disponível em: fraser.stlouisfed.org/publications/allbkstat/.

Oitenta anos depois

nhuma tendência crescente prevaleceu para a M2 depois da Segunda Guerra Mundial em razão de uma transferência para depósitos a prazo, que não são incluídos na M2.

Os conteúdos das duas ondas de expansão dos mecanismos financeiros são, contudo, significativamente diferentes. As últimas décadas do século XIX e início do século XX foram o período de formação da moderna estrutura dos mecanismos bancários e monetários. Durante as décadas neoliberais estabeleceu-se uma nova tendência de crescimento dos ativos financeiros dos bancos, mas o aspecto principal da financeirização foi o aumento dos fundos mútuos e de pensão, o crescimento das EPGs dedicadas ao refinanciamento dos empréstimos hipotecários e o surgimento dos emitentes *private-label* de TLAs (gráfico 7.1).

Como mostra o gráfico 21.3 (———), outra ilustração da expansão dos mecanismos monetários e financeiros é o enorme (e efêmero) aumento do número de bancos, que chegou ao máximo em 1920.

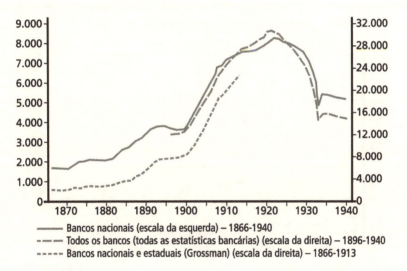

——— Bancos nacionais (escala da esquerda) – 1866-1940
– – – Todos os bancos (todas as estatísticas bancárias) (escala da direita) – 1896-1940
- - - - Bancos nacionais e estaduais (Grossman) (escala da direita) – 1866-1913

Gráfico 21.3 – Número de bancos: economia dos Estados Unidos (por ano). O sistema bancário nacional foi criado no início da década de 1860 (Lei da Moeda Nacional de 1863 e Lei de Banco Nacional de 1864), em que vários bancos (———, escala da esquerda), chamados "bancos nacionais", receberam o direito de emitir notas de bancos nacionais, com a garantia do governo federal. Essas notas tornaram-se "moeda nacional" até a criação do Federal Reserve em 1913. O perfil do número de todos os bancos era semelhante, como mostrado nas duas outras variáveis do gráfico (- — — e - - - - -).

Para muitas variáveis, os anos 1920 surgem como uma década de aceleração dramática de tendências financeiras, tal como se deu após o ano 2000. Um aspecto importante foi a onda de empréstimos para financiamento da compra de ações.

(Naqueles anos, o mercado de ações estava no centro da estrutura financeira, com empréstimos dirigidos a acionistas, e não às empresas, enquanto as ações eram oferecidas como garantia.) O aumento final do preço das ações foi alimentado por uma explosão de crédito a investidores, cujo canal foi o aumento dos empréstimos a corretores e operadores de *securities*, eles próprios emprestando aos seus clientes[10]. O gráfico 21.4 ilustra o aumento dramático dos dois componentes desses empréstimos a corretores e operadores, ganhando força durante os anos 1920, subindo até outubro de 1929. Pode-se também observar o colapso subsequente que levou à Depressão.

É interessante enfatizar que uma fração significativa (-----) desses empréstimos foi feita por outros emprestadores que não os bancos, assim como a última onda de financiamento após o ano 2000 veio de emitentes *private-label* de TLAs e por meio de instrumentos como os OCDs. Portanto, em cada período, a fase final de expansão não foi alimentada por instituições tradicionais, por meio dos canais usuais, mas via procedimentos ousados e inovadores. E "inovação" se refere nesse caso a desenvolvimentos perigosos e questionáveis.

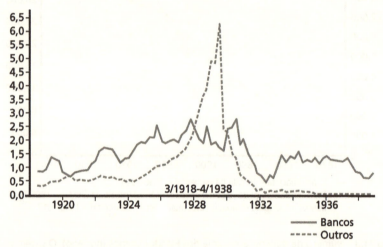

Gráfico 21.4 – Empréstimos a corretores e operadores durante o período entre guerras: economia dos Estados Unidos (porcentagem do PIB, por trimestre).

Essas coincidências históricas são reveladoras. Não implicam que a expansão dos mecanismos financeiros possa ser interpretada como a causa exclusiva, ou

---

[10] Idem, *Banking and Monetary Statistics, 1914-1941* (Washington, DC, Board of the Federal Reserve, 1943), tabela 139: Broker's Loans by Group of Lenders. Disponível em: <fraser.stlouisfed.org/publications/bms/>.

mesmo fundamental, das crises subsequentes, embora a financeirização tenha sido com certeza um fator importante[11]. Mesmo limitando a análise aos mecanismos financeiros, não somente essas ondas estão envolvidas, mas também a recusa deliberada de introdução de estruturas e políticas reguladoras suscetíveis de se contrapor aos efeitos desestabilizadores desses desenvolvimentos.

Determinação deficiente para regular e controlar

A Depressão (até o New Deal em 1933) foi consequência de *laissez-faire*? Uma visão geralmente aceita é que as fontes de macroinstabilidade na década de 1920 poderiam com toda probabilidade ter sido controladas, pelo menos amortecidas em grande parte, pelo desenvolvimento paralelo de macropolíticas eficientes e regulamentação por parte das instituições centrais. Evidentemente, os instrumentos então existentes (dada a recusa em conferir poderes e meios relevantes ao Federal Reserve) não tinham condição de enfrentar aquelas tendências. A observação de um atraso no estabelecimento de controles centrais capazes de controlar a macroinstabilidade crescente é uma característica geral da dinâmica do capitalismo (quadro 21.3).

Num nível mais alto de generalização, pode-se ser levado a interpretar a Depressão como o resultado da combinação por parte das classes capitalistas no início do século XX de, de um lado, uma enorme capacidade de estimular a inovação técnica, organizacional e financeira e, de outro, uma assustadora resistência a criar as instituições e mecanismos exigidos pela estabilização do setor financeiro e da macroeconomia. Houve uma forte resistência à criação de instituições centrais capazes de se contrapor ao potencial desestabilizador inerente à formação de uma estrutura monetária e de crédito moderna, e não se tentou moderar o avanço dos mecanismos financeiros durante os anos 1920.

Na análise dos processos sociais, é importante não fazer referência a motivações individuais em termos de mera "recusa" ou "vontades", como expresso em esforços deliberados. Mas é igualmente necessário enfatizar a consciência geralmente clara das implicações das transformações sociais por parte das classes altas, de segmentos de classe ou de grupos de interesses estreitos. Há uma profunda percepção – ainda que por vezes mal orientada e com possíveis opções divergentes – dos interesses dessas comunidades por seus membros. Há uma visão tipicamente de direita dos interesses capitalistas básicos que está

---

[11] Na análise de ondas longas de Immanuel Wallerstein e Giovanni Arrighi, financeirização coincide, após a culminação da fase A, com a entrada na fase B, quando os investimentos são redirecionados para a esfera financeira. Giovanni Arrighi, *The Long Twentieth Century: Money, Power and the Origins of Our Times* (Londres, Verso, 1994); Immanuel Wallerstein, "Globalization or the Age of Transition? A Long Term View of the Trajectory of the World-System", *International Sociology* 15, n. 2, 2000, p. 250-68.

> *Quadro 21.3 – A tendência ao aumento da instabilidade*
>
> A tese da tendência ao aumento da instabilidade pode ser resumida em quatro proposições[1]: (1) o avanço dos mecanismos gerenciais e financeiros no capitalismo aumenta gradualmente a instabilidade potencial da macroeconomia; (2) essa tendência exige melhorias graduais das estruturas reguladoras e da eficiência das políticas; (3) há sempre resistência à introdução desses instrumentos; e (4) isso é finalmente executado, mas somente depois da crise, sendo a violência da perturbação o motor do necessário ajuste além da resistência social.
>
> Dois conjuntos de fatores, mecanismos gerenciais e financeiros, estão envolvidos na primeira afirmativa descrita. A capacidade das empresas de ajustar a produção aos sinais da demanda é um fator de eficiência conforme seus próprios objetivos (maximização da taxa de lucro). Ela contribui para a instabilidade macroeconômica uma vez que os sinais de um aumento ou diminuição da demanda em cada empresa são transimitidos rapidamente por toda a economia, iniciando movimentos cumulativos de aquecimento ou recessão.
>
> A tendência ao aumento da instabilidade é muito mais geral que o episódio da Depressão e traz à lembrança o surgimento de uma economia sofisticada no século XIX. Mas a Grande Depressão foi o evento mais importante e criou as condições para instalação da estrutura reguladora do New Deal, da revolução keynesiana no final da Segunda Guerra Mundial e das macropolíticas correspondentes. Um avanço semelhante está na agenda do capitalismo contemporâneo, nacionalmente e, mais ainda, globalmente. Os principais aspectos são a re-regulação e as macropolíticas.
>
> ---
>
> [1] Gérard Duménil e Dominique Lévy, *La dynamique du capital: un siècle d'économie américaine* (Paris, Presses Universitaires de France, 1996), cap. 12.

constantemente oculta sob as controvérsias correntes e a tomada de decisão (como no neoliberalismo). Ela manifesta uma forte aversão à excessiva intervenção do Estado (exceto quando exigido pela preservação dos interesses imediatos), a defesa dos livres mercados (ou seja, a busca ilimitada das rendas mais altas), a afirmação de que "disciplina" do mercado é suficiente para assegurar a estabilidade do sistema, a necessária flexibilidade dos mercados (em particular o mercado de trabalho), os supostos efeitos negativos da organização dos trabalhadores, o medo da inflação, e assim por diante. Intelectuais importantes, politicamente orientados para a direita, dão a esses princípios a aparência de declarações científicas e congressos, e *think tanks* contribuem para seu refinamento e renovação constantes. Lobistas agem para convencer funcionários do governo sempre que se fizer necessário.

A investigação histórica revela a percepção aguda das apostas sociais em torno da evolução da regulação financeira e das macropolíticas financeiras centralizadas. Houve nos Estados Unidos uma oposição forte e duradoura à criação de um banco central. Foi necessária toda a violência das crises recorrentes. E quando o banco foi criado, ele continuou a agir sobre princípios retrógrados, como a doutrina das notas reais, que ligava o nível adequado de crédito ao volume de comércio. Mesmo no capitalismo contemporâneo, antes da crise, existiu uma forte oposição nos níveis mais altos da administração (embora não se questionasse o papel central do Federal Reserve). Somente um punhado de pensadores ultradireitistas ainda se opõem ao Federal Reserve ou EPGs, em defesa da ausência da responsabilidade financeira quanto às consequências das decisões.

A partir do século XIX, em nome da busca do lucro sem limites e das altas rendas, as finanças hesitavam diante da introdução da estrutura de controle da macroeconomia e da regulamentação. A razão é o envolvimento de mecanismos capitalistas fundamentais, como a capacidade de "criar" capital por meio do crédito. O necessário passo adiante foi finalmente dado após a Segunda Guerra Mundial, mas ao custo de uma dramática depressão e, para as classes capitalistas e instituições financeiras, décadas de contenção dos seus interesses. Foi um ensaio do que envolve a crise do neoliberalismo.

Houve um banco central nos Estados Unidos durante a década de 1920 e a Depressão. O Federal Reserve foi criado em 1913, depois de um longo processo iniciado na esteira da crise de 1907. Mas o controle da estrutura financeira não estava na agenda do banco, e sua ação durante a contração da produção continuou dramaticamente insuficiente. O mesmo contraste entre a determinação de criar uma nova estrutura, nacional e internacional, favorável à estratégia de classe expressa no neoliberalismo e a resistência ao estabelecimento dos correspondentes regulamentos e instituições capazes de assegurar a estabilidade da construção manifesta uma tendência inerente à ambição das classes altas que, mais cedo ou mais tarde, teria de levar a uma grande crise. Sob esse aspecto, a história se repete obstinadamente. As lições da Depressão foram esquecidas, como ficou evidente na marcha em direção à desregulamentação (capítulo 9). E as autoridades financeiras recuperaram a memória quando as corporações financeiras caíram.

A dinâmica implacável da contração

Quando começou a contração da produção no primeiro estágio da Depressão, o Federal Reserve reduziu suas taxas de juro. Esse movimento não interrompeu a situação de deterioração dos bancos. A economia demandava empréstimos. Mas, num contexto de deflação de preços, cresciam os riscos de inadimplência[12], em particular por parte dos pequenos negócios tradicionais. Além disso, emprestar já não era lucrativo por causa dos juros baixos e da grande incerteza. Os bancos pararam de emprestar, um exemplo dramático do arrocho de crédito. O processo terminou numa crise bancária que culminou em 1932 e na forte contração da produção. No geral, as instituições monetárias centrais não estavam passivas, reduziam os juros, mas a correia de transmissão estava quebrada.

Em comparação com a Grande Depressão, a ação das instituições monetárias a partir de agosto de 2007 parece muito mais ambiciosa e imediata. Desde o final de 2007, quando a economia ainda não estava em recessão (estava na esteira de cada nova crise mais profunda), o Federal Reserve se apresentou para apoiar as instituições financeiras por meio de uma política de crédito ativa e inovadora na sua função de emprestador último. Essas políticas foram muito além da redução das taxas de juro e operações padronizadas de mercado aberto, numa tentativa de evitar uma crise bancária cumulativa e, de modo mais geral, uma debacle financeira. Muito foi feito, mas a intervenção do Federal Reserve não parou o colapso financeiro. Não interrompeu o desenvolvimento implacável do arrocho de crédito e a entrada na Grande Contração.

Essas observações questionam retrospectivamente a interpretação da Grande Depressão. Instrumentos mais ousados e sofisticados teriam contido a Depressão? Pode-se perguntar qual é o poder real das autoridades financeiras diante de uma grande crise financeira. Mas a questão é a mesma. Entre outubro de 1929 e março de 1933, tal como entre agosto de 2007 e o início de 2009, a ação do Federal Reserve foi incapaz de conter a crise financeira. Além das diferenças e dos aspectos comuns, a história se repetiu.

---

[12] Irving Fisher, "The Debt-Deflation Theory of Great Depressions", *Econometrica* 1, 1933, p. 337-57.

Capítulo 22
AS DIRETRIZES E A POLÍTICA DO NEW DEAL

Sob muitos aspectos a situação da economia dos Estados Unidos em 2009 é semelhante à que prevalecia no início da década de 1930. Se for considerada a queda da produção, deve-se traçar um paralelo entre 1929 e 2008, quase um aniversário de oitenta anos. Se for focalizado o tratamento do componente propriamente financeiro da crise, o paralelo é entre 1930-1933 e 2007 e um número ainda indeterminado de anos.

O ano de 1933 marcou o início do New Deal[1]. (É tradicional distinguir dois *new deals*, o primeiro entre 1933 e 1935, e o segundo, de 1935 até a Segunda Guerra Mundial.) É nesse ponto os Estados Unidos e os principais países capitalistas estão em 2009, nos primeiros passos de um "novo New Deal"?

Emergência e fundação

A Grande Depressão foi uma crise estrutural. O desafio para os governos durante os anos 1930 e 1940 foi não só reverter a contração da produção, mas também lançar as fundações de uma ordem social nova e sustentável. Nem o primeiro nem o segundo foram realizados em curto espaço de tempo. Foram necessários

---

[1] Uma vasta literatura foi dedicada ao New Deal. Entre os estudos que tratam especificamente desse tema, podem-se mencionar os seguintes: William E. Leuchtenburg, *Franklin D. Roosevelt and the New Deal, 1932-1940* (Nova York, Harper and Row, 1963); Rhonda Levine, *Class Struggle and the New Deal: Industrial Labor, Capital and the State* (Lawrence, University Press of Kansas, 1988); e Steve Fraser e Gary Gerstle, *The Rise and Fall of the New Deal Order, 1930-1980* (Princeton, Princeton University Press, 1989).

mais de quinze anos, e pode-se perguntar quanto tempo teria sido necessário na ausência dos estímulos criados pela economia de guerra. A relação entre as duas tarefas, emergência e fundação, era mais próxima do que se poderia, *a priori*, imaginar. Independentemente do grau de consciência dos políticos, a maioria das medidas adotadas durante o New Deal combinou os dois objetivos.

O tratamento da crise atual tem em comum com o New Deal essa dupla natureza. O segundo objetivo, fundação de uma nova ordem social, vai se tornar mais claro com a passagem do tempo. Aparentemente, ainda não existe uma consciência clara da dimensão da tarefa. A experiência histórica pode ser útil, mas não existe plano preestabelecido de que os políticos possam se valer. No caso da Depressão, a crise da década de 1890 ainda estava em todas as lembranças. O mesmo é verdade com relação à crise do neoliberalismo. A determinação de apoiar as instituições financeiras e a macroeconomia foi claramente inspirada pelo New Deal. Mas a situação é também significativamente distinta, e a crise contemporânea também revela que nem todos os aspectos da Grande Depressão foram completamente entendidos.

Além da grande incerteza e do valor das experiências anteriores, a conduta das políticas e reformas é profundamente influenciada pela luta política corrente entre grupos sociais. Na década de 1930, não houve consenso com relação às medidas que supostamente deveriam estimular a demanda e a produção, nem às características da nova economia e sociedade. Os conflitos de interesses eram violentos.

Nessas circunstâncias, funcionários precisam manifestar uma capacidade real de governar além de interesses seccionais, mas são também levados por um projeto político. Sob a ação do presidente Roosevelt, pode-se identificar claramente a visão de um "capitalismo temperado". Os principais princípios eram a moderação dos excessos do setor financeiro e do grande capital, uma intervenção maior do governo e um novo papel e novos direitos para as classes populares. Essa transformação significou um confronto direto com os inquilinos (e beneficiários) da primeira hegemonia financeira.

As características exatas da nova configuração de poder só foram definidas no final da Segunda Guerra Mundial, em particular no que se refere aos papéis relativos das empresas privadas (o chamado mercado), instituições centrais e sindicatos. Em certo sentido, componentes importantes do New Deal foram consolidados depois da guerra e essa observação explica por que se usa a frase "coalizão do New Deal" na caracterização dos anos do pós-guerra, como se a ação dos *new dealers* tivesse continuado depois da Segunda Guerra Mundial. Muitos traços básicos do New Deal, no que se refere ao setor financeiro, à ação do governo e ao trabalho, foram certamente preservados. Mas houve também um ajuste considerável, e várias concessões foram feitas em atenção ao grande capital. Em geral, estabeleceu-se uma nova ordem social, o resultado combinado da agitação social dos anos 1930 e 1940 e do compromisso encontrado no final da guerra.

Protecionismo

A Lei Smoot-Hawley de Tarifas, de junho de 1930, foi o primeiro instrumento digno de consideração colocado em prática após o estouro da crise, antes do New Deal. Ela aumentou as tarifas de bens importados a níveis muito altos. Sua relevância para a análise da crise contemporânea é evidente.

O debate em torno da liberdade de comércio e protecionismo reflete os interesses contraditórios entre várias categorias de corporações, e os interesses de muitos políticos. Ele também ilustra as tensões prevalentes entre países, participantes da divisão internacional do trabalho. Esses interesses divergentes encontraram expressão clara na oposição generalizada à lei, nos Estados Unidos e no exterior. Muitos países retaliaram, principalmente o Canadá e os europeus. Mais de mil economistas assinaram uma petição ao presidente Hoover contra a lei e empresários (H. Ford e Th. W. Lamont, executivo-chefe do J. P. Morgan) intervieram numa tentativa de reverter a legislação. Os efeitos da lei foram de certo modo aliviados pela Lei de Tarifas Recíprocas, de 1934, que baixou gradualmente as tarifas para o Canadá, Grã-Bretanha e um grupo de países latino-americanos.

A Lei Smoot-Hawley de Tarifas é acusada de ter causado uma forte queda no comércio externo, agravando a Depressão. Com relação aos Estados Unidos, uma observação preliminar é que o comércio externo norte-americano era muito limitado durante aqueles anos. A média de exportações e importações (metade da soma) chegou a 4,6% do PIB em 1929. O PIB atingiu o mínimo em 1933, uma queda de 27% em comparação com 1929. Importações e exportações tiveram quedas muito mais consideráveis, 37% e 47%, respectivamente, entre 1929 e seus próprios valores mínimos em 1932. Os efeitos sobre a economia norte-americana foram provavelmente limitados, mas o golpe foi sentido em muitos países da periferia, mais dependentes do comércio externo.

O protecionismo, em sentido estrito, não sobreviveu como tal após a Segunda Guerra Mundial, mas uma característica das primeiras décadas do pós-guerra foi o distanciamento em relação ao livre comércio. Keynes via no livre comércio um obstáculo à condução da política monetária (capítulo 9), e as tarifas eram parte da nova estrutura do pós-guerra. Naqueles anos, os obstáculos à liberdade de comércio estavam entre os temas mais polêmicos. Os Estados Unidos se recusaram a ratificar os acordos de Bretton Woods que tratavam do comércio internacional e bloquearam a criação da Organização Internacional do Comércio. O governo dos Estados Unidos iniciou o processo que levou ao Gatt em 1947, o primeiro passo visando à restauração do livre comércio. Mas permaneceram as barreiras tarifárias e não tarifárias, uma característica das primeiras décadas do pós-guerra.

O controle do comércio exterior durante a Depressão desestabilizou a divisão internacional do trabalho que prevalecia anteriormente. Sob aquelas circunstâncias, muitos países latino-americanos aplicaram modelos de substituição de importações, ou seja, estratégias de desenvolvimento centradas na indústria nacional. A ação dos governos em favor da industrialização, principalmente a proteção contra a competição internacional, foi fundamental (quadro 23.1). Essas estruturas desempenharam um papel crucial no desenvolvimento desses países após a Segunda Guerra Mundial.

Moderação da competição

A Depressão foi atribuída não só aos excessos do setor financeiro, mas também, de modo mais geral, ao grande capital, considerado responsável pelo fracasso de muitas pequenas empresas, vítimas do excesso de competição[2]. (A lembrança da depressão dos anos 1890 ainda estava em todas as mentes, combinada, da parte da nova administração, com uma significativa inclinação contra o grande capital que se prolongou até o final da década de 1930.) Essas percepções inspiraram a aprovação da Lei de Recuperação Nacional da Indústria (Nira), em junho de 1933, que criou a Administração de Recuperação Nacional (NRA), um pilar do primeiro New Deal.

O NRA tentou amortecer o rigor das pressões competitivas sob a égide dos funcionários do governo. Um segundo aspecto foi a regulação das relações de trabalho (salários mínimos e máximo de horas trabalhadas). As empresas foram divididas em doze grupos industriais e organizadas por códigos. O objetivo explícito foi o de interromper a competição suicida, colocando pisos antideflacionários nos preços e coordenando a administração de salários, preços e produções. (Pode-se, num parêntese, observar que Keynes criticou severamente o programa de reformas do NRA.)[3] Todo esse instrumental foi declarado inconstitucional em 1935[4], o que marcou o fim do primeiro New Deal, mas as medidas relativas ao trabalho foram mais tarde incluídas na legislação trabalhista. Isso não quer dizer que os códigos não tivessem contribuído para a estabilização da macroeconomia.

É difícil imaginar o conjunto de visões radicais que prevaleceu no contexto da Depressão, principalmente o apelo do "planejamento" como substituto dos me-

---

[2] A expressão do que o capítulo anterior chama de "características heterogêneas de tecnologia e organização".
[3] Robert Skidelsky, *John Maynard Keynes: Volume 2: The Economist as Savior, 1920-1937* (Londres, Macmillan, 1992), p. 492-3.
[4] Com base na violação da separação dos poderes.

canismos tradicionais de concorrência (quadro 22.1) A controvérsia em torno da ação do NRA levantou questões fundamentais. Que papel deveria ser atribuído aos mecanismos de mercado? Qual o lugar da coordenação central? A rejeição dos códigos ofereceu uma primeira resposta. Havia limites ao questionamento dos "mecanismos de mercado".

Quadro 22.1 – O primeiro New Deal e os planejadores

Uma mudança radical e duradoura na economia norte-americana estava em desacordo com a definição do New Deal. Nas palavras de Arthur Schlesinger:

> A essência do New Deal foi o planejamento nacional afirmativo. Os homens de 1933 acreditavam que, numa moderna sociedade industrial, os problemas do comportamento de preços, salários e lucros e da alocação de recursos não poderiam ser deixados para se resolverem sozinhos. Esses problemas, na opinião deles, só poderiam ser enfrentados por uma considerável integração dos planejamentos público e privado. [...] O primeiro New Deal se propôs a reconstruir a América por meio da reconstrução das instituições econômicas de acordo com os imperativos tecnológicos.[I]

Gardiner Means foi um planejador típico[II].

> Ele [Means] argumentava convincentemente que preços administrados tinham superado os preços de mercado em partes vitais da economia, e que essa era uma fase necessária do crescimento econômico.[III]

Outra opção simétrica foi a volta à pequeneza. O personagem emblemático foi o juiz Brandeis[IV]:

> A luta de 1935 [no fim do primeiro New Deal] foi essencialmente entre os planejadores e os neobrandeisianos, os devotos da grandeza e os devotos da concorrência.[V]

[I] Arthur M. Schlesinger, "The Age of Roosevelt", em: *The Politics of Upheaval* (Boston, Houghton Mifflin, 1960), v. 3, p. 389.
[II] Gardiner C. Means, "Industrial Prices and Their Relative Inflexibility", U.S. Congress, Senate, 74th Cong., 1st sess., 1935, S. Coc. 13.
[III] Schlesinger, "The Age of Roosevelt", cit., v. 3, p. 218.
[IV] Brandeis tinha 79 anos em 1935. Ele se apresentava como quem trabalhava na tradição de Jefferson e Wilson (de quem ele tinha sido conselheiro). Seu principal argumento era que a concentração era uma ameaça aos valores democráticos tradicionais da América, e propunha uma volta às "pequenas unidades". Conseguiu animar um grupo de jovens seguidores.
[V] Arthur M. Schlesinger, "The Age of Roosevelt", cit., v. 3, p. 398.

Além das tarifas, as medidas antitruste do período do pós-guerra são um exemplo interessante dos instrumentos colocados em prática durante o tratamento da Depressão que foram de alguma forma preservados, ainda que sob formas mais moderadas, após a Segunda Guerra Mundial.

Programas e déficits

Vale a pena lembrar que os déficits do governo não eram considerados um instrumento central no tratamento da crise (em nítido contraste com a situação prevalente em 2009), embora tivessem obviamente desempenhado seu papel durante os anos 1930 e 1940.

A administração Hoover já tinha visto nos programas públicos uma política de emergência que tendia a apoiar o emprego ou a remediar os efeitos do desemprego, mas não como um instrumento importante de demanda[5]. Essas posições continuaram com o presidente Roosevelt[6]. (Pode-se lembrar aqui a criação do Corpo de Conservação Civil, um programa de obras públicas para desempregados, entre 1933 e 1942, provavelmente uma das medidas mais populares do New Deal.)

Não havia política de demanda além do fato de os programas de infraestrutura e construção terem sido propostos para "escorvar a bomba". Os déficits já existiam, ainda que moderados, e não eram bem recebidos pelo presidente Roosevelt. Prevaleceram porque eram inevitáveis, agindo como estabilizadores embutidos (a inércia dos gastos do governo amortecendo as flutuações dos ciclos de negócios). Durante a contração da produção em 1937, os gastos foram cortados. Depois dessa experiência infeliz, o presidente Roosevelt abriu-se mais para os déficits, apesar de sua posição ter se mantido ambígua[7].

O gráfico 22.1 mostra as receitas e despesas do governo (federal, estaduais e locais) como porcentagens do PIB norte-americano. A distância entre as duas linhas mede o saldo do orçamento. Pode-se observar que receitas e despesas aumentaram significativamente durante a Depressão, desde antes do New Deal, mas os déficits continuaram limitados, dada a gravidade da Depressão. Em geral, os programas das décadas de 1930 e 1940 podem ser interpretados como uma antecipação das políticas de demanda do pós-guerra, mas não como um movimento importante e deliberado visando à estabilização da macroeconomia. O gráfico representa a tendência crescente das receitas e despesas do governo – o tamanho econômico do governo – como

---

[5] De acordo com Stein: "O efeito estimulante da política fiscal de todos os governos – federal, estaduais e locais – foi maior em 1931 do que em qualquer ano da década de 1930". Herbert Stein, *The Fiscal Revolution in America* (Chicago, University of Chicgo Press, 1969), p. 26.
[6] Ibidem, p. 117.
[7] Ibidem, p. 99-100.

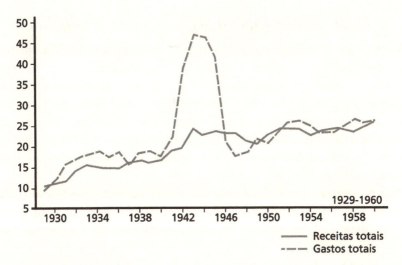

Gráfico 22.1 – Receitas e gastos dos governos federal, estatais e locais norte-americanos (porcentagem do PIB, por ano).

característica crucial da formação da economia do pós-guerra. Em 1929, as receitas do governo chegaram a 9% do PIB. Em 1952, alcançaram 26% (35% em 2008).

Enormes déficits prevaleceram durante a Segunda Guerra Mundial. Continuaram limitados durante as décadas keynesianas e, finalmente, cresceram durante as décadas neoliberais, com exceção da segunda metade da década de 1990 (gráfico 19.4). Isso pode parecer paradoxal, dados os princípios financeiros ortodoxos do neoliberalismo, mas também é coerente com a política favorável às frações mais ricas da população, com a redução da tributação das faixas de mais alta renda e a existência de elevadas taxas de juro sobre os títulos do Tesouro.

Na esteira das três décadas de keynesianismo do pós-guerra, o tratamento da crise contemporânea revela que as lições da Depressão foram aprendidas. O apoio oferecido pelo Federal Reserve ao setor financeiro evitou o colapso total, mas não foi capaz de evitar o arrocho de crédito e a contração da macroeconomia. Numa veia puramente keynesiana, a ênfase passou para o estímulo direto da demanda por déficits. Ficou claramente entendido que uma forte contração da produção exige grandes gastos muito maiores que as receitas. Esse é o significado dos planos de gastos do presidente Obama. Não por coincidência, o tamanho dos déficits para 2009 é semelhante à contração dos empréstimos às famílias e empresas não financeiras (menos 14% do PIB entre o segundo trimestre de 2007 e o quarto trimestre de 2008). Mas nada prova que os valores serão suficientes para conter a contração e restaurar o crescimento.

Macropolíticas após a Segunda Guerra Mundial

A estrutura keynesiana adequada de macropolítica foi colocada em prática após a guerra. Ela confirmou a iniciativa das corporações privadas com relação à produção e comércio – mecanismos de mercado supostamente moderados pela legislação antitruste –, enquanto o controle da macroeconomia foi colocado nas mãos das instituições centrais, basicamente o Federal Reserve. Macropolíticas keynesianas significavam o controle contínuo dos mecanismos macroeconômicos por meio de políticas fiscais e monetárias, ou seja, muito mais que o uso de grandes déficits numa depressão[8].

Uma manifestação simbolicamente importante das novas tendências que ecoa a nova relação com o trabalho foi a votação da Lei do Emprego de 1946, que definiu a manutenção do pleno emprego como responsabilidade do governo federal, com referência explícita à economia keynesiana. (A lei criou também o Conselho de Assessores Econômicos). A questão era não só a estabilização da macroeconomia, mas também a definição de um dever do governo, um compromisso político.

O componente internacional foi estabelecido em Bretton Woods no final da guerra. Os principais aspectos foram as taxas de câmbio fixas, os limites aos movimentos internacionais do capital e a criação do FMI para ajudar países que enfrentassem falta temporária de reservas em moedas internacionais (capítulo 9). Ainda assim, os Estados Unidos sempre lutaram para limitar o papel do FMI e garantir sua dominância, em particular a proeminência do dólar.

Na crise contemporânea, a situação é diferente da que prevaleceu durante o período entre guerras, pois as estruturas nacionais de política monetária foram estabelecidas em cada país. Mas se observa a mesma falta de mecanismos de estabilização quando se considera a economia global. A ação do FMI certamente não é desprezível, mas a crise financeira global demonstrou que, até agora, o potencial do fundo não esteve à altura das exigências da estabilização da economia mundial. Os limites das macropolíticas inerentes à globalização neoliberal colocam problemas graves.

Estabilização e domesticação do setor financeiro

Poucos componentes do New Deal ilustram com tanta convicção a variedade de medidas tomadas sob pressão dos acontecimentos quanto a ação associada ao setor financeiro.

---

[8] Embora a frase "políticas monetárias e fiscais" ainda não tivesse sido forjada, a estrutura política básica de Keynes já tinha sido definida em 1933. John Maynard Keynes, "The Means to Prosperity" [1933], em *The Collected Writings of John Maynard Keynes* (Londres, Macmillan/St. Martin's Press for the Royal Economic Society, 1972), p. 335-66.

As diretrizes e a política do New Deal

Uma primeira medida imediata foi a Lei de Emergência Bancária de 9 de março de 1933 (aprovada quatro dias após a posse do presidente Roosevelt), que declarava o "feriado bancário" no nível federal, a inspeção de bancos e sua possível volta à atividade. (Somente dois terços dos bancos reabriram rapidamente.) Essa medida espetacular foi seguida pela introdução de uma ampla estrutura reguladora e pela criação da Corporação Federal de Seguro de Depósitos (FDIC). Essas medidas se destinavam a estabilizar o setor financeiro, com um interesse especial pelas instituições de depósito. O componente mais famoso foi a Lei Glass-Steagall, que propunha a limitação da especulação e estabelecia um teto para as taxas de juro sobre depósitos (Regulamento q). Fundamental na Lei Glass-Steagall foi a separação entre a atividade bancária comercial e a de investimento. A Lei de Títulos de Securitização de 1933 e a Lei de Câmbio de Títulos de 1934 regularam a emissão e venda secundária de títulos. A ela pode-se acrescentar a regulamentação de corretores-operadores em 1934.

Outros instrumentos foram propostos para oferecer auxílio aos tomadores de hipotecas que enfrentavam dificuldades e para estimular novos empréstimos. Um primeiro ato legislativo foi aprovado em junho de 1933, a Lei de Refinanciamento de Proprietários de Moradias, suplementada pela Lei Nacional de Habitação de 1934, que criou a FHA e a Companhia de Seguro de Poupança e Empréstimo (FSLIC). A ela se seguiu a Lei de Habitação de 1937. A Fannie Mae foi fundada em 1938, como agência de governo (capítulo 13). A essa nova abordagem dos mecanismos financeiros pode-se acrescentar a Lei de Receitas de 1935, que aumentou a tributação das altas rendas, patrimônio e empresas, também conhecida como o imposto para "enxugar os ricos"[9].

A estrutura regulatória do New Deal sobreviveu à Segunda Guerra Mundial. Portanto, ela definiu um aspecto importante da economia norte-americana durante as décadas do pós-guerra, um pilar de contenção dos interesses financeiros, até o estabelecimento do neoliberalismo. Não chega a ser surpresa o fato de um dos primeiros objetivos neoliberais durante a década de 1980 ter sido a eliminação das restrições, mas foram necessários mais de vinte anos para executar a tarefa (capítulo 9).

A crise contemporânea deverá obviamente significar uma re-regulação. É contestada a existência de empréstimos *subprime*, securitização, entidades fora de balanço e mercados derivativos. Em 4 de fevereiro de 2009, em depoimento perante a Comissão Bancária do Senado, Paul A. Volcker (ex-presidente do Federal Reserve e membro do Conselho Consultivo para a Recuperação Econômica do presidente Obama) delineou os contornos de uma nova regulamentação e da estrutura de

---

[9] James A. Henretta, David Brody, Lynn Duménil e Susan Ware, *America's History: Volume 2: Since 1865* (Boston, Bedford/St. Martin's, 2004).

supervisão para o setor financeiro. Um primeiro aspecto foi a transformação em agências de governo da Fannie Mae e da Freddie Mac, cujo status anterior à crise era ambíguo (capítulo 13). (Isso na verdade significa uma volta à situação prevalente antes de 1970.) Segundo, Volcker sugeriu o registro das *hedge* e *equity firms*, e a emissão por elas de relatórios periódicos. Com relação às grandes empresas financeiras, ele propôs "regulação e supervisão muito próximas, conforme padrões muito altos e internacionais comuns", indicando a criação de uma superagência reguladora, possivelmente contida no Federal Reserve. Em outra declaração, em 20 de fevereiro de 2009, Volcker mencionou a supressão pura e simples de vários instrumentos (OCDs, SRCs), dando mais um passo na direção de finanças pós-neoliberais.

Relação com o trabalho

As medidas tomadas durante o New Deal significaram muito mais que regulação e diretrizes. A nova atitude da administração com relação ao trabalho, principalmente da parte do presidente, estabeleceu as bases de uma nova relação mais aberta com as classes populares, o compromisso à esquerda do capítulo 6, pelo menos numa primeira configuração da crise. À sua legislação é possível acrescentar a atitude constantemente favorável do presidente Roosevelt com relação ao poder de compra dos trabalhadores.

A questão da base social da nova atitude com relação ao trabalho antes da Segunda Guerra Mundial permanece controvertida. O grande capital foi favorável a um compromisso ou se opôs tenazmente a ele? O novo curso pode ser interpretado como uma forma de aliança entre funcionários públicos e trabalhadores diante das empresas em geral e do setor financeiro em particular?

Uma coisa é certa: o início do século XX foi um período de intensa confrontação de classes nos Estados Unidos no contexto do surgimento do movimento dos trabalhadores em todo o mundo, e da criação do Partido Socialista da América em 1900. Pode-se lembrar das grandes greves, do famoso massacre de Ludlow em abril de 1914 e da criação do Departamento do Trabalho e da Comissão para Relações Industriais (CFI) em 1913[10]. De acordo com James Weinstein, essa situa-

---

[10] Weinstein conta assim a história da greve do carvão em Colorado Springs em 1913-1914: "Táticas de greve dos dois lados pareciam preparações para a guerra. Sob a direção do CFI, os xerifes recrutaram fora do estado muitos guardas e policiais, que foram armados e pagos pela companhia, distribuídos em trincheiras pelas propriedades da mina, equipadas com enormes holofotes e metralhadoras... A violência começou imediatamente e aumentou em intensidade com o sindicato retaliando cada morte perpetrada pela companhia e seus xerifes. Mortes individuais logo se transformaram em batalhas ferozes envolvendo centenas de grevistas e policiais da companhia; os mineiros resistiram em uma guerra de guerrilha generalizada". James Weinstein, *The Corporate Ideal in the Liberal State, 1900-1918* (Boston, Beacon Press, 1968), p. 193. "Os choques entre grevistas e a Guarda culminaram

ção levou a uma nova atitude favorável a concessões ao trabalho por parte de uma fração do grande capital (como a Federação Civil Nacional [NCF]) com relação ao salário mínimo, seguro do trabalho, seguro industrial e seguro social (como nos sistemas voluntários, mas sem legislação). A prevalência dessas tendências não altera o fato de a Primeira Guerra Mundial ter sido um período de intensa repressão em nome do patriotismo. Milhares de socialistas e radicais foram condenados e aprisionados sob a Lei da Espionagem. Durante os anos 1920, a capacidade de organização do trabalho foi limitada pela legislação antitruste. Durante a Depressão, uma nova onda de greves se desenvolveu em 1933 e 1934, com greves gerais em muitas cidades e a tomada de fábricas.

No que se refere à relação entre trabalho e capital durante o New Deal, a principal peça de legislação foi a Lei Nacional das Relações de Trabalho, conhecida como Lei Wagner, assinada em julho de 1935. Essa lei reintroduziu várias medidas declaradas inconstitucionais no âmbito do NRA. (A lei interessava à maior parte do setor privado, mas não a todo ele.) Ela protegia os direitos dos trabalhadores na organização de sindicatos, negociação coletiva e greves. Ela definiu também o salário mínimo, número máximo de horas trabalhadas e criou a Câmara Nacional de Relações de Trabalho (NLRB). Como se poderia esperar, ela teve de enfrentar forte oposição das empresas em nome da liberdade de mercado. Finalmente, foi suplementada em 1938 pela Lei de Padrões Justos de Trabalho, que estabeleceu um salário mínimo nacional com um acréscimo de 50% na remuneração de horas extras e regulou o trabalho infantil.

Medidas de bem-estar social, como a Lei do Seguro Social de agosto de 1935, foram acrescentadas a essa estrutura. Seu objetivo era oferecer apoio aos aposentados, desempregados, famílias e proporcionar serviços de saúde. (Nem todas as categorias sociais eram cobertas, principalmente as mulheres e uma grande parte dos afro-americanos.) Essas medidas foram basicamente mantidas depois da Segunda Guerra Mundial, em particular o seguro social, que, em 2000, ainda fornecia 38% da renda das pessoas de 65 anos ou mais[11].

A legislação pró-trabalho continuou até o fim da Segunda Guerra Mundial, apesar das repetidas tentativas de limitação do seu impacto. Em 1946, houve uma nova onda de grandes greves. A Lei de Relações Gerência-Trabalho, ou Lei Taft Hurtley, foi aprovada em junho de 1947, com a colaboração de inúmeros

---

numa batalha feroz na colônia de tendas dos mineiros em Ludlow. Ali, depois de uma batalha de um dia, os guardas incendiaram a colônia, matando duas mulheres e onze crianças presas sob as tendas em fogo" (Ibidem, p. 194).

[11] Gérard Duménil e Dominique Lévy, "Neoliberal Income Trends: Wealth, Class and Ownership in the USA", *New Left Review*, n. 30, 2004, p. 105-33.

democratas e apesar do veto do presidente Truman. A lei representou uma derrota importante para o movimento operário. Ela emendou a Lei Wagner e definiu, em particular, "práticas injustas de trabalho" por parte dos sindicatos.

A sucessão da Lei Wagner pela Lei Taft-Hurtley, separadas por um período de doze anos, é típica do processo geral de formação do compromisso do pós-guerra. Nas circunstâncias extremas da Depressão, o presidente Roosevelt, enfrentando as finanças, o grande capital e a ameaça dupla do comunismo e do fascismo, adotou uma atitude claramente favorável ao trabalho, uma das bases da nova ordem social. Um ajuste significativo ocorreu no final da guerra, mas a estrutura de bem-estar social e grande parte da legislação mais favorável ao trabalho foi prolongada durante as primeiras décadas do pós-guerra.

Essas lições relativas às consequências da Grande Depressão devem ser guardadas na memória na discussão do possível impacto da crise atual. As classes populares têm muito a ganhar, mas essas conquistas devem ser ativamente preservadas.

A economia de guerra

O envolvimento direto do governo na economia de guerra foi outra expressão do que pode ser a intervenção central nos assuntos econômicos, com a prevalência de déficits dramáticos (gráfico 22.1). A economia de guerra significou simultaneamente fluxos enormes de demanda do governo, organização direta da produção, dramáticas macropolíticas, como o controle de preços e salários e o envolvimento direto do governo em equipamentos e estruturas com o propósito de aumentar a produção.

Durante os três anos, entre 1943 e 1945, os gastos militares representaram cerca de 40% do PIB. Em 1943, mais de 60% do total de investimentos das empresas foram financiados pelo governo e geridos pelo setor privado. Esse investimento é conhecido como "propriedade do governo, operação particular" (PGOP)[12]. Depois da Segunda Guerra Mundial, os ativos correspondentes foram vendidos a preço muito baixo às empresas encarregadas da sua gerência, e o governo pôs um fim no envolvimento direto. Esse investimento desempenhou papel central no desenvolvimento das indústrias básicas, como a de alumínio e a de borracha, componentes importantes da economia do pós-guerra.

Em janeiro de 1942, o presidente Roosevelt criou a Comissão Nacional do Trabalho de Guerra (NWLB), para arbitrar conflitos entre trabalho e administração a

---

[12] Robert J. Gordon, "$45 Billion of U.S. Private Investment Has Been Mislaid", *American Economic Review*, v. 59, n. 3, 1969, p. 221-38.

fim de evitar interrupções da produção. A comissão, ativa até 1945, passou a controlar preços e salários. As decisões favoreciam os salários mais baixos, com um congelamento na prática dos salários dos executivos[13]. Essas medidas explicam a forte redução na desigualdade de salários discutida no capítulo 5[14]. Mas a observação mais interessante é a preservação dos padrões de renda da Segunda Guerra Mundial, que só foram revertidos gradualmente (gráfico 5.1).

"Capitalismo temperado" a partir do final da Segunda Guerra Mundial

Do ponto de vista da sua gênese durante os anos 1930 e 1940, as principais características do novo capitalismo do pós-guerra podem ser resumidas da seguinte forma. O mercado existe, no sentido de que as empresas privadas decidem investimento, produção e preços. O Estado é grande. O setor financeiro é regulado. Limites sérios são impostos sobre o livre comércio e a livre movimentação internacional de capital. O controle da macroeconomia está nas mãos das instituições centrais. O direito de o trabalho se organizar é, até certo ponto, garantido. A concentração de salários e, de modo mais geral, de rendas em benefício das faixas mais altas de renda é reduzida. Uma fração limitada dos lucros é paga como dividendos, e o mercado de ações aumenta moderadamente. É garantido certo grau de bem-estar.

Além da correção da contração da produção, foi necessária cerca de uma década e meia – uma depressão e uma guerra – para a economia dos Estados Unidos e a sociedade em geral realizarem essa metamorfose. Uma forte liderança política e todos os músculos do movimento trabalhista foram exigidos, um programa para as próximas décadas num cenário otimista.

---

[13] Wilbur Lewellen, "Executive Compensation in Large Industrial Corporations" (Working Paper, National Bureau of Economic Researdh, 1968).
[14] Thomas Peketty e Emmanuel Saez, "Income Inequality in the United States, 1913-1998", *Quarterly Journal of Economics* 118, n. 1, 2003, p. 1-39.

Parte IX
UMA NOVA ORDEM SOCIAL E GLOBAL: A ECONOMIA E A POLÍTICA DO PÓS-CRISE

Os créditos (empréstimos ao setor financeiro e compra de *securities* pelo Federal Reserve) e gastos do governo foram as primeiras medidas tomadas para enfrentar as manifestações (inadimplências, falências e a contração da produção) da crise e evitar deterioração adicional. O tratamento das principais causas da crise define as tarefas mais básicas, mas também mais urgentes, a serem executadas. Financeirização, acumulação, desequilíbrios e globalização estão envolvidos. Se esses ajustes não fossem realizados, não haveria uma recuperação real, apenas uma recuperação efêmera. A crise revelou também a severidade das ameaças à continuação da hegemonia internacional dos Estados Unidos. Depois da queda da União Soviética, o mundo foi dominado por um único país, mas agora se abre um novo período. O estabelecimento de uma nova rede internacional de relações de poder já está em andamento.

O curso da história durante as próximas décadas será determinado em meio a um complexo de fatores interagentes que condicionam o ajuste da macroeconomia dos Estados Unidos e a continuação da hegemonia internacional do país. Mas a urgência das correções (como a regulação financeira e a retificação da macrotrajetória norte-americana) não é, por si só, suficiente para garantir que as transformações serão executadas. Se o forem, é impossível adivinhar se vão ter sucesso ou fracassar.

A dimensão da tarefa é enorme (capítulo 23). Pode-se supor que o "fator nacional", ou seja, o interesse na preservação da hegemonia norte-americana, deverá desempenhar um papel crucial (capítulo 24). A isso, é preciso acrescentar os determinantes políticos adequados, o que significa a cooperação e rivalidade entre as classes altas, e entre elas e as classes populares. O resultado dessas confrontações será provavelmente o estabelecimento de uma nova ordem social além do neoliberalismo em que as tendências gerenciais serão fortalecidas, ainda que não no curto prazo. Pode-se também esperar a reconfiguração das relações internacionais num mundo multipolar, possivelmente uma nova estrutura bipolar atlântico-asiática (capítulo 25).

Deve-se entender que esta parte discute a natureza da ordem social que poderia resultar de tendências históricas prevalentes e do choque da crise. Quais reformas poderia um governo – politicamente orientado para a esquerda ou direita, e comprometido com a retificação da situação atual – colocar em prática? Que novas hierarquias internacionais deverão prevalecer? A questão aqui não deve ser confundida com uma definição de nova sociedade e de mundo que seriam julgados mais desejáveis.

Capítulo 23
REQUISITOS ECONÔMICOS

Uma primeira abordagem de cenários internos e internacionais pós-crise é considerar os fatores que levaram sequencialmente à crise e discutir as medidas que poderiam evitar a repetição da cadeia de eventos que levou ao impasse atual. Por exemplo, as tendências à financeirização, consideradas independentemente de outros mecanismos, sugerem novos regulamentos que poderiam contribuir para a estabilidade dos sistemas financeiros. É esse o ponto de vista direto adotado neste capítulo, um amplo espectro de reformas suaves e mais radicais que poderiam ser colocadas em prática por um governo comprometido com a restauração da situação.

O diagrama 2.1 distingue dois conjuntos de determinantes da crise. A parte superior enfatiza o papel desempenhado pela busca de altas rendas por parte das classes altas em combinação com os processos de financeirização e globalização introduzidos para esse fim. O segundo grupo de determinantes, na parte inferior do diagrama, é a trajetória da economia dos Estados Unidos, a tendência declinante da acumulação e os desequilíbrios cumulativos. As duas primeiras seções a seguir são dedicadas aos mecanismos financeiro e macro. A terceira seção discute a possível ocorrência de uma crise do dólar, um desenvolvimento que transformaria radicalmente o curso atual da crise. A última seção é dedicada ao futuro da globalização neoliberal.

Reconstrução do setor financeiro

Os mais audaciosos esforços neoliberais, expressões da busca de altas rendas, foram executados em instituições financeiras e levados ao extremo nesse setor.

Mas, durante as décadas neoliberais, não houve aparentemente nenhuma preocupação pelos riscos envolvidos nessa expansão. O setor foi finalmente devastado pela crise e desestabilizou a economia em geral. A agenda para os próximos anos e décadas contém, portanto, a reconstrução do setor financeiro em condições sustentáveis tanto doméstica como internacionalmente.

A lista a seguir começa com as críticas mais suaves e autocríticas favoritas nos círculos financeiros. Quatro tipos de mecanismos são considerados: (1) aumento da transparência, (2) redução de riscos, (3) controle do endividamento e (4) moderação das altas rendas. Com relação a essas medidas, o problema é de grau e aceitação das reais implicações. No outro extremo do espectro está o estabelecimento de uma nova relação entre o setor financeiro e a economia real em favor da acumulação não financeira, uma transformação muito mais radical (5). Um setor financeiro a serviço da economia real é outro setor financeiro, contra a busca sem limites das altas rendas nessas esferas. Uma última questão é a falta de procedimentos estabilizadores no nível da economia global (6).

1. *Transparência*. Entre as medidas mencionadas com mais frequência está o aumento da informação. A falta de transparência teve um papel óbvio na crise contemporânea e devia ser corrigida. Mas essa retificação tem implicações institucionais. A referência à transparência independentemente de rearranjos estruturais é, na melhor das hipóteses, um mito, na verdade, mera propaganda. "Externalização" nas entidades fora do balanço esconde a situação real das instituições financeiras e priva as razões, como as classes de razões de capital dos acordos de Basileia, de toda significação (quadro 9.4). O mesmo vale para os centros *offshore*, também conhecidos como paraísos fiscais[1], onde a informação deliberadamente desaparece. Transações de balcão devem ser proibidas. Além disso, todas as instituições devem obedecer às mesmas regras relativas à informação e, de modo mais geral, estar sujeitas ao mesmo tipo de regulamentação. Fundos *hedge*, *equity firms*, e assim por diante, devem atender às exigências da SEC, como o fazem as corporações públicas.

2. *Limitação de riscos*. Outro fator importante da crise foi o envolvimento de instituições financeiras em operações de alto risco, geralmente resultado de inovação financeira. Também é de conhecimento comum que se devem opor barreiras a esses desenvolvimentos. Mas também aqui estão implícitas reformas estruturais. Pode-se primeiro pensar na Lei Glass-Steagall, do New Deal, cujo objetivo era a separação entre a administração de depósitos e as operações mais perigosas dos bancos de investimento. A crise demonstra que essas fronteiras são necessárias

---

[1] Eles são às vezes apresentados como entidades distintas, mas a separação não é convincente.

e devem ser estendidas ao seguro de produtos financeiros (a serem isolados dos seguros tradicionais). Para limitar os riscos que correm as famílias, medidas drásticas devem ser tomadas para suprimir ou controlar empréstimos dúbios. A lista dessas limitações é longa, desde os empréstimos *subprime* (impossíveis em outros países) até hipotecas não tradicionais, como "só juros", "amortização negativa" e com taxas reajustáveis. Assim secaria a fonte de lucro de grandes segmentos do setor financeiro. Securitização e TLAs são outro exemplo muito famoso de instrumentos perigosos nas mãos de emitentes *private-label*. Toda uma estrutura piramidal foi construída sobre a base da securitização original, dos TLHs até OCDs e OCD-*squared*. A regulamentação deveria ser estendida desde a proibição pura e simples (em particular com relação aos instrumentos mais sofisticados) até a limitação de instituições controladas e agências de governo.

Se a prática de *hedging*, no seu conceito original de "proteção" (como forma de seguro contra, por exemplo, a flutuação de preços das matérias-primas ou inadimplências de crédito), pode encontrar justificação econômica na lógica dos mecanismos capitalistas contemporâneos, mercados derivativos são usados para o objetivo de especular a uma distância considerável desses objetivos originais. Alguns entre esses mecanismos poderiam ser regulamentados, e outros suprimidos, principalmente os mercados de balcão. Arbitragem justificada por diferença de taxas de juro, como nos VEIs, define outro grande conjunto de mecanismos de alto risco. Esses instrumentos exploram as características heterogêneas dos mecanismos, sob a ameaça constante de reversão, como na diferença entre as taxas de juro dos títulos de curto e longo prazo, que surge como mais uma razão para eliminar as entidades fora de balanço.

3. *O controle do endividamento do setor financeiro*. Outra questão importante é a limitação da alavancagem. A crise mostra que a autodisciplina dos Acordos de Basileia não se efetivou. É urgentemente necessário estabelecer limites sobre os empréstimos tomados pelos fundos *hedge*, empresas *private equity*, empresas familiares, e assim por diante. Além da regulamentação há também potencial para um componente de política. Política monetária pretende apenas controlar uma única categoria de mecanismo financeiro, os empréstimos às famílias e empresas não financeiras, pois estes têm impacto sobre demanda, produção e investimento. Não existe instrumento semelhante que vise ao controle das massas de exigibilidades, como na securitização, seguros, mercados derivativos, alavancagem, e assim por diante. E são urgentemente necessários.

4. *A limitação dos procedimentos contábeis e de alta renda*. O capítulo 9 enfatiza os riscos inerentes à busca incontida de alta renda. Essas práticas levaram à expansão irracional, à inovação de risco, à dissimulação evidente e à produção de excedentes fictícios. O método contábil de marcação a mercado estava na origem

de um viés ascendente na avaliação dos lucros e dos ganhos de capital, justificando o pagamento de enormes massas de renda que drenavam os recursos das corporações. Estão diretamente envolvidos os modos de remuneração dos altos diretores e *traders*, como nas opções de ações e bônus, que podem ser considerados indutores diretos de dissimulação e adiamento da publicação de prejuízos. (Não existem opções de ações nem bônus negativos.)

5. *Um setor financeiro a serviço da economia real.* A crise questiona a relação entre bancos e corporações não financeiras. Antecipando a discussão a seguir sobre as correções exigidas para corrigir a macrotrajetória dos Estados Unidos, pode-se perguntar se a maximização do lucro no setor financeiro é compatível com a manutenção da forte dinâmica da acumulação nas empresas não financeiras. As tendências neoliberais fizeram a demonstração contrária. Uma observação notável no capítulo 10 é que as massas de renda pagas não são compensadas por fluxos correspondentes de capital em benefício das empresas não financeiras para financiar a acumulação financeira. Um processo de acumulação negativa está em andamento na prática de recompra de ações (capítulo 4). A intervenção de instituições financeiras centrais, como agências encarregadas da securitização ou ativas nos setores perigosos, como o seguro contra inadimplência, seria um componente central de um setor financeiro redirecionado para o desenvolvimento econômico.

6. *O controle global de uma finança global.* Existe, evidentemente, um aspecto internacional inerente a todos esses mecanismos. No neoliberalismo, os capitais desfrutaram de total liberdade de circulação pelo mundo. TLAs eram vendidos internacionalmente sem restrições. Uma grande parcela dos veículos e instrumentos era domiciliada em paraísos fiscais. Quando operações, como arbitragem, eram executadas internacionalmente, como em *carry trade*, o risco assumia um caráter global. No novo contexto criado pela crise, um papel considerável deve ser conferido às instituições internacionais no controle do movimento de capital e regulamentação global.

Correção da trajetória da economia norte-americana

O segundo grupo de fatores da crise indica a restauração das tendências de acumulação interna nos Estados Unidos, que condiciona a capacidade de crescimento do país. Então, na lista de problemas que afetam a trajetória econômica dos Estados Unidos, vêm os graus insustentáveis atingidos pela dívida das famílias e a dependência crescente da economia norte-americana em relação ao financiamento externo, em particular o componente "dívida" desse apoio financeiro que ameaça a taxa de câmbio do dólar. As duas dívidas, interna e externa, são os dois lados da mesma moeda e devem ser simultaneamente controladas (capítulo 11).

Neste caso a tarefa parece tão difícil que pode ser considerada quase impossível de ser realizada.

1. *Crescimento e investimento.* A restauração das taxas de crescimento exige uma profunda transformação da governança corporativa capaz de inverter as tendências neoliberais para a desacumulação. O objetivo dessa nova administração deverá ser o investimento produtivo. Para tanto, os lucros devem ser conservados na corporações, ou seja, muito menos deverá ser despendido em juros, dividendos e altos salários para as frações superiores dos assalariados. Outra opção, para as empresas não financeiras, é tomar empréstimos a juros moderados para manter os investimentos. A emissão de novas ações é um canal alternativo que significaria um abandono completo da prática de recompras. Modos de tributação favoráveis à conservação dos lucros para investimentos internos poderiam contribuir para essas correções.

Independentemente do método usado, é fácil entender que esses procedimentos estão em desacordo com a maximização do valor para os acionistas e, de modo mais geral, com os objetivos neoliberais.

2. *Controle dos déficits externos.* Outra tarefa urgente e difícil é a criação das condições para uma reterritorialização da produção e da demanda, para interromper o déficit comercial crescente. Serão necessários uma dramática intensificação da competitividade, o estabelecimento de barreiras alfandegárias, a limitação do consumo, uma baixa da taxa de câmbio do dólar ou, evidentemente, uma combinação desses mecanismos.

Existem muitos obstáculos no caminho desses ajustes. O estabelecimento de barreiras tarifárias cria problemas da provável retaliação pelos outros países. Todo o sistema de companhias multinacionais e de exportação de capital é a base da dominação dos Estados Unidos no mundo. O protecionismo questionaria as bases do império norte-americano. Uma interrupção dos fluxos de produtos baratos na direção dos Estados Unidos teria um impacto potencialmente dramático sobre o poder de compra dos trabalhadores, se fossem mantidos os salários nominais, ou sobre a lucratividade das empresas, se os salários fossem reajustados para cima. (Na primeira definição aberta do gráfico 4.1, as importações maciças de produtos – bens de consumo e de produção – mais baratos que os fabricados nos Estados Unidos foram um fator do ligeiro aumento da taxa de lucro após a crise dos anos 1970.) Finalmente, uma tendência decrescente do dólar seria um desenvolvimento perigoso, uma ameaça à posição internacional dessa moeda. Como já é bem sabido, uma moeda barata é um obstáculo a uma estratégia eficiente de investimento no exterior e desencorajaria a entrada de capital estrangeiro.

Uma maneira de limitar importações e estimular exportações seria um grande aumento na capacidade do país de produzir com eficiência no território norte-americano. Dadas as condições econômicas atuais, o aumento da competitividade exige um grande compromisso do governo em apoiar pesquisa e desenvolvimento, apesar de ser um processo demorado. Mas existem dois outros problemas. Um é a capacidade das companhias multinacionais de transferir grandes segmentos de produção para o resto do mundo, e o segundo é o surgimento de desafiantes crescentemente competitivos que entram nos mesmos campos com cada vez mais eficiência.

3. *Endividamento interno*. Como mostrado no capítulo 11, se a trajetória geral da economia dos Estados Unidos não for rapidamente revertida, em particular, se o país não limitar seu déficit externo e o uso correspondente de financiamento externo, a manutenção do uso normal da capacidade produtiva só poderá ser garantida ao custo da tendência crescente do endividamento interno. Quem irá tomar empréstimos para estimular a demanda? Famílias e governo são os dois agentes potenciais. Entre 1982 e 1993, o "fardo" sobrou para o Estado. Foi então transferido para as famílias (como está muito bem demonstrado no gráfico 10.5). O passo seguinte é a volta a mais tomadas de empréstimos pelo Estado, o que já está em andamento.

O aumento de qualquer uma dessas dívidas é problemático. No curto prazo, a situação combina um arrocho de crédito relativo aos empréstimos às famílias e um aumento assustador da dívida do governo. Uma estimulação possível de empréstimos às famílias supõe uma recuperação da situação do setor financeiro, em particular a das instituições semelhantes à Fannie Mae e à Freddie Mac, e a capacidade de os tomadores pagarem suas dívidas. O episódio do *boom* de hipotecas mostra que o aumento da dívida das famílias foi alimentado pelo endividamento de categorias sociais que não tinham capacidade de pagar. Esses grupos estão agora, e por um número incerto de anos, excessivamente endividados. Com relação à dívida do governo, o problema é a origem potencial dos empréstimos. Quem vai emprestar? O resto do mundo? O banco central? O Federal Reserve certamente tem capacidade para aumentar seus empréstimos ao governo dos Estados Unidos (seja diretamente ou ajudando bancos e outras instituições financeiras a comprar títulos do Tesouro), e é fácil prever uma nova onda de expansão da dívida do governo por meio desses canais.

4. *Política monetária*. Uma questão final é a capacidade do Federal Reserve de recuperar o controle da macroeconomia. Como afirmado nos capítulos 9 e 14, alguns anos antes da crise, as autoridades monetárias dos Estados Unidos perderam o controle das taxas de juro de longo prazo. A causa está nas tendências de globalização (cujos efeitos foram multiplicados pela prevalência dos déficits comerciais norte-americanos). Como se poderia recuperar essa capacidade? O controle quantitativo direto das massas de empréstimos oferece uma saída? Ou já seria hora da macrogerência global? Ainda há um longo caminho à frente.

Uma crise de moedas? A dívida do governo

Desde o fim de 2009, a principal ameaça posta pela acumulação de desequilíbrios da economia norte-americana ao país é uma possível desvalorização do dólar. Antes de entrar nessa discussão, é interessante examinar o perfil de longo prazo da taxa de câmbio do dólar.

As variáveis no gráfico 23.1 são dois índices de preço ajustado do dólar do Federal Reserve. São indicadores ponderados da taxa de câmbio do dólar contra as moedas de um grande grupo de parceiros comerciais. (Os pesos de ponderação representam as participações das exportações norte-americanas e participações das importações estrangeiras.) Os índices das principais moedas é limitado a sete moedas de ampla circulação fora do país[2], enquanto o índice de outros importantes parceiros comerciais (OITP) é determinado em relação a um conjunto de outras moedas.

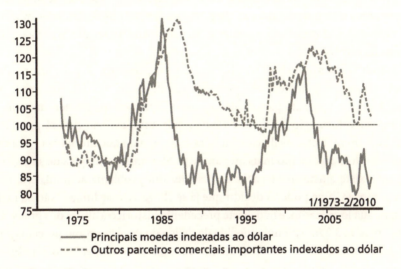

Gráfico 23.1 – Índices de preço ajustado do dólar (março de 1973 = 100, por mês).

Embora não exista uma tendência histórica clara para baixo, o gráfico mostra que depois de 2002 o dólar entrou numa nova fase de desvalorização em relação a outras moedas. A partir do final de 2009, o índice das principais moedas voltou aos valores baixos observados no final dos anos 1970 e início dos 1980. O índice OITP pode ser considerado comparativamente alto. A forte correção da taxa de câmbio após o máximo em 1985 não foi tão forte para esse segundo índice quanto

---

[2] A zona do euro, Canadá, Japão, Reino Unido, Suíça, Austrália e Suécia.

a das moedas principais. Várias moedas foram, mais ou menos rigorosamente, atreladas ao dólar.

Como efeito do déficit comercial, estrangeiros recebem grandes fluxos de dólares. A confiança no governo e nas corporações norte-americanas foi tal que, até hoje, os estrangeiros possuidores desses saldos em dólares concordaram em investi-los em títulos dos Estados Unidos. Certamente é difícil imaginar que o governo dos Estados Unidos deixaria de pagar a sua dívida, mas isso não resolve todo o problema. É fácil entender que nas próximas décadas será difícil corrigir a dívida crescente do governo sem algum grau de inflação e taxas reais de juro reduzidas ou possivelmente negativas. (Já desde 2009, a taxa real de juro sobre os títulos de curto prazo do governo está negativa.) Quando essas circunstâncias prevalecem, ou só parecem prováveis para os possuidores de títulos norte-americanos, a pressão sobre a taxa de câmbio vai ser forte. O risco é que, ao longo da subsequente tendência decrescente da taxa de câmbio, se chegue a um limiar, e as autoridades monetárias dos Estados Unidos percam o controle da sua moeda. O resultado seria o colapso da taxa de câmbio.

Grandes carteiras de títulos públicos são possuídas fora do país, principalmente pela China, engajada em compras maciças de títulos do Tesouro desde o ano 2000. Analistas apontam para o fato de que a China poderia perder muito no caso de uma desvalorização do dólar e de que, portanto, ela não deverá procurar tal desenvolvimento. Essa avaliação também é ambígua. Essa alternativa – continuar emprestando e arriscando mais ou parar e perder muito – é típica de situações em que não existe ajuste suave capaz de resolver um problema acumulativo. Em algum ponto, a China poderia decidir que já se chegou a esse limiar. Não há meio de avaliar a sua localização, e não existe precedente histórico à altura dos graus atuais.

O gráfico 23.2 mostra uma medida da dívida do governo como porcentagem do PIB desde o final do século XIX. Ele ilustra o papel desempenhado pela Primeira Guerra Mundial, embora o papel da Segunda Guerra Mundial pareça muito mais dramático. Diretamente relevante para esta análise é o forte contraste entre a primeira década do pós-guerra e as décadas neoliberais. As baixas taxas reais de juro e a alta taxa de crescimento após a Segunda Guerra Mundial permitiram o pagamento de uma grande parte da dívida, enquanto as décadas neoliberais se destacam como um período de aumento, até 1995, uma consequência dos níveis notáveis das taxas reais de juro (enquanto as despesas que não juros continuaram mais ou menos contidas como porcentagem do PIB). Abstraindo as grandes guerras, vale a pena enfatizar que, desde o final do século XIX, o neoliberalismo é o único período em que prevaleceram essas tendências dramáticas. Nas últimas observações, a crise está na origem de uma forte tendência ascendente da dívida do governo, como já se tinha passado na década de 1930. Mas o aumento será comparativamente muito maior.

Requisitos econômicos

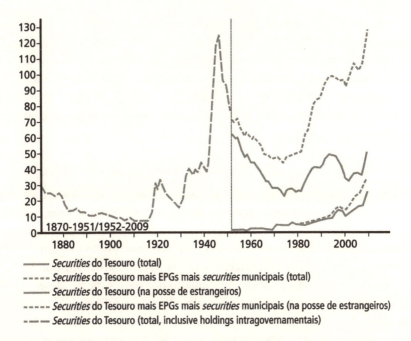

Gráfico 23.2 – Dívida do governo (porcentagem do PIB, por ano). A terceira e quarta variáveis são as mesmas que, respectivamente, a primeira e segunda, mas os valores são limitados a títulos possuídos por estrangeiros.

Aos títulos do Tesouro podem-se acrescentar os títulos municipais e as obrigações emitidas por EPGs, como Fannie Mae e Freddie Mac (obrigações e TLHs tradicionais). Os TLHs emitidos por EPGs são lastreados por empréstimos, principalmente devidos pelas famílias e outros títulos e, sob esse aspecto, são diferentes dos títulos do Tesouro. Mas a responsabilidade do governo dos Estados Unidos está empenhada (particularmente a partir da nacionalização de Fannie Mae e Freddie Mac em 2008). Pode-se também notar o aumento espetacular desses valores durante as décadas neoliberais. No fim de 2009, a dívida total (a soma dos dois componentes -----) representa uma porcentagem do PIB maior que no pico durante a Segunda Guerra Mundial.

A fração da dívida do governo na posse do resto do mundo tem relevância particular para a discussão da taxa de câmbio do dólar. Isso é mostrado nas duas outras variáveis no gráfico 23.2. As definições são as mesmas que as acima, mas os valores são limitados aos títulos possuídos por estrangeiros. As tendências crescentes são íngremes. Dados os desequilíbrios, as duas variáveis deverão continuar a crescer. Essas observações apontam para uma contradição entre a defesa do dólar por taxas de juro crescentes (para atrair mais investidores estrangeiros) e uma reversão da tendência da dívida do governo, e não existe uma saída clara.

No geral, o grande envolvimento de estrangeiros no financiamento da economia dos Estados Unidos coloca basicamente em questão a estabilidade do dólar num espaço de tempo que é impossível de ser definido. É difícil acreditar que se possam encontrar caminhos se a dinâmica do neoliberalismo e a globalização neoliberal continuarem.

Livre comércio e livre movimentação do capital

Além das consequências descritas relativas às dificuldades crescentes na conduta de macropolíticas, esquecidas desde os tempos de Keynes, o livre comércio e a livre movimentação internacional de capitais têm sido objeto de controvérsias permanentes na história do capitalismo. Muitos argumentam que barreiras comerciais são prejudiciais a todos. Outros afirmam que proteções são requisitos necessários para o crescimento dos países menos desenvolvidos. No caso mais geral, pelo menos até a globalização neoliberal, os países mais avançados agiram em favor da abertura das fronteiras comercial e financeira (ou impuseram-nas, às vezes sem reciprocidade), enquanto os países em desenvolvimento favoreciam as limitações[3]. Que tendências deverão prevalecer nas próximas décadas?

As dificuldades encontradas pelos Estados Unidos deverão certamente ter impacto significativo sobre seu comércio internacional e suas políticas fiscais. A dimensão da tarefa a ser executada para estabilizar o setor financeiro e corrigir a trajetória da economia norte-americana é tamanha que se pode perguntar se essa correção pode ser executada com sucesso no âmbito da globalização neoliberal. E as declarações entusiasmadas de líderes políticos em favor do livre comércio e da livre movimentação de capital não vão diminuir o rigor dessas exigências.

O desequilíbrio do comércio dos Estados Unidos pode ser corrigido sem o uso de proteções? Uma nova trajetória de acumulação interna pode ser estabelecida sem graves limitações aos investimentos norte-americanos no exterior? Se o fortalecimento da situação dos Estados Unidos não for realizada por outros meios, sempre haverá o "não há alternativa". Restrições ao livre comércio e à livre movimentação de capital serão inevitáveis. Mas elas envolvem o destino das corporações multinacionais, bem como o futuro das economias do resto do mundo.

---

[3] Paul Bairoch, *Economics and World History: Myths and Paradoxes* (Chicago, University of Chicago Press, 1993).

> *Quadro 23.1 – Modelos de substituição de importações*
>
> No início do século XX, a maior parte dos países latino-americanos estava profundamente inserida na divisão internacional do trabalho baseada na exportação de produtos agrícolas e matérias-primas e na importação de produtos industrializados. Esses países, como Argentina, Brasil e México, estavam profuncamente afetados pelo deslocamento do comércio internacional durante a Depressão e a Segunda Guerra Mundial. Essa situação levou ao desenvolvimento do chamado modelo de industrialização por substituição de importações (ISI), que propunha reduzir a dependência com relação à economia internacional com um papel importante do Estado.
>
> As bases teóricas dessas diretrizes foram lançadas após a Segunda Guerra Mundial, na obra de Raúl Prebisch, Hans Singer e Celso Furtado e pela criação, em 1948, da Comissão Econômica para a América Latina e o Caribe (Uneclac ou Cepal), da qual Prebisch foi nomeado diretor. Esses economistas são conhecidos como "estruturalistas" por causa da ênfase nas "estruturas" sociais e econômicas de países em desenvolvimento (por oposição à estrutura "abstrata" das vantagens comparativas de Ricardo). A hipótese Singer-Prebisch acentuava a deterioração dos termos de troca em detrimento da periferia[1].
>
> O saldo da ISI é controvertido e desigual conforme os países e períodos. A ISI culminou nos episódios de hiperinflação durane a década de 1970. Mas é inquestionável que os principais países da América Latina cresceram rapidamente depois da Segunda Guerra Mundial até a crise da dívida de 1982, com um brusco freio no PIB com a entrada no neoliberalismo. (Para os sete maiores países da América Latina, a taxa média de crescimento entre 1951 e 1980 foi de 5,7%. Já entre 1980 e 2005, a taxa foi de 2,7%, com grandes crises, como a de 1995 no México e a de 2001 na Argentina.)
>
> ---
>
> [1] Raúl Prebisch, *The Economic Development of Latin America and Its Principal Problems* (Nova York, Nações Unidas, 1950).

Com relação a um aumento provável das proteções, a experiência da América Latina durante e depois da Grande Depressão merece consideração. Esses países executaram estratégias de desenvolvimento baseadas no seu próprio potencial econômico, chamadas industrialização por substituição de importações (quadro 23.1). Essas experiências mostram ser necessária uma distinção clara entre os efeitos danosos de curto prazo das proteções e um possível impacto de longo prazo sobre as estratégias de desenvolvimento. Na crise atual, a contração do comércio internacional deverá ter graves consequências para os países e regiões do mundo que entraram na globalização neoliberal com uma estratégia de desenvolvimento baseada em exportações – sejam elas exportações de matérias-primas e energia, produtos intensivos em mão de obra ou, gradualmente, produtos de mais alta tecnologia. O mesmo vale para países como Alemanha e Japão, cujas economias são altamente dependentes de exportações. Empresas e acionistas norte-americanos também seriam afetados pelo aumento das proteções. (A globalização neoliberal trouxe grande vantagem para as companhias multinacionais e as classes altas norte-americanas.) No longo prazo, a crise poderia induzir todos os países a optar por estratégias de desenvolvimento mais autônomo (reterritorialização da *produção* nos Estados Unidos ou da *demanda* como na China) com efeitos positivos – a alternativa muito necessária à globalização neoliberal.

Capítulo 24
O FATOR NACIONAL

A ênfase do capítulo anterior está na correção das consequências das propensões neoliberais. Uma segunda questão crucial é a manutenção da hegemonia internacional dos Estados Unidos. Na verdade, esses dois elementos devem ser considerados em conjunto na frase "neoliberalismo sob a hegemonia dos Estados Unidos", certamente a caracterização mais precisa da situação do capitalismo internacional antes da crise.

Dadas as tendências neoliberais prevalentes no país e o avanço de desafiantes em todo o globo, a preeminência econômica dos Estados Unidos está diminuindo com velocidade considerável. A graus distintos, dependendo do curso dos acontecimentos durante as décadas vindouras, um padrão multipolar de hierarquias internacionais deverá substituir gradualmente a configuração unipolar atual. Essas tendências levantam a questão de uma potencial "governança econômica global" para substituir a hegemonia internacional dos Estados Unidos.

Evidentemente, os dois conjuntos de problemas – a preservação da força da economia interna e da liderança internacional do país – não podem ser considerados esforços independentes. Um país grande, dominante em campos como tecnologia e organização, como foi o caso dos Estados Unidos desde o início do século XX, é um candidato natural à hegemonia internacional. É aí que o "fator nacional" poderia se tornar determinante. Os Estados Unidos demonstraram no passado um grande potencial de reação em conjunturas históricas dramáticas, como as duas guerras mundiais ou a Grande Depressão.

A dificuldade do ponto de vista da proeminência dos Estados Unidos é que o país não tem exclusividade em termos de patriotismo ou nacionalismo. Aqui, pode-se pensar na China, engajada agora num processo histórico de restauração do seu brilhante passado histórico. Finalmente, pode-se imaginar que os povos de outros países menos desenvolvidos deverão assumir um papel cada vez maior nas próximas décadas. O padrão de um mundo bipolar atlântico-asiático é uma reminiscência dos desenvolvimentos posteriores à Segunda Guerra Mundial, criando circunstâncias favoráveis à emancipação desses países menos favorecidos. A condição é que seus governos manifestem uma capacidade real de organização e cooperação. Haveria um efeito realimentador sobre as ordens sociais em cada país, uma vez que essas tendências permitiriam uma intensificação da diversidade ao redor do mundo.

A perda de proeminência econômica

A amplitude do problema é enorme e a situação está evoluindo rapidamente. A tabela 24.1 mostra os resultados comparativos em várias regiões e países do mundo em 2008, usando os PIBs avaliados pelo PPC. A tabela distingue entre "países avançados" e "países emergentes e em desenvolvimento" (PED). (Os dados e a terminologia são do FMI.) Pode-se observar que as economias avançadas ainda respondem por quase 55% do PIB mundial, com pouco mais de 20% cada para a União Europeia e para os Estados Unidos. A China chega a quase 12%.

Tabela 24.1 – PIB em 2008 (PPC em trilhões de dólares)

	PIB	Porcentagem
Economias avançadas	37,86	54,7
Estados Unidos	14,33	20,7
União Europeia	15,29	22,1
Outras economias avançadas	8,23	11,9
Economias emergentes e em desenvolvimento	31,37	45,3
China	8,20	11,8
Índia	3,31	4,8
Rússia	2,29	3,3
Brasil	1,98	2,9
México	1,55	2,2
Coreia do Sul	1,28	1,8
Outras economias emergentes e em desenvolvimento	12,77	18,5
Mundo	69,23	100,0

O fator nacional

Além dessa abordagem preliminar e estática, a simples consideração das tendências mundiais do PIB indica a reorganização em andamento das massas comparativas internacionais. O crescimento de países como China e Índia é um fenômeno bem conhecido, iniciado no final da década de 1970, mas outra observação interessante é a interrupção significativa das tendências globais por volta do ano 2000. Não somente o crescimento da periferia está na origem dessa nova tendência, mas também o definhamento do desempenho dos países do centro (efeito da redução das taxas de crescimento dos Estados Unidos, crescimento lento na Europa e estagnação no Japão).

Isso está claramente ilustrado no gráfico 24.1, que descreve os valores dos PIBs de vários grupos de países em desenvolvimento em comparação com os PIBs de países avançados. As variáveis são as razões do PIB expresso em PPC de cada zona (como na tabela 24.1) para o PIB de países avançados. O gráfico decompõe os países em desenvolvimento (———) em China e Índia (– – –) e em outros países em desenvolvimento (-----). Para todo o grupo de países emergentes e em desenvolvimento, pode-se observar a tendência horizontal da razão antes de 2000, seguida pela forte subida até 2008. Durante o platô anterior a 2000, o PIB dos PEDs chegou a 58% do PIB dos países avançados (razão média para 1980-1999). (Interessante notar que esse platô esconde as tendências divergentes da China e Índia em comparação com os outros países do grupo.)

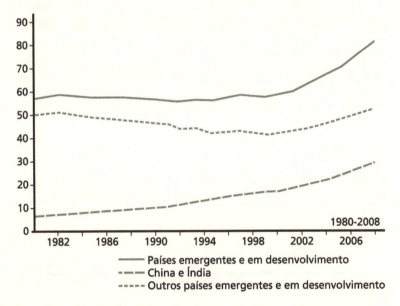

Gráfico 24.1 – Razão dos PIBs de países emergentes e em desenvolvimento para o PIB dos países avançados (porcentagem, por ano).

A crise do neoliberalismo

Mas a porcentagem chegou a 81% em 2008! Pode-se imaginar que a crise contemporânea e as novas tendências aparentes nos Estados Unidos vão intensificar esses efeitos nos próximos anos. Se essas tendências forem prolongadas, como é provável, uma grande reconfiguração deverá ocorrer num futuro não muito distante.

Os dados relativos à produção de aço em várias regiões do mundo (gráfico 20.4) ilustra um pouco melhor essas novas hierarquias, principalmente o volume de produção da China em comparação com o dos Estados Unidos, e a tendência crescente que se observa na China. A última observação no gráfico 20.4 mostra uma produção de aço na China dez vezes maior que a dos Estados Unidos, apesar de ter sido igual dez anos antes. Ademais, a China agora investe maciçamente em fontes de matérias-primas em todo o mundo e começa a exportar capital (compra de corporações existentes, uma forma de investimento direto).

Mas a observação mais alarmante associada à proeminência dos Estados Unidos entre as grandes economias é o processo de acumulação *interna* negativa, típica das empresas não financeiras norte-americanas. Esse processo já foi descrito na tendência dessas empresas de recomprar suas próprias ações, particularmente durante a fase tardia do neoliberalismo anterior à crise (gráfico 4.4). Não se deve considerar apenas a acumulação de capital *no território norte-americano*, mas também a acumulação *na economia global*. O mesmo processo de declínio comparativo é evidente. O gráfico 24.2 oferece uma imagem notável dessa tendência. A variável é o percentual de capital novo levantado

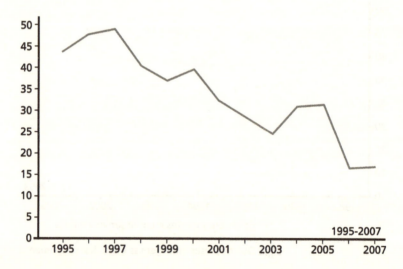

Gráfico 24.2 – Capital novo levantado internamente nos mercados de ações pelas empresas norte-americanas (porcentagem do capital levantado no mundo, por ano)

326

em bolsas de valores por corporações norte-americanas em comparação com o capital levantado em todo o mundo. O percentual chegou ao máximo de quase 50% em 1997 e caiu a pouco mais de 15% em 2007. Esses movimentos sinalizam uma regressão comparativa na disposição global das empresas multinacionais norte-americanas.

Passando às relações monetárias internacionais, apesar da continuação da liderança do dólar, as moedas em que são emitidas obrigações atestam o papel crescente do euro em relação ao dólar depois do ano 2000. Apesar da preeminência dos mercados europeus na emissão de obrigações durante a segunda metade da década de 1990, somente um quarto dessas obrigações foi denominado em moedas que depois formaram o euro. Em 2003, as emissões em euros superaram as em dólar. A libra não parece ser uma opção alternativa. (Ao interpretar esses movimentos, deve-se levar em conta que as variações das taxas de câmbio têm um papel significativo.)

Uma característica da economia mundial contemporânea é a concentração do capital nas mãos das classes capitalistas norte-americanas e europeias, além da dominância das suas instituições financeiras, pelo menos até a crise. Em vários campos, a Europa lidera sobre os Estados Unidos e já representa um segundo centro do outro lado do Atlântico. Mas as tendências correntes indicam a subida dos desafiantes no mundo, com relação às classes capitalistas e às instituições financeiras.

Em 1990, era possível atribuir o declínio comparativo da economia norte-americana à estratégia de alocação global das classes capitalistas nacionais em detrimento da economia interna dos Estados Unidos. As tendências financeiras prevalentes após 2000 demonstram, independentemente da posição comparativa do país, que essa estratégia não preserva a preeminência global das classes capitalistas e das corporações multinacionais norte-americanas.

Em geral, a avaliação das tendências correntes é direta. O resto do mundo está progredindo. Por comparação, a economia e o capital norte-americanas no mundo estão encolhendo. E a velocidade desse declínio é maior do que geralmente se acredita. Os Estados Unidos terão a capacidade de reverter essas tendências nas próximas décadas?

Um mundo multipolar

Deve-se certamente ter cautela ao formular previsões relativas ao declínio da dominação econômica norte-americana. Já durante a década de 1970, a tese tinha sido proposta para a formação de uma "tríade" para substituir a liderança incontestе dos Estados Unidos no mundo capitalista da época. O Japão fracassou na transição para o neoliberalismo, o crescimento da Europa foi mais lento que o dos Estados Unidos e, até o fim do longo *boom* durante a segunda metade da década de 1990, o neoliberalismo aumentou a força da economia dos Estados Unidos em comparação com outros grandes países capitalistas. O problema é que a continuação desse curso aparentemente favorável de acontecimentos após o ano 2000 só foi conseguido ao custo do aumento do endividamento, da financeirização selvagem e do acesso fictício a altíssimas taxas de retorno. Os anos anteriores à crise, na verdade, significaram uma moratória. Mesmo que, durante os próximos anos, os Estados Unidos demonstrem uma grande capacidade de enfrentar a crise contemporânea, estabelecer uma nova ordem social e manter uma macrotrajetória sustentável, é pouco provável que a posição inconteste do país seja preservada como prevaleceu até 2008.

Apesar da importância financeira da Europa no mundo, é difícil imaginar que o continente poderia se tornar um novo líder por si só, com o euro substituindo o dólar como moeda internacional. Como se sabe, a União Europeia é politicamente fraca, e não há sinal de que a situação deva evoluir rapidamente na direção do estabelecimento de uma entidade política fortalecida. A partir do final de 2009, a crise não parece estimular tais tendências.

A rede de relações financeiras entre os Estados Unidos e a Europa é muito apertada. Uma opção para as próximas décadas poderia, assim, ser uma potência transatlântica consolidada, o que iria exigir a intensificação da cooperação entre as duas zonas (cooperação econômica, como numa Parceria Econômica Transatlântica [PET] mais avançada ou colaboração política e militar, como no âmbito da Otan). Essa oportunidade vai ser aproveitada? A ambição de um lado do Atlântico e a falta de coesão do outro são os dois fatores políticos fundamentais que bloqueiam essa alternativa à liderança solitária dos Estados Unidos.

Mas o futuro de uma hegemonia potencial dos Estados Unidos e da Europa não pode ser avaliado independentemente das ambições e ações de desafiantes potenciais na periferia. Com relação ao crescimento econômico em geral (a taxa de crescimento do PIB), as tendências atuais favorecem claramente China e Índia. A hipótese de que a China possa emergir como um novo centro financeiro hegemônico em substituição aos Estados Unidos é às vezes levantada. Dois aspectos desse desenvolvimento precisam ser considerados. De um lado, durante a primeira fase da crise atual, países da periferia claramente agarraram a oportunidade de entrar no capital dos líderes mundiais em dificuldades. Fundos soberanos (FSs) da periferia, em busca de retornos mais altos, mudaram gradualmente sua estratégia de investimento em obrigações de governo sem risco, para investimentos mais complexos. Houve uma clara determinação por parte das empresas e FSs desses países de assumir participações nas instituições financeiras dos Estados Unidos. Nesse primeiro estágio, empresas norte-americanas buscavam apoio financeiro em países asiáticos ou em países que se beneficiavam do alto preço do petróleo, como os do Oriente Médio. O aprofundamento da crise e a decisão do governo norte-americano de entrar no capital de instituições em dificuldades limitaram esse movimento. Paralelamente, os desafiantes da hegemonia financeira dos Estados Unidos também desenvolveram suas próprias instituições financeiras. Apesar da queda do mercado de ações que afetou os centros financeiros chineses, como Xangai e Hong Kong, parece surpreendente que grandes instituições financeiras dessa parte do mundo estejam ganhando considerável importância. Esses desenvolvimentos fazem prever o estabelecimento de um grandioso centro financeiro na Ásia, que deverá suplementar o enorme poder industrial da China.

A China ainda tem um longo caminho a percorrer nesses campos para surgir como um novo líder. Uma moeda com a ambição de dominar internacionalmente deve ser conversível em outras e sua taxa de câmbio não pode ser administrada com o objetivo de servir ao desenvolvimento do país, como se dá no caso do yuan. Essa dificuldade provavelmente explica por que, pelo menos num primeiro estágio, a China busca incrementar o papel do FMI.

No mundo do capitalismo contemporâneo, mais que a emergência de um candidato à sucessão, existe um potencial considerável para a constituição de entidades regionais sob a hegemonia de líderes regionais. Na União Europeia, seria em torno de Alemanha e França; na Ásia, em torno de China, Japão e Índia, ou uma combinação deles; na América Latina, em torno do Brasil; na Europa Central e Ásia, em torno da Rússia; e, possivelmente, na África, em torno da África do Sul. (Essas perspectivas são examinadas em Davos, quadro 24.1.) Mas o mundo poderia se tornar novamente bipolar, como no passado, com uma economia atlântica consolidada de um lado e um poderoso polo asiático do outro.

Governança global

A progressão nas tendências globais também aumenta a necessidade de governança global, uma questão política. No provável estabelecimento de um mundo multipolar, e no caso do não surgimento de uma nova potência econômica, será necessário um exercício fortalecido de poder global. Mais uma vez, "não há alternativa", governança global ou o caos[1]. No campo de mecanismos monetários e financeiros, transformações muito necessárias são a criação de uma moeda

---

[1] Essa é a tese proposta em Charles Kindleberger, *The World in Depression, 1929-1939* (Berkeley, University of California Press, 1993).

verdadeiramente internacional, a regulamentação e supervisão internacional de mecanismos financeiros, a provisão de créditos a países que enfrentam dificuldades e uma forma de controle das tendências macroeconômicas globais.

Quadro 24.1 – Novas preocupações em Davos
(os relatórios de 2008 e 2009)

A consciência do padrão mutante do poder é claramente expresso no relatório de Davos de 2009[I]:

> O clima global de negócios continua a ser profundamente afetado por mudanças no poder, desde as economias avançadas até os mercados emergentes, inclusive Brasil, Rússia, Índia e China, que estão gerando suas próprias empresas multinacionais, as quais competem eficazmente com corporações já estabelecidas do Ocidente.

Ou:

> Mas talvez a melhor indicação da mudança do equilíbrio de poder econômico seja a lista de quem tem resgatado os grandes bancos feridos pelo fracasso dos *subprimes*. Inchados com a renda do petróleo, eletrônica e poupança pública, os fundos soberanos se tornaram a última força financeira global, gerando preocupação de que poderiam ter em mente mais que apenas lucros, já que estão comprando ativos estratégicos nos países desenvolvidos.

Em 2009, o estabelecimento de um mundo multipolar foi considerdo explicitamente com quatro cenários distintos que combinam o declínio mais ou menos rápido da hegemonia norte-americana e a prevalência de mais ou menos ordem ou desordem[II]:

1. Regionalismo financeiro é um mundo em que a atribuição de culpa pós-crise e a ameaça de maior contágio econômico criam três grandes blocos em política comercial e financeira, forçando as companhias globais a construir estratégias tripartites para operar globalmente.

[I] World Economic Forum, "The Power of Collaborative Action" (Annual Meeting at Davos, 2008), p. 5 e 7.
[II] World Economic Forum, "The Future of the Global Financial System: A Near-Term Outlook e Long-Term Scenarios" (Annual Meeting at Davos, 2009), p. 47.

> 2. Centrismo ocidental reprojetado é um mundo altamente coordenado e financeiramente homogêneo que ainda tem de enfrentar as realidades da mudança de poder e os perigos da desregulamentação para a última crise e não para a próxima.
> 3. Protecionismo fragmentado é um mundo caracterizado pela divisão, conflito, controles de moeda e dinâmica *race-to-the bottom* [literalmente, "da corrida ao fundo"] que só pode servir para aprofundar os efeitos de longo prazo da crise financeira.
> 4. Multilateralismo reequilibrado é um mundo em que as barreiras iniciais à coordenação e ao desacordo em relação às abordagens de gerência de risco são superadas em um contexto de rápida mudança no poder geoeconômico.

Neste ponto, vale a pena voltar à experiência das negociações e acordos de Bretton Woods. Como originalmente contemplado por Keynes, as instituições que surgiram em 1944 teriam sido muito mais próximas das instituições verdadeiramente supranacionais que finalmente foram. Essas instituições deveriam ter desfrutado de maior capacidade de decidir em nome dos interesses globais e de impor suas decisões (quadro 24.2). Mas os Estados Unidos se opuseram à criação de uma instituição como a Organização Internacional do Comércio, mais sofisticada e com funções distintas das do FMI. Eles também vetaram a criação de uma nova moeda internacional, como o bancor de Keynes. Eles assumiram para si a liderança internacional que deveria estar nas mãos de instituições internacionais. Em particular, o papel de moeda internacional foi atribuído ao dólar.

Apesar das reuniões recorrentes do G20, as circunstâncias da crise contemporânea enfatizam os riscos associados com a falta dessas instituições internacionais capazes de regular e de alguma forma governar a economia mundial. A crise demonstra que a instituição mais importante, o FMI, não teve a capacidade necessária para executar essas tarefas urgentemente imprescindíveis, nem o poder nem os recursos. Durante as décadas anteriores, o FMI contribuiu zelosamente para a imposição do neoliberalismo a países da periferia, mas nunca agiu para impor nenhuma forma de disciplina aos países capitalistas avançados. No tratamento da propagação da crise à economia mundial no final de 2008, o Federal Reserve claramente preferiu executar sozinho o trabalho (com a colaboração de outros bancos centrais, como nos *swaps* de moedas). A outra opção seria a delegação da tarefa ao FMI. Essa transferência implicaria que seriam dados ao FMI os meios para intervir. A recusa a fazê-lo até hoje é uma expressão clara da determinação dos Estados Unidos de prolongar sua hegemonia monetária sobre todo o mundo, apesar da atual tempestade financeira.

Quadro 24.2 – Governança global

É importante salientar a referência feita aqui às formas embrionárias de um verdadeiro Estado mundial[I]. Não está em questão o ideal da "democracia dos cidadãos do mundo", mas um Estado supranacional possível de existir num mundo de hierarquias imperialistas e de classe. Estados, sejam eles nacionais ou globais, não são entidades autônomas. Como já foi amplamente demonstrado pela ação das formas fracas dessas entidades internacionalmente, não existe, até hoje, nenhum poder transcendente a essas relações de classe e imperiais. A ação dessas instituições espelha as hierarquias prevalentes de classe e internacionais.

Como no caso de qualquer Estado num dado país que tenha classes, essas instituições são a estrutura em que são estabelecidos os poderes e compromissos entre os maiores países. É aí que se define o conteúdo da ordem internacional prevalente. A história das décadas do pós-guerra ilustra claramente a natureza dessas instituições internacionais. As negociações dos acordos de Bretton Woods foram marcadas pela rivalidade entre o Reino Unido e os Estados Unidos. Nenhuma das partes foi capaz de impor sua visão. Chegou-se a um compromisso. Durante a Guerra Fria, nenhuma das duas superpotências foi dominante, e as Nações Unidas desempenharam um papel mais importante. A situação mais uma vez mudou durante o neoliberalismo sob a hegemonia norte-americana. O FMI, o Banco Mundial, a OCDE e a OMC trabalharam durante essas décadas como agentes dos objetivos de classe interentes à nova ordem social, impondo o livre comércio e a livre movimentação do capital em todo o mundo, "ajustando" as economias nacionais à chegada do capital internacional (principalmente por meio da desregulamentação do trabalho e dos mercados financeiros, e da privatização). O FMI foi, assim, o agente ativo da imposição do chamado "consenso de Washington" na periferia, ou seja, o estabelecimento do neoliberalismo, por vezes sob configurações extremas e insustentáveis, como na Argentina durante a década de 1990 (com a colaboração das classes altas locais). Essas novas configurações sociais chegaram às vezes a desestabilizar modelos de alto desempenho, como na Ásia.

[I] Jacques Bidet e Gérard Duménil, *Altermarxisme: un autre marxisme pour un autre monde* (Paris, Presses Universitaires de France, 2007), cap. 8.

Mas existem sintomas de que estão se formando novas tendências, que significam novas hierarquias de poder. A partir de 2009, a Rússia e a China já estão se movendo na direção da criação de uma nova moeda internacional sob a égide do FMI, um substituto para a dominância do dólar. O Brasil busca alianças com países produtores de petróleo e tende a limitar o uso do dólar nas suas trocas com os vizinhos. Essas iniciativas se multiplicam, dando testemunho das novas tendências políticas internacionais. O então presidente do FMI, Dominique Strauss-Kahn, declarou que queria dobrar os recursos do FMI para US$ 500 bilhões. O Japão assinou um acordo para emprestar US$ 100 bilhões extras. A partir do início de 2009, líderes europeus deram declarações favoráveis ao aumento dos recursos do FMI. Zhou Xiaochuan, presidente do Banco Central da China, sugeriu o uso dos direitos especiais de saque do FMI para criar uma moeda sintética. A declaração, feita durante reuniões do G20 em abril e setembro de 2009, confirmou essas tendências. Uma nova crise, contestando a hegemonia dos Estados Unidos, seria provavelmente necessária. Ela seria suficiente para impor novos acordos à altura da tarefa a ser executada? Possivelmente uma crise do dólar.

Ser forte internamente e liderar internacionalmente

No contexto criado pela crise e o surgimento de concorrentes, há uma pressão considerável sobre os Estados Unidos para criar condições que levem a uma restauração econômica. Desempenhos "medíocres" condenariam o país a uma rápida queda comparativa.

Na análise do potencial fim da hegemonia internacional norte-americana, não se devem esquecer as lições ensinadas pelas circunstâncias históricas do estabelecimento da dominância do país. A convicção da superioridade internacional dos Estados Unidos, a partir do fim da Primeira Guerra Mundial, estava profundamente enraizada no avanço adquirido pelo país na introdução do sistema de corporações grandes e de alto desempenho, apoiadas pelo novo setor financeiro e por práticas gerenciais de ponta[2]. Essa liderança foi claramente expressa na posição proeminente da indústria nacional nos principais segmentos mundiais da manufatura.

Depois de ter levado ao limite as implicações do "destino manifesto" do país de dominar a América Norte até o Pacífico e suficientemente longe até o Sul, havia uma consciência clara da correspondência entre o acesso prematuro, no início do século XX, à estrutura institucional do capitalismo moderno – sendo o melhor nesses campos – e a vocação do país para dominar o mundo. Numa perspectiva

---

[2] Alfred D. Chandler, *Scale and Scope: The Dynamics of Industrial Capitalism* (Cambridge, Harvard University Press, 1990).

wilsoniana, entendeu-se que, entre os países concorrentes, os mais eficientes, num sentido amplo do termo, desfrutavam de uma aptidão maior para a liderança. Os Estados Unidos tinham adquirido essa proeminência. Reciprocamente, a imposição dessa nova liderança internacional era um fator crucial na consolidação do avanço técnico e organizacional do país.

Esse precedente histórico mostra que é impossível separar o avanço histórico das relações de produção – principalmente as revoluções corporativa, financeira e gerencial – da rede de hierarquias interimpererialistas em todo o mundo. Um país grande, liderando no primeiro campo, desfrutava de uma posição central no segundo. Na fase em que o capitalismo agora está entrando, o desafio das classes altas norte-americanas é inventar e colocar em prática essa estrutura renovada.

A comparação entre os perigos que ameaçam a hegemonia norte-americana e os efeitos da Primeira Guerra Mundial sobre a dominância do Reino Unido também é esclarecedora. Depois da Primeira Guerra Mundial, este último país tentou recuperar a liderança financeira anterior pela restauração da convertibilidade da libra numa alta taxa de câmbio, com efeitos danosos sobre a macroeconomia do país durante a década de 1920, como analisado por Keynes[3]. As empresas do Reino Unido não se ajustaram aos novos padrões gerenciais[4]. Os Estados Unidos, pelo contrário, emergiram da Primeira Guerra Mundial como a nova potência em ascensão, institucionalmente a mais eficiente. O país abandonou a tentação da construção do tradicional império formal que tinha iniciado no final do século XIX e se moveu ao longo das novas linhas do império *informal* wilsoniano[5].

A transição entre a hegemonia do Reino Unido e a dos Estados Unidos se realizou gradualmente[6]. Embora a Grande Depressão tenha se originado nos Estados Unidos, o país – consolidado pela economia de guerra e pela sua tardia mas vitoriosa participação no conflito – emergiu como o líder incontestável do chamado mundo livre diante da União Soviética. O mesmo vai valer para a crise atual. Entre as grandes potências, as de melhor desempenho na introdução da nova estrutura social – incluindo políticas de administração, educação, tecnologia, pesquisa e

---

[3] John Maynard Keynes, "The End of Laissez-Faire: Essays in Persuasion" [1926], em *The Collected Writings of John Maynard Keynes* (Londres, Macmillan/St. Martin's Press para a Royal Economic Society, 1972), v. 9, p. 272-94.
[4] Alfred Chandler, *Scale and Scope*, cit.
[5] Norman Gordon Levin, *Woodrow Wilson and World Politics* (Oxford, Oxford University Press, 1968).
[6] Durante a década de 1920, os bancos centrais acumulavam saldos de dólares, além das reservas em libras. Barry Eichengreen e Marc Flandreau, "The Rise and Fall of the Dollar, or When Did the Dollar Replace the Sterling as the Leading Reserve Currency?", *Past, Present and Policy Panel*, Gênova, 2008.

desenvolvimento, e assim por diante – vão adquirir gradualmente a capacidade de liderar, pelo menos regionalmente, e ocupar uma posição proeminente nas hierarquias internacionais.

Um potencial para reação?

É difícil imaginar que os Estados Unidos vão abandonar sua preeminência sem luta. Desde as guerras mundiais, o país demonstrou uma capacidade realmente notável de liderar pelo menos parte do mundo. Os instrumentos dessa dominação foram variados e incluíam a liderança técnica, organizacional e financeira e maciços investimentos estrangeiros, além do engajamento em duas guerras mundiais e da prática diária da corrupção, subversão e operações militares no resto do mundo. Abstraindo o trauma pela derrota no Vietnã, nenhuma das guerras ou crises desestabilizou essa hegemonia. Em particular, uma importante lição do passado é que a Grande Depressão não abalou a liderança internacional dos Estados Unidos.

Pode-se imaginar que a consciência de um declínio incipiente, ou a simples ameaça desse declínio, deverá ter um papel importante durante as próximas décadas. O destino da hegemonia dos Estados Unidos deve, assim, ser considerado não somente uma *consequência* dos desenvolvimentos sociais e econômicos, mas também um *fator* que terá peso na política do tratamento da crise e no estabelecimento de uma nova ordem social. A determinação política e ideológica de preservar a posição do país no mundo deverá contar entre as principais forças capazes de impor a escolha da organização e eficiência por oposição à dinâmica irrestrita da busca de renda num "mercado (capitalista) livre" por parte de uma minoria privilegiada. A mesma convicção poderia alimentar um senso crescente da contenção necessária dos interesses financeiros. Apenas a aparente convergência temporária dos dois objetivos no neoliberalismo ("o que é bom para as Finanças é bom para os Estados Unidos") criou a ilusão da sua compatibilidade e assegurou as condições políticas para a continuação da estratégia de classe neoliberal. Esse período provavelmente terminou.

Claramente, durante dramáticos episódios anteriores da sua história, os Estados Unidos demonstraram (como no New Deal e nas guerras) grande capacidade organizacional e, sob a liderança de um Estado forte, o compromisso nacional pela defesa da preeminência mundial do país. Mas existe uma faceta ameaçadora para esse fator nacional. Seu nome é "nacionalismo", um desenvolvimento perigoso no contexto de uma alternativa de extrema direita.

Nas próximas décadas, numa estrutura de competição internacional elevada, o elemento-chave será a capacidade de organização. O fator nacional deverá ter papel central na capacidade dos candidatos à liderança de realizar suas ambições. Mas esse é um campo de rivalidade, não a corrida solitária de um único líder ameaçado.

O desafio chinês

Nessa discussão de um fator nacional norte-americano, é preciso ter em mente que, nessa questão, os Estados Unidos não têm exclusividade. O país não é o único no mundo em que, quando necessário, um Estado forte pode tomar nas mãos o destino da nação. Embora num contexto histórico completamente diferente, a trajetória histórica do Japão Meiji está se repetindo na China, com enorme potencial. Durante o século XIX e início do XX, a China foi profundamente humilhada pelas potências imperialistas, principalmente pela Guerra do Ópio e pelo Tratado de Versalhes, de 1919. Sete anos depois da fundação da efêmera República da China, o tratado desencadeou o famoso Movimento Quatro de Maio, abrindo um longo processo político e cultural e levando à restauração do orgulho com a vitória das forças comunistas em 1949, sob a liderança do presidente Mao Tsé-Tung. Além da mudança radical da ordem social, os novos líderes chineses compartilham com Tsé-Tung, cuja imagem foi consequentemente preservada, a ambição de restaurar a posição grandiosa da China no passado.

O conteúdo exato da transformação da economia e da sociedade chinesas até nossos dias ainda precisa ser determinado. A China se aproveitou da divisão internacional do trabalho neoliberal, com uma força de trabalho barata e uma grande capacidade organizacional, e simultaneamente seguiu uma estratégia muito mais ampla de desenvolvimento autocentrado e de expansão em todo o mundo. O fato de, até hoje, o movimento ter sido conduzido num mundo dominado pelo neoliberalismo certamente teve grande impacto na trajetória da China, como se deu antes no caso da Rússia.

Do ponto de vista da integração num mundo neoliberal, o país está engajado num processo duplo, sob a égide de um governo muito forte herdado da ordem social anterior. O elemento-chave é a acumulação primitiva num setor capitalista, paralelamente a um ainda importante setor de empresas públicas. A riqueza privada se acumula na China (que em 2008 já tinha 42 bilionários em dólares na China propriamente dita e 26 em Hong Kong). Nos círculos acadêmicos do país a ideologia neoliberal teve um impacto devastador. De outro lado, em vários aspectos importantes, principalmente o controle da sua moeda e das suas instituições financeiras, a China não se ajustou a todos os requisitos da globalização neoliberal, e isso representa uma grande exceção na difusão do modelo neoliberal em todo o mundo.

As condições criadas pela crise atual poderiam alterar de forma considerável as direções atuais em benefício do prolongamento ou extensão das tendências gerenciais, estimuladas por um fator nacional muito forte. A curto prazo, isso explica por que o país estava muito mais bem preparado para as condições adversas da crise. As primeiras medidas tomadas atestam uma determinação de preservar a espetacular trajetória de desenvolvimento. A longo prazo, pode-se imaginar que um "caminho chinês" de alguma forma transformado na esteira da crise contemporânea deverá ser continuado durante as décadas vindouras. Essa trajetória deverá aumentar a provavelmente crescente diversidade de configurações pelo mundo. Mas como resistir ao poder crescente do "dinheiro", na verdade, da acumulação de capital?

As lutas populares: diversidade crescente

Trinta anos de globalização neoliberal sob a hegemonia norte-americana gradualmente impuseram a visão da convergência de todas as ordens sociais para uma única configuração. Os sofrimentos nos países sujeitos à nova ordem neoliberal, como na África, Ásia e América Latina, foram apresentados pelos inquilinos do neoliberalismo como os efeitos infelizes de uma capacidade deficiente de se adaptar a um destino comum inescapável. O mesmo vale para as frações da população especificamente prejudicadas pelo neoliberalismo em todos os países. O mundo inteiro foi alegadamente programado para convergir para o modelo comum, mesmo a China. Isso foi executado, mas também com algumas limitações que podem desempenhar um papel significativo durante as próximas décadas:

1. Em primeiro lugar, as regras internas do neoliberalismo tiveram de ser introduzidas em todos os países, o que foi, em grande parte, feito com sucesso. Por toda parte, o "mercado" (outro nome para a liberdade de agir das classes altas e dos países mais poderosos) teria de dominar. Essa estrutura combinaria um apoio mínimo para as frações mais fracas da população, seguro-saúde privado e fundos de pensão, mas não um sistema de bem-estar que pudesse manifestar uma ameaçadora solidariedade no meio das classes populares.

Esse quadro "róseo" do ajuste global às tendências neoliberais, como nas mentes dos líderes neoliberais, nunca correspondeu completamente aos acordos sociais prevalentes. Na maioria dos países, o compromisso neoliberal entre as classes altas é menos avançado que nos Estados Unidos. Na Europa (com situações distintas em diferentes países) e no Japão, os padrões sociais anteriores nunca foram totalmente deslocados, nem mesmo nos Estados Unidos. As sociedades europeias ou a sociedade japonesa ainda são penetradas pela experiência das décadas do pós-guerra, com forte envolvimento do governo em assuntos econômicos e sistemas de bem-estar. Embora grandes partidos políticos tradicionalmente considerados entidades de esquerda tenham se movido na direção do compromisso neoliberal (como no chamado "caminho do meio" das décadas de 1980 e 1990), um segmento do movimento popular, como os sindicatos e organizações da esquerda radical, ainda é inspirado pela lembrança de uma configuração alternativa de poder.

2. No que diz respeito às relações internacionais, cada país deveria ocupar seu lugar específico na divisão internacional do trabalho, com grandes zonas de livre comércio ou num mundo totalmente aberto aos fluxos internacionais de mercadorias e capitais. Países da periferia deveriam se especializar nas atividades em que têm melhor desempenho. ("Desempenho" deve ser entendido aqui em comparação com outras atividades, uma taxa de câmbio que torne possível sua competitividade internacional e o equilíbrio do comércio externo, como na teoria das vantagens comparativas.) Assim, a perifeira poderia ser capaz de oferecer mercadorias baratas ao centro e oportunidades de lucro aos investidores – em outras palavras, o melhor das palavras imperiais do neoliberalismo. Mas estratégias nacionais de desenvolvimento mais complexas são postas em prática, não só na China, e a resistência às pressões imperialistas às vezes é forte.

Depois de mais ou menos vinte anos de ajustes (às vezes dramáticos, como nas ditaduras, ou nas crises da década de 1990 no México ou na de 2001 na Argentina), a América Latina é a primeira região do mundo em que as lutas populares, votos e novas políticas manifestaram uma recusa da ordem imperialista neoliberal. O Acordo de Livre Comércio da América do Norte (Nafta), efetivado em janeiro de 1994, foi imposto ao México quando o neoliberalismo ainda estava na ofensiva. Mas a projetada Área de Livre Comércio das Américas (Alca), iniciada em 2001, perdeu o prazo de 2005, na esteira do fracasso da Rodada Doha da OMC. (Desde o fim de 2009, o processo está em negociação, mas com poucas chances de sucesso.) A Alternativa Bolivariana para os Povos de Nossa América (Alba) foi criada no início de 2004 com a Venezuela e Cuba e, a partir de 2010, já incluía também a Nicarágua, Bolívia, Equador e três pequenas ilhas do Caribe. A eleição de governos orientados para a esquerda na América do Sul sinaliza uma tendência semelhante (com exceção da Colômbia e Peru).

Já depois da Segunda Guerra Mundial, a prevalência de um mundo bipolar permitiu certo grau de autonomia no que era conhecido como "terceiro mundo" em relação às duas superpotências da época. Emblemático do período foram a Conferência de Bandung, de 1995, a industrialização por substituição de importações na América Latina e um forte envolvimento dos governos no desenvolvimento de muitos países (inspirados pela industrialização europeia no século XIX e pelo sovietismo daqueles anos). A crise do neoliberalismo está criando uma oportunidade semelhante para ser agarrada pelos países em desenvolvimento. A configuração exata ainda deve ser encontrada e a transição, administrada.

Resumindo, entre as questões cruciais das próximas décadas estão as trajetórias econômicas e políticas em outras regiões do mundo. Que tendências irão prevalecer? É difícil imaginar um mundo dominado pela dinâmica neoliberal e os Estados Unidos atraídos para novas lógicas. A Europa não necessita enfrentar as restrições de uma trajetória insustentável, como os Estados Unidos. A situação europeia é muito menos grave, é apenas medíocre. A questão principal é o que vai acontecer com as ordens sociais dominantes em países como China, Rússia, Índia e Brasil. A continuação do movimento em direção ao neoliberalismo ou caminhos inovadores? O mesmo vale para as tendências social-democratas que hoje prevalecem na América Latina.

Assim, o destino do neoliberalismo numa escala mundial não está estritamente nas mãos dos Estados Unidos nem da Europa e, nas próximas décadas, deverá estar ainda menos. Esse destino será em grande parte determinado no longo prazo pelo caminho seguido pelos desafiantes de outras regiões do mundo. Depois de trinta anos de globalização neoliberal, essa situação abre novas perspectivas. Fundamentais para as tendências históricas serão os rumos políticos na China e na América do Sul.

Capítulo 25
ALÉM DO NEOLIBERALISMO

Quando se consideram as coisas do ponto de vista da dinâmica histórica – a sucessão das várias ordens sociais na história do capitalismo, separadas por crises estruturais –, a ocorrência da crise atual sugere uma transição a uma nova ordem social, uma nova fase do capitalismo moderno além do neoliberalismo. Mas a simples repetição de eventos históricos não é um argumento convincente.

Apenas ajustes limitados foram executados nos Estados Unidos durante os primeiros estágios da crise. Mas nesse caso a hipótese é que se devem esperar grandes correções em prazo mais longo. Essas retificações devem tomar a forma de fortalecimento das tendências gerenciais, no sentido mais amplo de administração e políticas corporativas. Isso poderia ser feito no âmbito de um novo acordo social à direita ou à esquerda, mas as atuais circunstâncias políticas sugerem uma bifurcação ao longo do primeiro ramo da alternativa, à direita, o que este estudo chama de "capitalismo neogerencial".

Estruturas de tempo e a restrição dos eventos

Seria ingenuidade imaginar que uma volta às taxas positivas de crescimento em 2010, ou em qualquer ano subsequente, poderia automaticamente abrir uma nova era em que as classes superiores e os governos – repentinamente conscientes dos riscos inerentes à continuação dos objetivos neoliberais – lançariam deliberadamente as fundações de uma nova ordem social. A consciência da necessidade de ajustes dramáticos só poderá ser gradualmente reconhecida, como resultado das dificuldades que se acumulam. Nenhuma das mudanças necessárias será realizada se não sob a pressão obstinada dos acontecimentos. Uma lista provável dos desenvolvimentos capazes de estimular novas dinâmicas é a seguinte: (1) a debilidade da recuperação econômica e a probabilidade de uma nova contração do PIB; (2) a ameaça de repetição de um novo episódio de perturbação financeira; (3) uma crise do dólar; e (4) a multiplicação de novos sintomas de perda de preeminência econômica dos Estados Unidos.

Quanto tempo seria necessário? A perspectiva histórica do primeiro capítulo indica uma duração significativa da crise estrutural e da diversidade dos mecanismos envolvidos. Uma coisa é clara, desde o final de 2009, a crise não chegou ao fim. Podem-se esperar novos episódios dramáticos. O exemplo da Grande Depressão e da Segunda Guerra Mundial (o período que se estende entre 1929 e 1945) é esclarecedor. A crise atual não deverá ser uma exceção. Uma questão crucial é o que significa "recuperação". Como o crescimento da economia norte-americana será mantido nos próximos anos? Por uma ousada política de crédito voltada para as famílias? Pelo aumento dos gastos do governo? Todas essas opções têm riscos. Um novo *boom* de investimentos reminiscente do longo *boom* da segunda metade da década de 1990 poderá voltar ao centro do palco como um *deus ex machina*? Quando ele poderá durar? No geral, qual vai ser o curso da macroeconomia norte-americana nos próximos dez ou vinte anos?

A conclusão a que se chegou aqui é que as chances do neoliberalismo são muito limitadas, mas que esse resultado só será determinado numa linha de tempo cuja duração é difícil de adivinhar. Os objetivos do neoliberalismo são incompatíveis com a manutenção da hegemonia norte-americana e, mais ainda, com a determinação de reduzir a velocidade da sua queda. Estão também em desacordo com a correção da macrotrajetória dos Estados Unidos. E os dois conjuntos de problemas estão relacionados. Pode-se imaginar que a determinação de preservar o poder comparativo do país deverá desempenhar um papel central. Ainda que não amanhã.

Reforço das tendências gerenciais

Quais são as alternativas à dinâmica neoliberal? O dilema é tradicionalmente formulado como sendo entre mercado e organização, ou entre mercado e intervenção do Estado. Somos informados de que a correção das tendências atuais exige a intensificação da intervenção do Estado e um comparativo abandono de mecanismos supostamente autônomos de mercado. Essas são palavras diretas de respostas keynesianas à propaganda neoliberal. Mas elas não reconhecem a natureza social das relações ocultas. Em termos de padrões de classe e hierarquias, a questão crucial é o papel a ser atribuído às *classes gerenciais* em comparação com *classes capitalistas*, e a relação entre as duas.

Além do neoliberalismo

A divergência entre a preservação do poder dos Estados Unidos como país e os interesses das suas classes altas é o produto dos objetivos e práticas das classes capitalistas, gerentes financeiros e altos administradores. Intrinsecamente, não existe essa divergência com relação aos gerentes não financeiros. Essa propriedade é um fator importante que trabalha a favor do fortalecimento das posições sociais comparativas dos gerentes não financeiros. Dado o desafio da governança econômica para as próximas décadas, um papel mais importante deve ser dado aos gerentes encarregados da tecnologia e da organização nas corporações não financeiras e nas instituições de governo, na verdade uma liderança – uma gerência liberada, pelo menos até um grau significativo, dos objetivos e vieses característicos do neoliberalismo.

Os principais aspectos dessa liderança gerencial fortalecida são bastante intuitivos. Um primeiro aspecto é a exigência da conservação dos lucros nas corporações não financeiras até o fim do investimento. Na absolutamente necessária nova governança, a "criação de valor dos acionistas" não pode continuar sendo o objetivo quase exclusivo da administração. Não se devem esperar ganhos enormes no mercado de ações. As políticas constituem um segundo componente. Devem buscar a eficácia, como na educação, pesquisa ou desenvolvimento de infraestruturas, e assim por diante, não somente a desregulamentação. Um terceiro elemento é a inflação e a tributação. São igualmente assustadoras para os donos de grandes carteiras de ativos financeiros. Mas ambas seriam necessárias nos próximos anos e décadas para corrigir o endividamento crescente do governo, uma lição da história. Como já está evidente no tratamento da crise contemporânea, uma ameaça correspondente paira sobre os paraísos fiscais, que foram um instrumento fundamental de evasão fiscal e permitiram a concentração de renda no alto das hierarquias sociais do neoliberalismo. Dados os interesses divergentes entre as várias frações das classes altas nos temas mencionados, pode-se esperar a iniciativa de uma parte de servidores e gerentes não financeiros em favor desses desenvolvimentos, mas deverá haver uma forte resistência da parte daqueles que mais se beneficiaram das tendências neoliberais, ou seja, capitalistas, gerentes financeiros e frações superiores da administração envolvidos no processo de hibridização descrito no capítulo 5.

A fim de restaurar a situação da economia dos Estados Unidos, será necessário impor severas limitações à transferência de grandes fluxos de renda para as faixas superiores. Essa retificação não envolve só a renda de capital (juros e dividendos), há também as altas "compensações por trabalho excedente" que responderam pela maior parte do dreno da mais-valor gerada nas empresas durante as décadas neoliberais, um pilar do compromisso neoliberal. Um problema é como essas reduções seriam compartilhadas entre as classes altas.

Eficiência gerencial e inclinações sociais: para a esquerda ou para a direita?

A investigação dos cenários no alto das hierarquias sociais nas próximas décadas trará à memória os padrões de configurações na tabela 6.1. A tipologia ali enfatiza a orientação política da configuração de poder, "para a direita" ou "para a esquerda". O compromisso à direita se refere à aliança entre o capitalista e as classes gerenciais; o à esquerda, entre as classes gerenciais e as populares. Esse primeiro critério se combina com um segundo, dependendo da classe que assume a liderança em cada caso. A base social do neoliberalismo pode, assim, ser descrita como manifestação do compromisso entre as classes capitalista e gerencial, sob a liderança dos capitalistas, ou seja, da direita [1]. O compromisso social que prevaleceu durante as primeiras décadas do pós-guerra é interpretado como o que se estabeleceu entre as classes gerenciais e populares, sob a liderança das classes gerenciais [2]. É chamado de "centro-direita". Mas outra configuração, até hoje sem precedente, também é apresentada naquela tabela. É um compromisso à direita, como no neoliberalismo, mas sob a liderança das classes gerenciais em vez das capitalistas [3].

Na interpretação dessa classificação, é importante distinguir entre (1) *organização e eficiência* no sentido de governança corporativa, intervenção do governo, regulamentações e políticas; e (2) o *destino das classes populares*, conforme a orientação política do compromisso em vigor, à esquerda ou à direita. Esse segundo aspecto é fundamental na distinção entre o compromisso de centro-direita e o capitalismo neogerencial, em que o compromisso social fica no topo das hierarquias sociais.

Duas bifurcações são assim envolvidas na análise de possíveis cenários, como sugerido no diagrama 1.4:

1. Na primeira bifurcação, uma opção é a continuação do neoliberalismo, dados os ajustes limitados supostamente suficientes para evitar a repetição no curto prazo de um evento semelhante à crise atual. A configuração é a chamada [1] anteriormente. É onde os Estados Unidos estão desde 2009. Consideram-se medidas limitadas, como razões de Basileia mais apertadas ou a criação de instituições encarregadas dos mecanismos financeiros. Em outras palavras, nada de sério.

2. O segundo ramo da alternativa é o estabelecimento de uma liderança gerencial capaz de tratar mais eficientemente a situação difícil à qual os Estados Unidos são confrontados. A trajetória insustentável do país e a sua hegemonia internacional declinante exigem uma nova gerência corporativa, novas políticas e limitações à globalização.

As orientações políticas à direita e à esquerda são determinadas pela segunda bifurcação. As classes gerenciais podem se aliar às classes capitalistas ou às populares. Assim, definem-se duas variantes de liderança gerencial:

1. A primeira configuração, à direita, como no mencionado [3], não tem precedente histórico. É chamada aqui de "capitalismo neogerencial", o que significa um compromisso entre as classes altas sob a liderança gerencial. A principal diferença em relação ao compromisso à esquerda a seguir é que não há espaço para o componente de bem-estar das décadas do pós-guerra.

2. O segundo ramo indica a aliança à esquerda, em [2], como no compromisso de centro-esquerda das décadas do pós-guerra. A liderança gerencial ainda está lá, mas a situação é mais favorável às classes populares.

A distribuição de renda é um elemento-chave na definição desses sistemas sociais. A contenção das altas rendas é adequada ao compromisso à esquerda [2]. A situação seria diferente no caso da prevalência do capitalismo neogerencial [3]. Devem-se enfatizar três características dessa ordem social:

1. Se a aliança se fizer no topo, não haveria "razões intrínsecas" – ou seja, nenhuma razão inerente às bases sociais características dessa ordem social – para observar uma contenção severa das altas rendas. Uma liderança gerencial implica um novo equilíbrio de poder entre as classes gerencial e capitalista favorável aos gerentes, com a reorganização correspondente das hierarquias de renda. Entre outras coisas, a regulamentação financeira, um ingrediente necessário do capitalismo neogerencial, fixaria limites à expansão da renda do capital. Seria possível, assim, esperar uma contenção moderada das rendas do capital (juros, dividendos e ganhos de capital no mercado de ações) e uma continuação do pagamento de altos salários no topo das hierarquias de renda, em graus variados, dependendo dos componentes da gerência. No neoliberalismo, mesmo no setor não financeiro, a alta gerência visa diretamente aos desempenhos no mercado de ações e será remunerada como tal. A nova ordem social naturalmente imporia limites a essas práticas. A gerência financeira direta seria ainda mais afetada.

2. É importante voltar aqui às consequências do processo de hibridização entre as classes altas, típico do capitalismo contemporâneo. Cada vez mais, as mesmas faixas superiores tendem a se beneficiar de salários muito altos e da renda de capital. Assim, para as famílias capitalistas, pelo menos em seus segmentos mais dinâmicos, a redução da renda de capital poderia ser compensada por um acesso maior aos altos salários, como já acontece hoje.

3. Mas há um outro conjunto de fatores, específico da situação contemporânea da economia dos Estados Unidos, que está além dessas razões "intrínsecas" ao sistema social do capitalismo neogerencial. É o rápido declínio da hegemonia internacional norte-americana e a exigência de controle das características insustentáveis da trajetória da economia norte-americana. Na verdade, esses fatores são os que criam a urgência do abandono das tendências neoliberais e da transição para a nova ordem social. Mas há mais que isso. No topo das

hierarquias sociais, as classes altas – seus segmentos capitalistas e gerenciais, ou assemelhados – devem se impor a contenção de suas rendas, pelo menos durante uma transição duradoura. Esse é um requisito básico da limitação do consumo, restauração das tendências de acumulação interna e correção do desequilíbrio do comércio externo. Mas nada prova que as classes altas serão capazes de se sujeitar a essa disciplina.

A economia e política da mudança social

Uma crise estrutural, como a crise do neoliberalismo, favorece um dos ramos da bifurcação descrita?

Crises estruturais conduzem à mudança social, mas seria difícil encontrar uma ilustração mais esclarecedora dos seus efeitos potencialmente divergentes sobre a sucessão das configurações de poder que a comparação entre a Grande Depressão e a crise da década de 1970. As duas crises estimularam ondas de enfrentamento social entre os mesmos atores. Mas há uma antinomia notável entre as duas conjunturas históricas, a uma distância de mais ou menos quarenta anos. Os resultados – a contenção dos interesses capitalistas após a Grande Depressão e sua restauração após a crise da década de 1970 – foram opostos. A primeira foi uma crise de hegemonia e a segunda, uma crise de lucratividade, e certamente há uma relação entre a circunstância de uma crise e suas consequências potenciais, mas nada mecânico.

Durante a Depressão, estabeleceu-se uma ligação entre funcionários da administração e as classes populares, sob a pressão imposta por um forte movimento operário mundial. Os interesses financeiros foram contidos. As tendências técnicas e organizacionais que prevaleceram na esteira da Depressão criaram condições favoráveis, com uma produtividade crescente de capital, preservação das taxas de lucro, aumento do poder de compra dos assalariados e da receita do governo.

Durante a crise da década de 1970, as forças sociais que apoiaram o compromisso pós-guerra não tiveram capacidade de enfrentar com sucesso a crise. O compromisso do pós-guerra foi desestabilizado porque estava politicamente fraco e porque as condições econômicas subjacentes que tinham dado apoio à sua instalação desapareceram durante a década de 1960 (capítulo 5). As políticas keynesianas fracassaram em uma situação de lucratividade deficiente, e não de demanda insuficiente. O conflito relativo à distribuição de renda foi superado. A crise estimulou uma resistência das classes populares à deterioração da sua situação, como se manifestou na multiplicação de grandes greves. Mas, a partir de 1980, a história do movimento operário foi basicamente de derrotas, embora as resistências tenham certamente diminuído de forma considerável o impacto das tendências neoliberais. Simultaneamente, as classes capitalistas agiam com eficiência crescente, buscando a completa restauração de seus privilégios anteriores com o apoio crescente da alta gerência. As classes populares perderam. Assim, não somente o sovietismo, incapaz de se reformar, foi desarticulado, mas também o compromisso social-democrata, abrindo caminho para a nova hegemonia financeira num mundo unipolar.

Pode-se traçar um paralelo entre o dilema a que as classes altas serão submetidas nas próximas décadas e a queda do compromisso do pós-guerra. No contexto da crise atual, se as tarefas relacionadas no capítulo 23 não foram realizadas por causa de uma resistência excessiva à mudança por parte das classes capitalistas e de uma fração da gerência, a conjuntura histórica seria altamente reminiscente da situação no final da década de 1970, mas no topo das hierarquias sociais. O resultado seria idêntico: o fim de uma configuração de poder.

O caminho para a centro-direita

Apesar das circunstâncias históricas completamente distintas, a crise contemporânea cria uma grande oportunidade histórica para as lutas populares, reminiscente da Grande Depressão. Dominar a situação presente da economia norte-americana – reconstrução do sistema financeiro, restauração das tendências de acumulação e correção dos desequilíbrios – exige a contenção dos interesses das finanças. Há potencial na crise para desestabilizar a coesão entre as classes altas, como se deu durante a década de 1930.

Assim, um cenário otimista é que a situação criada poderia operar a favor de uma transição evocativa do New Deal, em que um grande segmento das frações superiores dos assalariados busca e, de fato, encontra o apoio das classes populares. A passagem à liderança seria realizada sob a pressão de um movimento popular. Essas tendências criariam as condições favoráveis às demandas das classes populares, pois os gerentes iriam necessitar do apoio destas para realizar seus novos objetivos. Em outras palavras, não haveria nenhuma outra opção para acalmar os interesses capitalistas que não essa esperança nas classes populares. Funcionários do governo, aliados a frações da gerência (outros componentes que não a gerência financeira, os segmentos técnicos e inferiores da gerência etc.) que não estejam irreversivelmente comprometidos com a defesa das frações mais ricas da população, não teriam outra escolha que não confiar no apoio popular.

Os primeiros sintomas tímidos desse movimento por parte de uma fração das classes altas ficaram evidentes no tratamento inicial da crise contemporânea nos Estados Unidos dado pelo governo Obama, principalmente no que se refere às altas rendas, tributação, regulação e bem-estar. Desde o fim de 2009, contudo, o novo curso dos acontecimentos não manifesta a prevalência dessas tendências políticas.

Um cenário pessimista é que, na ausência de um impetuoso movimento popular, seria possível criar uma oportunidade para uma alternativa de extrema direita, o pior de todos os resultados, mas um resultado que não pode ser afastado. Foi o que a luta popular de apoio à ação do presidente Roosevelt evitou durante os anos entre guerras, enquanto em outros países, como a Alemanha nazista, prevaleceu a extrema direita. As consequências teriam sido terríveis, com repressão nacional e propensão a perigosas aventuras militares internacionais, pior que as tendências neoconservadoras que, em certo sentido, marcariam o seu ponto máximo.

O capitalismo neogerencial define um terceiro cenário, mais realista. Uma característica estrutural das relações sociais nos Estados Unidos, significativamente diferente das de outros países, é a relação íntima entre os componentes das faixas mais altas da pirâmide social. A contenção dos interesses capitalistas durante o compromisso do pós-guerra já tinha sido significativamente menos aguda nos Estados Unidos que na Europa ou no Japão. Esses traços se manifestam no compromisso neoliberal e no processo de hibridização no topo, quando as economias das faixas mais altas de salários já estão investidas em *securities* e os proprietários também estão engajados na alta administração e, como tal, nababescamente remunerados.

No pós-neoliberalismo, essas ligações privilegiadas poderiam operar no curto prazo, para atrasar a realização das mudanças radicais urgentemente necessárias, caso os gerentes e funcionários hesitem em prejudicar por meio de medidas drásticas os interesses dos seus "primos" sociais, os proprietários capitalistas. Desde 2009, esses acordos parecem prevalecer. Mas, em prazo mais longo, essas configurações ocultas no topo das hierarquias sociais também oferecem bases robustas para uma estratégia conjunta das classes altas, independentemente da distribuição de poder e das consequências sobre os padrões de renda. Isso significa um grande potencial de mudança, embora não favorável às classes populares.

Assim, em geral, as tendências sociais indicam o estabelecimento no topo das hierarquias sociais de um novo compromisso de centro-direita, e não de centro-esquerda. Dado o que o capítulo anterior chama de "fator nacional" e a fraqueza das lutas populares, essa nova estratégia do capitalismo neogerencial parece ser o resultado mais provável da crise do neoliberalismo nas próximas décadas.

APÊNDICES

APÊNDICES

O apêndice A introduz o modelo subjacente à análise do capítulo 11. Os apêndices B e C são dedicados a fontes e acrônimos, respectivamente.

Conteúdos adicionais são apresentados no site dos autores (<www.jourdan.ens.fr/levy/dle2010b.htm>):

M1. Uma hegemonia financeira do Atlântico Norte?

    Classes capitalistas: uma liderança compartilhada entre Estados Unidos e Europa I

    Grandes instituições financeiras: uma liderança compartilhada II

    Os mecanismos financeiros de ponta: liderança norte-americana

    Investimento estrangeiro direto: uma liderança compartilhada III

    Moedas: o domínio do dólar

    Parceiros através do Atlântico

    Ascensão e declínio do Japão

M2. A periferia financeira emergente

    Capitalismo na periferia

    Financiando a economia norte-americana: Ásia e países produtores de petróleo

    Investidores estrangeiros mais exigentes

    A ascensão dos fundos soberanos

    A "dívida do terceiro mundo": a vara perdida do FMI

APÊNDICES

Apêndice A
A DINÂMICA DO DESEQUILÍBRIO: UM MODELO

Este apêndice apresenta um modelo da economia dos Estados Unidos que permite a interpretação dos macromecanismos básicos característicos das décadas neoliberais. O objetivo do modelo é estudar as trajetórias de longo prazo, não as flutuações do ciclo de negócios.

Várias premissas simples são feitas sobre questões que poderiam ser tratadas numa estrutura mais sofisticada. Em particular, um tratamento explícito da relação entre fluxos e estoques não alteraria os resultados do modelo. Sob a premissa de parâmetros dados, o tratamento dos fluxos e estoques leva a um modelo em que se chega a uma trajetória homotética. (Resultados são dados numa nota de rodapé.)

A estrutura é a do capítulo 11. Quatro agentes são considerados: empresas não financeiras, consumidores, o setor financeiro e o resto do mundo. "Consumidores" refere-se conjuntamente às famílias e governo, e a demanda que emana desses agentes é chamada de "consumo". A política monetária controla o nível geral de consumo, à medida que mais ou menos empréstimos são oferecidos aos consumidores. As empresas ajustam o uso da sua capacidade produtiva conforme o nível de demanda de uma forma keynesiana. Essa demanda é a soma de consumo e investimento que são comprados internamente mais as exportações.

O valor do estoque de capital fixo é definido igual a 1, assim como a capacidade produtiva correspondente à taxa de utilização de capacidade "normal" ou "alvo", $u = 1$. Todas as variáveis são expressas como frações desse estoque de capital fixo ou, o que é equivalente, o "PIB normal", ou seja, a produção quando $u = 1$. Assim, a taxa de utilização de capacidade mede o PIB real (produção ou renda total), que

A crise do neoliberalismo

pode ser maior ou menor que um. Letras gregas indicam os parâmetros, e letras romanas, as variáveis endógenas.

Uma macroestrutura

As relações básicas são representadas por setas no diagrama A.1.

Diagrama A1.1

1. Um fluxo de renda é pago aos consumidores como salários, renda de capital ou impostos. Quando a utilização de capacidade é normal, essa renda é igual a α, caso contrário ele varia com u:

$$R = \alpha + \beta(u-1) = \alpha - \beta + \beta u \quad \text{onde } 0 < \beta < \alpha < 1.$$

2. Como o estoque de capital é igual a 1, o investimento das empresas, I, que é expresso como uma fração desse estoque, também mede a taxa potencial de crescimento ρ da economia. O investimento é autofinanciado, ou seja, as empresas não tomam empréstimos. Depois de pagar o fluxo de renda descrito, elas usam a fração restante da sua renda para comprar bens de investimento. Tem-se

$$\rho = I = u - R = -(\alpha - \beta) + (1 - \beta)u.$$

Como $\alpha > \beta$, R/u, a parcela de renda distribuída no PIB diminui com u e I/u, a parcela do investimento é, reciprocamente, procíclica.

3. Um sistema financeiro oferece aos consumidores um fluxo φ de novos empréstimos líquidos dos seus depósitos. O fluxo (positivo ou negativo) de novos empréstimos é monitorado pelo banco central.

4. A demanda que emana dos consumidores é igual à soma das suas rendas e os novos empréstimos líquidos: $C = R + \varphi$. Assim, a poupança dos consumidores é $-\varphi$.

5. A demanda total dos agentes internos é a soma do consumo e investimento:

$$D = C + I = u + \varphi.$$

6. Uma fração dada, $m = \lambda D$, dessa demanda é importada, e a fração restante, $(1-\lambda)D$, é dirigida para os produtores internos.

7. A economia exporta mercadorias para o resto do mundo, uma fração ε do potencial de produção do país.

8. O financiamento externo é inteiramente canalizado para a economia interna por meio do setor financeiro.

Determinação das principais variáveis

As outras variáveis podem ser deduzidas do que está expresso anteriormente. O saldo do comércio, indicado como "déficit" (importações menos exportações), é $d = m - \varepsilon$. O fluxo f de financiamento externo do resto do mundo é igual a esse déficit, uma identidade contábil:

(A.1) $$f = d.$$

Um déficit comercial positivo significa financiamento positivo do resto do mundo.

Empresas ajustam a produção a todos os componentes de demanda – investimento e consumo comprado dos produtores internos mais exportações – ou seja, $u = (1 - \lambda)D + \varepsilon$, uma equação implícita em u, cuja raiz é

(A.2) $$u = 1 + \frac{(1-\lambda)}{\lambda}\varphi - \frac{\delta}{\lambda}.$$

A notação auxiliar δ é

(A.3) $$\delta = \lambda - \varepsilon.$$

Observe que δ é formalmente um déficit. Admitindo-se $u = 1$, o primeiro termo, λ, mede as importações das empresas e famílias, abstraindo o efeito dos empréstimos líquidos, enquanto o segundo termo, ε, mede as exportações. Assim, δ é uma "propensão estrutural a incorrer em déficit".

Substituindo o valor de u, da equação A.2, nas expressões da demanda e das importações, obtém-se

(A.4) $$D = \frac{\varphi + \varepsilon}{\lambda} \quad e \quad m = \varphi + \varepsilon.$$

Combinando as equações A.1 e A.4, e a definição de déficit comercial, $d = m - \varepsilon$, tem-se:

(A.5) $$f = d = \varphi.$$

Essas equações significam que o déficit comercial d e o fluxo f de financiamento do resto do mundo são iguais, e iguais ao fluxo, φ, de empréstimos internos líquidos, equivalentemente, menos as poupanças dos consumidores.

A mesma análise poderia ser conduzida num modelo que articula fluxos e estoques[1].

Política monetária: utilização da capacidade versus déficit e endividamento

A discussão nesta seção é válida independente do sinal de δ. Para simplicidade, somente o caso de $\delta > 0$, correspondente à situação da economia norte-americana, é considerado explicitamente.

O nível de empréstimos está sob o controle do banco central. A utilização normal da capacidade produtiva, para um dado fluxo de novos empréstimos, é dada por:

(A.6) $$u = 1 \leftrightarrow \varphi = \varphi_1 \quad \text{onde} \quad \varphi_1 = \frac{\delta}{1 - \lambda}.$$

Esse nível de empréstimos é tanto mais elevado porque δ (um país com alta propensão ao déficit) e λ (um país com alta propensão a importar) são grandes.

Um fluxo de novos empréstimos igual a zero implica a prevalência de uma dada taxa de utilização de capacidade *a priori* diferente de 1:

$$\varphi = 0 \leftrightarrow u = u_0 \quad \text{onde} \quad u_0 = 1 - \frac{\delta}{\lambda}.$$

---

[1] Neste modelo, um índice t deve ser introduzido para indicar o período considerado. São usadas as duas equações abaixo:

$K_{t+1} = K_t + I_t$ e $\Phi_{t+1} = F_t + \varphi_t$.

K e Φ são, respectivamente, o estoque de capital fixo e o estoque da dívida.

Sobre a trajetória nomotética, a taxa de crescimento comum a todas as variaveis é

$$\rho = b \left\{ (1 - \beta) \frac{(1 - \lambda)\varphi + \varepsilon}{\lambda} + \beta - \alpha \right\}.$$

A taxa de endividamento, medida como o estoque da dívida sobre o estoque de capital fixo, é $\frac{b\varphi}{\rho}$.

Os dois objetivos, o controle de empréstimos e a prevalência de uma taxa normal de utilização de capacidade, não são apenas distintos, mas contraditórios. Uma taxa maior de utilização de capacidade exige mais empréstimos dos consumidores. Maiores, esses empréstimos implicam maiores déficits comerciais e também maiores financiamentos externos.

Dois tipos de países e quatro configurações

Podem-se distinguir dois tipos de países, dependendo do valor de δ. Países com uma propensão negativa a incorrer em déficit, ou seja, uma propensão ao superávit, digamos a Alemanha ou a China (configuração 1), e países com uma propensão positiva ao déficit, como a França ou os Estados Unidos (configurações 2, 3 e 4):

1. *Países com uma propensão ao superávit*. Nesse primeiro caso, pode-se chegar a $u = 1$ com um superávit no comércio externo, ou seja, $f = \varphi_1 < 0$ (poupança positiva dos consumidores). O equilíbrio comercial $(f = \varphi = 0)$ implicaria $u > 1$, uma configuração que não é usada pelas autoridades monetárias por causa do medo da inflação.

As três configurações seguintes correspondem à segunda categoria de países.

2. *Países com uma capacidade ilimitada de expandir a dívida dos consumidores e o financiamento externo*. Nesse segundo caso, pode-se chegar a $u = 1$. A condição é oferecer aos consumidores um fluxo de novos empréstimos: $\varphi = \varphi_1$.

3. *Países com uma capacidade limitada de expandir a dívida dos consumidores*. Se φ for limitado ($\varphi < \varphi^+$ onde $\varphi^+ < \varphi$), a taxa de utilização de capacidade será menor que um e será dada pela equação A.2.

4. *Países com uma capacidade limitada de expandir o financiamento externo*. Prevalece uma situação igual à anterior se f for limitado ($f < f^+$ onde $f^+ < \varphi_1$).

Nas configurações 3 e 4, a limitação pode ser absoluta ($\varphi^+ = 0$ ou $f^+ = 0$) ou relativa (se o fluxo de empréstimos puder ser aumentado, mas não até um nível suficiente para garantir $u = 1$)

A configuração 2 corresponde à economia dos Estados Unidos durante as décadas neoliberais (até 2005). A configuração 3 descreve a economia norte-americana durante a última fase da enorme expansão dos mecanismos financeiros (a partir de 2005). Houve, evidentemente, um limite, mas ele foi ultrapassado. A configuração 4 é típica das economias europeias, como a França, na situação de demanda deficiente discutida no capítulo 11.

Aplicação à macrotrajetória norte-americana

O modelo pode ser usado para analisar a trajetória histórica da economia norte-americana (em que $\delta > 0$), ao permitir a variação dos parâmetros α, λ e ε, com $\delta = \lambda - \varepsilon > 0$ (admitindo β constante). A situação considerada é a segunda configuração, pelo menos até 2005. O objetivo da política monetária é a manutenção da utilização da capacidade produtiva ($u = 1$) e taxas de crescimento decentes.

Dois desenvolvimentos importantes, os desvios introduzidos no capítulo 11 e documentados no capítulo 10, tiveram efeitos convergentes. O desvio distribucional se refere à distribuição generosa de renda como juros, dividendos e altos salários nas faixas superiores, ou seja, um aumento de α. O desvio do livre comércio se refere à inserção da economia dos Estados Unidos na economia global. Sob este último aspecto, duas tendências diretas estão envolvidas: (1) a atratividade crescente das importações (dada a liberalização geral dos fluxos de comércio com países onde os custos de mão de obra são comparativamente mais baixos), ou seja, um aumento de λ, e (2) a tendência crescente das exportações, ou seja, o aumento de ε. Mas não é necessário supor uma exposição crescente da economia norte-americana ao déficit comercial, só é necessária a abertura gradual ao comércio externo. (A propensão a incorrer em déficit, δ, é suposta constante.)

As equações do modelo mostram que as cinco "tendências neoliberais norte-americanas" resultam dos aumentos de α e λ (os dois desvios):

1. De maneira direta, uma acumulação e taxa de crescimento declinantes: $\rho = 1 - \alpha$.

2. O aumento do fluxo φ de empréstimos internos líquidos para os consumidores, famílias e governo (equação A.6). Isso é o que o capítulo 11 chama de "eficiência decrescente do crédito como macroestabilizador".

3. Uma fração crescente do consumo na produção total:

$$C = \alpha + \varphi.$$

4. e 5. O aumento do déficit comercial d e do financiamento externo f do resto do mundo (equação A.5).

Apêndice B
FONTES

Lista das fontes principais

BIS: Bank of International Settlement, <www.bis.org/statistics/>.

BOE: Bank of England, <www.bankofengland.co.uk>.

EURO: Eurostat, <epp.eurostat.ec.europa.eu>.

FAA: Fixed Assets Accounts Tables (BEA), <www.bea.gov/national/FA2004/index.asp>.

FED: Federal Reserve, Statistics and Historical Data, <www.federalreserve.gov/econresdata/releases/statisticsdata.htm>.

FOF: Flow of Funds Accounts (Federal Reserve), <www.federalreserve.gov/Releases/Z1/Current/data.htm>.

FORBES: Forbes, Lists, <www.forbes.com/lists/>.

IFSL: International Financial Services London, <www.ifsl.org.uk>.

ITA: International Transactions Accounts (BEA), <www.bea.gov/international/index.htm>.

MBA: Mortgage Bankers Association, <www.mbaa.org/>.

Nipa: National Income and Product Accounts (BEA), <www.bea.gov/national/index.htm>.

PS: Thomas Piketty and Emmanuel Saez, "Income Inequality in the United States, 1913-1998", *Quarterly Journal of Economics*, v. 118, n. 1, 2003, p. 1-39, <www.econ.berkeley.edu/-saez>.

WEO: World Economic Outlook (IMF), <www.imf.org/external/ns/cs.aspx?id=28>.

WFE: World Federation of Exchanges, <www.world-exchanges.org/statistics>.

WWR: World Wealth Report of Capgemini-Merrill Lynch, Archives, <www.us.capgemini.com/worldwealthreport08/wwr_archives.asp>.

Yahoo: Yahoo Finance, <finance.yahoo.com/>.

Fontes dos gráficos e tabelas

Repetidamente, usaram-se o PIB dos Estados Unidos, o deflator do PIB e o PIB mundial. As fontes das três variáveis são:

- Estados Unidos PIB: Nipa, tabela 1.1.5.
- Estados Unidos índice de preços do PIB: Nipa, tabela 1.1.4.
- PMB: WEO e Penn World Tables, pwt.econ.upenn.edu/.

Gráfico 3.1: PS, tabela A3.
Tabela 3.1: WWR.
Gráfico 3.2: PS, tabela A1.
Gráficos 3.3, 3.4 e 3.5: Nipa, tabela 1.14; PS, tabela B2.
Gráfico 4.1: Nipa, tabela 1.14; FAA, tabela 6.1; FOF, tabelas L.102 e B.102.
Gráfico 4.2: FED, tabela H.15.
Gráfico 4.3: Nipa, tabelas 1.14 e 7.10.
Gráfico 4.4: FOF, tabelas F.102 e B.102.
Gráfico 4.5: NYSE, Composite index, <www.nyse.com/about/listed/nya_resources.shtml>; Nipa, tabela 1.14.
Gráfico 4.6: FAA, tabela 6.1ES; Nipa, tabelas 1.5.4, 1.14, 6.19, e 7.10; FLOW, tabelas B.102, R.102, F.xxx, e L.xxx com xxx = 102, 109, 114, 115, 116, 117, 127e 129.
Gráfico 4.7: FDIC, Historical Statistics on Banking, <www2.fdic.gov/hsob/>.
Gráfico 5.1: PS, tabela B2.
Tabela 5.1: PS, tabela A7.
Tabela 7.1: [1] FOF; [2] Nipa; [3] WFE; [4] WWR; [5] Sovereign Wealth Funds Institute, swfinstitute.org/funds.php; [6] WEO; [7] McKinsey Global Institute; [8] Pensions & Investments – Warson Wyatt World 500 largest Managers; [9] CBS fund management; [10] The Banker, <www.thebanker.com>; [11] BIS, Banking statistics, tabela 6A.
Gráfico 7.1 e Tabelas 7.2 7.3: FOF, tabela L.1.
Gráfico 7.2: FED, Commercial paper.
Gráfico 7.3: The Boston Consulting Group, "Get Ready for the Private-Equity Shakeout. Will This Be the Next Shock to the Global Economy?" (Heino Meerkatt, Heinrich Liechtenstein, dezembro de 2008).
Gráfico 7.4: BIS, Semiannual OTC derivative markets statistics.
Gráfico 8.1: World Trade Organization (WTO), Total merchandise trade, <stat.wto.org/StatisticalProgram/WSDBStatProgramHome.aspx>.
Tabela 8.1 e 8.2: IFSL.
Gráfico 8.2: United Nations Conference on Trade and Development, stats.unctad .org/FDI/ReportFolders/ReportFolders.aspx.
Gráfico 8.3: Nipa, tabelas 1.7.5 e 6.16; ITA, tabela 1.
Tabela 8.3: BIS, Triennial Central Bank Survey of Foreign Exchange e Derivatives Market Activity, tabela 1.
Gráfico 8.4: FOP, tabelas L.209 e L.212.
Gráfico 8.5: EURO, Balance of payments statistics and international investment positions.
Gráfico 8.6: BIS, Banking statistics, tabela 6A.
Gráfico 8.7: BIS, Banking statistics, tabela 2A.
Gráfico 9.1: EURO, ten-year government bond yields, secondary market.
Gráficos 9.2 e 9.3: FED, tabela H.10; Yahoo.

Fontes

Gráfico 10.1: Nipa, tabela 1.1.5; FED, tabela H10.

Gráfico 10.2 e Tabela 10.1: FOP, tabela L.107.

Gráfico 10.3: Nipa, tabelas 2.3.5 e 7.4.5; FOP, tabela F.100.

Gráfico 10.4: Nipa, tabela 7.4.5; FOP, tabela F.100.

Gráfico 10.5 e Tabela 10.1: FOP, tabela L.1.

Gráfico 10.6: FOF, tabelas L.100 e B.100.

Gráfico 10.7: Nipa, tabela 1.14; FOF, tabelas F.102, L.102 e B.102.

Gráfico 10.8: FOP, tabela L.107; EURO, Balance of payments statistics and international investment positions.

Tabela 11.1: Nipa, tabela 2.1.

Tabela 11.2: Nipa, tabelas 2.1, 3.1 e 1.14.

Gráfico 12.1: Nipa, tabela 1.7.6.

Tabela 12.1: Adam B. Ashcraft e Til Schuermann, *Understanding the Securitization of Subprime Mortgage Credit* (Nova York, Federal Reserve Bank, 2007).

Gráfico 12.2: Nipa, tabela 5.3.5.

Tabela 12.2: MBA, News and Media, Press Center.

Gráfico 12.3: MBA, Research and Forecasts, Economic Outlook and Forecasts.

Gráfico 12.4: FOF, tabela F.212.

Gráfico 12.5: Consumer expenditure survey, Bureau of Labor and Statistics.

Gráfico 12.6: Standard & Poor's, Alternative Indices, Case-Shiller Home Price Indices, <www2.standardandpoors.com/>.

Gráfico 12.7: U.S. Census Bureau, New Residential Construction, <www.census.gov/ftp/pub/const/permits_cust.xls>.

Gráfico 13.1: FOF, tabelas L.210 e L.126.

Gráfico 13.2 e tabelas 13.1 e 13.3: Asset-Backed Alert, ABS Market statistics, <www.abalert.com>.

Gráfico 13.2: FOF, tabela F.212.

Tabela 13.2: FOF, tabelas L.102, L.126, L.209, L.210, L.211 e L.212.

Gráfico 14.1: FED, tabela H.15; Freddie Mac, Primary Mortgage Market Survey, <www.freddiemac.com/pmms/>.

Gráfico 15.1: FED, Factors Affecting Reserve Balances, tabela H.4.1.

Gráfico 16.1: FED, Charge-off and Delinquency Rates.

Gráfico 16.2: Markit CDX Indices, <www.markit.com/information/products/category/indices/cdx.html>.

Gráfico 16.3: FED, tabela H.15; British Bankers' Association, Historic LIBOR rates, <www.bba.org.uk/bba/jsp/polopoly.jsp?d=141&a=627>.

Tabela 17.1: IMF, Global Financial Stability Report, abril e outubro de 2008.

Gráfico 17.1: NYSE, Composite and financial indices, <www.nyse.com/about/listed/nya_resources.shtml>, <www.nyse.com/about/listed/nykid_resources.shtml>.

Gráfico 17.2: Yahoo.

Gráficos 18.1, 18.2, 18.3 e 18.4: FED, Factors Affecting Reserve Balances, tabela H.4.1.

Gráfico 19.1: FOP, tabelas F.100 e F.102.

Gráfico 19.2: FED, tabela G.17.

Gráfico 19.3: U.S. Census Bureau, Monthly Retail Sales, <www.census.gov/marts>; <www/timeseries.html>.

Gráfico 19.4: Nipa: tabela 3.1.

Gráfico 20.1: Yahoo.

Tabela 20.1: BOE, Financial Stability Report, outubro de 2008.

Gráfico 20.2: FED, tabela H.10.

Gráfico 20.3: FED, tabela H.10; Yahoo.

Gráfico 20.4: World Steel Association, Crude Steel Production, <www.worldsteel.org/>.

Gráfico 20.5: OECD, <stats.oecd.org/wbos/Index.aspx?datasetcode=MEI_TRD>.

Gráfico 20.6: ECB, <sdw.ecb.europa.eu/browse.do?node=bbn131>; BOE, <www.bankofengland.co.uk/statistics/rates/baserate.xls>; FED, tabela H.15; Bank of Japan, <www.boj.or.jp/en/theme/research/stat/boj/discount/index.htm>.

Gráfico 20.7: FED, tabela H.4.1; ECB, <www.ecb.int/mopo/implement/omo/html/tops.zip>.

Gráfico 21.1: Gérard Duménil e Dominique Lévy, *The U.S. Economy since the Civil War: Sources and Construction of the Series* (Paris, Cepremap, Modem, 1994), <www.jourdan.ens.fr/levy/>.

Gráfico 21.2: FED: tabela H6; FOP: tabelas 109 e 127; Robert J. Gordon, *The American Business Cycle: Continuity e Change* (University of Chicago Press, 1986), apêndice B; Federal Reserve, *All Bank Statistics, United States, 1896-1955* (Washington, DC, Board of the Federal Reserve, 1959), <fraser.stlouisfed.org/publications/allbkstat/>; Richard Grossman, "U.S. Banking History, Civil War to World War II", em Robert Whaples, *EH.Net Encyclopedia* (2008), <eh.net/encyclopedia>.

Gráfico 21.3: Annual Report of the Controller of the Currency (Washington, DC, U.S. Department of the Treasury, 1931), 6 e 8; 0. Oliver M. W. Sprague, History of Crises under the National Banking System (Washington, DC, Government Printing Office, National Monetary Commission, 1910), tabela 24; Richard Grossman, "U.S. Banking History", cit.

Gráfico 21.4: *Federal Reserve, Banking e Monetary Statistics, 1914-1941* (Washington, DC, Board of the Federal Reserve, 1943), <fraser.stlouisfed.org/publications/bms/>.

Gráfico 22.1: Nipa, tabela 1.1.6.

Gráfico 23.1: FED, tabela H.10.

Gráfico 23.2: FOF, tabelas 209, 210 e 211; TreasuryDirect, <www.treasurydirect.gov/govt/reports/pd/histdebt/histdebt.htm>.

Gráfico 24.1 e Tabela 24.1: WEO.

Gráfico 24.2: WFE.

Apêndice C
SIGLAS

AA	aquisição alavancada
AIG	American International Group
AMLF	ABCP MMMF Liquidity Facility
ARRA	American Recovery and Reinvestment Act
BIS	Banco de Compensações Internacionais
BLS	Bureau de Estatísticas do Trabalho
BM	Banco Mundial
Bric	Brasil, Rússia, Índia e China
CDS	credit default swap
CLO	collateralized loan obligation
CMBS	título de securitização lastreado em hipoteca
CPFF	Commercial Paper Funding Facility
CPLA	commercial paper lastreado em ativos
EER	empréstimo *equity* residencial
EFB	entidades fora do balanço
EHV	empréstimo hipotecário de taxa variável
EPG	entidades patrocinadas pelo governo
Fannie Mae	Federal National Mortgage Association
FDIC	Federal Deposit Insurance Corporation
FHA	Administração Federal de Habitação
FHFA	Agência Federal de Financiamento Imobiliário

FHLB	Banco Federal de Empréstimos Residenciais
FMI	Fundo Monetário Internacional
Freddie Mac	Federal Home Loan Mortgage Corporation
FS	fundo soberano
FSLIC	Companhia de Seguro de Poupança e Empréstimo
Gatt	General Agreement on Tariffs and Trade
Ginnie Mae	Government National Mortgage Association
Gopo	government owned and privately operated
IAVL	indivíduo de alto valor líquido
IBF	International Banking Facility
IED	investimento estrangeiro direto
IRS	Internal Revenue Service
ISI	industrialização por substituição de importações
LCER	linha de crédito *equity* residencial
Libor	London interbank offered rate
MJO	Japan offshore market
MMIFF	Money Market Investor Funding Facility
MMMF	money market mutual fund
MTN	medium-term note
Nipa	conta nacional de renda e produto
Nira	Lei da Recuperação Nacional da Indústria
NRA	Administração da Recuperação Nacional
NYSE	bolsa de valores de Nova York
OCD	obrigações caucionadas de dívidas
OCDE	Organização para Cooperação e Desenvolvimento Econômico
OITP	outros importantes parceiros comerciais
OMC	Organização Mundial do Comércio
Otan	Organização do Tratado do Atlântico Norte
OTC	mercado de balcão
PDCF	Primary Dealer Credit Facility
PED	países emergentes e em desenvolvimento
PIB	produto interno bruto
PMB	produto mundial bruto
PPC	paridade de poder de compra
RMBS	residential mortgage-backed security
RPL	retorno sobre o patrimônio líquido

Siglas

SEC	Securities and Exchange Commission
SNB	Swiss National Bank
TAF	Term Auction Facility
TALF	Term Asset-Backed Securities Loan Facility
TLA	título de securitização lastreado em ativos
TLH	*security* lastreada em hipoteca
TSLF	Term Securities Lending Facility
VEI	veículo estruturado de investimento

Publicado 70 anos depois da conferência de Bretton Woods, que fez do dólar âncora do sistema de taxas cambiais fixas (suspenso por Richard Nixon em 1971, quando passou a vigorar o atual regime de câmbio flutuante), este livro foi composto em Adobe Minion Pro, corpo 10,5/13,55, e reimpresso em papel Avena 80 g/m² pela gráfica UmLivro, para a Boitempo, em agosto de 2025.